江苏省产业系统环境适应性评价

仇方道 等 著

国家自然科学基金项目（41371146）
江苏高校优势学科建设工程二期项目 资助出版

科 学 出 版 社
北 京

内 容 简 介

区域产业系统环境适应性体现了生态环境胁迫下产业系统的学习能力、重组能力，其也是区域绿色发展研究关注的焦点。本书在阐述产业系统环境适应性内涵及分析框架的基础上，深入分析了江苏省产业系统转型及资源环境特征，并通过构建产业系统环境适应能力评价模型，从适应性要素、适应性目标、绿色发展效率、循环经济等视角，定量测度江苏省产业系统环境适应能力，并探讨其空间异质性特征。最后，探讨了江苏省产业系统环境适应性机制，并提出适应性调控对策。

本书可供地理科学、环境科学、区域规划、区域经济等相关学科的研究者和研究生参考，也可供产业经济、城市经济等相关人员参考。

图书在版编目（CIP）数据

江苏省产业系统环境适应性评价/仇方道等著. —北京：科学出版社，2016

ISNB 978-7-03-051718-0

Ⅰ. ①江… Ⅱ. ①仇… Ⅲ. ①产业结构升级-关系-生态环境建设-研究-江苏 Ⅳ. ①F127.53 ②X321.253

中国版本图书馆 CIP 数据核字（2016）第 024913 号

责任编辑：周 丹 沈 旭 赵 晶 / 责任校对：王晓茜
责任印制：张 伟 / 封面设计：许 瑞

科 学 出 版 社 出版
北京东黄城根北街 16 号
邮政编码：100717
http：//www.sciencep.com
北京中石油彩色印刷有限责任公司印刷
科学出版社发行 各地新华书店经销
*
2016 年 12 月第 一 版 开本：720×1000 1/16
2016 年 12 月第一次印刷 印张：17 1/2
字数：350 000
定价：99.00 元
（如有印装质量问题，我社负责调换）

前　言

适应性作为全球环境变化研究领域频繁出现的一个科学术语，为区域可持续发展研究提供了一种有效分析的工具，也为探讨区域产业系统与生态环境系统之间的耦合作用提供了一种新的研究范式。产业系统环境适应性体现了生态环境胁迫下产业系统的学习能力、重组能力。因此，产业系统环境适应能力反映了区域可持续发展能力，也是区域科学发展面临的重大科学问题。长期以来，以重化工业为主导的传统工业化进程快速推进，以及以化石能源为主的不合理的能源消费结构和低下的利用效率，带来了大量的能源、资源消耗和生态环境问题，使得快速城市化地区经济社会发展的资源环境约束性增强，同时自主创新能力不足、空间开发秩序混乱等更加剧了这一问题。面对国际绿色经济发展趋势，2009 年中国政府在哥本哈根气候大会宣布：到 2020 年，中国单位 GDP 的 CO_2 排放比 2005 年下降 40%～45%。2012 年，党的十八大报告提出，着力推进绿色发展、循环发展、低碳发展，形成节约资源和保护环境的空间格局、产业结构、生产方式、生活方式，从源头上扭转生态环境恶化的趋势。十八届五中全会进一步提出坚持绿色发展理念，推动建立绿色低碳循环发展产业体系。根据这一发展目标与要求，如何构建与资源环境相适应的产业系统是解决这些问题的关键。因此，开展区域产业系统环境适应能力评价，并揭示其时空演化特征，是人文地理学之人地系统相互作用研究关注的新领域。

产业系统环境适应问题是快速城市化地区产业绿色发展和推进生态文明建设面临的重大课题。江苏省作为我国工业化和城镇化快速推进的典型地区，虽然自 20 世纪 90 年代末期以来相继开展了生态省建设和循环经济试点工作，然而受体制、机制、市场、结构等的约束，产业与环境的矛盾依然突出，2014 年江苏省耗能高的黑色金属冶炼、化工、非金属制品、纺织等行业仅创造了全省 26.42%的工业产值，但却消耗了 39.53%的工业电能；同期，化工、纺织、造纸、黑色金属、电力等行业的废水排放占工业废水排放总量的 59.4%，而其产值仅占工业总产值的 30.9%；电力、非金属矿物制造业、化工和黑色金属冶炼工业的废气排放量占工业废气排放总量的 84.29%，而其产值仅占工业总产值的 25.14%。江苏省工业化发展所引起的资源环境问题在全国具有一定的普遍性。面对国际上应对全球气候变化要求中国减少温室气体排放的压力，以及国内推进生态文明建设的新形势，出现了一个十分重要的问题：现有的根据过去积累的资源环境状况信息和知识制定出来的产业体系、水资源管理体系、能源体系，以及经济的宏观布局等是否还能适用？如何调整这些体系，以适应已经发生和未来可能发生的变化，从而达到趋利避害的目的，以往的经验表明，仅从技术层面考虑解决问题的方案难以达到区域可持续发展的目标。产业系统环境适应性研究将产业与环境纳入到统一的框架下，为解决这一难题提供了新的研究范式。因此，本书不仅为江苏省区域产业生态化转型提供了直接的科学依据，而且为我国其他类似地区产业可持续发展模式构建提供了借鉴和参考。

区域产业系统环境适应问题是一个复杂的系统性问题，涉及地理学、环境科学、生态经济学和政策科学等学科领域，因此，本书研究整合相关学科理论与方法，采用定性与定量相结合、静态与动态相结合、过程分析与格局分析相结合等方法，以绿色发展理念为指导，遵循适应性理论框架构建—适应能力评价—适应机制—适应对策的逻辑关系展开研究。在研究工作中，课题组多次召开座谈会，明确研究路径、重点，深入实地调查并收集相关资料，撰写系列研究论文，进而在此基础上，完成本书。本书主要的研究结论如下。

（1）构建了区域产业系统环境适应性分析框架。在对适应性等国内外研究进展进行梳理的基础上，阐释了区域产业系统环境适应性的概念及特征，并设计出包括适应对象、适应者和适应行为在内的区域产业系统环境适应性分析框架，从而为开展江苏省产业系统环境适应性研究提供了理论支撑，奠定了本书的研究思路和框架。

（2）江苏省工业结构高级化趋势明显且呈圈层格局。在 GIS 技术的支持下，采用数理统计分析方法，深入分析了 2000～2012 年江苏省工业转型时空演化特征，可以发现，近 10 年来，江苏省工业转型速度呈现先快后慢而高级化呈现较快提升的趋势，竞争优势行业和主导产业均呈现向资本技术密集型行业转变的趋势。空间上，工业高级化程度由南高北低向外围高而环洪泽湖地区低的碟形格局演化；工业空间集聚形成了苏州-无锡、南京、徐州 3 个工业集聚高地；工业专业化水平呈现以苏南为核心，向外逐渐降低的圈层格局。资源禀赋、技术创新、贸易需求、区域政策是江苏省工业转型时空分异格局演化的主要驱动力。

（3）从适应性要素看，江苏省产业系统环境适应性能力呈现南高北低的空间分异特征。基于敏感性、稳定性、恢复力等适应性要素，建立了区域产业转型生态适应能力评价指标体系和评价模型，并据此研究了 2000～2010 年江苏省产业系统生态适应时空格局特征及驱动机制，可以发现，江苏省产业系统生态适应能力呈不断增强的趋势。空间上，江苏产业系统生态适应能力呈现南高北低的空间格局，且这一区域差异呈拉大态势。采用聚类分析方法，将江苏省划分为 3 种区域类型，即高适应能力区、中适应能力区、低适应能力区。

（4）从适应性目标看，江苏省产业系统环境适应能力呈现多极化空间格局特征。产业生态化是区域产业系统环境适应性的发展目标，在构建区域产业生态化评价指标体系及模型的基础上，以县域为研究单元，揭示了江苏省产业生态化时空格局，并探讨了其地域类型，可以发现，江苏省产业生态化水平呈现缓慢上升的趋势；从产业生态化要素的空间格局看，江苏省社会经济发展水平呈现多核心向外围逐步递减的核心-边缘型空间格局，资源利用水平呈现以沿江地区为轴向南北下降的“凸”字形空间格局，污染程度由西北向东南呈现高-低相间分布的格局，环境治理能力由南北向中部呈递减的“凹”字形格局；江苏省产业生态化整体水平呈现多核心向外围降低的多极化格局。据此，将江苏省划分为 5 个区域类型，即高产业生态化水平区、较高产业生态化水平区、中等产业生态化水平区、一般产业生态化水平区、较低产业生态化水平区。

（5）从发展效率看，江苏省产业系统环境适应能力不断提高，且呈现南高北低、东高西低的空间格局特征。基于绿色经济视角，以县域为研究单元，采用数据包络分析方法，深入分析了江苏省产业系统环境适应能力空间分异特征，可以发现，江苏省绿色经济效率呈现南高北低、沿海高内陆低的空间格局特征，东陇海地区正成长为绿色经济新发展轴。全要素生产率呈现苏中＞苏南＞苏北的格局特征。根据时间及空间比对结果，将江苏省绿色经济发展划分为 6 个区域类型，即高综合效率-高纯技术效率-高规模效率区、高综合效率-高纯技术效率-低规模效率区、高综合效率-低纯技术效率-高规模效率区、低综合效率-低纯技术效率-低规模效率区、低综合效率-低纯技术效率-高规模效率区、低综合效率-高纯技术效率-低规模效率区。

（6）从循环经济看，江苏省产业资源减量化效果优于末端治理减排效果，清洁生产控污效果劣于前两者，且源头减量化作用和清洁生产控污能力呈不断增强的趋势，并成为增强产业系统环境适应能力的主导方向；资源减量化和末端治理是实现产业系统环境适应目标的主要路径，产业区域共生系统不完善，空间结构效应对环境绩效的影响具有不确定性。同时，通过构建工业能源熵与区域能源熵概念模型，将江苏省工业划分为优先发展、适度发展与限制发展 3 类行业，其中优先发展行业由以劳动密集型行业为主导转向以技术密集型行业为主导，适度发展行业始终以资本密集型行业为主导，而限制发展行业以资源资本密集型行业为主导；空间上，优先发展行业分布呈现由南向北递减的趋势，适度发展行业呈核心-边缘型分布格局，限制发展行业呈点状分布。

（7）揭示了江苏省产业系统环境适应机制。基于时空耦合视角，从内在机制、胁迫机制、引导机制 3 个方面揭示了江苏省产业系统环境适应机制，进而从空间重组优化视角，提出了不同适应能力区域产业系统环境适应性调控模式，即高适应能力区应采取产业系统生态化模式，中适应能力区应采取产业生态系统高级化模式，低适应能力区应采取产业合理化模式。

从总体上看，本书促进了江苏省产业与环境协调发展研究的深化，并在产业系统环境适应能力评价及其空间异质性研究方面取得了较大进展。但仍存在一些不足，主要表现为随着发展阶段的演进，以及经济新常态下区域转型发展新要求的提出，江苏省产业系统环境适应性转型发展面临新问题和新挑战，如产业经济增长与绿色效率提升的协同问题；主体功能区视角下，江苏省产业系统环境适应性发展的地域模式与空间协同问题等，这些问题本书涉及较少。为此，应该在当前国内外发展的新形势和新要求下，重点在以下领域开展研究：一是江苏省产业系统环境适应性发展的内生动力研究。欠发达地区产业系统环境适应能力提升的内生动力不足，且与发达地区明显不同，应引起学者们的重视。二是不同类型区域产业系统环境适应模式研究。根据发展水平，可分为发达、次发达和欠发达 3 类区域；根据地理位置，可分为苏南、苏中、苏北 3 类区域；根据区域性质，可分为现代工业城市、资源型城市和沿海城市 3 种类型。不同类型区域的产业系统性质和特征不同，其环境适应模型和行为也存在差异，应强化类型和比较研究。三是主体功能区视角下，江苏省产业系统环境适应性发展的地域模式研究。与传统生产要素导向下的产业空间不同，主体功能区建设要求依据资源环境承载力优化产业布局，因此，根据不同主体功能区类型，开展江苏省产业系统环境适应区域模式研究将成为区域产业与环境协调发展研究的新领域。

本书是国家自然科学基金项目(41371146)和教育部人文社会科学研究规划基金项目（11YJA630008）的阶段性成果，也是集体研究的成果。本书撰写的具体分工如下：前言由仇方道撰写，第一章由仇方道、鞠云撰写，第二章由仇方道、唐晓丹、鞠云撰写，第三章由鞠云、仇方道撰写，第四章由仇方道、杜泽英撰写，第五章由仇方道、龚逸撰写，第六章由仇方道、张纯敏、徐敏撰写，第七章由仇方道、李玲、刘慧撰写，第八章由鞠云、仇方道、张纯敏撰写。最后，由仇方道统稿定稿。本书的撰写得到了南京特殊教育师范学院党委书记朱传耿教授的支持；中国科学院东北地理与农业生态研究所佟连军研究员、江苏师范大学地理测绘与城乡规划学院院长韩宝平教授、江苏师范大学淮海发展研究院院长沈正平教授、江苏师范大学科技处副处长马晓冬教授、江苏师范大学地理测绘与城乡规划学院沈山教授、孟召宜教授等为本书的撰写提供了许多有益的建议；江苏师范大学地理测绘与城乡规划学院单勇兵副教授参与了图件的处理。在此，谨向为本书出版提供帮助的领导、老师等表示诚挚的谢意！

受课题研究时间延续的影响，本书研究数据截止时间不同，在一定程度上影响了研究结论的一致性，同时，本书引用了众多专家学者的研究成果和学术思想，虽然力争清楚标注和说明，但因资料浩繁，有些文献经过多次转载，难以保证一一准确列出，如有疏漏，敬请谅解，并谨致谢意。虽然我们付出了巨大努力，但由于时间仓促、水平所限，书中难免存在一些不足，恳请读者批评指正。

仇方道

2016 年 12 月 25 日于徐州

目　　录

第一章　产业系统环境适应性分析的理论探讨

第一节　产业系统环境适应性基本内涵与特征

一、产业系统环境适应性基本内涵

（一）适应

适应的概念最早源于自然科学，生物学家达尔文在其进化论中提出此概念，用于解释生物种群的进化与生存环境的关系，即生物物种、种群或个体可以通过改善自身状况来更好地适应生存环境的变化，以保证种群生存和延续的一种能力。人类系统与这种能力很相似，人类吸取经验教训、推动技术进步，从而不断适应生存环境。与生物系统不同，人类系统对干扰所做出的反应不仅仅是一种被动的反应，人类个体及其社会具有对适应进行计划和引导适应行为的能力，人类文明的发展过程，事实上可以看作是人类对环境的适应能力、主动性不断增加的过程。

人类学家和文化生态学家 Julian Steward 首先将适应的概念应用于人类系统，他将“文化核心”描述成“文化适应”，当自然环境发生变化时，一个区域社会为适应这种变化，必然通过各种生存活动做出相应调整（Butzer，1989）。O’Brien 和 Holland（1992）认为，文化适应是一种适应过程，也就是说，文化适应是随着社会环境的变化，社会群体对文化体系不断增加新内容，并完善应对环境变化的各种方法的过程。随后，适应性观念逐渐应用到企业、社会，以及全球环境变化等众多学科领域中。企业适应研究主要从行为和能力两个方面来进行，侧重企业行为的研究注重对组织结构和战略变化过程的探讨，在企业与环境两者之间实现双向互动的过程中，企业不断地从复杂的环境刺激中提取对企业有效的信息，识别出机会和威胁，调整自身战略来抓住机遇，规避风险；侧重企业适应性能力的研究则集中于对适应性大小的衡量标准，如企业适应性范围或对市场某一部分的契合程度（程雪婷，2006；韩英美，2010）。随着对全球变化适应的认识逐步深化，在已有的文献中，全球变化适应性的概念有很多，其中以关于气候变化适应的定义居多，政府间气候变化专门委员会（IPCC）（2001）认为，“适应”是指对生态、社会和经济系统对现实和预期的气候变化驱动及其作用和影响进行的调整，是在过程、实践和结构方面进行改变，用以趋利避害。IPCC 指出，适应行为既可以是自发的，也可以是规划的，在实际过程中，它能够响应已经发生或预期的气候变化。Burton 等（1998）认为，“适应”是为降低或抵消由气候变化所引起的潜在危害，或者利用气候变化引起的机会，其包括降低人类社会对气候变化的脆弱性。Smit（1993）认为，“适应”是人们在面对短期或长期的气候变化，以及极端灾害天气时，所采取的调整措施（包括经济结构的调整），这些措施将增强社会经济活动的生存能力，减少人类社会对气候变化的脆弱性。Schipper（2009）认为，适应是为增强脆弱系统的恢复力而采取的所有响应或行动，从而降低气候变化对人类或自然系统的危害。当既有发展轨迹与适应性目标要求发生偏离，且显著提高了系统脆弱性时，适应被看作是结果和目标，而不是过程。

综上所述，适应是为响应某种压力或驱动作用而采取或经历的一种偏离原来状态的行为，这种响应是整体的和系统的，不是局部的或者片面的，是人类应对变化的有效选择。人类社会对外界变化的适应可能是有准备的，也可能是自发的，因此适应作为环境变化的响应和计划策略，根据环境变化，将会以一种长远的、可持续的方式调整行动（Folke，2006）。适应能力作为适应系统的核心部分，是指系统所具有的长期的或者更为持续的调整能力，意指社会经济及自然环境条件发生改变时，为了维持原有系统的状态而重新建立一个新系统的能力（Walker et al.，2004）。

（二）产业系统环境适应性

产业系统不断发展变化，经济水平不断提高，产业系统的环境适应性却并没有随着产业的不断发展而增强。只有根据产业系统与生态环境系统的特征，以及政策、市场等发展环境的变化，增强产业系统的环境适应性，才能实现区域可持续发展。

产业系统环境适应性是指根据产业系统，以及所处市场、体制、政策环境的变化，凭借内部资源和其他资源所处的位置，充分发挥创新能力，不断调整系统结构，以更好地实现发展目标。从适应内容看，既有产业结构变化对生态环境破坏的适应，也有产业结构变迁对区域所在市场、体制的适应；从适应对策看，既有对短期市场的变化所做出的政策的调整，也有对产业系统所做出的长期发展战略思路及目标的调整。产业发展中，环境变化的影响各不相同，有的有利，有的不利，对于有利和不利的影响，要采取不同的措施来处理。即使在相同的发展环境变化下，对于不同类型、不同阶段的区域产业结构变化的环境影响也是不同的。也就是说，不同的区域产业结构演变所采取的环境适应对策不同。因此，可以将产业系统环境适应性理解为面对预期或已经发生的生态环境变化，产业系统对其运行或产生的影响而采取的一种有目的的响应行为。其目的在于充分认识实际已经发生的或预计可能发生的环境变化，以及在所造成影响的基础上，产业结构系统进行有计划、有步骤的调整，以增强产业系统的环境适应能力。为此，对区域产业系统环境适应性的理解应注意以下方面：①产业结构演变在环境中的变化是不可避免的，但可以理解和预测，对这种变化的反应是需要时间的。②产业结构是产业系统环境适应的主体。产业系统环境适应性通过降低其脆弱性，同时增加其对生态环境的有利影响，减弱不利影响，从而促进产业系统的健康发展。③适应就是投入有限的人力、物力及财力，以获取收益最大化和损失最小化。在适应的过程中，由于系统选择适应的方式、适应的时机等不同，最终适应所需要的成本和效果也会各不相同。④适应性行为是被动的，但也可以是主动的、预防性的。作为响应和计划策略，适应以一种长远的、可持续的方式，根据外界变化来调整产业系统，且集中于整个系统而不仅是被影响的系统组分。

二、产业系统环境适应性基本特征

产业系统环境适应性具有目的性、动态性、整体性、可控性 4 个基本特征，具体如下（仇方道，2011）。

（一）目的性

系统外部环境的变化，引起系统内部组织结构、发展策略的调整，虽然这种调整的方式、程度可能存在差异，但目的都是为了减少系统可能受到的损失，提高系统的生存和发展能力。就发达地区产业系统而言，随着发展阶段演进、技术创新、国际产业转移等发展环境的变化，不仅出现个别产业衰退、生态破坏、环境恶化，而且还诱发失业等一系列社会系统脆弱性问题。在产业、生态与社会 3 个子系统脆弱性的共同压力下，以资源环境承载能力为依据，重组产业生态系统，尽量减轻发展环境变化的不利影响或损失，实现产业与环境的协调发展，提高产业系统的生态亲和力。可见，提高区域产业系统环境适应能力是降低产业系统脆弱性、促进绿色发展转型的重要手段，目的是提高区域产业可持续发展能力，推动区域和谐发展、科学发展。

（二）动态性

区域产业系统的环境适应性是一个动态过程。在不同的发展时期，面临着不同的资源环境、市场、政策和体制制度等发展环境，由此产业系统的环境适应方式、措施也存在差异。在工业化初期，区域产业系统调整的措施主要在于增加产量、提高效益、完善服务；在工业化中期，区域产业系统转型调整措施应集中维持产量、培育接续产业，同时应注重加强生态环境整治、提高技术创新能力；在工业化后期，产业系统转型调整的重点应侧重于降低产业系统的环境影响，强化生态环境保育与修复，实现产业生态化转型战略等。因此，只有适应不断变化的发展环境，区域产业系统才能不断完善，也才能实现产业与环境的和谐发展。

（三）整体性

系统与外部环境要素的适应是整体性的适应，即系统的所有要素与外界环境整体上相适应、协调发展。如果系统与外界环境只是在某一方面或某一要素上相适应，则可能会导致系统的畸形发展，只有整体的适应，才能促进系统的整体协调发展。对大多数区域来说，推进产业结构转型调整，多是以经济增长为首要目标，而忽视了产业与生态环境的相适应问题，最终导致产业系统与生态环境的矛盾与冲突。因此，在推进生态文明建设、贯彻绿色理念的大背景下，要提高产业系统的环境适应能力，降低其脆弱性，必须坚持全面适应、整体适应的思想，既要考虑产业的资源环境影响小，更要考虑产业与市场、政策、劳动力资源的适应，还要考虑产业系统内部的资源密集型、劳动密集型、资本密集型和技术密集型等不同行业之间的结构合理性。可见，整体适应是产业系统得以持续、协调发展的根本保证，也是产业可持续发展的不竭动力。

（四）可控性

区域产业系统的环境适应并不是任意适应，也不是随意调整、自由调整，而是必须在有利于当地经济发展、居民生活质量提高的同时，改善生态环境质量，也就是说，产业系统的环境适应性调整必须按照人类的意愿，在人类的控制下进行，即人类可以根据生态环境变化的不同类型、幅度、影响因素，采取不同的适应措施、适应手段和适应方式，促使产业系统朝着有利于区域可持续发展的方向演化，表明产业系统对生态环境变化的适应是可以控制的。

第二节 国内外研究进展

一、国外研究进展

20 世纪 90 年代后，随着全球经济要素的重新配置，以及资源、环境状况的改变，人们越来越关心全球环境变化与经济全球化，在此背景下，系统的影响和响应成为了学者和决策者共同关注的热点之一。目前，适应性问题的研究在可持续发展领域广泛展开，主要集中于以下 5 个方面：①关于适应性内涵。目前，学术界对适应性的内涵没有形成统一的意见。Smit 和 Wandel（2006）将适应看作是一种系统降低脆弱性的途径。Schipper（2006）认为，适应是指系统减少气候变化对人类或自然系统的危害，增强恢复力，所采取的响应或行动。IPCC（2001）认为，适应是利用改变自身过程、惯性或本来的结构，缓和或抵消潜在危险，或者是利用潜在的机会，降低群体、区域或人类的活动对外界变化所表现的脆弱性。当原有的发展轨迹与系统适应性目标的要求发生偏离，且这种偏离使得系统的脆弱性显著提高时，适应不再是过程，而被看作是结果和目标（Schipper，2006）。②关于适应性分析框架。Gallopin（2006）认为，脆弱性和适应性并没有太多的理论基础和组织框架，只是人类应对气候变化的种种行为促成了这两个概念的发展。Smit 在研究气候变化适应性的基础上，将适应性分析要素概括为 4 个关键问题，即适应什么、对什么的适应、适应性是如何发生的，以及适应的效果如何（刘晓清等，2006）。③关于适应性战略与对策。适应性研究的重点应放在建立增强自然环境系统和社会经济系统适应能力，以及抑制、规避风险的制度方面（Jouni and Thomas，2008）。适应性策略是人们对短期和长期的气候变化及极端灾害天气采取的调整措施，以增强社会经济活动的生存能力，以及降低脆弱性（Reusch et al.，2004）。脆弱性与适应性问题中人与环境的关系非常复杂，自下而上的适应性策略是不可忽略的（Gallopin，2006）。适应性对策重在保护和维持自然生态系统功能，是根据对已发生、正在发生和可能发生的状况的认知，以及对采取行动可能产生的后果的认识所进行的有计划的行为（Feenstra et al.，1998）。④关于适应能力评价。Eleanor（2009）认为，对适应性的界定可以运用复杂自适应系统有关多样性、应对力和自我涌现等理论标准来进行。Adger 和 Neil（2000）认为，适应性描述了对变化的组织、资源分配、计划设计、联系及其他方面应对外界变化的能力，是恢复力在时间维度上的延续，也是系统维持、提高恢复力的能力。生态效率是评价适应性的一种有效手段，最优化的生态效率很少促进多样性和适应性，还可能削弱了生产系统的恢复力，导致不良结果，影响可持续发展（陈宜瑜，2004）。⑤关于适应性研究路径。国外学者认为，适应性研究路径主要包括三条：敏感性-脆弱性-适应性途径（Simelton et al.，2009；U.S. Environment Protection Agency，2009）、暴露-适应能力-脆弱性途径（Luers，2005）和弹性-脆弱性-适应性途径（Turner et al.，2003）。

二、国内研究进展

国内关于适应性的研究始于 20 世纪 90 年代中期，研究的重点为社会经济系统对全球环境变化的适应问题，具体来说有以下 3 个方面：①理论研究方面。学者们主要探讨适应性与可持续发展之间的关系，强调可持续发展要考虑适应全球气候变化，只有适应全球变化，可持续发展才是真正的可持续发展（葛全胜等，2004；林而达，2005）。按照适应对象，适应性可划分为自然生态系统的自发适应与人为适应（龙爱华等，2012）。②适应性评价方面。学者们将生态学与经济学相融合，研究了产业系统对内外环境变化的生态适应性，如有些学者基于适应性要素构建了适应性评价体系和评价模型，并深入探讨了东北地区矿业城市适应性类型分异特征（仇方道，2011）。交通适应性研究也是适应性研究的重要组成部分，学者们基于交通与经济发展的适应性内涵，运用 AHP 的非线性加权综合评价法、云理论等方法，分析了公路交通与经济发展的适应性（许乃星和蒲之艳，2011；冯焕焕和朱从坤，2012）。另外，还有一些学者从自然要素这一视角出发，通过对全国各区域自然要素对气候变化及生态环境变化的响应研究，探讨了不同空间尺度的自然要素对气候变化和生态环境变化的适应（罗绪强等，2012；王钦等，2012；陈太根等，2011）。③适应性战略对策方面。气候变化，尤其是干旱地区的水资源、生态环境等发生变化时，生态环境的脆弱性就会增强，从而影响经济和社会的发展。龙爱华等（2012）在研究新疆及中亚咸海流域近 30 年的气温、降水等自然环境变化的基础上，分析了人类活动与气候变化对生态环境和可持续发展的影响，并提出了强化水资源管理、提高水资源利用率等提高区域适应性的对策。鲍文（2011）探讨了我国西南地区干旱河谷农业适应干旱气候变化，提出了生态农业，发展服务“三农”的第三产业，以及开发可再生能源等适应性对策。

三、研究述评

适应性研究可以概括为两类，一类是自然环境对全球变化的研究，另一类是人类社会行为的研究。前者是基于自然条件、生态系统等的研究，后者则是基于全球、国家、区域等尺度的人类社会经济的研究。值得注意的是，适应性研究中多尺度、跨尺度的研究较少，如果在以后开展全球变化的适应性研究时，能够从不同空间尺度联合观测，这样能获得更多的响应信息，也便于比较研究；同时，运用多种数据模型，形成定量化的指标，能够为决策政策的制定提供切实可行的依据和措施。当前的研究尽管已在大的空间尺度上取得一定成果，但是基于城市尺度的研究较少，尤其是综合适应性研究远远不足，而城市作为应对全球气候变化的主要阵地，其适应性研究具有重要的理论和实际指导意义（崔胜辉和李旋旗，2011）。

第三节　产业系统环境适应性分析的基本框架

一、适应性分析框架概述[①]

适应性是指通过调整或改变，使系统与其环境更协调的过程。在气候变化领域，适应性多指对气候变化的社会适应。Burton 等（1998）认为，适应性是指“降低气候变化对人类健康的不利影响的过程”；Smith 等（1996）认为，对气候变化的适应包括所有的在行为或经济结构方面的调整，以减少社会对气候系统变化的脆弱性；Smit（1993）将适应性描述为一种调整，即增强社会和经济活动能力，降低人类系统在应对气候变化方面的脆弱性；Stakhiv（1993）认为，适应性是一种调整，可以是被动的、主动的，也可以是预设的，是一种改善与气候变化有关的预期的不利后果的手段；Watson 等（1996）将适应性定义为对于预期的或实际的气候变化，系统在实践、过程或结构方面调整的可能程度，值得注意的是，适应性可以是自发的或计划的，也可以是正在实施的应对变化条件的响应。

这些定义虽然都认为适应性是人类系统应对气候变化的调整，但它们也指出了适应性概念在范围、应用和内涵上的不同。一般而言，对适应性的科学分析均应包括图 1-1 所示的 4 个要素。首先，适应什么？适应性是指对最近的、当前的或预期的可能环境（条件）变化，可以是对不利响应或脆弱性的反应，也可以是对机会的反应。其次，谁或什么适应？是人、社会和经济部门，管理或非管理的、

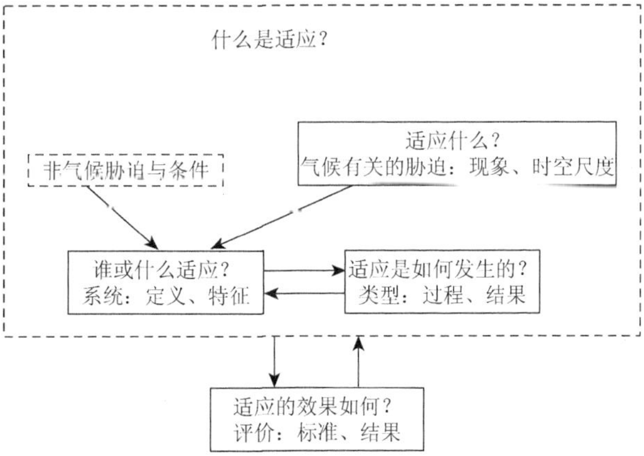

图 1-1　适应性分析框架

① Smit B，Burton I，Klein R J T，et al. 1999. The science of adaptation：a framework for assessment. Mitigation and Adaptation Strategies for Global Change，4：199-213.

自然的或生态的系统，或系统的实际、过程或结构，一旦被确定，系统将按照适应性或脆弱性特征被区分开来。再次，适应是如何发生的？适应既指适应过程，也指结果或条件。多数学者将适应性定义为对新条件更好地适应，不能降低脆弱性的改变被称为“不良适应”。适应过程或措施可以是反应的或预料的、自发的或计划的。最后，适应的效果如何？适应性通常以成本、利益、效率和资产净值为标准来加以衡量。

二、产业系统环境适应性分析框架

根据 Smit 的适应分析框架和产业系统生态适应性的内涵，本书认为，对产业系统生态适应性分析应从以下 3 个方面展开，即适应对象、适应者和适应行为（图 1-2）。

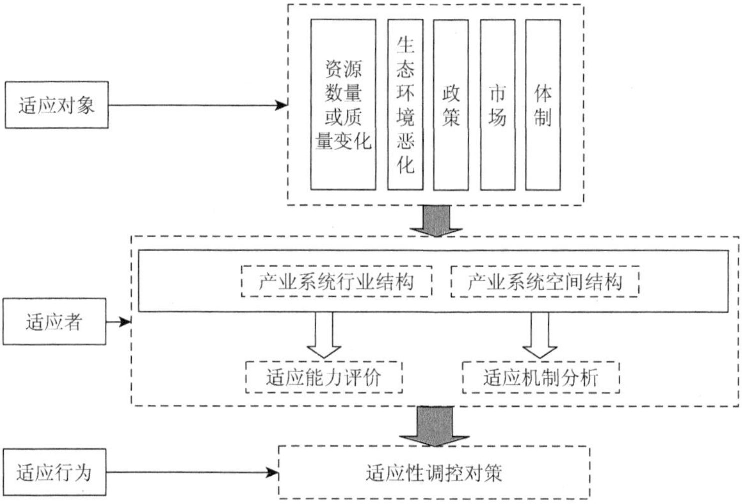

图 1-2　产业系统生态适应性理论分析框架（仇方道，2011）

（一）适应对象

产业系统环境适应的对象是指可能对产业系统造成影响的资源环境变化，包括资源数量或质量的变化，生态环境及相关政策、体制等方面的变化，其中最为重要的是资源环境的变化。

资源环境的变化对产业系统的影响大致可分为四个层次：第一层次，资源数量或质量的变化，改变了资源的供需关系，改变了自然系统本底的脆弱性，从而改变了资源环境承载能力；第二层次，直接导致以资源为生产对象的产业系统（农业、采矿业、资源加工业）的变化；第三层次，引起生产和消费关系的改变和调整；第四层次，对区域社会系统产生重大影响，主要表现为失业加剧、贫困、社会保障程度低下等问题突出，并在一定程度上破坏了社会秩序、激化了社会矛盾。当然有些影响是比较直观、易于识别的，属于直接影响；有些影响是比较隐蔽的、不易觉察的，属于间接影响。

不同类型、不同区位的区域，因其产业系统属性差异对资源环境变化的反应是不同的，因而采取的适应策略也是不同的。一般而言，现代工业城市以高新技术产业为主，应多注重技术的绿色创新；老工业城市以资源加工型产业为主，应加大技术改造力度，不断提升产业生态化水平。

（二）适应者

区域产业系统的环境适应是指产业系统行业结构与空间结构对变化的资源环境的适应，也就是行业结构不断高级化、合理化，提高绿色化、清洁化生产水平；空间上不断促进以产业园区为载体的产业集群集聚发展，以产业地理集聚构建循环型产业体系，适应生态文明建设新要求，增强产业系统可持续发展能力。①适应能力。适应能力是指系统的各部分应对干扰（异常）情况而不至于丧失将来发展机会的能力。所谓产业系统的环境适应能力是指在资源环境发生变化的背景下，产业系统能够重新自我组织而使其环境影响降低，但其经济效益和就业等关键功能不发生显著降低的能力。产业系统环境适应能力的衡量一般有两种方法：一是，基于产业系统自身的特点来度量，即通过易损性、敏感性、稳定性和弹性等来评价产业系统环境适应能力的高低；二是，基于适应目的角度的评价方法。产业系统环境适应目标是产业和环境的可持续性。从产业发展的角度讲，适应应有利于提高产业收益；从资源环境的角度讲，适应是为了降低生态环境的脆弱性；从社会的角度讲，适应应有利于增加就业，提高生活水平，促进社会的稳定和发展。总之，产业系统的环境适应能力就是要有利于综合效率的提高，即产业生态化水平的提高，因此，产业生态化水平的高低是产业系统环境适应能力强弱的衡量标准。②适应机制。适应机制是指产业系统环境适应性的产生机理及驱动因素。区域产业系统环境适应性调整的根本动因主要来自资源环境的质态变化，也可称为压力动因。区域发展战略定位对产业系统的环境适应性调整起着引导作用，而区域产业系统自身的学习能力、创新能力等因素也是影响产业系统环境适应性调整的重要因素。在这些因素的共同驱动下，产业系统沿着有利于区域可持续发展的方向进行调整、演化，包括产业布局合理化、产业发展市场化、产业系统网络化和产业系统功能从满足国家需求转向为当地居民创造舒适、富裕的生活质量，推进区域产业与环境协调、和谐发展。

（三）适应行为

产业系统的环境适应行为在产业系统和资源环境系统都有发生，从根本上讲，适应的目的是为了趋利避害，因此，主动性和预防性的适应行为对产业系统的环境适应能力提高显得更为重要。通常情况下，产业系统的环境适应行为也就是适应性对策，从理论上看，不同类型、不同发展阶段和不同区位的地区因所处的生态环境不同，所以也应采取不同的适应政策、措施和行动。

第二章　江苏省产业系统及生态环境演变特征分析

第一节　产业系统结构特征

改革开放以来，江苏省产业系统演化经历了曲折艰辛的调整历程，经过工业化初期和中期调整，演变为门类比较齐全、结构不断优化、效益持续提升的较为优质的产业结构。

一、产业系统总体特征

产业结构反映的是产业之间的组合、产业空间布局和数量比例关系，从行业构成来看，它是指国民经济中各产业之间和各产业内部的数量比例关系及构成状态（蒋昭侠，2004）。产业结构的演进正是基于产业结构数量和质量两方面的提高。产业结构是影响经济发展的关键因素，对于产业系统的环境适应性具有重要的影响作用，正确认识区域产业结构的演进特征，对于制定提升产业系统环境适应能力的调控对策具有较为重要的现实意义。

根据江苏省三次产业产值结构的变化，将 1978～2012 年江苏省产业结构发展历程划分为两个阶段（图 2-1）：第一阶段（1978～1988 年），江苏省三次产业产值比例由 27.6∶52.6∶19.8 演变为 26.4∶48.5∶25.1。该阶段第一产业比重总体上呈现缓慢下降趋势，而第三产业比重则呈现缓慢上升趋势，第二产业比重维持在 50%左右。这个时期江苏省的产业结构呈现“二一三”格局。第二阶段（1989～2012 年），在 1989 年，第一产业比重与第二产业比重发生了关键性变化，第三产业占比首次超越第一产业，江苏省产业结构实现了从“二一三”向“二三一”格局的转变。随着中国加入世界贸易组织（WTO）和经济全球化深入推进，江苏省第二产业比重在缓慢上升后于 2006 年达到最大值（56.6%），随后开始有所降低，到 2012 年降为 50.2%。同时，第一产业产值比重呈现较大幅度的下降趋势，并于 2003 年首次降低到 10%以下。相应地，第三产业比重呈快速上升之势，由 1989 年的 25.8%上升到 2012 年的 43.5%。江苏省三次产业比例由 24.5∶49.7∶25.8 演变为 6.3∶50.2∶43.5，形成了以非农产业为主的发展格局。

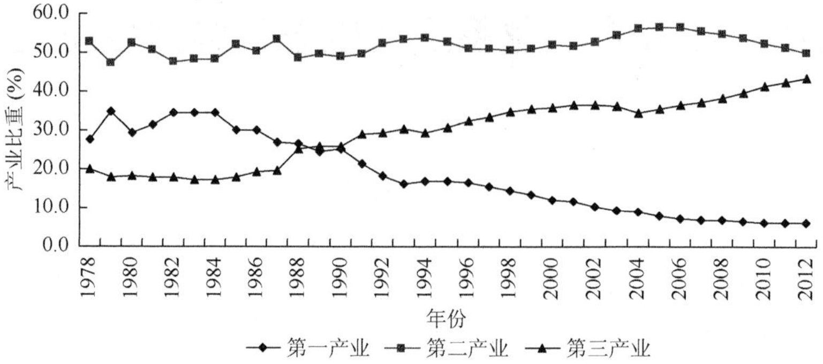

图 2-1　三次产业产值比重变化（1978～2012 年）

2012 年，江苏省各县域除南京市区、连云港市区、金湖县（产业结构为“三二一”）以外均为“二三一”结构（图 2-2），说明各县域现阶段产业结构中仍以第二产业为主，处于比较合理的阶段，呈现向“三二一”结构转变的趋势。

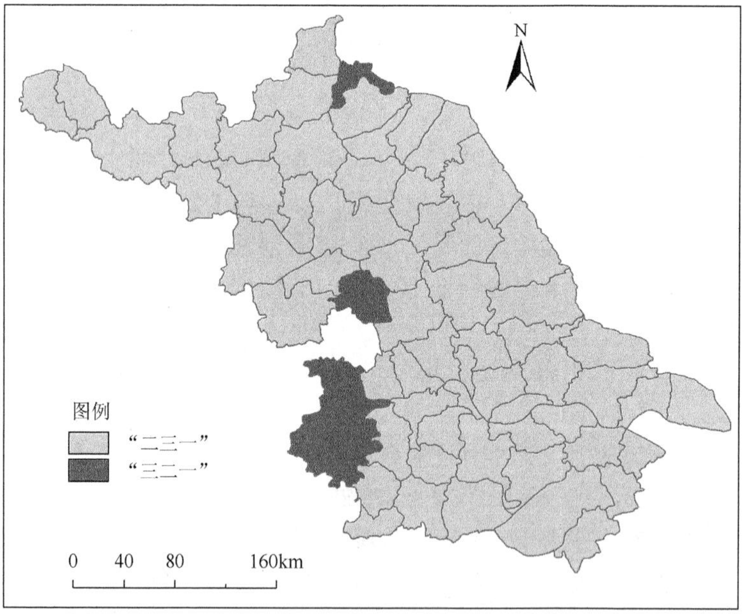

图 2-2　江苏省各县域三次产业结构类型图（2012 年）

二、三次产业内部结构特征

（一）第一产业多样化趋势明显

第一产业中农业产值占据着绝对优势，这与江苏省地处平原，耕地资源、劳动力资源丰富有很大的关系。由图 2-3 可知，农业产值比重整体上是不断下降的，1978 年农业产值比重为 80.4%，到 2012 年下降了 29.4 个百分点；林业产值比重变化不大；畜牧业产值比重在 1978～1991 年缓慢提高，由 15.8%增长到 29.0%，之后一直维持在 23.0%左右；渔业产值比重整体上处于增长的态势，由 1978 年的 2.3%增长到 2012 年的 21.3%，增长了 19.0 个百分点，尤其是 20 世纪 90 年代以来，渔业发展迅速，这与渔业发展过程中不断优化渔业结构、提升渔业科技等有很大关系。通过对第一产业内部结构进行分析可知，江苏省第一产业内部结构处于不断优化中，这与江苏省不断积极调整农业结构并坚持农、林、牧、渔全面发展有关。

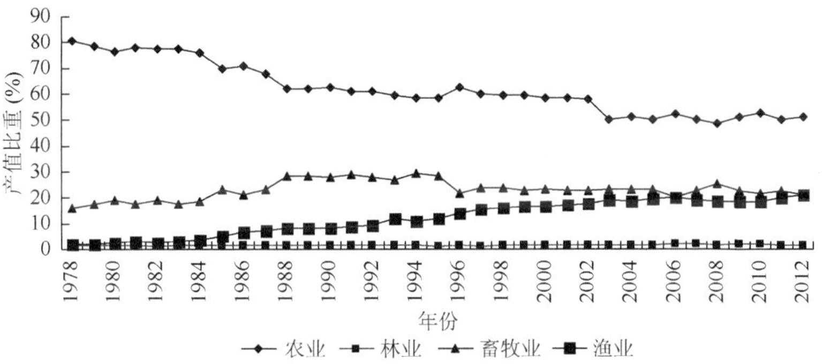

图 2-3　江苏省农、林、牧、渔产值比重（1978～2012 年）

产业结构内部多样化程度的度量通常用多样化指数来表征（孙东琪等，2010）。多样化指数增大，表明产业结构多样化程度提升，产业系统性、整体性增强。其公式为

$$\varphi = 1 \Big/ \sum_{i=1}^{n} d_i^2 \tag{2-1}$$

式中，φ 为多样化指数；d_i 为各产业产值占总产值的比重。

由图 2-4 可以看出，随着江苏省加快农业结构调整，农业产业化进程加快，农业多样化指数不断提升，1978 年为 1.5，2012 年提升到 2.8，说明江苏省农业内部结构处于不断优化中，在综合生产能力明显提高的同时焕发出新的活力。

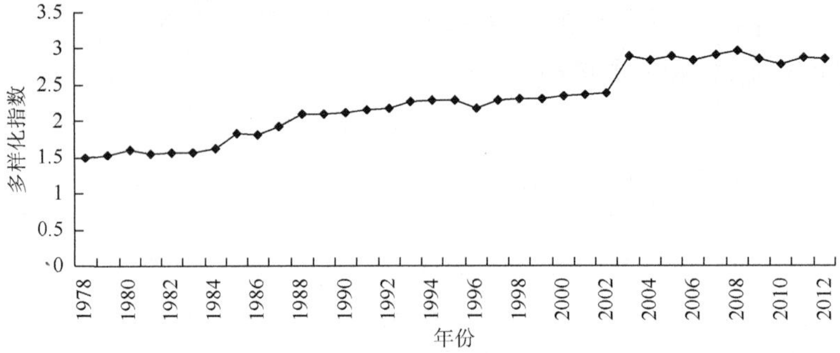

图 2-4　江苏省第一产业多样化指数变化（1978～2012 年）

（二）第二产业偏重化趋势明显

改革开放以来，工业一直是江苏省经济增长的主要动力。从轻重工业结构（图 2-5）来看，江苏省轻工业的比重缓慢下降，而重工业比重则逐步上升；1993 年重工业的比重首次超过轻工业，随后在波动中上升，1999 年以后快速上升，到 2012 年其产值为 89 090 亿元，其比重达到了 74.2%，与 1978 年相比增长了 26.5 个百分点。由 1978 年轻重工业产值为 100 计算的增长指数可知（图 2-6），重工业增长指数远远大于轻工业增长指数。

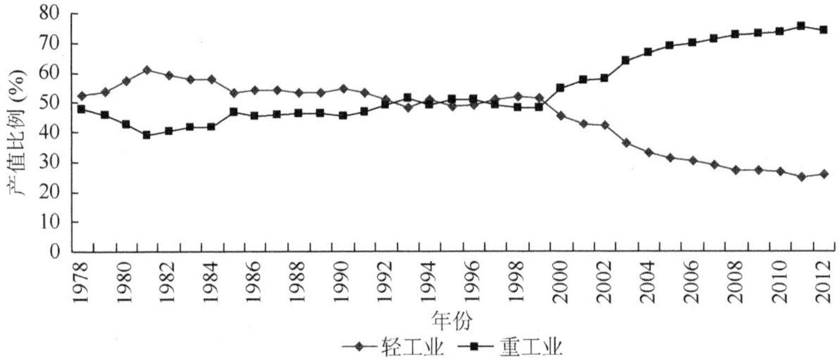

图 2-5　江苏省轻重工业产值比重变化（1978～2012 年）

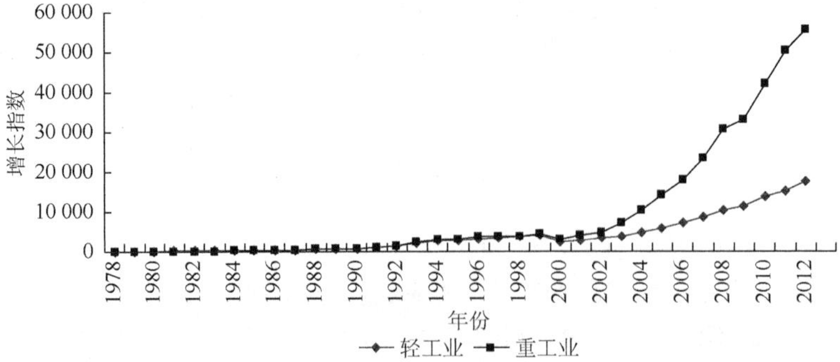

图 2-6　江苏省轻重工业增长指数变化（1978～2012 年）

从工业化程度看，根据霍夫曼系数[①]的计算结果（图 2-7），1978～1999 年江苏省霍夫曼系数在 0.94～1.56 摆动，期间轻重工业基本上是均衡发展的；1999 年以后该省霍夫曼系数逐年下降，2012 年仅为 0.35，表明江苏省在这一阶段大力发展资本和技术密集的重化工业，不断深化工业加工程度，使工业结构趋于高级化，从而促进了产业结构的优化。此外，进入 2000 年以后，江苏省霍夫曼系数已经低于 1.0，根据霍夫曼的 4 个工业阶段理论可以基本判定江苏省工业化已进入重化工发展阶段。

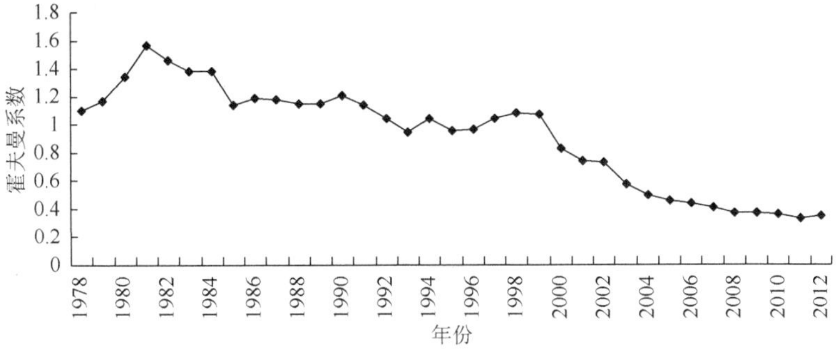

图 2-7　江苏省霍夫曼系数变化（1978～2012 年）

从工业内部结构看，1990 年以来，江苏省工业内部出现了两轮以高增长行业推动经济增长的过程，形成了结构变动推动经济发展的格局。第一轮是在 20 世纪 90 年代到 21 世纪初期，江苏省形成了以纺织业为代表的重点推动轻工业发展阶段，1992 年、1997 年、2002 年纺织业产值占工业总产值的比重分别为 14.23%、8.96%、11.10%（表 2-1），化学原料及化学制品制造业和电子及通信设备制造业等有所提升；第二轮是在 21 世纪初期至 2012 年，该时段内江苏省通信设备、计算机及其他电子设备制造业等高科技产业发展势头良好，2012 年其产值比重达到了 13.47%，工业内部结构趋于优化，产业结构呈现出向高级化和技术集约化发展的趋势。在发展趋势上，江苏省纺织业、金属制品业等劳动密集型、原料密集型产业比重不断下降；通信设备、计算机及其他电子设备制造业、化学原料及化学制品制造业、电气机械及器材制造业等资本技术密集型产业占第二产业的比重呈上升态势，说明江苏省的工业整体上正在向技术密集型产业方向发展，也说明江苏省在技术创新推动下，正在加快产业内部结构高级化转型。

① 霍夫曼系数表现了一个国家或地区在工业化进程中的工业结构演变规律，在实际研究中，通常用轻工业和重工业的比值来表现（崔功豪等，2006），公式为 $F_i=L_i/H_i$，式中，L_i、H_i 分别为 i 年份轻工业、重工业产值；F_i 为 i 年份霍夫曼系数，反映区域重工业化发展程度。

表 2-1 江苏省工业行业产值比重排名前十位的行业

1992年		1997年		2002年		2007年		2012年	
行业	产值比重（%）	行业	产值比重（%）	行业	产值比重（%）	行业	产值比重（%）	行业	产值比重（%）
纺织业	14.23	纺织业	8.96	纺织业	11.10	通信设备、计算机及其他电子设备制造业	15.37	通信设备、计算机及其他电子设备制造业	13.47
机械工业	9.08	化学原料及化学制品制造业	5.78	电子及通信设备制造业	10.23	化学原料及化学制品制造业	9.71	化学原料及化学制品制造业	10.96
化学工业	6.83	普通机械制造业	4.64	化学原料及制品制造业	9.81	黑色金属冶炼及压延加工业	9.64	电气机械及器材制造业	10.59
电气机械及器材制造业	3.84	电气机械及器材制造业	4.34	普通机械制造业	6.85	纺织业	8.09	黑色金属冶炼及压延加工业	7.92
建筑材料及其他非金属矿物制品业	3.77	电子及通信设备制造业	3.69	电气机械及器材制造业	6.69	电气机械及器材制造业	7.55	通用设备制造业	5.47
食品制造业	3.68	交通运输设备制造业	3.41	交通运输设备制造业	5.40	通用设备制造业	6.22	纺织业	4.99
电子及通信设备制造业	3.61	非金属矿物制品业	3.36	黑色金属冶炼及压延加工业	5.40	交通运输设备制造业	4.60	金属制品业	3.96
黑色金属冶炼及压延加工业	3.37	食品加工业	2.97	服装及纤维制品制造业	4.07	电力、热力的生产和供应业	3.96	汽车制造业	3.80
交通运输设备制造业	3.00	专用设备制造业	2.68	金属制品业	3.88	金属制品业	3.75	专用设备制造业	3.70
金属制品业	2.91	服装及纤维制品制造业	2.66	非金属矿物制品业	3.56	有色金属冶炼及压延加工业	3.59	电力、热力的生产和供应业	3.39

资料来源：江苏省统计局，1993，1998，2003，2008，2013。

（三）第三产业以传统服务业为主导

图 2-8 表明，第三产业规模迅速扩张，其产值由 1978 年的 49.44 亿元上升到 2012 年的 23 517.98 亿元，年均增长率约 19.8%。另外，第三产业比重也一直呈现上升的趋势，1978 年第三产业产值仅占江苏省国内生产总值的 19.8%。1985 年第三产业产值首次突破百亿元大关，1994 年再次突破千亿元大关，2005 年更是超过了 5000 亿元，增量逐年加大，江苏省第三产业整体上充满活力。

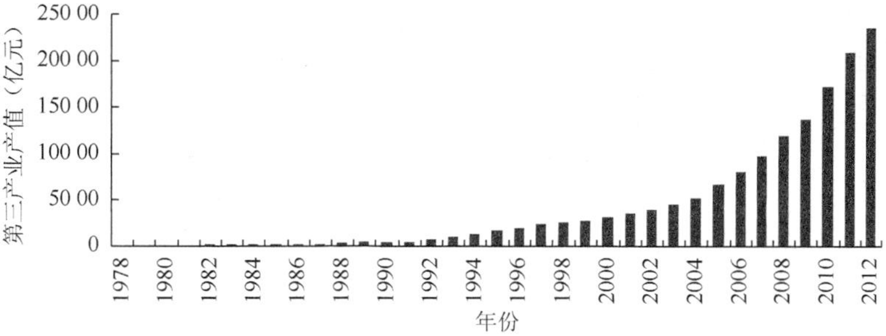

图 2-8　江苏省第三产业产值变化（1978～2012 年）

从第三产业内部结构看，其发展演化具有如下特征（表 2-2）：①传统服务业仍占据着主导地位，其比重一直维持在较高水平。1978 年，批发和零售贸易餐饮业、金融保险业、运输邮电仓储业等传统服务业产值占第三产业的比重高达 62.6%，随后虽然有所下降，但 2012 年仍高达 52.0%。这说明江苏省第三产业结构仍有待于进一步优化。②卫生体育社会福利业、教育文艺广播电影电视业、科学研究综合服务业等知识密集型行业产值所占比重很低，这对于优化资源配置、提高人力资本素质、提高技术水平和社会组织化程度均形成不同程度的障碍，对于江苏省产业结构优化是不利的，说明江苏省服务业还没有步入良性发展的轨道。

表 2-2　江苏省第三产业部分行业产值在第三产业产值中的比重（1978～2012 年）（%）

年份	运输邮电仓储业	批发和零售贸易餐饮业	金融保险业	房地产业	社会服务业	卫生体育社会福利业	教育文艺广播电影电视业	科学研究综合服务业
1978	13.9	27.6	21.1	11.1	5.8	2.9	9.4	2.9
1980	13.9	31.0	19.8	10.5	5.5	2.8	8.8	2.8
1985	22.4	28.3	16.2	10.2	4.7	2.5	8.3	2.3
1990	17.3	28.0	19.7	7.3	5.4	3.2	6.7	3.0
1995	15.9	32.5	17.0	9.0	6.5	2.8	5.6	3.0
2000	17.9	27.5	13.8	11.3	8.5	3.0	6.5	2.9
2005	12.1	32.8	7.4	12.1	3.6	3.1	9.7	1.9
2006	12.0	30.6	8.3	12.9	3.2	3.3	8.9	1.7
2007	11.3	29.9	10.8	14.0	2.8	3.2	8.4	1.7
2008	11.3	31.1	10.9	13.7	2.3	3.2	7.3	2.3
2009	10.4	31.2	11.7	14.9	2.2	3.1	7.5	2.3

续表

年份	运输邮电仓储业	批发和零售贸易餐饮业	金融保险业	房地产业	社会服务业	卫生体育社会福利业	教育文艺广播电影电视业	科学研究综合服务业
2010	10.3	30.1	12.3	15.2	2.6	2.9	7.3	2.1
2011	10.2	30.0	12.5	13.2	2.7	3.2	7.1	2.4
2012	10.0	28.7	13.3	12.7	2.9	3.1	7.3	2.6

总体来看，近年来，江苏省产业结构呈现出持续的高级化趋势，但与发达国家相比仍有比较大的差距，产业结构仍需调整。在产业层次方面，第一产业仍以传统农业经济为主体，但多样化趋势明显；第二产业中工业结构偏重化趋势加强；第三产业仍以运输邮电仓储业、批发和零售贸易餐饮业等传统服务业为主，科学研究综合服务业等现代服务业相对滞后。

第二节　产业系统时空格局特征

一、研究方法与数据来源

（一）研究方法

1. 工业转型系数、工业高级化指数和工业结构超前系数

工业转型系数是衡量一个地区工业转型快慢的主要标尺，其值越大，表明一个地区的工业转型速度越快。其计算公式为（金碚，2011）

$$\theta = \arccos\left\{\frac{\sum_{i}^{n} S_i(t_1)\cdot S_i(t_2)}{\sqrt{\left[\sum_{i}^{n} S_i^2(t_1)\right]\cdot\left[\sum_{i}^{n} S_i^2(t_2)\right]}}\right\} \tag{2-2}$$

式中，θ为工业转型系数，θ值越大，表明工业转型速度越快、工业结构变化幅度越大；$S_i(t_1)$和$S_i(t_2)$分别为工业部门i于t_1年和t_2年在工业总体中所占的比重。

如果将工业划分为资源密集型、劳动密集型和资本技术密集型3类行业，并将各行业产值比重作为空间向量中的一个分量，从而构成一组3维向量$S_0=(s_{1,0}, s_{2,0}, s_{3,0})$，然后根据式（2-2）分别计算出$S_0$与产业由低层次向高层次排列的向量

$S_1=(s_{1,1},s_{2,1},s_{3,1})=(1,0,0)$、$S_2=(s_{1,2},s_{2,2},s_{3,2})=(0,1,0)$ 和 $S_3=(s_{1,3},s_{2,3},s_{3,3})=(0,0,1)$ 的夹角 $\theta_1,\theta_2,\theta_3$，据此，可以定义工业结构高级化指数计算公式（吕明元和尤萌萌，2013）：$H=\sum_{k=1}^{3}\sum_{j=1}^{k}\theta_j$（$j$=1, 2, 3）。式中，$H$ 为工业结构高级化指数，H 值越大，表明高级化水平越高。

工业结构超前系数是度量某一地区工业增长相对于该地区整个经济系统增长趋势的超前程度，据此可评判某一地区的工业发展趋向。其计算公式为（李芳等，2012）

$$\mathrm{IS}_i=a_i+(a_i-1)/R_{\mathrm{t}} \tag{2-3}$$

式中，IS_i 为第 i 工业的结构超前系数；a_i 为第 i 工业行业报告期所占份额与基期所占份额之比；R_{t} 为同期 i 工业行业所在经济系统的平均增长率，其计算公式为 $R_{\mathrm{t}}=(\ln\mathrm{GDP}_{报告期}-\ln\mathrm{GDP}_{基期})/n$，$n$ 为研究期年份数，GDP 为地区生产总值（现价）。IS_i 大于 1，表示第 i 工业超前发展，所占份额呈现上升趋势；IS_i 小于 1，表示第 i 工业发展相对滞后，所占份额呈现下降趋势。

2. 偏离–份额分析

偏离–份额分析方法是开展区域产业竞争力评价，并揭示区域中具有竞争优势的产业部门的常用方法。该方法以区域所在上一层级区域经济发展状况为参照，将区域自身经济总量在某一时期的增长量分解为份额偏离分量、结构偏离分量和竞争力偏离分量 3 个分量（童江华等，2007），即

$$\begin{aligned}
G_{ij}&=N_{ij}+P_{ij}+D_{ij}\\
N_{ij}&=b'_{ij}\cdot R_j\\
P_{ij}&=(b_{ij,0}-b'_{ij})\cdot R_j\\
D_{ij}&=(b_{ij,0}-b'_{ij})\cdot R_j\\
G_{ij}&=B_{ij,0}\cdot r_{ij}=b_{ij,t}-b_{ij,0}
\end{aligned}$$

式中，N_{ij} 为份额偏离分量；P_{ij} 为结构偏离分量；D_{ij} 为竞争力偏离分量；初期区域 i 的经济总量规模为 $b_{i,0}$，末期经济总量规模为 $b_{i,t}$，把区域经济划分为 n 个产业部门，以 $b_{ij,0}$，$b_{ij,t}$（j=1, 2, …, n）表示区域 i 第 j 个产业部门在初期与末期的经济总量规模；以 B_0，B_t 表示上一层级区域初期与末期的经济总量规模，以 $B_{j,0}$ 与 $B_{j,t}$ 表示上一层级区域初期与末期的第 j 个工业部门的经济总量规模；区域 i 第 j 个工业部门的变化率为 $r_{ij}=(b_{ij,t}-b_{ij,0})/b_{ij,0}$；上一层级区域第 i 个工业部门的变化率为

$R_j=(B_{i,t}-B_{i,0})/B_{j,0}$；以上一层级区域各工业部门占经济总量规模的份额为参考，按下式可将区域各工业部门标准化：$b'_{ij}=b_{ij,0}\cdot B_{j,0}/B_0$。

3. 空间基尼系数

空间基尼系数是由Krugman等提出的用来测度某一地区工业集聚程度的度量方法，可以从宏观层面反映每个行业在研究区域内分布的均匀程度，数值越大，表明某一工业在地理上越集中，反之，则分布越均匀（樊秀峰和康晓琴，2013）。其计算公式为

$$G=\sum_{i}^{n}(s_i-x_i)^2 \tag{2-4}$$

式中，G 为空间基尼系数；s_i 为 i 地区某工业行业产值占江苏省该行业产值的比重；x_i 为该地区工业总产值占江苏省工业总产值的比重。

4. 专业化指数

工业专业化指数，也称区位熵，通常用来衡量某一地区工业专业化程度及其在高一层次区域中的地位和作用。本书用其来反映江苏省各地级市工业的相对发展水平和优势行业的地区分布，进而揭示江苏省工业分工的空间格局，数值越大表示专业化程度越高。其计算公式为（谢品等，2013）

$$\beta_{ij}=(q_{ij}/q_i)/(q_j/q) \tag{2-5}$$

式中，q_{ij} 为 i 区域 j 工业行业的总产值；q_i 为 i 区域工业总产值；q_j 为上一层次区域 j 工业行业的总产值；q 为上一层次区域工业总产值。考虑到本书主要研究江苏省工业转型，因此 q_j 表示江苏省 j 工业行业总产值，q 表示江苏省工业总产值。

（二）数据来源

考虑到数据的可获取性，本书以地级市为研究单元，时间尺度为2000～2012年，研究中涉及的数据主要来源于2001～2013年江苏省13个地级市的统计年鉴，以及相应年份的《江苏统计年鉴》《中国统计年鉴》和《中国工业统计年鉴》。将两位数行业划分为资源密集型、劳动密集型和资本技术密集型3类，以便分类型探讨工业转型的时空分异特征，考虑到工业部门的典型性，资源密集型工业选取

了采掘工业、石油加工、黑色金属、有色金属冶炼加工和非金属矿物加工等部门；劳动密集型工业选取的是食品加工制造、饮料制造、纺织、服装、皮革、造纸、文体用品和塑料制造等部门；资本技术密集型工业选取的是医药、普通机械、专用设备、交通设备、电气制造、电子制造、仪器制造和废弃资源材料回收加工等部门（郝俊卿等，2013）。

二、江苏省工业转型时间特征

（一）工业转型速度先快后慢，高级化程度快速提升

表 2-3 显示，研究期内江苏省工业转型系数整体上呈现先快后慢的变化趋势，而工业高级化指数则呈上升态势。从具体变化过程看，2003 年之前二者均呈现提高趋势，年均增长率分别为 106.3%和 1.36%，之后二者呈反向发展，工业转型系数呈波动性下降，年均下降 16.58%，而工业高级化指数呈波动性上升，年均增长 0.76%，显示出工业高级化与转型速度的不一致性，工业转型的过程并不一定是工业结构高级化的过程。从工业增长看，江苏省工业增长与工业结构转型速度的变化趋势大致相同但并非同时发生，工业增长速度快于工业转型，说明工业转型对工业发展的促进作用存在较为明显的滞后性。工业增长速度与工业结构高级化变化趋势相反，工业转型升级并不是依靠工业增长来推动的。

表 2-3　江苏省工业转型系数、工业高级化指数与工业增长速度变化（2000～2012 年）

指标	2000 年	2001 年	2002 年	2003 年	2004 年	2005 年	2006 年	2007 年	2008 年	2009 年	2010 年	2011 年	2012 年
工业转型系数		0.049	0.067	0.207	0.146	0.064	0.098	0.044	0.061	0.091	0.066	0.082	0.041
工业增长速度（%）		12.322	18.128	30.130	36.689	28.813	26.979	29.100	21.598	13.518	25.756	17.265	11.416
高级化指数	5.993	6.003	6.073	6.241	6.337	6.308	6.321	6.375	6.457	6.560	6.635	6.707	6.684

（二）增长最快行业由以资源密集型工业为主演变为以先进制造业和环保产业为主

2000～2005 年，产值增长速度处于前五位的行业包括黑色金属冶炼

(42.1%)、电子通信设备制造(37.5.0%)、有色金属冶炼(35.6%)、仪器仪表及文化办公用机械制造(30.0%)和木材加工(28.5%),主要为资源密集型行业;2006～2012年,产值增长速度处于前五位的行业包括废弃资源和废旧材料回收加工(44.9%)、交通运输设备制造(30.0%)、医药制造(27.9%)、电气机械及器材制造(27.7%)和仪器仪表及文化办公用机械制造(26.4%)等,表明江苏省领先增长产业已由"十五"时期的资源密集型工业演变为处于产业链较靠后位置的先进机械加工装配产业和有利于生态文明建设的环保产业,也进一步说明,近10年来,高附加值、高技术化、绿色化正成为江苏省工业结构转型的主要趋势。

(三)竞争优势行业由以劳动资源密集型工业为主转变为以资本技术密集型工业为主

以全国为参照对象,采用偏离-份额分析方法,分析江苏省竞争优势行业变化特征(表 2-4)。研究期内江苏省所有工业行业份额偏离分量和结构偏离分量均大于0,说明江苏省工业部门在全国均属于增长部门并具有较好的发展基础和优势。2000～2006年,工业竞争力偏离分量小于0的部门以劳动资源密集型产业为主,包括采掘业、食品加工制造业、饮料制造业、纺织业、皮革毛皮等及其制品业、家具制造业、造纸及纸制品业、印刷业和记录媒介的复制、石油加工及炼焦业、塑料和橡胶制品业、非金属矿物制品业、普通机械制造业和交通运输设备制造业12个行业。2006～2012年,竞争优势部门发生变化,劳动资源密集型行业除印刷业和记录媒介的复制和石油加工及炼焦业外,服装、木材加工、文体用品、金属冶炼加工、金属制品等行业演变为缺乏竞争力的行业,说明劳动资源密集型等传统优势工业的竞争力呈降低趋势。与之相反,医药制造、专用设备、交通运输设备、电气、电子仪器仪表等资本技术密集型部门的竞争优势明显提升。从经济增长总量看,2000～2006年电子、黑色金属冶炼加工、化学原料及制品、纺织、电气等行业占据经济增长总量前五位,2006年以后经济增长最快的部门为电气、电子、化学原料及制品、交通运输设备制造和黑色金属冶炼加工业等,表明进入"十一五"以来,随着江苏省积极推进技术水平和附加值高的先进制造业发展的政策,以及高新技术产业"双倍增"计划的实施,再加上各市积极的招商引资政策,促使电气、交通运输设备、专用设备等附加值高的资本技术密集型工业的竞争优势上升,而金属冶炼加工、纺织、金属制品等传统工业部门竞争优势下降,因此,江苏省具有竞争优势的部门正逐步由传统的劳动资源密集型工业转变为资本技术密集型工业。

表 2-4　江苏省各工业行业竞争偏离分量和经济增长总量

产业	2000～2006 年		2006～2012 年	
	D_{ij}	G_{ij}	D_{ij}	G_{ij}
采掘业	−75.76	214.03	−371.22	384.18
食品加工业	−418.09	486.89	−143.96	2460.90
食品制造业	−121.15	113.78	−98.31	417.56
饮料制造业	−8.16	151.67	−118.36	584.30
纺织业	−15.90	2428.20	−1719.72	2334.97
服装及其他纤维制品制造业	290.71	999.33	−648.59	1991.27
皮革毛皮等及其制品业	−98.56	166.92	−74.99	435.67
木材加工及竹藤棕草制品业	72.31	313.37	−142.46	1198.11
家具制造业	−59.77	83.26	−142.41	101.49
造纸及纸制品业	−9.24	389.58	−198.53	691.62
印刷业和记录媒介的复制	−23.94	72.57	153.76	370.52
文教体育用品制造业	8.22	182.04	−480.68	853.68
石油加工及炼焦业	−82.53	522.14	35.14	1275.49
化学原料及化学制品制造业	228.76	2901.35	39.16	9234.76
医药制造业	76.92	365.66	442.17	1767.13
化学纤维制造业	253.43	711.47	324.03	1437.77
塑料和橡胶制品业	−59.80	795.43	−896.09	1088.87
非金属矿物制品业	−232.36	623.30	−361.46	2546.11
黑色金属冶炼及压延加工业	1326.56	3345.50	−790.85	5821.04
有色金属冶炼及压延加工业	64.10	1181.53	−823.88	1956.21
金属制品业	180.59	1124.43	−548.02	3234.23
普通机械制造业	−643.46	1791.02	−420.58	4105.64
专用设备制造业	−184.46	763.99	268.66	3288.59
交通运输设备制造业	−170.08	1254.03	2711.22	6745.44
电气机械及器材制造业	289.67	2241.45	3765.67	9827.14
电子及通信设备制造业	2249.22	5448.76	2472.12	9788.40
仪器仪表及办公用机械制造业	99.41	508.74	1386.73	1973.07
其他制造业	−190.38	225.15	−6.18	336.20
废弃资源和废旧材料回收加工业			79.67	292.87
电力、蒸汽、热水的生产和供应业	−952.19	450.27	3.47	1232.23

（四）主导产业由纺织服装、普通机械、化工等行业演变为化工、电子电气、仪器仪表等行业

以 2000 年和 2012 年江苏省工业数据为基础，考虑区域分工差异、劳动力部门分布、经济规模、比较优势和经济效益等因素，选取区位熵、就业率、产值规模、产业贡献率、资金利税率和销售利润率 6 个指标，采用因子分析方法，计算出各工业行业的综合发展得分，并据其大小确定主导产业。综合发展得分处于前五位的行业由 2000 年的纺织业（0.65）、普通机械制造业（0.55）、化学纤维制造业(0.51)、化学原料及化学制品制造业(0.48)和服装及其他纤维制品制造业(0.43)等演变为 2012 年的仪器仪表及办公用机械制造业(0.68)、化学纤维制造业(0.67)、电子及通信设备制造业（0.55）、电气机械及器材制造业（0.55）和化学原料及化学制品制造业（0.43）等，表明江苏省化学纤维制造业和化学原料及化学制品制造业的主导地位一直较高，而资本、技术要求较高的仪器仪表及办公用机械制造业、电子及通信设备制造业和电气机械及器材制造业逐步代替了原本技术要求较低的纺织业、服装及其他纤维制品制造业、普通机械制造业成为主导产业，也说明江苏省工业结构层次大为提升，但各主导产业的主导作用的变化并不明显。

三、江苏省工业转型空间特征

（一）工业转型速度总体上呈现北快南慢格局

图 2-9 表明，江苏省工业转型速度较快的地区多分布于苏北地区，徐州、淮安、盐城、连云港 4 市工业转型系数均在 0.7 以上，主要是由于 2004 年以来江苏省先后实施了东陇海产业带建设、江苏沿海开发、“一市一策”等区域发展战略，促进了苏北地区工程机械、汽车等工业部门快速成长，从而使得该地区工业结构加速转型；苏中、苏南地区工业转型系数平均值分别为 0.63 和 0.58，均低于苏北地区，主要是由于 2003 年江苏省实施的沿江开发战略旨在促进化工、石化、钢铁等制造业的发展，推动了苏南工业的重化工化过程，同时，由于该地区工业结构层次高，工业转型主要表现为两位数行业内部及产品结构的调整升级，所以从两位数行业尺度上度量的工业转型系数较低。从工业结构变化看，2012 年，苏南、苏北地区资源密集型工业产值比重分别比 2000 年下降了 1.40 个百分点和 6.48 个百分点，而资本技术密集型工业比重则分别提高了 15.03 个百分点和 16.82 个百分点，表明苏南地区工业结构变化幅度要小于苏北地区。以上分析表明，苏北地区工业结构调整速度快，使得江苏省工业转型速度呈现苏北快而苏南慢的发展格局。

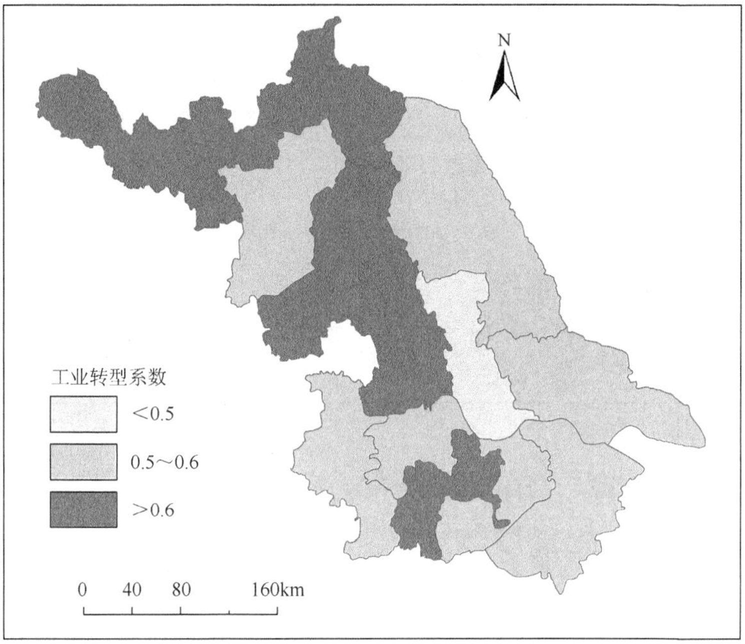

图 2-9　江苏省工业转型系数的区域差异（2000～2012 年）

（二）工业结构高级化程度由南高北低格局向外围高而环洪泽湖地区低的碟形格局演化

图 2-10 表明，2000 年，泰州市工业高级化指数最高，为 6.898，而宿迁市最低，为 4.892，绝对差值为 2.006；2012 年，扬州市工业高级化指数最高，为 7.038，而宿迁市最低，为 5.121，绝对差值为 1.917，同期江苏省工业高级化变差系数由 0.104 减少到 0.083，表明江苏省工业高级化程度的区域差异呈缩小趋势。从空间格局看，2000 年，苏南、苏中、苏北地区工业高级化指数分别为 6.173、6.087 和 5.189，全省工业高级化程度呈现南高北低的空间格局；2012 年，环洪泽湖地区工业高级化指数平均值为 5.517，而外围地区平均值为 6.651，说明江苏省工业高级化程度呈现外围高而环洪泽湖地区低的碟形空间格局特征。从工业高级化年均递增速度看，处于低速增长的地级市有泰州、宿迁、南京、常州 4 市，处于中速增长的有无锡、苏州、淮安、盐城 4 市，处于高速增长的有镇江、南通、扬州、徐州、连云港 5 市，表明沿东陇海产业带地区建设成效显著，工业高级化转型加快；而苏中融合发展战略的实施促使苏中（南通、扬州）工业高级化进程加速推进。

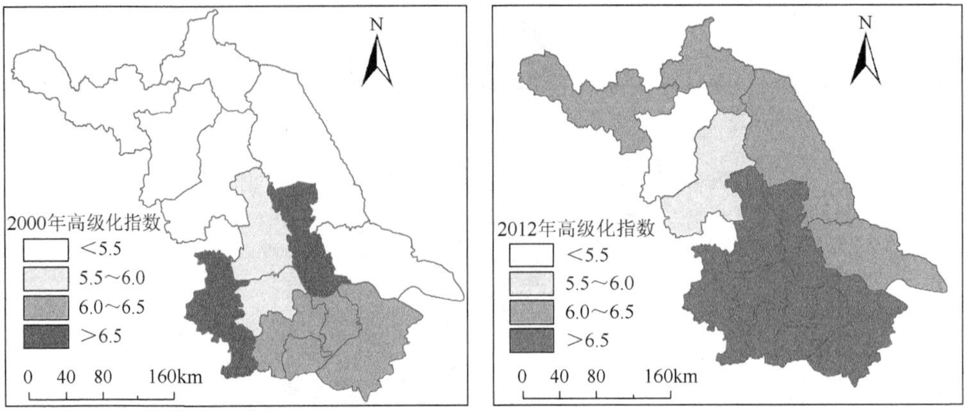

(a)　(b)

图 2-10　江苏省高级化程度区域差异格局演化（2000～2012 年）

（三）工业转型方向区域差异明显

通过比较 2000～2006 年和 2006～2012 年两个时间段劳动密集型、资源密集型、资本技术密集型 3 类行业的工业结构超前系数的大小，判断某一区域该类工业是否具有发展后劲。若 2006～2012 年工业结构超前系数大于 2000～2006 年，则表明该类工业行业发展后劲较强，反之，则发展后劲较弱，据此，判断出江苏省 13 个地级市的工业转型方向（表 2-5）。由表 2-5 可知，研究期内江苏省劳动密集型工业普遍呈滞后状态，增长能力不足，并且除宿迁市外，其余 12 市的资源密集型工业发展后劲均较弱。资源密集型工业发展空间差异显著，苏北的盐城、连云港 2 市的资源密集型工业发展超前且具有较强的发展后劲，主要是由于江苏沿海开发战略的实施，推动此类工业快速增长；南京、无锡、常州、镇江和泰州 5 市的资源密集型工业产值占比虽有所上升，属超前发展，但特大型基地龙头企业不多，抗市场风险能力有待加强，发展后劲需提高；苏州、扬州、南通、徐州、淮安和宿迁 6 市资源密集型工业发展滞后，超前系数均小于 1。资本技术密集型工业与劳动密集型工业发展态势相反，江苏省 13 个地级市均处于超前发展态势，其中盐城、连云港 2 市该类工业超前发展趋势放缓，后劲相对较弱，而其余 11 市该类工业发展后劲较足。上述分析表明，资本技术密集型工业正成为苏南、苏中及苏北腹地工业转型的主导方向，苏北沿海地区则以资源密集型工业为工业转型的主导方向。

表 2-5　江苏省要素密集型工业类型划分及区域分布

工业类型	分类	区域名称
劳动密集型工业	发展滞后，后劲较强	宿迁
	发展滞后，后劲较弱	南京、苏州、无锡、常州、镇江、扬州、泰州、南通、徐州、淮安、盐城、连云港
资源密集型工业	发展超前，后劲较强	盐城、连云港
	发展超前，后劲较弱	南京、无锡、常州、镇江、泰州
	发展滞后，后劲较弱	苏州、扬州、南通、徐州、淮安、宿迁
资本技术密集型工业	发展超前，后劲较强	南京、无锡、常州、镇江、扬州、泰州、南通、徐州、淮安、宿迁、苏州
	发展超前，后劲较弱	盐城、连云港

（四）工业空间集聚整体上呈南北高、中间低的“凹”字形分布格局

图 2-11 显示，江苏省工业空间集聚在研究期内一直保持着明显的南北高、中间低的“凹”字形梯度差异。由于历史、地理位置等原因，苏南地区工业体系完整，规模经济强，再加上靠近上海便于接受产业转移，其工业集聚水平一直处于江苏省领先地位，尤其是苏州和无锡 2 市工业空间基尼系数远高于其他地区，成为江苏省经济发展的核心区域。南京市作为省会城市，拥有政策、技术、智力等方面的优势，工业空间集聚程度也相对较高。苏北地区处于工业化中期后半段，工业空间集聚程度偏低，仅徐州市作为淮海经济区中心城市，以丰富的自然资源为发展基础，其工业空间集聚程度较高。因此，从区域尺度看，江苏省工业空间

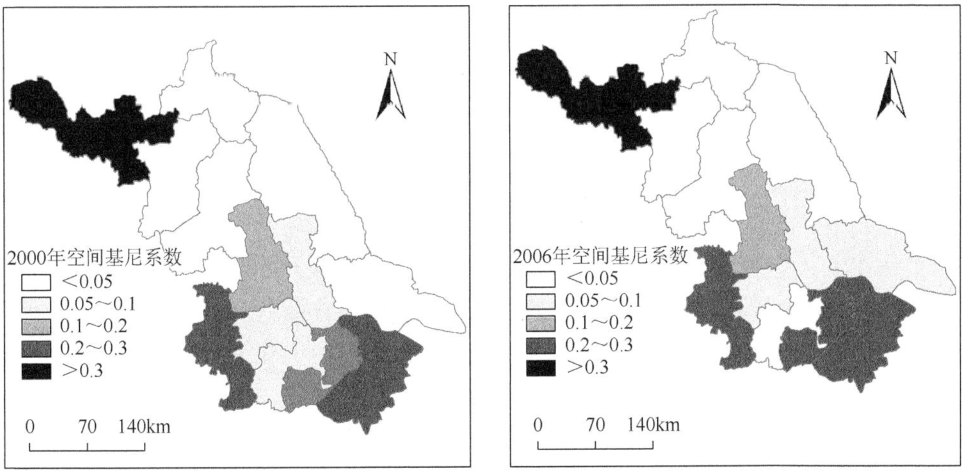

(a)　　(b)

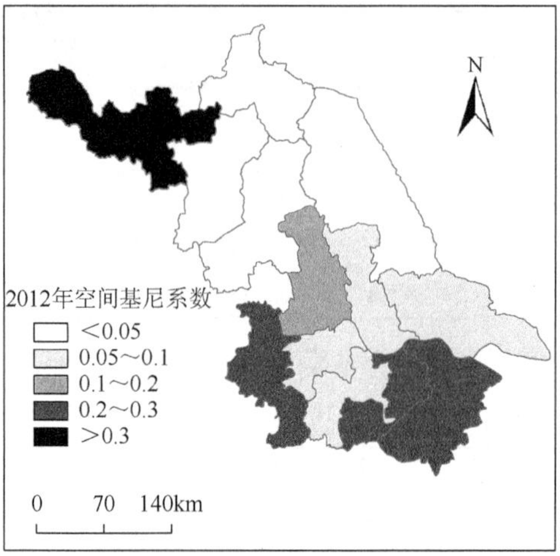

(c)

图 2-11　江苏省工业空间基尼系数的区域格局演变（2000～2012 年）

集聚形成苏州-无锡、南京和徐州“三足鼎立”的空间格局，这在一定程度上说明江苏省推进苏锡常、南京和徐州三大都市圈建设的正确性。从发展趋势看，2000～2012 年，苏州、无锡、南通、泰州、徐州 5 市的工业集聚程度呈增强趋势，而其余城市则呈减弱趋势，表明研究期内江苏工业由集聚度高的地区向低的地区扩散的趋势不明显，江苏省市场一体化进程仍处于新经济地理理论中的第二阶段（吴三忙和李善同，2010），今后应采用有效措施，加快推进工业由高集聚区域向低集聚区域扩散转移，提高区域经济一体化程度。

（五）工业专业化水平呈现以苏州、无锡为核心向外围逐次降低的圈层分布格局

随着经济市场化的深入发展，江苏省内各种资源的配置更为优化，资源利用更为有效，工业专业化分工格局更趋明显。图 2-12 显示，研究期内资源密集型工业专业化指数均大于 1 的城市包括南京、无锡、徐州、连云港 4 市，与 2000 年相比，2012 年常州市表现出明显的资源密集型工业专业化优势，而淮安市该类工业的专业化优势消失；2012 年，具有劳动密集型工业专业化优势的城市包括南通、徐州、淮安、盐城和宿迁 5 市，与 2000 年相比，镇江、扬州和连云港 3 市的劳动密集型工业专业化优势不再，但其专业化指数明显高于南京、苏州、无锡、常州 4 市；2012 年，具有资本技术密集型工业专业化优势的城市包括南

京、苏州、镇江、扬州和泰州5市，与2000年相比，无锡、常州2市的资本技术密集型工业专业化优势不再。因此，说明江苏省工业专业化空间分工呈现明显的圈层分布格局：核心圈层包括苏州、无锡、常州、南京4市，它们的工业技术水平最高，以电子及通信设备制造业、黑色金属冶炼及压延加工业、化学纤维制造业、电气机械及器材制造业、有色金属冶炼及压延加工业等资源密集型和资本技术密集型工业为主；中间圈层包括镇江、扬州、泰州和南通4市，它们的工业技术水平次之，以文教体育用品制造业、纺织业、皮革毛皮等及其制品业、交通运输设备制造业、电气机械及器材制造业等资本技术密集型和劳动密集型工业为主；外圈层包括徐州、淮安、盐城、连云港、宿迁5市，它们的工业技术水平相对落后，以木材加工及竹藤棕草制品业、饮料制造业、采掘业、食品加工业、其他制造业等资源密集型和劳动密集型工业为主。虽然各圈层工业类型相似，但在工业层次上却存在差异：资源密集型工业，在核心圈层偏向于金属冶炼等市场导向性较强的部门，在外圈层受资源禀赋优势和历史基础的影响，更偏向于采掘业等资源导向性部门；劳动密集型工业，受城市化水平和土地成本差异的影响，中间圈层以文教体育用品制造、纺织和皮革生产等市场导向性较强的部门为主，而在外圈层则以木材、饮料、食品等部门为主，原料导向性更明显（图2-13）。

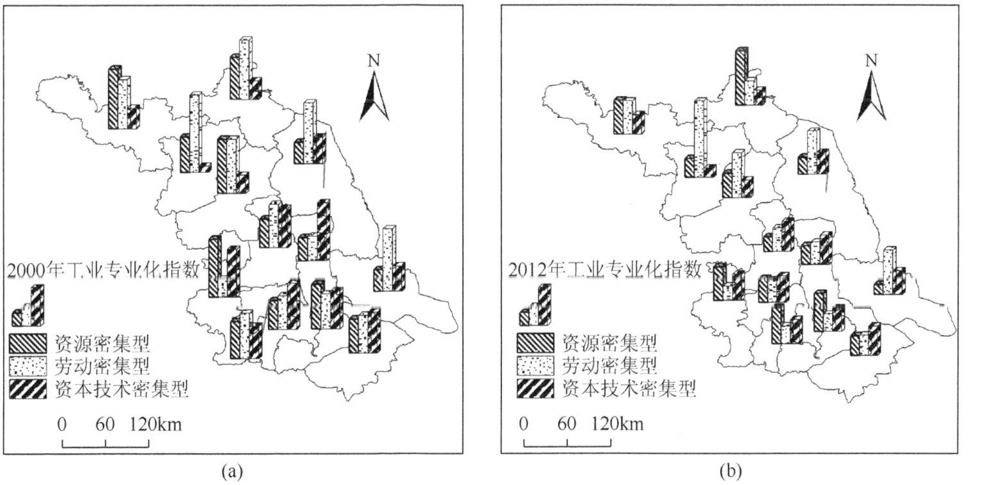

图2-12　江苏省工业专业化的区域比较（2000年和2012年）

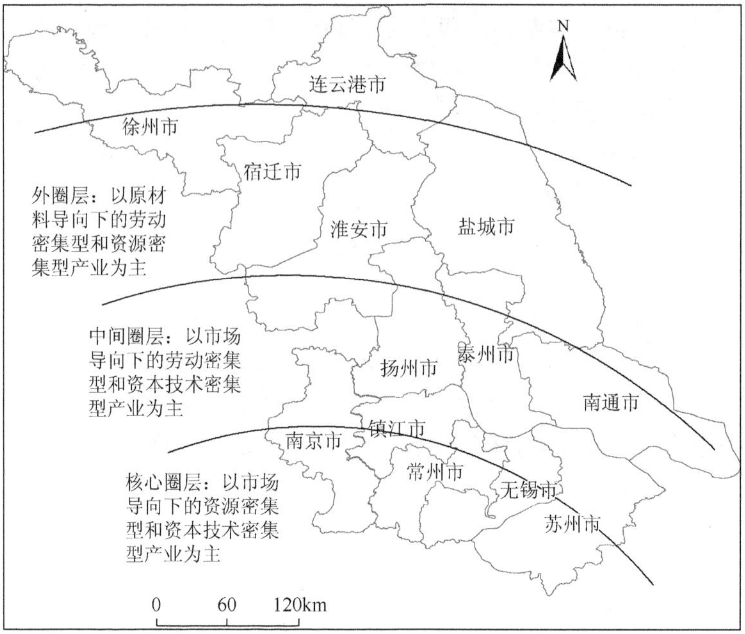

图 2-13　江苏省工业专业化圈层空间结构示意图

四、江苏省工业转型时空分异的机理分析

江苏省发展环境的区域差异决定着江苏省工业转型时空分异的特殊性。结合上文分析，江苏省工业转型时空分异的主要驱动力包括以下几个方面。

（一）资源禀赋的作用机制

资源禀赋的区域差异是造成江苏省工业转型时空分异的基础支撑力，规定着各地区工业转型的出发点和重点。不同的资源禀赋要素对工业转型区域差异的影响程度是不同的。2000～2005 年，江苏省工业转型加速，并经历重化工化过程，所以这一时期经济发展阶段、工业基础、劳动力成本 3 个因素对工业转型区域差异的影响趋于增强，变差系数分别由 0.624、0.753 和 0.216 增加到 0.741、0.944 和 0.277，而人力资源质量、产业结构层次两个因素的作用在下降，变差系数分别由 0.953、0.138 降低到 0.674 和 0.122。2005～2012 年，江苏省进入以发展高新技术产业为重点的工业转型期，所以人力资源质量对工业转型区域差异的驱动作用趋于增强，其差异系数由 0.674 提高到 0.806，相对而言，其他因素的作用在减弱。总体来看，研究期内人力资源质量、工业化程度及经济发展阶段是造成江苏省工业转型区域差异的主要资源禀赋因素，这 3 个因素的变差系数平均为 0.811、0.827 和 0.597，远高于劳动力成本和产业结构水平，它们的变差系数分别为 0.217 和 0.119，表明包括区域人力资源、工业基础和发展阶段在内的资源禀赋因素是引起江苏省工业转型空间差异的主要驱动力。

（二）技术创新的驱动机制

技术创新不仅是引导经济社会发展的主导力量，也是推动区域工业转型升级的根本动力和关键路径。随着江苏省沿沪宁线高新技术产业带和创新型省份建设推进计划的实施，实现由传统产业向附加值高、物耗少、能耗少、环境污染少为特征的高新技术产业转型成为江苏省工业转型升级的主要方向。然而，技术创新能力的区域差异又造成了江苏省工业转型的空间分异。2000 年，以每万人拥有专利申请量衡量技术创新能力的变差系数达 1.053，之后以发展先进制造业为主的工业重型化使得技术创新的驱动作用减弱，到 2005 年变差系数下降到 0.760。近年来，伴随着江苏省产业转型升级工程推进计划的实施，技术创新能力对江苏省工业转型区域差异的影响在增强，2012 年变差系数增加到 0.969。因此，技术创新能力的提高，将对江苏省高新技术产业发展和工业结构演化产生巨大的推动作用。

（三）贸易需求的引导机制

工业发展的区域差异是我国经济社会发展空间差异的主要体现。在经济市场化深入推进的趋势下，处于较优发展区位、较高发展水平的区域具有较强的资源、资金、技术、人才的吸纳能力，而处于较低发展水平的区域集聚经济要素的能力较弱，由此造成区域工业结构转型的时空异质性。近 10 年来，随着江苏省开放型经济的深化，经济市场化和全球化程度制约着江苏省工业转型的区域差异，2000～2012 年，江苏省以人均社会消费品零售总额测度的市场化程度的变差系数由 0.583 提高到 0.644，表明经济市场化程度对工业转型区域差异的影响作用增强；受 2008 年以来经济危机的影响，研究期内江苏省以进出口总额占 GDP 比重测度的全球化程度的变差系数由 1.066 降低到 1.018，说明对外开放对江苏省工业转型时空分异的影响有弱化趋势。总体来看，国际贸易需求对江苏省工业转型区域差异的影响作用要强于国内贸易需求。在新的发展形势下，深入推进开放型经济发展仍将是促进江苏省工业转型的主要动力。

（四）区域政策的调控机制

区域政策是调控区域工业转型走势的主要因素。改革开放以来，江苏省为推动区域协同发展和产业转型升级而实施了不同的区域政策，引导着江苏省工业转型空间格局的演化。2000年以来，江苏省为推动苏北振兴，先后实施了苏北大发展战略、沿东陇海产业带建设、江苏沿海开发战略，以及包括产业、财政、科技成果、劳动力在内的“四项”转移工程，还实施了振兴徐州老工业基地、加快淮安苏北中心城市建设等“一市一策”的措施，促进了苏北资源密集型、劳动密集型工业向资本技术密集型工业的转型升级；在苏中，则实施苏中融合发展战略，促进苏中工业资本技术密集型产业发展；而在苏南，除积极落实“苏南现代化建设示范区”“苏南自主创新示范区”两项国家战略外，还实施了沿江开发战略、沿沪宁线高新技术产业带建设等区域战略，促进了该地区高新技术产业的快速发展。这些区域战略政策措施的实施，不仅推进了江苏工业转型的高级化进程，也促进了江苏工业转型空间格局的优化。

在影响江苏工业转型时空格局演化的各种变量中（图2-14），资源禀赋是促进工业转型的基础支撑力，技术创新是内在驱动力，贸易需求是市场引导力，而区域政策则是工业转型的外在调控力。江苏省工业转型时空格局的形成与演进正是依托原有工业基础及资源禀赋条件，并由技术创新、市场贸易、社会需求和区域政策等一系列内外因素驱动的。

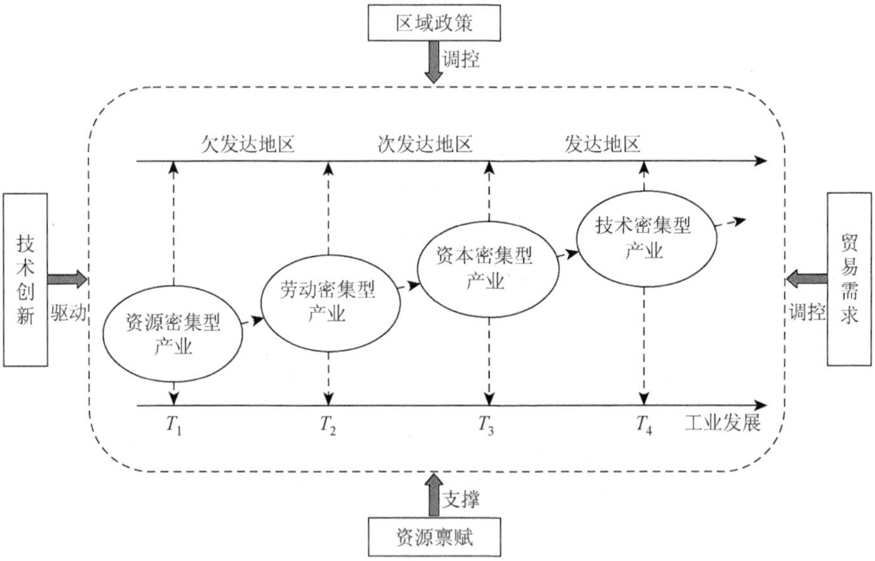

图2-14　江苏省工业转型时空分异的驱动力与机理

第三节　资源环境特征分析

资源环境特征是区域产业系统的环境适应对象，也是协调产业发展与资源环境相互关系的关键。

一、资源基础

（一）土地资源

江苏省土地类型以平原为主，耕地资源相对不足。2012年，江苏省耕地面积为468.81万hm^2，占全国的3.8%，人均耕地为0.063hm^2，比全国平均水平（0.090hm^2）低0.027hm^2，耕地资源稀缺。此外，江苏省后备土地资源主要为沿海滩涂，开发难度大、成本高。因此，作为东部沿海经济发达的省份，江苏省人地矛盾更为突出。

此外，2012年，江苏省建成区面积为3655.1km^2，居全国第三位，仅次于广东省与山东省，占全国的比重为8.02%，其中建成区面积最大的是南京市区（694km^2），是最小的扬中市（12km^2）的57.8倍。2012年，建成区绿化覆盖率为42.2%，其中最高的县域常熟市（44.6%）比最低的丰县（36.5%）高8.1个百分点，可以得出各县域之间在环保绿化方面存在着较大的差距。

（二）水资源

江苏省水资源十分丰富，2012年水资源总量达373.33亿m^3，而该省全年总用水量为552.2亿m^3，万元GDP用水量（102.1m^3）比全国平均水平（118.4m^3）低16.3m^3，说明江苏省水资源利用率高于全国平均水平；人均单位用水量为697.2m^3，比全国平均水平高出243.6m^3。

随着人口增长、经济发展和城镇化进程的不断推进，江苏省水资源的供需矛盾将日益加剧，主要存在以下问题：①水资源污染严重。作为我国重要的工业省份之一，江苏省经济快速发展必然会对自然资源带来影响。2012年，江苏省废水排放总量为58.84亿t，占全国的8.6%，其中工业废水排放量为23.52亿t，占排放总量的39.97%。这些废水的排放对水资源环境造成了严重污染。②水资源浪费严重。江苏省农业灌溉面积大，农业用水在江苏省用水总量中占了很大一部分。2012年，江苏省第一产业用水总量为305.3亿m^3，占总用水量的59.4%，其中农田灌溉用水为267.8亿m^3，占第一产业用水的87.7%。由于灌溉管理体制不健全，工程配套不足，灌溉技术落后，大部分灌溉地区渠道输水损失严重，灌溉利用率低，造成了水资源的极大浪费。

（三）能源消耗

在能源资源方面，江苏省的能源储备十分有限，一次能源中煤炭在全省的分布不均，主要集中在西北部的徐州矿区和丰沛矿区，两地储量占全省保有储量的 80% 以上。江苏省一次性能源少，是一个典型的缺能省份，所需能源大部分需要从省外或国外进口，2012 年江苏省一次能源生产量仅为 2751.62 万 tce[①]，消费总量却达到了 28 849.84 万 tce，自给率仅为 9.5%，能源缺口巨大，易受国内外能源价格波动的冲击，从而影响经济发展的稳定性。在江苏省发展历史上，能源短缺曾制约经济的发展。早在 20 世纪 80 年代，江苏省就已把解决能源问题作为工作重点，其采取各项措施来解决这个问题。江苏省能源资源主要面临以下问题：①能源消费增长与能源短缺之间的矛盾日益增大。2000～2012 年，江苏省能源消费总量由 8612.43 万 tce 增长到 28 849.84 万 tce，年均增长率达 9.75%，消费量不断提升，与之相反的是江苏省能源资源的日益减少。②江苏省能源消费结构以煤、石油为主，且能源利用效率偏低，环境污染严重。江苏省是我国煤炭消费大省，所消费的煤炭量居全国前列，煤炭燃烧产生的大量烟尘、二氧化硫等有害物质对环境破坏极大。2012 年，江苏省单位 GDP 能源消费量为 0.55tce/万元，能源利用效率高于全国平均水平（全国单位 GDP 能耗为 0.67tce/万元）。但江苏省各县域单位 GDP 能耗存在着比较大的差异，2012 年最高的张家港市为 1.88tce/万元，最低的扬中市仅为 0.06tce/万元。这是因为张家港市工业比较发达，高耗能产业比重较大，能源利用效率低。

从以上分析可知，江苏省人地矛盾突出、水资源浪费严重、能源利用率低等资源问题明显，这些资源问题的存在在一定程度上阻碍了江苏省产业生态化水平的提升，而对资源特征及存在问题的分析又可为产业生态化水平的提升提供决策参考依据。

二、环境质量

环境质量状况主要体现为各产业所产生的“三废”（废水、废气、固体废弃物）所引起的环境污染状况。基于环境数据的可获得性，本书所分析的江苏省环境质量特征主要包括工业生产对环境所造成的污染。工业对环境造成的污染指标主要包括水环境（工业废水排放量及排放达标率）、大气环境（工业废气排放总量、工业烟尘产生量、工业二氧化硫排放量、工业粉尘排放量）、工业固体废弃物环境

① tce 即吨标准煤。

（工业固体废弃物产生量、工业固体废弃物综合利用率），共 8 项指标。本书主要针对 1990～2012 年江苏省环境质量进行研究，统计数据主要来源于《江苏统计年鉴》（1991～2013 年）、《中国统计年鉴》（1991～2013 年）。

（一）水环境污染特征

图 2-15 显示，1990～2000 年，江苏省工业废水排放出现了短暂缓慢下降的趋势，随后出现波动上升与下降，但基本上维持在 21 亿 t 左右。2000 年以后，江苏省工业废水排放量出现了急剧上升的趋势，由 2000 年的 20.19 亿 t 上升到 2001 年的 27.10 亿 t，接着出现了波动下降与上升的趋势，在 2005 年出现了最大值 29.63 亿 t，随后又出现了缓慢下降的趋势，2010 年降到 23.61 亿 t。

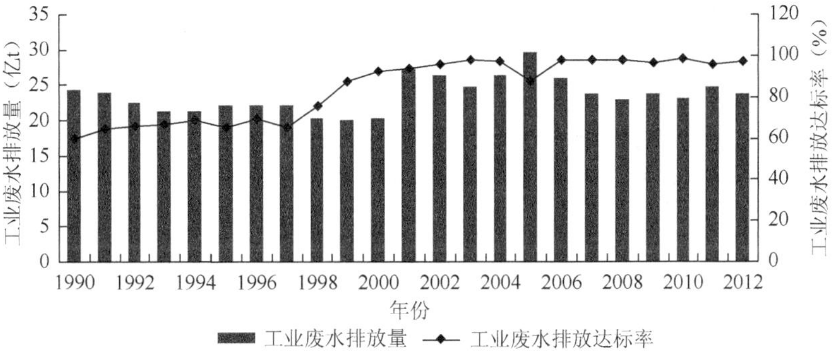

图 2-15　江苏省工业废水排放量与排放达标率（1990～2012 年）

图 2-16 反映的是江苏省工业废水排放的变动过程与幅度。以 1990 年排放量为 100 计算了江苏省工业废水排放量增长指数。从整体上看，1990～2000 年江苏省废水排放呈现缓慢下降的趋势，由 1990 年的 100 下降到 2000 年的 83.3；2000～2004 年呈现波动上升趋势；2005 年后呈现下降趋势，且波动幅度较大。

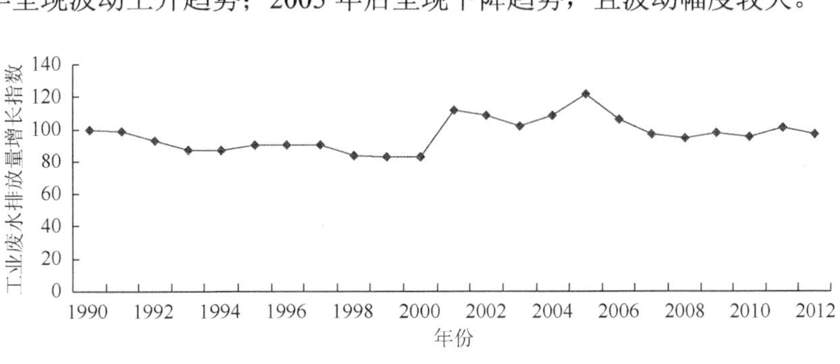

图 2-16　江苏省工业废水排放量增长指数（1990～2012 年）

（二）大气环境污染特征

图 2-17 反映了 1990～2012 年江苏省工业烟尘排放量、工业二氧化硫排放量和工业粉尘排放量的变化趋势。工业烟尘排放量在 20 世纪 90 年代初期增长比较缓慢，由 1990 年的 62 万 t 增长到 1991 年的 66 万 t；随后 1993 年急速下降到 54 万 t；到 1994 年出现最高峰 64 万 t；经过 1995～1997 年的上升期、1998～2003 年的不断下降期、2004～2005 年的短暂上升期，随后不断下降，在 2012 年出现最低值 22 万 t。

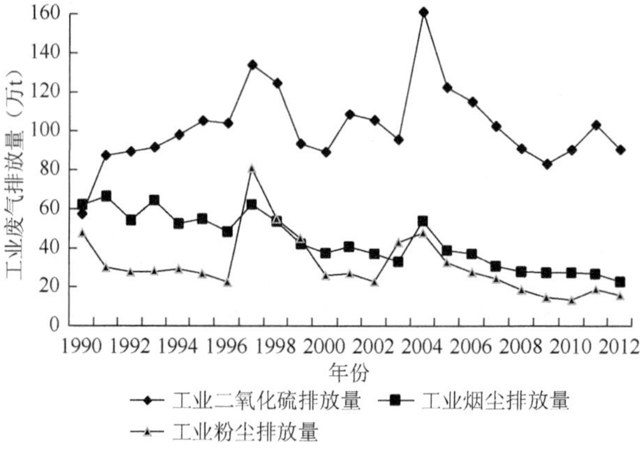

图 2-17　江苏省工业烟尘、工业二氧化硫、工业粉尘排放量（1990～2012 年）

工业二氧化硫排放量在 20 世纪 90 年代初期变化幅度不大，1994～1997 年出现急速上升期，并出现最大值 133 万 t；1998～2000 年出现短暂下降，达到 89 万 t；经过 2001～2005 年的上升期与 2006～2009 年的缓慢下降，2012 年又出现了回升趋势，达到了 90 万 t。

工业粉尘排放量波动频率比较大，在 20 世纪 90 年代初期基本上呈现下降趋势，由 1990 年的 48 万 t 波动下降到 1996 年的 23 万 t；在 1997 年达到最高值 81 万 t，之后出现急速下降，到 2002 年为 23 万 t；2003 年上升到 43 万 t，随后大幅度下降，到 2012 年为 16 万 t。

以 1990 年为 100 分别计算了江苏省工业废气及主要污染物的增长指数。从图 2-18，图 2-19 可以看出，工业废气排放总量处于大幅度上升态势；工业烟尘处于波动下降趋势；工业二氧化硫处于先上升后波动下降的趋势；而工业粉尘整体上则处于波动下降趋势。

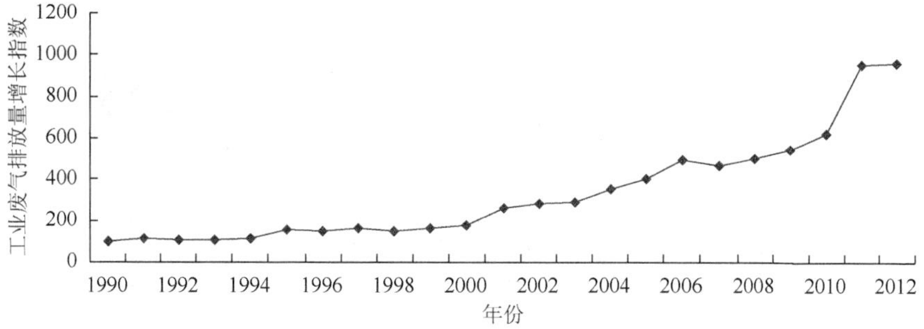

图 2-18　江苏省工业废气排放量增长指数变化（1990～2012 年）

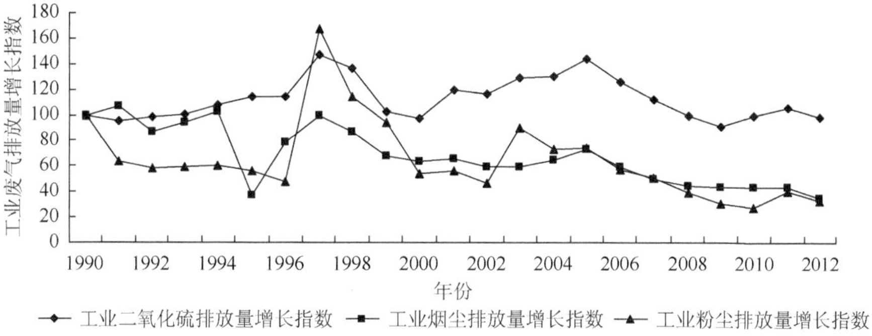

图 2-19　江苏省工业烟尘、工业二氧化硫、工业粉尘排放量增长指数变化（1990～2012 年）

（三）工业固体废弃物排放特征

1990～2012 年，江苏省工业固体废弃物产生量的变化过程如图 2-20 所示。从整体上看，江苏省固体废弃物产生量呈现上升的态势，1990 年为 1606 万 t，2012 年上升到 9935 万 t，年均增长率达 8.6%。在综合利用率方面，整体上呈现上升的趋势，1990 年仅为 50%，2012 年利用率达到了 95%，说明江苏省资源循环利用能力不断增强。

以 1990 年固体废弃物产生量为 100 计算了产生量增长指数（图 2-21），可以看出，工业固体废弃物增长指数整体上呈上升趋势，固体废弃物的增长对江苏省环境造成的影响不容小觑。

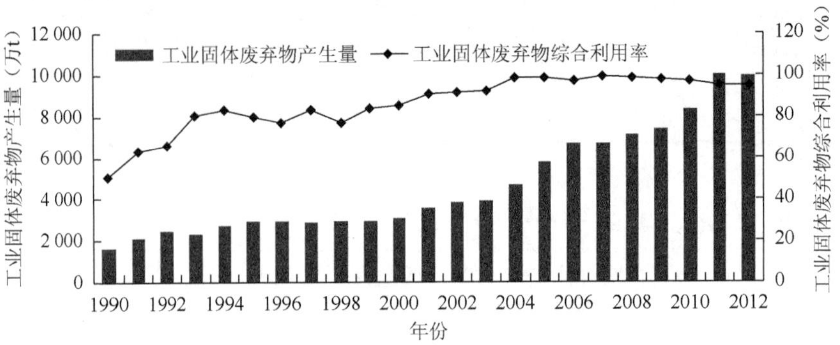

图 2-20　江苏省工业固体废弃物产生量及综合利用率（1990～2012 年）

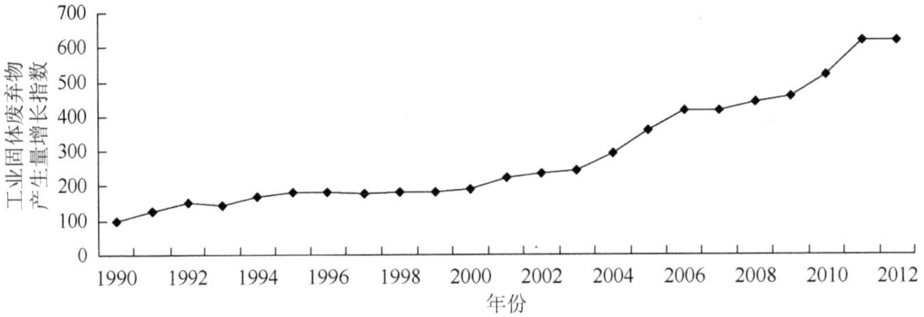

图 2-21　江苏省固体废弃物产生量增长指数（1990～2012 年）

由上述分析可知，江苏省工业废气、固体废弃物在排放总量上不断提升，这与江苏省目前处于工业化高速发展阶段及工业结构偏重化趋势明显有关。此外，工业废水、工业二氧化硫、工业烟尘、工业粉尘排放量等则呈现出波动下降趋势。

第四节　产业与环境协调发展格局分析

生态文明建设的关键是经济与环境协调发展，核心在于产业与环境协调，即产业系统对环境系统的胁迫作用和环境系统对产业系统的约束作用。本节从时空耦合视角探讨江苏省产业-环境系统协调发展格局特征，并从产业结构视角解析经济与环境协调关系的形成机制。

一、研究方法

（一）产业与环境子系统评价指标体系的建立

遵循整体性、层次性和可操作性原则，建立产业-环境复合系统综合评价指标体系（表 2-6）。产业系统评价主要考虑产业发展实力、产业发展潜力、产业发展活力 3 个方面，其中，产业发展实力测度选取人均地区生产总值、人均工业总产值和人均财政收入 3 个指标；产业发展潜力测度选取全社会固定资产投资总额、地方财政一般预算内支出 2 个指标；产业发展活力测度则选取客运总量、货运总量和社会消费品零售总额 3 个指标。环境子系统主要从环境污染、环境治理与环境建设 3 个方面进行评价，环境污染主要选取万元工业产值废水排放量、万元工业产值二氧化硫排放量 2 个指标；环境治理主要选取工业固体废物综合利用率、城市污水处理率 2 个指标，环境建设主要选取人均绿地面积和建成区绿化覆盖率 2 个指标。

表 2-6　产业与环境子系统综合评价指标体系

系统	层次	指标	单位	指标类型
产业综合评价	发展实力	人均地区生产总值	元	正向
		人均工业总产值	元	正向
		人均财政收入	元	正向
	发展潜力	全社会固定资产投资总额	万元	正向
		地方财政一般预算内支出	万元	正向
	发展活力	客运总量	万人	正向
		货运总量	万 t	正向
		社会消费品零售总额	万元	正向
环境综合评价	环境污染	万元工业产值废水排放量	t/万元	负向
		万元工业产值二氧化硫排放量	t/万元	负向
	环境治理	城市污水处理率	%	正向
		工业固体废弃物综合利用率	%	正向
	环境建设	人均绿地面积	m^2	正向
		建成区绿化覆盖率	%	正向

（二）评价对象与数据来源

本节选取江苏省及其 13 个地级市为研究对象，产业与环境子系统指标数据主要来源于 2001～2013 年的《江苏统计年鉴》《中国城市统计年鉴》，以及相应年份的 13 个地级市统计年鉴和环境状况公报。

（三）数据标准化及权重确定

1. 数据标准化

产业-环境耦合系统由产业和环境两个子系统构成，每个子系统由若干个指标组成，指标中既有正向指标又有负向指标，为使不同指标具有可比性，需进行标准化处理，具体计算公式（尹海伟和孔繁花，2005）如下：

$$d_{ij}=\frac{x_{ij}-x_{ij_{\min}}}{x_{ij_{\max}}-x_{ij_{\min}}}\text{(正向指标即越大越好型指标)} \tag{2-6}$$

$$d_{ij}=\frac{x_{ij_{\max}}-x_{ij}}{x_{ij_{\max}}-x_{ij_{\min}}}\text{(负向指标即越小越好型指标)} \tag{2-7}$$

式中，x_{ij} 为子系统 i 指标 j 的原始值；$x_{ij_{\max}}$ 为子系统评价区内指标 j 的最大值；$x_{ij_{\min}}$ 则为指标 j 的最小值；d_{ij} 为指标 j 的标准化值，且 $0\leqslant d_{ij}\leqslant 1$，$d_{ij}$ 反映目标的满意度，即当 $d_{ij}=0$ 时，表示最不满意，当 $d_{ij}=1$ 时，表示最满意。

2. 权重确定

指标权重对系统功效的综合评价十分重要，层析分析法、专家经验评估法，以及主成分分析法是确定权重的常用方法，而熵值法是一种在综合考虑各因素提供信息量的基础上计算综合指标的方法，比层次分析法和专家经验评估法更为客观。因此，本节采用熵值法来确定权重：

$$p_{ij}=\frac{x_{ij}}{\sum_{i=1}^{m}x_{ij}} \tag{2-8}$$

$$e_{ij}=-\left(\frac{1}{\ln m}\right)\sum_{i=1}^{m}(\lambda_{ij}\ln\lambda_{ij}) \tag{2-9}$$

$$w_{ij} = \frac{(1-e_{ij})}{\left(m - \sum_{i=1}^{m} e_{ij}\right)} \tag{2-10}$$

式中，p_{ij}为子系统第 i 年（或区域）中指标 j 的标值比重；e_{ij}为系统第 i 年（或区域）指标 j 的熵值；m 为指标对象数；由于指标进行标准化处理，x_{ij}中出现 0，p_{ij}中也有 0，因此在熵值计算时所有比重都需加 1，以使其中的非正值 0 达到最小正整数：$\lambda_{ij} = p_{ij} + 1$；$w_{ij}$为子系统 i 指标 j 的权重；$\sum_{i=1}^{m} w_{ij} = 1$。

（四）子系统功效综合评价

子系统综合功效是子系统内所有指标对其贡献的综合，可通过集成法实现，公式为（马丽等，2012）

$$Z_1 = \sum_{j=1}^{n} w_{1j} \times x_{ij} \tag{2-11}$$

$$Z_2 = \sum_{j=1}^{n} w_{2j} \times x_{ij} \tag{2-12}$$

式中，Z_1为产业系统综合功效；Z_2为环境系统综合功效；w_{1j}为产业系统指标 j 的权重；w_{2j}为环境系统指标 j 的权重；x_{ij}为相应子系统内各指标的标准化值；n 为产业系统或环境系统指标的数量。

（五）区域产业发展与环境污染耦合协调度评价

借鉴物理学中的容量耦合概念及其容量耦合系数模型，建立产业与环境 2 个子系统耦合度模型（马丽等，2012）：

$$C = 2\sqrt{\frac{Z_1 \times Z_2}{(Z_1 + Z_2)^2}} \tag{2-13}$$

式中，C 为产业与环境 2 个子系统的耦合度，由于 Z_1和 Z_2的值都介于 0～1，$0 \leqslant C \leqslant 1$。$C$ 值越小，表明系统的耦合度越小，系统内部各要素之间的相关度越小，系统越无序；C 值越大，表明系统的耦合度越大，系统内部各要素之间的相关度越大，系统越有序。总结目前众多学者对产业环境耦合度分段的方法，采用中值分段法，将产业与环境系统耦合划分为 4 个阶段（表 2-7）。

表 2-7　耦合度阶段划分表

耦合度	$0 \leqslant C \leqslant 0.3$	$0.3 < C \leqslant 0.5$	$0.5 < C \leqslant 0.8$	$0.8 < C \leqslant 1.0$
耦合阶段类型	不耦合阶段	初级耦合阶段	中度耦合阶段	良性耦合阶段

当两个系统发展水平都较高或较低时，C 值都偏高，但内涵不一致，因此需构建新模型，以更好地评判两个子系统交互耦合的协调程度。其公式为（马丽等，2012）

$$F = \sqrt{\alpha Z_1 \times \beta Z_2} \tag{2-14}$$

$$D = \sqrt{C \times F} \tag{2-15}$$

式中，D 为协调度；F 为产业与环境 2 个子系统的综合协调指数，反映产业与环境的整体发展水平对协调度的贡献；α 与 β 为待定系数，由于研究中产业系统与环境系统同等重要，所以取 $\alpha = \beta = 0.5$。从式（2-15）中可以看出，协调度 $0 \leqslant D \leqslant 1$，采用中段分值法对协调度类型进行划分（表 2-8）。

表 2-8　协调度类型划分表

协调度	$0 < C \leqslant 0.3$	$0.3 < C \leqslant 0.5$	$0.5 < C \leqslant 0.8$	$0.8 < C \leqslant 1.0$
协调类型	失调发展	初步协调	良好协调	优质协调

（六）专业化指数

专业化指数，也称区位熵，可以用来衡量某一地区产业类型专业化程度及其在高一层次区域中的地位和作用，计算公式为（谢品等，2013）

$$\beta_{ij} = (q_{ij}/q_i)/(q_j/q) \tag{2-16}$$

式中，q_{ij} 为 i 区域 j 产业类型的产值；q_i 为 i 区域所有产业的总产值；q_j 为上一层次区域 j 产业类型的产值；q 为上一层次区域所有产业的总产值。

二、产业环境协调发展时序变化分析

根据上述研究方法，计算出江苏省 2000～2012 年产业与环境协调发展耦合度、协调发展度（表 2-9），由表 2-9 发现江苏省产业与环境协调发展呈现如下特征。

表 2-9　江苏省产业与环境协调发展耦合度、协调度（2000～2012 年）

年份	Z_1	Z_2	C	F	D
2000	0.003	0.116	0.292	0.009	0.206
2001	0.018	0.083	0.760	0.019	0.538
2002	0.040	0.210	0.732	0.046	0.518
2003	0.081	0.417	0.737	0.092	0.521
2004	0.129	0.503	0.805	0.127	0.570
2005	0.205	0.587	0.876	0.174	0.620
2006	0.276	0.692	0.902	0.218	0.638
2007	0.380	0.805	0.933	0.277	0.660
2008	0.495	0.872	0.961	0.329	0.680
2009	0.558	0.876	0.975	0.350	0.690
2010	0.710	0.913	0.992	0.403	0.702
2011	0.870	0.902	1.000	0.443	0.707
2012	1.000	0.878	0.998	0.468	0.706

（一）产业与环境耦合度呈上升趋势

图 2-22 显示，2000～2012 年江苏省产业与环境两系统之间的耦合度总体上呈提高趋势，大致可分为 3 个阶段：2000～2001 年为快速提高阶段，此时两系统间耦合关系由不耦合阶段演化到中度耦合阶段，耦合度值由 0.292 提高到 0.760，增长了 160.3%，主要是由于该阶段无论产业还是环境系统均趋于优化，且发展质量均处于改善状态，从而促使二者耦合程度的提升。2001～2003 年为缓慢下降阶段，

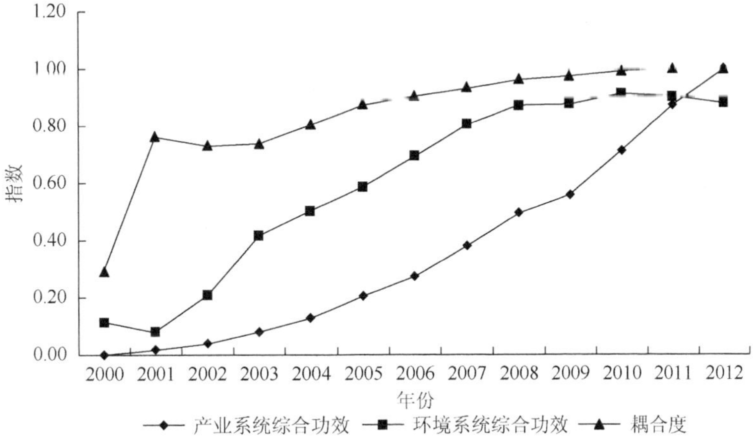

图 2-22　江苏省产业环境系统耦合度时序变化

此阶段产业系统增长加快，GDP 年均增长率为 14.7%，比 2000～2001 年高 4.1 个百分点，而环境质量改善放缓，二者间的耦合关系呈不和谐趋势变化，耦合度由 0.760 缓慢下降到 0.737，年均下降率为 1.52%。2003～2012 年为缓慢增长阶段。2004 年江苏省产业环境耦合度值达到 0.8 以上，开始进入良性耦合阶段。整体而言，2000～2012 年江苏省产业-环境系统从不耦合阶段向良性耦合阶段不断演化，产业、环境系统间相互影响、相互依赖的程度加深，产业与环境关系由经济滞后型演变为环境滞后型。

（二）产业与环境协调度快速提高

表 2-9、图 2-23 表明，江苏省产业环境系统协调度由 2000 年的 0.206 上升到 2012 年的 0.706，年均提高 10.81%，显示出江苏省产业环境的协调性快速增强。从变化趋势看，经历了快速提高（2000～2001 年）、缓慢下降（2001～2003 年）和缓慢增长（2003～2012 年）3 个阶段，实现由失调发展向良好协调发展的转变，耦合度和协调度变化保持较高的一致性。图 2-23 也显示，各指数变化较大的时期都集中在 2006 年之前，说明“十五”期间，随着环保机制的进一步完善、地方性环保法规颁布等措施的实施，环保成效显著，再加上产业结构的调整，江苏省产业、环境间及各自内部数量关系和结构联系都得到了优化，相互反馈、约束作用加强，对系统整体协调发展的正向作用得以体现，可见产业发展与环境建设共同演进是江苏省整体产业环境系统协调发展程度提高的最主要原因。此外，近年来，江苏省产业-环境协调度一直处于良好协调阶段中期，与优质协调阶段还有较大差距，为使人地关系进一步优化，江苏省对经济建设和环境整治的力度还应加强，以增强这种正向作用。

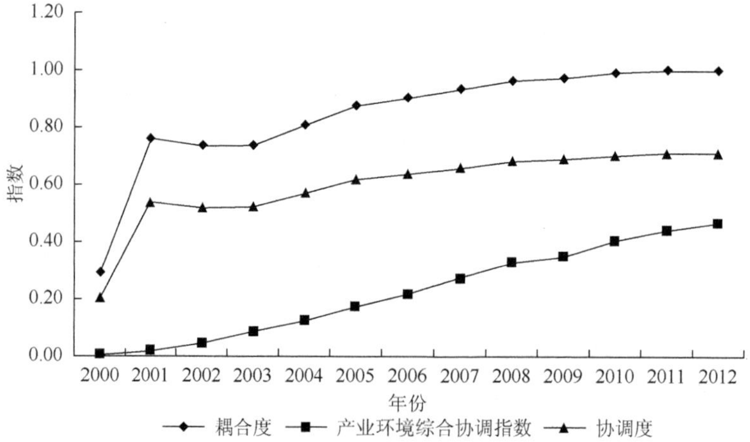

图 2-23　江苏省产业环境系统协调度时序变化

三、江苏省产业与环境协调发展空间格局特征

根据对江苏省各省辖市 2000～2012 年产业与环境协调发展耦合度、协调度平均值的分析（表 2-10），发现江苏省产业与环境协调发展空间格局呈现如下特征。

表 2-10 江苏省各市产业与环境协调发展耦合度、协调度（2000～2012 年）

城市	Z_1	Z_2	C	F	D
南京	0.740	0.580	0.990	0.327	0.568
无锡	0.683	0.715	0.998	0.349	0.590
常州	0.387	0.575	0.976	0.234	0.477
苏州	0.899	0.681	0.990	0.391	0.622
镇江	0.235	0.634	0.886	0.192	0.412
南通	0.279	0.647	0.917	0.212	0.440
扬州	0.175	0.501	0.876	0.146	0.355
泰州	0.131	0.502	0.814	0.128	0.321
徐州	0.274	0.489	0.953	0.182	0.416
连云港	0.094	0.453	0.764	0.102	0.276
淮安	0.071	0.499	0.661	0.093	0.248
盐城	0.156	0.539	0.838	0.144	0.345
宿迁	0.007	0.486	0.146	0.019	0.052

（一）耦合度呈现南北高中间低的“凹”字形格局

由图 2-24 可知，江苏省产业-环境系统耦合度在长江以南地区比较高，耦合度平均值为 0.968，长江以北包括南通、泰州、扬州、盐城 4 市在内的地区耦合度平均值为 0.861，包括宿迁、淮安、连云港 3 市在内的苏北腹地的耦合度平均值为 0.524，而徐州市的耦合度为 0.953，表明在市域尺度上，江苏省产业-环境系统耦合度呈现由长江以南地区和西北地区向中间递减的“凹”字形格局。从区域尺度看，江苏省产业-环境系统耦合度呈现苏南＞苏中＞苏北的梯级递减分布格局。从耦合度区域类型看，无锡、南京、苏州、常州、南通、徐州、镇江、扬州、泰州和盐城 10 市处于良性耦合阶段，连云港、淮安 2 市属于中度耦合阶段，宿迁市处

于不耦合阶段。结合环境、产业 2 个子系统综合功效值看，产业系统发展水平的地区差异对耦合度的空间差异影响更大些，表现最明显的是宿迁市，由于其产业系统发展程度与其余 12 市相比差距太大，经济综合功效值仅为 0.007，其产业环境系统基本处于无序状态，而产业发展水平较高的苏州、无锡、南京 3 市产业-环境系统均衡发展，综合功效值接近，且产业系统和环境系统二者间的物质、能量交换频繁，产业-环境系统整体性强，耦合度值最高。

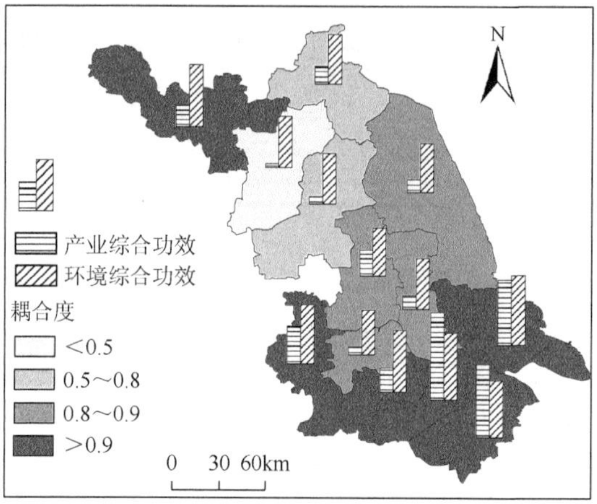

图 2-24　江苏省产业环境系统耦合度空间分异图

（二）产业环境协调度呈以苏州为中心的核心-边缘型空间格局

图 2-25 显示，研究期内产业-环境系统处于良好协调阶段（$0.5<D<0.8$）的城市包括南京、无锡和苏州 3 市，其中苏州市协调度最高，为 0.622；处于初步协调阶段（$0.3<D<0.5$）的城市包括常州、镇江、南通、扬州、泰州、徐州和盐城 7 市，其中常州、镇江、南通、徐州 4 市处于中度偏高协调阶段（$0.4<D<0.5$）；处于失调发展阶段（$0<D<0.3$）的城市则包括连云港、宿迁和淮安 3 市。从空间视角看，除徐州市外，其余城市协调度呈以苏州市为中心向外围逐渐降低的核心-边缘型分布格局。若将徐州市考虑在内，则与“两头高、中间低”的“凹”字形分布格局更为接近。从区域角度分析，苏南产业环境协调度平均值为 0.534，苏中为 0.372，苏北则仅为 0.267，呈“南高北低”分布格局，即经济发达的苏南地区产业-环境系统协调程度普遍高于相对落后的苏中、苏北地区，与产业-环境系统耦合度区域分布格局基本相似，空间对应关系较好，说明产业-环境系统的有序性发展是产业环境协调发展程度不断演化提高的基础。

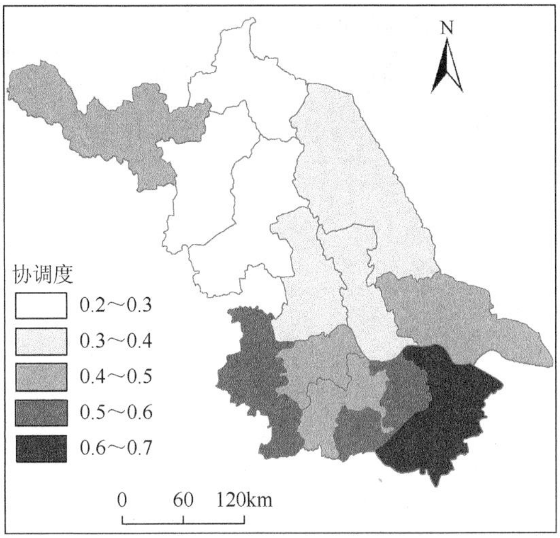

图 2-25 江苏省产业环境系统协调度空间分异图

四、产业环境耦合协调度类型划分及工业结构解析

根据 2000～2012 年各地级市耦合度（C）和协调度（D），将江苏全省产业-环境系统划分高和谐发展区（$0.8<C<1$，$0.5<D<0.8$）、中和谐发展区（$0.8<C<1$，$0.3<D<0.5$）、低和谐发展区（$0.5<C<0.8$，$0<D<0.3$）、和谐发展起步区（$0<C<0.5$，$0<D<0.3$）4 种类型。

（一）高和谐发展区

该类型区包括苏州、无锡、南京 3 市，平均耦合度为 0.993，平均协调度为 0.593。此类区域为江苏省高新技术产业集中区，以通信设备、计算机及其他电子设备制造业为主导产业，电气机械及器材制造业、交通运输设备制造业和通用设备制造业也占有相当大的比例，主导产业中的资本技术密集型产业占该类区域工业总产值的 45.3%（表 2-11），污染型行业以黑色金属冶炼及压延加工业和化学原料及化学制品制造业为主，占工业总产值的 18.4%。从行业专业化程度看（表 2-12），此类型区专业化程度高的行业类型为资本技术密集型产业（1.08）和资源密集型产业（1.06）两类，劳动密集型产业专业化水平较低。高和谐发展区在 4 个类型区中工业化水平最高，技术基础最好，因此，推动工业高技术化、低碳化、绿色化转型发展，形成社会、经济、环境三者互利共赢、共同进步的和谐发展新局面，是该类区域的发展方向。

表 2-11　江苏省不同类型区域主导产业及产值比重

高和谐发展区		中和谐发展区		低和谐发展区		和谐发展起步区	
主导产业	产值比重（%）	主导产业	产值比重（%）	主导产业	产值比重（%）	主导产业	产值比重（%）
通信设备、计算机及其他电子设备制造业	24.6	化学原料及化学制品制造业	14.0	化学原料及化学制品制造业	12.0	木材加工及竹藤棕草制品业	14.7
黑色金属冶炼及压延加工业	10.1	电气机械及器材制造业	13.4	食品加工业	9.4	饮料制造业	11.3
电气机械及器材制造业	9.1	交通运输设备制造业	8.9	黑色金属冶炼及压延加工业	9.4	食品加工业	9.0
化学原料及化学制品制造业	8.3	通用设备制造业	6.3	通信设备、计算机及其他电子设备制造业	7.2	化学原料及化学制品制造业	8.9
交通运输设备制造业	6.3	黑色金属冶炼及压延加工业	6.3	非金属矿物制品业	6.6	纺织业	6.5
通用设备制造业	5.3	纺织业	6.2	电气机械及器材制造业	6.4	化学纤维制造业	5.7

（二）中和谐发展区

该类型区包括常州、镇江、南通、徐州、扬州、泰州和盐城 7 市，主要分布在沿江地区，平均耦合度和协调度分别为 0.894 和 0.395。此类区域工业以化学原料及化学制品制造业、电气机械及器材制造业、交通运输设备制造业、通用设备制造业、黑色金属冶炼及压延加工业和纺织业为主导，其产值占该区域工业总产值的 55.1%（表 2-11），其中化学原料及化学制品制造业、黑色金属冶炼及压延加工业和纺织业等污染性行业占 26.5%。从专业化程度看（表 2-12），该区域劳动密集型产业专业化程度最高，资本技术密集型产业专业化水平（0.99）低于高和谐发展区（1.08）、高于低和谐发展区（0.67）与和谐发展起步区（0.37）。该区域正处于工业化快速发展阶段，为避免因片面追求经济增长而造成生态环境污染与破坏，应适当限制污染型行业发展。

表 2-12　江苏省不同类型区域产业专业化指数

专业化指数	高和谐发展区	中和谐发展区	低和谐发展区	和谐发展起步区
资源密集型产业	1.06	0.87	1.50	0.74
劳动密集型产业	0.73	1.17	1.43	3.00
资本技术密集型产业	1.08	0.99	0.67	0.37

注：资源密集型产业选取了石油、黑色金属、有色金属、非金属矿物加工及采掘产业等部门；劳动密集型产业包括食品、饮料、纺织服装、皮革、造纸、文体用品和塑料制造等部门；资本技术密集型产业包括医药、机械、专用设备、交通设备、电气、电子、仪器制造和废弃资源材料回收加工等部门。

（三）低和谐发展区

该类型区包括淮安、连云港 2 市，平均耦合度为 0.713，平均协调度为 0.262。主导产业以对环境胁迫性偏大的产业为主，主要包括化学原料及化学制品制造业、黑色金属冶炼及压延加工业和非金属矿物制品业等污染程度偏高的部门，共占工业总产值的 28%，资本技术密集型产业占比远低于前两大类型区（表 2-11）。该类型区经济发展水平较低，资源密集型产业专业化生产程度（1.50）在四大类型区中最高（表 2-12），资源消耗量过大。加大环境整治力度、推动节约型经济发展是该区域迫切需要解决的问题。

（四）和谐发展起步区

该类型区仅包括宿迁 1 市，耦合度和协调度的平均值分别为 0.146 和 0.052。该区域工业以木材加工及竹藤棕草制品业、饮料制造业、食品加工业、纺织业等劳动密集型产业为主导，区位熵达 1.50（表 2-11，表 2-12），经济实力弱，而环境功效值高，是江苏省产业环境发展和谐水平最低的区域。尽管作为江苏省重要农产品生产分布区，其环境子系统较产业子系统综合功效值更高、农产品加工业比重高存在一定合理性，但其经济实力与同为重要的农产品生产区的淮安市相比差距依然明显，因此在加强生态建设的同时还需加强经济建设，特别是农业生产和农产品的深加工，在部分重点开发区也应积极发展战略性新兴产业和先进制造业。

第三章　基于适应性要素的江苏省产业系统环境适应能力评价

第一节　产业系统环境适应能力评价模型构建

一、评价指标体系构建

（一）评价指标体系的基本框架

按照适应性概念模型所揭示的系统或各要素之间的相互关系，设计出江苏省产业系统环境适应性的评价指标体系，见表 3-1。该评价指标体系共有三层，其中第一层为目标层，反映产业系统整体的环境适应能力，其由系统环境适应能力综合指数组成。第二层为要素层，主要反映产业系统环境适应能力的影响因素，包括敏感性（sensitivity）、稳定性（stability）和恢复力（resilience）3 个因素指标。一般情况下，敏感性越大，系统的环境适应能力越弱；稳定性越大的系统其适应能力就越强，反之则越弱；弹性越强的系统，其对环境变化的适应能力也就越高。第三层为基础指标层，根据数据的可获得性和便于量化的原则，主要选取 20 个具体指标，数据来源于各个地级市的相关统计年鉴和统计公报，其中部分指标数据运用相关计算方法进行了预处理。

表 3-1　产业系统环境适应性评价指标体系

第一层	第二层	第三层	单位
产业系统环境适应能力综合指数	敏感性	X_1 第三产业产值占 GDP 的比重	%
		X_2 外贸依存度	%
		X_3 从业人员占总人口的比重	%
		X_4 工业废气排放量	亿标立方米
		X_5 固体废弃物产生量	万 t
		X_6 化肥使用量（折纯量）	万 t
	稳定性	X_7 单位产能消耗	tce/万元
		X_8 产业综合发展指数	—

续表

第一层	第二层	第三层	单位
产业系统环境适应能力综合指数	稳定性	X_9财政自给率	%
		X_{10}三废综合利用产值占 GDP 的比重	%
		X_{11}物质利用率	万元/t
		X_{12}建成区绿化覆盖率	%
		X_{13}人口密度	人/km^2
	恢复力	X_{14}教育支出占 GDP 的比重	%
		X_{15}人均 GDP	元
		X_{16}实际外商直接投资	亿美元
		X_{17}固定资产投资	亿元
		X_{18}工业废水达标排放率	%
		X_{19}工业固体废弃物综合利用率	%
		X_{20}环境治理投资占 GDP 的比重	%

（二）指标解释

1. 敏感性指标

产业系统的生态敏感性主要是指系统对产业发展环境及生态环境的内外因素干扰所作出的反应能力或敏感程度。产业系统中的产业结构、市场、政策等宏观因素发生变化，从而造成产业系统及环境系统两个系统受到干扰。产业结构的转变、自然本底匹配结构不和谐，以及工农业生产过程产生的废弃物等都是环境系统产生风险的主要因素。本节主要选取第三产业产值占 GDP 的比重（X_1）、外贸依存度（X_2）、从业人员占总人口的比重（X_3）、工业废气排放量（X_4）、固体废弃物产生量（X_5）、化肥使用量（X_6）6 项指标反映区域产业系统和生态环境系统的敏感性。其中，第三产业产值占 GDP 的比重反映产业结构层次状况，比重越大，说明产业结构层次越高；外贸依存度是进出口总额与地区生产总值的比值，反映市场适应能力和竞争能力，外贸依存度越高，说明区域受到市场变化干扰的适应能力越弱；从业人员占总人口的比重反映了劳动人口对于产业系统的影响，代表劳动力对产业系统的活力；工业废气排放量、固体废弃物产生量、化肥使用量反映了工农业生产过程对生态环境造成风险的可能性。

2. 稳定性指标

产业系统的生态稳定性是指在产业发展的环境发生变化时，系统保持原有性状的能力，主要取决于系统自身结构和功能状况，系统结构越复杂，其抗干扰能力也越强，稳定性也越强。因此，选取单位产能消耗（X_7）、产业综合发展指数（X_8）、财政自给率（X_9）、三废综合利用产值占 GDP 的比重（X_{10}）、物质利用率（X_{11}）、建成区绿化覆盖率（X_{12}）、人口密度（X_{13}）7 个指标来衡量产业环境系统的稳定性。其中，单位产值能耗反映了产业系统的升级演化趋势和发达程度，单位产值能耗越小，说明产业系统发展越好，同时也说明生态环境所承受的压力越小；产业综合发展指数是反映区域产业结构的重要指标，指数越低，说明产业发展越好；财政自给率反映产业系统的维护和修复能力，财政自给率越高，说明区域经济支撑越强，抵御干扰的能力也就越高；产业系统的物质代谢、清洁生产能力，代表产业系统的生态化趋向，本节选取物质利用率和三废综合利用产值占 GDP 的比重来表示，物质利用率是 GDP 与直接物质投入量的比值，直接物质投入量采用物质流分析方法求得，三废综合利用产值表示产业清洁再生产转化为经济实力的能力，代表着污染物的综合利用水平。一个地区的环境文明程度和环境压力用建成区绿化覆盖率和人口密度来表示。植被覆盖率越高、人口密度越低，说明生态环境的文明程度越高、压力越小，从而系统的稳定性也就越强。

3. 恢复力指标

产业系统的生态恢复力是系统在受到一定程度的环境破坏的压力下所具备的恢复能力，其代表系统的重组能力，也反映系统的创新能力、自愈能力，是系统可持续发展能力的重要体现。选取的主要指标有教育支出占 GDP 的比重（X_{14}）、人均 GDP（X_{15}）、实际外商直接投资（X_{16}）、固定资产投资（X_{17}）、工业废水达标排放率（X_{18}）、工业固体废弃物综合利用率（X_{19}）、环境治理投资占 GDP 的比重（X_{20}）。具体来说，教育支出占 GDP 的比重反映了产业系统科技和智力的支撑能力；人均 GDP 反映了产业系统发展的经济基础支撑能力；全社会固定资产投资额反映了产业系统应对外部变化的资金支撑能力；实际外商直接投资反映了系统受到干扰时外部资金支持的力度；工业固体废弃物综合利用率、工业废水达标排放率 2 项指标反映了废弃物综合利用处置能力和对水环境的污染治理能力；环境治理投资占 GDP 的比重反映了政府部门对区域环境整治在资金方面的支持力度。

二、数据预处理

（一）数据标准化

在指标体系确定后，需要对各指标数据进行标准化处理。目前，数据标准化常用的 3 种方法为标准差标准化、极差标准化和模糊隶属度。考虑到指标的效益不同，其方向性也不同，有的是正向指标，有的是负向指标，因此，本书选用线性数据的标准化方法，即采用模糊隶属度方法来对数据进行标准化处理。模糊隶属度方法公式如下：

$$X'_{ij} = \frac{X_{ij} - X_{j\min}}{X_{j\max} - X_{j\min}} \tag{3-1}$$

$$X'_{ij} = \frac{X_{j\max} - X_{ij}}{X_{j\max} - X_{j\min}} \tag{3-2}$$

结合指标产生的影响效益，当评价指标为越大越好型指标，即正指标时，采用公式（3-1）进行数据标准化；当评价指标为越小越好型指标，即逆指标时，采用公式（3-2）进行数据标准化。在两个公式中，i 为样本数；j 为指标数；X_{ij} 为相应指标的观测值；$X_{j\max}$、$X_{j\min}$ 为对应指标的最大值和最小值。

（二）权重确定

综合指标体系对开展系统评价的关键步骤是科学、客观地确定各指标的权重，评价结果的准确性与之密切相关。综合有关研究成果，指标权重确定通常分为主观性权重和客观性权重两种常用的方法。主观性权重的确定方法有 Delphi 法、AHP 法，该类方法在研究中的缺点是难以避免主观性因素的影响，客观性较差；其中，主成分分析、均方差、信息熵、离差等方法是客观性权重的确定方法，该类方法避免了因主观性因素带来的偏差，利用数据本身的离散程度赋权具有较强的客观性，其成为比较广泛使用的方法。基于以上阐述，本节拟采用均方差赋权方法来进行计算，以此来确定产业系统环境适应能力评价指标体系各个指标的权重。其计算步骤如下：

1. 基础指标权重的确定

首先，计算随机变量的均方差；然后，将均方差进行归一化处理，其结果即为各指标的权重系数。

第一，计算随机变量的均值 AV（X_j）：

$$\mathrm{AV}(X_j) = \frac{1}{n}\sum_{i=1}^{n} X_{ij} \tag{3-3}$$

第二，计算均方差 $\sigma(X_j)$：

$$\sigma(X_j) = \sqrt{\sum_{i=1}^{n}[X_{ij} - \mathrm{AV}(X_j)]^2} \tag{3-4}$$

第三，计算 X_j 指标权重 W_j：

$$W_j = \frac{\sigma_j}{\sum_{j=1}^{m}\sigma_j} \tag{3-5}$$

2. 要素层指标权重的确定

采用各指标乘以权重，加权求和来计算第二层次指标的属性值：

$$C_r = \sum_{j=1}^{t} X_{ij} W_j \tag{3-6}$$

式中，t 为每一个第二层属性要素的个数。

三、评价方法

（一）适应能力得分评价

产业系统环境适应能力评价指数反映了地区产业系统的调整能力及发展能力。本节采用均方差赋权法计算指标权重，构建了产业系统环境适应能力评价指数的计算模型，计算出产业系统环境的敏感性、稳定性及恢复力的评价指数。

从产业系统环境适应性的内涵可知，产业系统环境适应性与系统本身的敏感性、稳定性、恢复力有关。因此，产业系统的环境适应能力应由敏感性指数、稳定性指数和恢复力指数 3 个基本判定指标共同作用组成。根据前述分析，产业系统环境适应性是敏感性、稳定性和恢复力的函数，敏感性越强，产业系统的环境适应能力越弱，反之，则越强；稳定性、恢复力越强，则产业系统的环境适应能力越强，反之，则越弱。这表明产业系统环境适应能力与其稳定性、恢复力呈正向关系，而与敏感性呈反向关系。据此，产业系统环境适应能力（A）的计算公式为

$$A = \frac{\mathrm{ST} \times \mathrm{RE}}{\mathrm{SE}} \tag{3-7}$$

式中，A 为产业系统环境适应能力指数；ST 为产业系统环境稳定性指数；RE 为产业系统环境恢复力指数；SE 为产业系统环境敏感性指数。

（二）Theil 指数

泰尔（Theil）指数又称锡尔熵，是 1967 年由 Theil 和 Henri 提出的用来衡量区域差异的重要指标。Theil 指数运用信息理论，提出可以按加法分解的不平等系数（胡志远和欧向军，2007），这个系数有两个指标，系数 T 是各国收入份额与人口份额之比的对数的加权总和，各国收入的份额是其权数，系数 T 是以人口比重加权计算的。当收入平均分配时，Theil 指数为零；当收入被一个组全部占有时，Theil 指数达到最大。Theil 指数越大，表示区域差异越大，反之亦然。Theil 指数可将整体差异划分成组内差异与组间差异，用以揭示区域组间差异和组内差异各自的变动方向和幅度，以及各自在区域整体差异中的贡献（陈培阳和朱喜刚，2009），因此，Theil 指

数被广泛应用于区域整体差异及区域间差异的实证研究中（徐建华等，2005）。

Theil 指数通过识别不同空间尺度区域的差异，来分解区域整体发展的差异。按照传统的分类方法，将江苏省 13 个地级市分为苏南、苏中、苏北三大地区，分解江苏省产业系统环境适应能力的空间差异，其公式（孙才志等，2011）为

$$T_{\text{theil}} = T_{\text{BR}} + T_{\text{WR}} \tag{3-8}$$

式中，T_{theil} 为 Theil 指数；T_{BR} 为地区间差异；T_{WR} 为地区内部差异。T_{theil} 越大，各区域产业系统环境适应能力的差异越大。若用产业系统环境适应能力的比重加权，则江苏省地区间的差异指标 T_{BR} 的计算公式为

$$T_{\text{BR}} = \sum_{i=1}^{N} \frac{A_i}{A} \ln \frac{A_i / A}{d_i / d} \tag{3-9}$$

式中，N 为区域个数；A_i 为 i 地区的产业系统环境适应能力指数；A 为各城市产业系统环境适应能力之和；d_i 和 d 分别为 i 地区和全省的人口数。若用产业系统环境适应能力的比重加权，则江苏省产业系统环境适应能力差异的 Theil 指数的计算公式为

$$T_{\text{theil}} = \sum_{i=1}^{N} \sum_{j=1}^{K} \frac{A_{ij}}{A_i} \ln \frac{A_{ij} / A_i}{d_{ij} / d_i} \tag{3-10}$$

式中，A_{ij} 为 i 地区 j 市产业系统的环境适应能力；其他变量同公式（3-9）。地区内部各城市间的差异指标 T_{WR} 为地区内部各城市间非均衡性指标的加权和，则 i 地区内部差异公式为

$$T_i = \frac{A_i}{A} \sum_{j=1}^{N} \frac{A_{ij}}{A_i} \ln \frac{A_{ij} d_i}{A_i d_{ij}} \tag{3-11}$$

全省内部整体差异指标 T_{WR} 的计算公式为

$$T_{\text{WR}} = \sum_{i=1}^{n} I_i \tag{3-12}$$

（三）Gini 系数

Gini 系数是由意大利经济学家 Corrado Gini 在 1922 年提出的，是根据劳伦茨曲线所定义的判断收入分配差异程度的指标，它是一个比例数值，为 0～1，数值越低，表明居民之间的收入分配越均匀；反之，则表明居民之间的收入分配差异越大，通常按照 5 个区段划分，低于 0.2 表示发展水平绝对平均，0.2～0.3 表示比较平均，0.3～0.4 表示相对合理，0.4～0.5 表示发展差距较大，0.5 以上表示发展差距悬殊。Gini 系数在本节中可以体现江苏省产业系统环境适应能力的总体差异，其计算方法很多，为了便于计算，选择一种比较简单的方法进行计算，具体计算公式为

$$G=\frac{2}{n}\sum_{i=1}^{n} iy_i-\frac{n+1}{n} \tag{3-13}$$

式中，G 为 Gini 系数；y_i 为 i 城市产业系统环境适应能力指数占江苏省产业系统环境适应能力指数的比重（按升序排列，$y_1<y_2<\cdots<y_n$），其中 n 为江苏省辖市的数量，n 为 13。

（四）GIS 空间分析方法

本节基于 GIS 空间分析平台，根据 2000～2010 年江苏省 13 个地级市产业系统的环境适应能力指数和江苏省地级市地图，运用 ArcGIS9.3 中自然断裂点法进行聚类，根据聚类结果，对江苏省 13 个地级市产业系统的环境适应能力指数进行空间分析，得出 13 个地级市产业系统环境适应能力指数随时间在空间上的演化特征。

四、数据来源与计算结果

（一）数据来源

本节计算所涉及的相关数据主要来源于《江苏统计年鉴》（2001～2011 年），以及江苏省 13 个地级市的统计年鉴。

（二）计算结果

采用上述评价指标及评价方法，计算出江苏省产业系统的环境适应能力评价指标，结果见表 3-2。根据表 3-1 中的评价指标，计算出江苏省 13 个地级市 2000～2010 年的产业系统环境适应能力指数，见表 3-3。

表 3-2　江苏省产业系统的环境适应能力评价

年份	敏感性	稳定性	恢复力	适应性得分
2000	0.0977	0.0669	0.0311	0.0213
2001	0.1181	0.0813	0.0483	0.0332
2002	0.1100	0.0947	0.0688	0.0592
2003	0.1384	0.1128	0.1083	0.0883
2004	0.1908	0.1332	0.1292	0.0902
2005	0.2250	0.1736	0.1931	0.1490

续表

年份	敏感性	稳定性	恢复力	适应性得分
2006	0.2133	0.2220	0.1885	0.1961
2007	0.1852	0.2544	0.2538	0.3486
2008	0.1717	0.2575	0.2652	0.3978
2009	0.1833	0.2239	0.2418	0.2954
2010	0.2021	0.2470	0.2862	0.3498

表 3-3　江苏省地级市产业系统的环境适应能力评价

城市	2000	2001	2002	2003	2004	2005	2006	2007	2008	2009	2010
南京	0.1455	0.1383	0.2064	0.1250	0.0892	0.1288	0.1981	0.1706	0.1242	0.0909	0.1356
无锡	0.4727	0.3723	0.3447	0.5536	0.4328	0.4170	0.3222	0.3410	0.2962	0.3134	0.3579
徐州	0.1111	0.0522	0.1022	0.1066	0.1072	0.0985	0.0604	0.1034	0.0679	0.0619	0.1253
常州	0.4588	0.5134	0.6079	0.5201	0.4818	0.3800	0.3876	0.3677	0.2303	0.3149	0.3933
苏州	0.7946	0.6388	0.5705	0.6077	0.6072	0.4989	0.5384	0.5967	0.4245	0.4713	0.5444
南通	0.2763	0.3621	0.2992	0.3125	0.2623	0.2648	0.2685	0.3097	0.2363	0.1729	0.1298
连云港	0.1313	0.1975	0.2020	0.1007	0.1709	0.1518	0.3047	0.2858	0.1001	0.0781	0.0586
淮安	0.1735	0.1739	0.1984	0.1889	0.1739	0.2012	0.1261	0.1555	0.1340	0.1343	0.1033
盐城	0.1003	0.1663	0.2093	0.2044	0.1541	0.1701	0.1091	0.0955	0.0727	0.0481	0.0475
扬州	0.1254	0.1433	0.4072	0.3416	0.2520	0.2191	0.1184	0.1232	0.1659	0.1532	0.1775
镇江	0.2401	0.2463	0.3690	0.2533	0.2057	0.2530	0.1022	0.1178	0.0307	0.0834	0.2231
泰州	0.1922	0.2376	0.2745	0.2268	0.2319	0.2281	0.1708	0.1864	0.1427	0.1254	0.1509
宿迁	0.1561	0.1210	0.1614	0.1313	0.1671	0.1142	0.1323	0.1164	0.0806	0.1002	0.0893

第二节　产业系统环境适应能力时间演变特征

一、敏感性分析

敏感性是产业系统环境适应性的逆向指标，敏感性越高，适应能力越弱。2000～2010 年，江苏省产业系统的敏感性呈波状发展：2000 年敏感性指数最低（0.0977），2001 年略有上涨（0.1181），2002 年稍有下降（0.1100），2003～2005 年敏感性指数不断提升，敏感性分别达到 0.1384、0.1908 和 0.2250，在 2005 年达到最高峰后敏感性稳定下降，2008 年敏感性下降为 0.1717，但 2009 年敏感性指数又开始上升，2010 年敏感性指数为 0.2021。由图 3-1 可以看出，2000～2003 年，江苏省敏感性指数均低于 0.15，随后，江苏省敏感性指数均高于 0.15，表明江苏省产业系统的敏感性上升，也就是说，敏感性制约江苏省产业系统的环境适应性的作用越来越强。

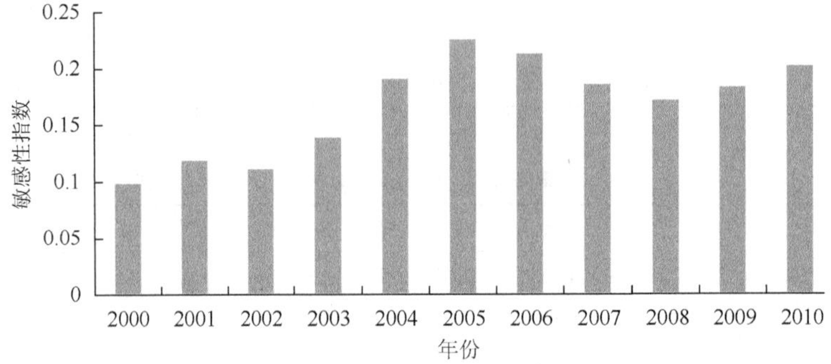

图 3-1　江苏省产业系统环境敏感性指数变化

江苏省经济发达，是最早进行产业转型与升级的地区之一，因此，实施相关产业转型与升级的政策、战略也较早。表 3-4 显示，第三产业产值占 GDP 的比重均超过 34%，并逐年增长，2010 年达到 41.4%，表明第三产业对江苏省经济发展影响重大；外贸依存度是系统对外部市场依赖程度的体现，2000 年和 2001 年江苏省外贸依存度仅有 48%，随后快速增长，到 2006 年达到 110%，但是产业结构的调整及扩大内需政策的实施，使江苏省外贸依存度逐年下降，而且在短期内这种趋势不会改变；江苏省从业人员占总人口的比重一直维持在 60.3%左右，变化不大，说明劳动力对产业系统适应性的影响较小。在经济发展的同时，生态环境所承受的压力也越来越大，具体表现在工业废气排放量逐年增加，年均增长速度越来越快，2000 年工业废气排放量为 9078.2 亿标立方米，2005 年排放量达 20 196.58 亿标立方米，6 年中平均每年增长 3.4%，后 5 年年均增长率达到 4.6%，2010 年工业废气排放量为 31 212.93 亿标立方米；固体废弃物产生量迅速增长，由 2000 年的 3038.19 万 t 增加到 2010 年的 9063.83 万 t，年均增长率为 10.4%；化肥使用量表现了农业污染物对生态环境的影响程度，2000～2010 年，江苏省化肥使用量变化较小，从 335.45 万 t 增长至 341.11 万 t，在整体上涨过程中出现多个下降年份，近年来下降趋势明显。污染物排放量变化的趋势表明，江苏省工业污染物对产业系统敏感性的影响较大，而农业污染物排放对其影响较小。

表 3-4　江苏省产业系统环境敏感性评价具体指标

年份	第三产业产值占GDP 的比重（%）	外贸依存度（%）	从业人员占总人口的比重（%）	工业废气排放量（亿标立方米）	固体废弃物产生量（万 t）	化肥使用量（折纯量）（万 t）
2000	35.9	48	60.3	9 078.2	3 038.19	335.45
2001	36.5	48	60.3	13 343.99	3 553	337.53
2002	36.7	58	60.4	14 287	3 796	337.53
2003	36.1	81	60.3	14 617.93	3 596.72	334.67
2004	34.6	99	60.3	17 818.42	4 672.53	336.8
2005	35.6	105	60.3	20 196.58	5 757.37	340.81
2006	36.4	110	60.5	24 880.86	7 195.04	342.01
2007	37.4	109	60.6	23 606.7	7 354.22	342.03
2008	38.4	96	60.6	26 726.05	7 843.48	340.76
2009	39.6	73	60.5	27 431.75	8 027.81	344
2010	41.4	82	60.4	31 212.93	9 063.83	341.11

二、稳定性分析

稳定性指数是产业系统环境适应性评价中的正向指标之一，稳定性指数越高，适应能力越强。2000 年，江苏省稳定性指数值为 0.0669，到 2008 年上升到 0.2575，然后下降到 2009 年的 0.2239，再提高到 2010 年 0.2470。由图 3-2 可以看出，江苏省产业系统的稳定性是持续上升的，表明江苏省在产业系统的环境发生变化时，维持原有状态的能力在不断增强。

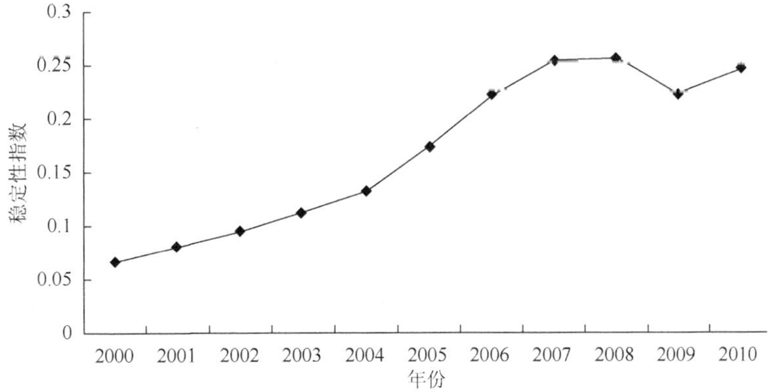

图 3-2　江苏省产业系统环境稳定性指数变化

进一步对产业系统稳定性评价指标进行研究，见表 3-5。在产业发展过程中，能源消耗的多少间接反映了系统抗干扰的能力，单位产值能耗越高，说明生产的成本越高，越不利于系统适应能力的提升，江苏省单位产值能耗不断下降，每万元消耗能源从 2000 年的 1tce 下降至 0.62tce；江苏省不断深化产业转型和升级，因此产业综合发展指数在经济发展的同时也在不断下降，2000 年江苏省产业综合发展指数为 1.26，到 2006 年下降至 1.01，随后又增加至 1.08，说明江苏省仍需大力优化产业结构，使产业系统应对环境变化时的能力加强；三废综合利用产值占 GDP 的比重、物质利用率、建成区绿化覆盖率等指标值不断增加，为推动江苏省产业系统环境适应能力的发展奠定了良好的基础。

表 3-5　江苏省产业系统环境稳定性评价具体指标

年份	单位产能消耗（tce/万元）	产业综合发展指数	财政自给率（%）	三废综合利用产值占GDP 的比重（%）	物质利用率（万元/t）	建成区绿化覆盖率（%）	人口密度（人/km^2）
2000	1	1.26	75.82	0.26	0.3	33.2	714
2001	0.95	1.24	78.42	0.32	0.28	31.9	717
2002	0.91	1.18	74.82	0.34	0.27	35.3	722
2003	0.89	1.1	76.18	0.29	0.29	35.4	727
2004	0.91	1.05	74.73	0.38	0.3	37.9	733
2005	0.92	1.03	79.04	0.51	0.32	39.8	740
2006	0.86	1.01	82.3	0.66	0.34	41.7	746
2007	0.81	1.03	87.63	0.71	0.37	42.8	753
2008	0.72	1.04	84.11	0.69	0.43	42.6	756
2009	0.69	1.05	80.37	0.58	0.44	41.3	761
2010	0.62	1.08	83.02	0.53	0.49	44.1	767

三、恢复力分析

近年来，江苏省产业系统恢复力不断增加，表现出较好的学习和重组能力，增强了适应能力。图 3-3 表明，2000 年江苏省产业系统恢复力指数最低（0.0311），2000～2005 年持续增长了 0.162，2006 年略有下降（0.1885），2007 年增长幅度最大，增幅达到 0.0653，2010 年最高，达到 0.2862。江苏省产业系统恢复力在发展过程中虽略有浮动，但是整体上是不断增长的，说明江苏省产业系统的环境学习能力、创新能力在不断增强，也就是说，恢复力是逐年增加的。

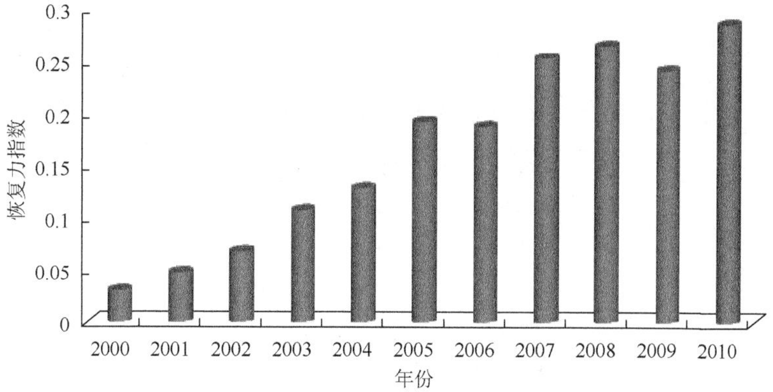

图 3-3　江苏省产业系统环境恢复力指数变化

产业系统环境适应能力的提高与系统学习能力、创新能力之间有着重要的联系。近年来，江苏省产业系统的学习能力和创新能力不断提高（表 3-6），主要表现在教育支出占 GDP 的比重不断增加，由 2000 年的 1.37%逐年递增到 2010 年的 2.51%，培养劳动力的资金增多，有利于劳动力综合素质的提高，从而增强系统的恢复力，推动生态适应能力的增强；人均 GDP、固定资产投资、实际外商直接投资等 3 个指标反映了产业系统内部和外部资金的使用宽裕程度，2010 年人均 GDP、固定资产投资、实际外商直接投资分别是 2000 年的 4.5 倍、7.7 倍和 4.45 倍，当环境发生变化时，系统拥有良好的资金支撑，这将大大提高系统恢复到原有状态的能力，也就是说，充足的资金会提高系统的恢复力，从而加强产业系统的生态适应性；2000～2010 年，江苏省工业废水达标排放率由 92%增加到 98.2%，工业固体废弃物综合利用率由 85.5%增加至 96.1%，工业废水达标排放率及工业固体废弃物综合利用率的增加说明了区域环境治理能力的增强，环境治理能力的增强推动了恢复力指数的提高，加快了适应能力的提升；环境治理投资占 GDP 的比重这一指标从资金层面上反映了环境治理的力度，江苏省的这一指标是不断下降的，这就限制了产业系统生态恢复力的提高，减缓了江苏省产业系统环境适应性提高的进程。

表 3-6　江苏省产业系统环境恢复力评价具体指标

年份	科教支出占 GDP 的比重（%）	人均 GDP（元）	固定资产投资（亿元）	实际外商直接投资（亿美元）	工业废水达标排放率（%）	工业固体废弃物综合利用率（%）	环境治理投资占 GDP 的比重（%）
2000	1.37	11 765	2 995.43	64	92	85.5	0.15
2001	1.52	12 879	3 302.96	71	94	86.5	0.11
2002	1.53	14 369	3 849.24	104	95.9	88.5	0.07
2003	1.44	16 743	5 335.8	158	97.7	91.7	0.07

续表

年份	科教支出占GDP的比重（%）	人均GDP（元）	固定资产投资（亿元）	实际外商直接投资（亿美元）	工业废水达标排放率（%）	工业固体废弃物综合利用率（%）	环境治理投资占GDP的比重（%）
2004	1.43	20 031	6 827.59	121	97.2	92.3	0.15
2005	1.9	24 616	8 739.71	132	97.5	94.85	0.21
2006	1.96	28 526	10 071.42	174	97.7	94.1	0.13
2007	2.27	33 837	12 268.07	219	97.4	96.1	0.21
2008	2.28	40 014	15 060.45	251	97.9	98.7	0.13
2009	2.2	44 253	18 949.88	253	96.2	96.7	0.08
2010	2.51	52 840	23 184.28	285	98.2	96.1	0.045

四、适应能力分析

江苏省产业系统发展迅速，同时注重生态环境的保护与治理，因此，产业系统环境适应能力总体上逐年上升，如图 3-4 所示。2000 年，江苏省产业系统环境适应能力指数较低，仅为 0.0213；2001～2003 年，产业系统环境适应能力大幅上升，年均增长 42.7%；2004 年增长较慢，产业系统环境适应能力增长了 0.0019；2005 年，产业系统环境适应能力指数为 0.1490，是 2004 年的 1.65 倍；2006 年，适应能力指数为 0.1961，相比 2005 年增幅较小；2007 年，江苏省产业系统环境适应能力指数为 0.3486，与 2006 年相比增加了 0.1525，同时，也是 2000～2010 年中增加最快的一年；2008 年，产业系统环境适应能力指数增加至 0.3978；2009 年，江苏省产业系统环境适应能力指数出现小幅下降，仅为 0.2954，但 2010 年仍呈现上升势头，产业系统环境适应能力指数达到 0.3498。总体上，江苏省产业系统环境适应性在 2000～2010 年出现不断提高的趋势，

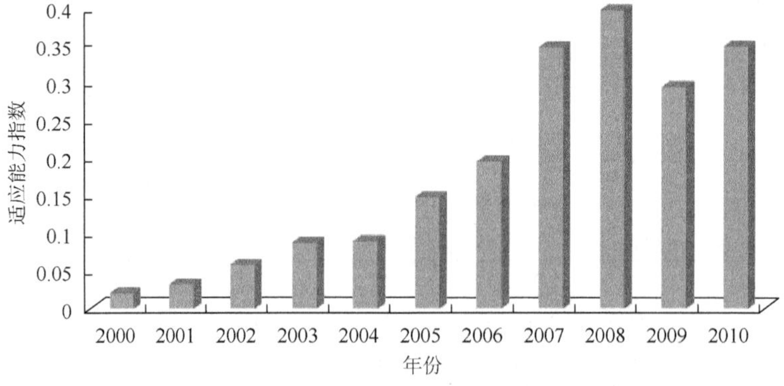

图 3-4　江苏省产业系统环境适应能力

表明江苏省产业系统对环境变化的抗干扰能力、学习能力及创新能力都进一步增强。

第三节　产业系统环境适应能力空间差异分析

一、产业系统环境适应能力的空间特征分析

江苏省产业系统生态适应能力在时间上具有较大的差异，且每个地级市都有其自身发展的特点。从总体空间格局上看，苏南地区产业系统环境适应能力明显优于苏中地区，而苏中又优于苏北，表明经济发达地区在产业发展的同时也注重生态环境的改善。

2005 年，江苏省各市平均适应能力指数为 0.2404，苏州市最高，达到 0.4989，无锡市、常州市分别位于第二和第三，其适应能力指数分别为 0.4170、0.3800，南通市产业系统生态适应能力指数是 0.2648，略低于无锡市，其他城市均低于全省平均水平，适应能力指数从大到小依次为镇江市、泰州市、扬州市、淮安市、盐城市、连云港市、南京市、宿迁市、徐州市。从图 3-5 可知，苏州市、无锡市和常州市适应能力较强，其适应能力得分为 0.2648～0.4989；镇江市、泰州市、南通市、扬州市和淮安市属于同一类型，其适应能力范围为 0.1701～0.2648，与 2000 年相比，这一范围不断扩大，说明江苏省产业系统环境适应能力不断增强；南京市、盐城市、宿迁市、连云港市和徐州市属于最后一类，它们的适应能力得分为 0.0985～0.1701。2005 年，江苏省产业系统环境适应能力的区域差距正逐步减小，表现最为明显的是苏中地区，其适应能力得分与苏南的差距减小。

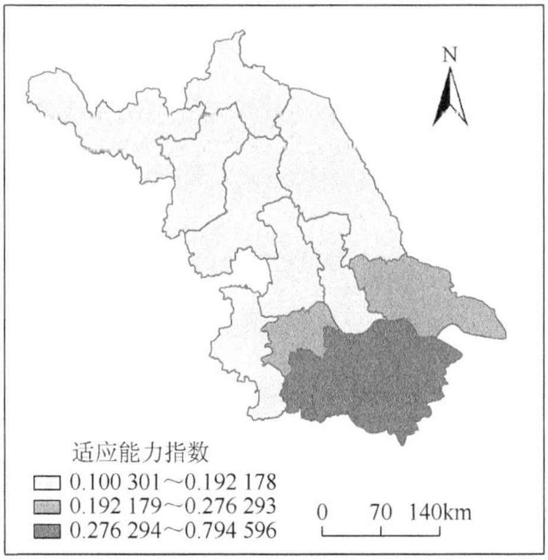

(a) 2000年

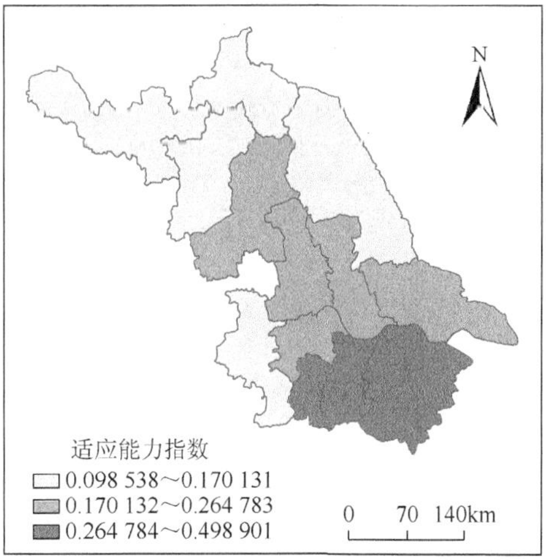

(b) 2005年

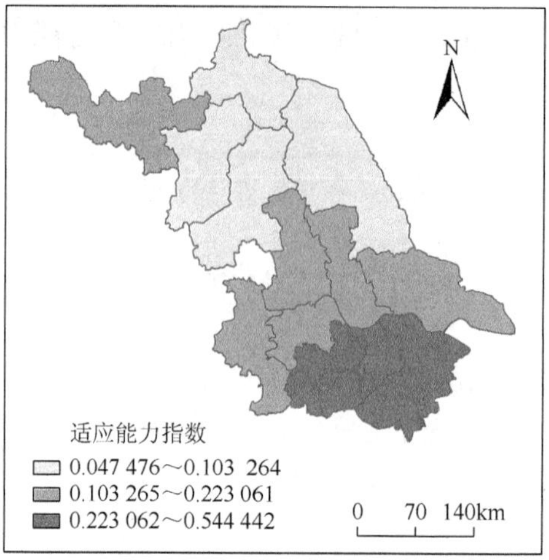

(c) 2010年

图 3-5　江苏省产业系统环境适应能力

2010 年，江苏省产业系统环境适应能力得分平均为 0.1951。苏州市的产业系统环境适应能力仍然最高，达到 0.5444，其次为常州市（0.3933）和无锡市（0.3579），镇江市的产业系统环境适应能力得分增加较快，仅次于无锡市，排名第四，其他城市排名分别为扬州市、泰州市、南京市、南通市、徐州市、淮安市、宿迁市、连云港市、盐城市。由图 3-5 可以看出，苏州市、无锡市、常州市 3 市仍属于同一类型，并且在江苏省 13 个地级市的适应能力得分中属于较高一类；南京市和徐州市的适应能力在江苏省内的排名有所提高，它们与镇江市、扬州市、泰州市、南通市的适应能力属于同一类型；宿迁市、淮安市、盐城市、连云港市 4 市的产业系统环境适应能力较弱，属于同一类型。由此可以看出，江苏省各市产业系统的环境适应能力是在不断变化的，整体来说，与其经济发展地区格局较为一致。

二、产业系统环境适应能力的空间差异分析

（一）Theil 指数

根据 Theil 指数，得出江苏省产业系统环境适应能力的全省差异、三大地区的区间差异，以及苏南、苏中、苏北三大地区的内部差异，结果见表 3-7。

表 3-7 江苏省产业系统环境适应能力区域差异演变及分解

年份	2000	2001	2002	2003	2004	2005	2006	2007	2008	2009	2010
Theil 指数	0.3247	0.2830	0.2403	0.2744	0.2541	0.2140	0.2471	0.2287	0.2358	0.3170	0.3585
T_{BR}	0.2253	0.1677	0.1371	0.1692	0.1352	0.1265	0.1205	0.1142	0.1327	0.1860	0.2595
贡献率（%）	69.39	59.26	57.06	61.65	53.19	59.13	48.76	49.95	56.30	58.67	72.38
T_{WR}	0.0994	0.1153	0.1032	0.1052	0.1190	0.0875	0.1266	0.1144	0.1030	0.1310	0.0990
贡献率（%）	30.61	49.74	42.94	38.35	46.81	40.87	51.24	50.05	43.70	41.33	27.62
苏南内部差异	0.0781	0.0748	0.0654	0.0824	0.0940	0.0629	0.0506	0.0567	0.0768	0.0957	0.0767
贡献率（%）	78.64	64.9	63.39	78.27	79.0	71.95	39.95	49.5	74.57	72.99	77.45
苏中内部差异	0.0012	0.0028	0.0162	0.0093	0.0048	0.0026	0.0014	0.0027	0.0011	0.0029	0.0107
贡献率（%）	1.24	2.4	15.68	8.88	4.06	2.98	1.16	2.35	1.04	2.22	10.80
苏北内部差异	0.0201	0.0377	0.0216	0.0135	0.0202	0.0219	0.0746	0.0550	0.0251	0.0325	0.0116
贡献率（%）	20.12	32.7	20.93	12.85	16.94	25.07	58.89	48.10	24.39	24.78	11.76

图 3-6 显示，研究期间 Theil 指数总体上呈现出先降后升的变化态势，说明江苏省产业系统生态适应能力指数随着时间的变化其区域差异变化不大。2000 年，江苏省产业系统生态适应能力的 Theil 指数为 0.3247，地区间差异为 0.2253，对 Theil 指数的贡献率为 69.39%，地区内部差异为 0.0994；2001 年，产业系统生态适应能力区域差异下降，Theil 指数为 0.2830，地区间差异为 0.1677，对 Theil 指数的贡献率较 2000 年有所下降，为 59.26%，与之对应，地区内部差异对 Theil 指数的贡献率明显上升；2002 年，Theil 指数继续小幅下降，下降至 0.2403，说明江苏省三大地区的适应能力差异逐渐减小，三大地区间差异指数为 0.1371，地区内部差异为 0.1032；2003 年，区域差异略有增加，Theil 指数值上升至 0.2744，其中地区间差异为 0.1692，对 Theil 指数的贡献率增加至 61.65%，地区内部差异变化不大，为 0.1052；2003～2005 年，Theil 指数明显降低，说明江苏省产业系

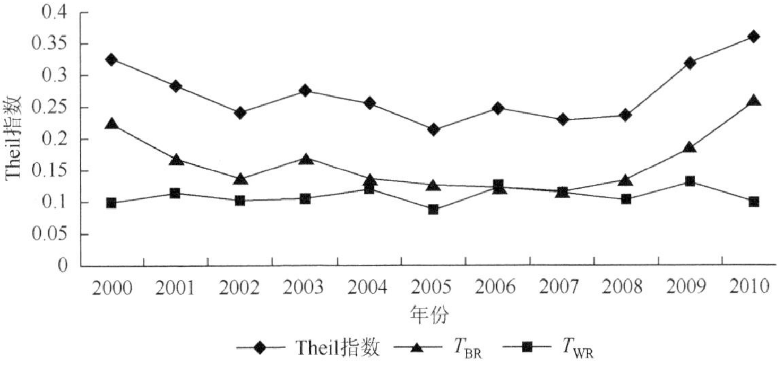

图 3-6 江苏省产业系统环境适应能力的区域差异

统环境适应能力呈现下降趋势，地区间差异的下降幅度明显大于地区内部差异；2006～2007 年，江苏省产业系统环境适应能力地区间差异小于地区内部差异，说明江苏省三大地区之间的适应能力的差距在不断缩小，而地区内部差距在不断扩大；2008～2010 年，Theil 指数呈现上升趋势，其中地区间差异不断扩大，地区内部差异变化不大。

总体来说，江苏省产业系统环境适应能力之间的差异是不断变化的，对其影响最大的是三大地区间的差异，也就是说，苏南、苏中、苏北三大地带间的差距是江苏省产业系统环境适应能力空间差距的主要影响因素，只有缩小三大区域之间的差距，才能真正缩小全省产业系统环境适应能力在空间上的差距。对于苏南地区经济相对发达的城市而言，较快的经济发展伴随着产业系统发展进程的加快，产业结构日趋合理，环境污染大的企业逐渐迁移到经济较落后的地区，为生态环境的改善提供了良好的基础，同时，政府政策的倾斜及居民对环境保护认识的深入等因素都是苏南地区产业系统环境适应能力较强的原因。对于苏中地区而言，经济发展仍然是其发展的主要任务，因此其会承接部分苏南等经济发达地区的重污染高能耗企业，产业结构仍有待调整与升级，生态环境治理能力低于苏南地区。对于苏北地区而言，第一产业比重过大，第三产业发展缓慢，这些都是影响经济发展的重要因素，为加快地区发展，引进高污染高能耗企业对生态环境的破坏较大，生态环境治理的资金投入和技术水平较低，这些因素限制了苏北地区产业系统环境适应能力的提高。

苏南地区内部差异大于苏北地区，苏中地区产业系统环境适应能力的差异最小，如图 3-7 所示。由于苏中地区的南通、泰州、扬州 3 个城市的经济发展、产业结构及自然环境情况大致相同，其产业系统环境适应能力接近，因此江苏省产业系统环境适应能力的内部差异主要体现在苏南地区和苏北地区。苏南地区内部差异最大的原因是南京市、镇江市和苏州市、常州市、无锡市的差距较大，南京市以石油化工为主要工业之一，其发展带来了生态环境的破坏，因此产业系统的

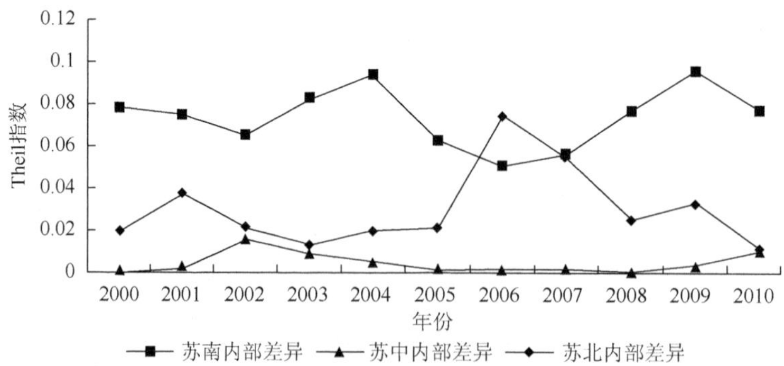

图 3-7　三大地区内部产业系统环境适应能力的差异

环境适应能力较弱，镇江市的产业系统发展落后于苏州市、常州市、无锡市，而苏州、常州、无锡 3 市经济发展的同时，注重生态环境的保护与修复，因此产业系统环境适应能力较强，与南京和镇江 2 市的分异较大，苏南产业系统环境适应能力内部差异最大。苏北各城市经济发展、产业结构、自然环境等存在着明显差异，产业系统环境适应能力也存在着差异。

（二）基尼系数

根据基尼系数计算方法，计算得出江苏省各市产业系统环境适应能力的基尼系数，如图 3-8 所示，2000 年基尼系数为 0.3629，属于相对合理，2001 年基尼系数下降至 0.3339，仍属于相对合理，2002 年基尼系数下降至最低 0.2640，表示发展水平比较平均，2003 年基尼系数上升至 0.3261，2004 年继续上升并达到最大值 0.4133，表示发展差距较大，2005 年下降速度最大，至 0.2684，表示发展比较平均，2006～2010 年基尼系数保持在 0.3～0.4，产业系统环境适应能力相对合理。

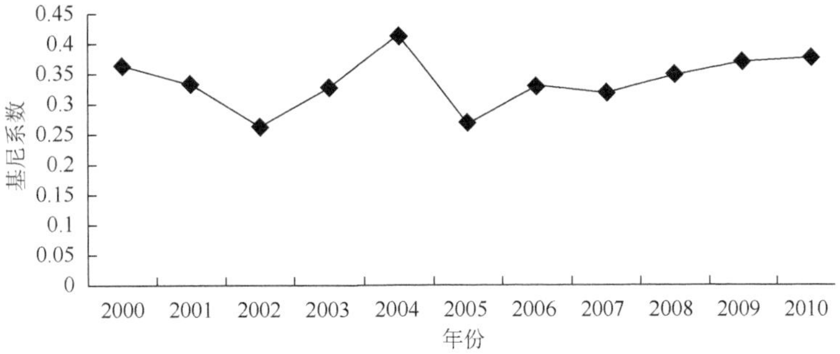

图 3-8　江苏省产业系统环境适应能力的基尼系数

第四节　江苏省产业系统环境适应能力区域类型划分

一、系统聚类分析

江苏省 13 个城市因自身自然环境本底、产业结构等特征各不相同，对经济、社会、生态等发展环境变化的反应速度、程度及调控也存在差异。本节拟根据江苏省 13 个城市产业系统的环境适应能力指数值，采用 SPSS 软件中的系统聚类方法，对江苏省产业系统环境适应性进行类型划分，划分结果如图 3-9 所示。

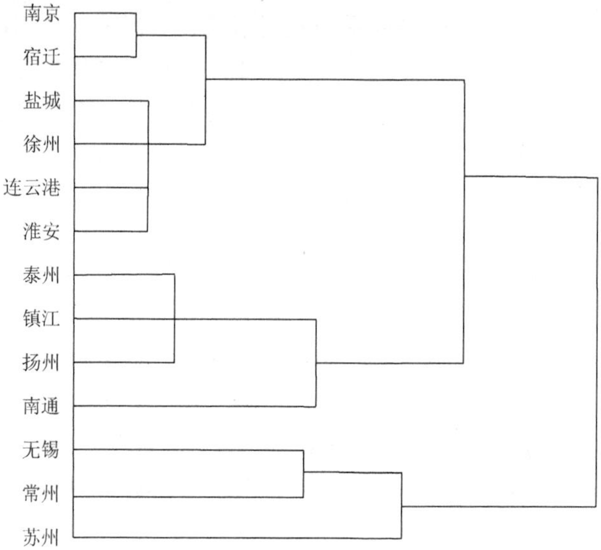

图 3-9　江苏省产业系统环境适应性聚类树状谱系图

二、类型特征分析

（一）低适应能力类型

该类型主要包括南京、宿迁、盐城、徐州、连云港及淮安 6 市。该类区域产业系统环境适应能力较弱，也就是说，产业系统环境发生变化时，该类城市应对变化的能力较差。南京市发展较早，经济发展速度快、产业结构转型早，但是影响其经济增长的产业之一是石油化工产业，这一产业属于高污染、高能耗产业，势必会使其生态系统遭到破坏，因此产业生态系统的稳定性降低、敏感性增大。徐州市作为资源型城市，煤等资源的开发破坏了地表景观，工业的排放等污染了生态环境，同时其经济基础薄弱、技术创新能力较差、资金投入较少，在一定程度上降低了产业系统环境适应的能力。宿迁、盐城、连云港及淮安 4 市在江苏省内发展较晚，经济基础薄弱，产业结构不合理，资金投入较少，高素质人才匮乏，环境污染较少但其环境治理投资薄弱、治理技术落后，相应地，产业系统生态适应能力也不高。

（二）中适应能力类型

该类型主要包括泰州、镇江、扬州和南通 4 市。该类区域产业系统的环境适应能力中等，较上一类城市好，也就是说，环境发生变化时，这类城市较低适应能力类型城市应对变化的能力及抵御风险的能力强。该4市的自然本底条件较为一致，经济发展水平与速度相似，产业结构优化程度也较为一致，同时环境污染与治理也较为相近，因此，该4市的产业系统环境适应能力处于中等水平。

（三）高适应能力类型

该类型包括无锡、常州和苏州3市。该类区域的产业系统环境适应能力最高，换言之，在产业系统内外部环境发生变化时，江苏省13个地级市中无锡、常州和苏州3市应对这一变化及规避变化带来风险的能力最高。这主要是因为其经济社会发展水平高、发展速度快、产业结构趋于完整、生态环境保护与污染治理的能力较强，同时，一部分高污染、高能耗的企业已经向经济欠发达地区转移。

第四章　基于适应性目标的江苏省产业系统环境适应能力评价

第一节　产业系统环境适应性的目标取向

一、产业生态化是缓解经济快速增长与环境恶化之间矛盾的必然要求

自18世纪中叶第一次工业革命以来，工业活动极大地促进了世界经济的发展，为人类创造了巨大的物质财富，满足了人类不断增长的物质需求。然而，随着经济的发展，全球环境的恶化引起了人类的反思，传统的工业化模式造成了资源短缺、生态破坏、环境污染等问题，这些问题在很大程度上阻碍了社会经济发展，缩小了区域居民生存空间。人类对经济与环境相关性的认识随着环境问题的不断加剧而深化。20世纪80年代，西方学者率先提出以产业与环境协调发展为核心理念的产业生态化理论，并被广泛应用于生产实践中。20世纪90年代以来，产业生态化成为发达国家可持续发展的潮流，这已成为国际产业发展的一大趋势，也是区域可持续发展面临的重大科学命题（郭守前，2002）。产业生态化的目标是在追求财富有效增长的同时，要求改善生态环境，坚持产业与生态环境协调发展（扈剑晖，2011）。在当前生态环境及资源问题对经济社会发展约束性增强的情况下，走产业生态化之路是一种必然选择。

二、产业生态化是实现可持续发展的有效途径

改革开放30多年以来，我国经济一直处于快速发展状态，但这种以“高能耗、高污染、高排放”为代价的经济高速增长所造成的生态破坏、环境污染与自然资源耗竭，严重制约着中国经济持续发展。产业生态化作为一种“促进人与自然协调与和谐”的发展模式，将产业发展看作一个“资源—产品—再生资源—再生产品”的反馈式流程，在系统内部实现循环再生、和谐共生、持续发展的“低开采、高利用、低排放”循环利用模式，最终实现经济水平提高、资源效率提升（张建勇等，2006），且要求在生产过程中大力推广经济效益高、节约资源、环境负面影响小的技术，不断地探索既有利于保护环境又能提高企业效益的经营管理模式，实现产业经济与生态系统的良性循环与可持续发展（王晶和孔凡斌，2012）。这不

仅为江苏传统产业转型提供了理论分析框架，也为促进江苏省经济增长方式转变提供了必由之路。

三、产业生态化是江苏省产业系统环境适应性调整的目标取向

2012 年，江苏省地区生产总值达到了 54 058.22 亿元，占全国的比重为 10.4%，第二产业产值所占比重在 50%左右，其中工业占据绝对优势。这种产业结构造成了江苏省生态环境质量的下降，主要表现为工业废水排放量的增加，由 2000 年的 20.19 亿 t 增加到 2012 年的 21.86 亿 t，年增长率为 0.6%；工业废气排放量由 9078 亿标立方米增加到 48 623 亿标立方米，年增长率为 15%；工业固体废弃物产生量由 3038 万 t 增加到 9935 万 t，年增长率达 10.4%。由此可见，随着江苏省经济的高速发展，所带来的工业“三废”的排放量持续增加，从而引发生态环境质量局部恶化。如果继续目前这种发展方式，产业发展与生态环境之间的矛盾势必日益突出，可持续发展将会变为空谈。因此，面对未来经济发展，江苏省要实现经济可持续发展，必须转变传统经济发展的单一模式，走产业生态化之路，注重经济社会和生态环境的协调发展，否则江苏省经济社会发展就难以持续。

产业生态化作为一种新经济形态或生态型循环经济发展模式，将生产与环保、生态与消费有机结合起来，改变现有的资源利用模式，减少废物排放，这是实现人类发展与环境协调的有效手段。国内外关于产业生态化的研究大多数停留在企业和产品工艺流程等微观层面上，以及国家政策、调控等宏观层面上，在区域层面的研究以定性为主，集中对产业生态化的评价原则和概念进行分析。本章主要从区域尺度开展产业生态化研究，具体而言，在对产业生态化评价指标体系和评价模型构建的基础上，以县域为研究单元，多角度地评价产业生态化时序演变及空间分异特征，这对于因地制宜地促进江苏省产业绿色化转型，缓解经济增长与环境保护之间的矛盾，实现经济增长方式由粗放型向集约型转变具有重要意义。

第二节　产业系统生态化评价

一、产业生态化评价模型构建

（一）评价指标体系构建

区域产业生态化水平是通过选取一定的评价指标体系来进行计量和评价

的，因此需要构建有代表性的指标体系，全面反映产业生态化状态。为了全面、客观地衡量产业生态化的发展水平，指标体系的构建应遵循以下原则：①科学性。产业生态化评价指标体系的设计要科学、客观、清晰，同时要能够正确评价特定区域内产业生态化发展现状，并具有适当的超前性。产业生态化水平指标体系的建立必须要以相关的理论为基础，在指标的选取过程中要做到有理有据，能够客观、科学地评价产业生态化水平，以便于科学判断产业生态化存在的问题，从而提出有针对性的建议。②完整性。关于产业生态化水平的影响因素比较多，因此要求我们选取的指标要尽量详细，这样更能全面地反映产业生态化特征。指标体系既要有能反映区域内经济、社会、资源、环境等各子系统发展的主要特征和状态的指标，又要有反映以上各子系统相互协调的动态变化和发展趋势的指标。同时，指标设置要抓住产业生态化的本质与核心内容。③系统性。产业环境系统是一个复杂的大系统，它由不同层次、不同要素组成，各组成要素之间既相互联系，又相对独立。因而，所构建的指标体系也要从结构和功能上体现出产业生态的系统性。④可操作性。产业环境系统作为一个有机整体，是各种要素综合作用的结果，指标体系要尽可能全面反映系统发展的各个方面，还要考虑指标的量化，数据的可获得性、可靠性和准确性；在基于指标体系构建数学模型时，也应确保数学方法具有可操作性。⑤可比性。指标体系的构建要综合考虑纵向（时间）和横向（空间）的可比较性。

根据产业系统环境适应性的基本内涵及上述指标体系设计原则，参考现有研究成果并结合当前江苏省产业生态化发展现状，本章将产业生态评价指标体系分为 3 个层次、共 19 项具体指标来考察。从表 4-1 可以看出，第一层为目标层（A），是对江苏省产业生态化水平的高度概括，用来表征江苏省产业生态化水平；第二层为准则层，是从多个侧面来反映江苏省产业生态化程度，包括社会经济发展水平（B）、资源利用水平（C）、污染程度（D）、环境治理能力（E）、生态保护水平（F）5 个方面，其依据是产业生态化是产业发展的高级形式，也是经济社会发展到一定阶段的产物，这就需要有衡量社会经济发展水平方面的指标来反映；资源利用水平衡量的是产业发展所需消耗的资源量，资源减量化是产业生态化发展的必然结果，因而是衡量产业生态化的一个重要方面；污染程度衡量的是产业发展引起的污染排放情况，产业生态化发展要求产业发展按照生态系统的规律进行循环发展，从而减少生产终端的污染排放；环境治理能力主要针对产业发展污染排放进行治理，且包括对“三废”的循环利用，体现了对资源的循环利用；生态保护水平既反映自然生态的现状，又体现环境保护的投入，且良好的生态状况既是产业生态化发展的要求，也是产业生态化发展的结果。

表 4-1　产业生态化评价指标体系

目标层	准则层	指标层
A 产业生态化	*B* 社会经济发展水平	*B*1 人均地区生产总值（元）
		*B*2 第三产业产值占 GDP 比重（%）
		*B*3 城镇居民人均可支配收入（元）
		*B*4 农民人均纯收入（元）
		*B*5 专利申请受理量（件）
		*B*6 人均社会消费品零售总额（元）
	C 资源利用水平	*C*1 单位 GDP 能耗（tce/万元）
		*C*2 单位 GDP 电耗［（kW·h）/万元］
		*C*3 单位土地面积投入强度（万元/km^2）
	D 污染程度	*D*1 单位 GDP 工业二氧化硫排放量（t/万元）
		*D*2 单位 GDP 工业烟尘排放量（t/万元）
		*D*3 单位 GDP 工业粉尘排放量（t/万元）
		*D*4 单位 GDP 工业废水排放量（t/万元）
	E 环境治理能力	*E*1 工业废水排放达标率（%）
		*E*2 工业固体废弃物综合利用率（%）
		*E*3 工业“三废”综合利用产值（亿元）
		*E*4 环境治理投资额占 GDP 比重（%）
	F 生态保护水平	*F*1 人均公园绿地面积（m^2/人）
		*F*2 建成区绿化覆盖率（%）

由社会经济、资源、生态等方面建立的准则层既相互联系又相互区别，共同体现了产业生态化的内涵。但是，这些准则层还需要具体的指标层来表征，因此，本章在准则层构建的前提下，建立了 19 个具体的指标，这些指标是可以量化研究的，是对准则层的进一步细化，也是对目标层的实现，具体如下。

（1）社会经济发展水平，包括人均地区生产总值、第三产业产值占 GDP 比重、城镇居民人均可支配收入、农民人均纯收入、专利申请受理量、人均社会消费品零售总额 6 项具体指标。产业生态化与经济社会发展水平密切相关，这些指标从各个不同的侧面既反映了社会经济发展水平，也在一定程度上反映了产业对社会经济的贡献度。

（2）资源利用水平，包括单位 GDP 能耗、单位 GDP 电耗、单位土地面积投入强度 3 项指标，它们是衡量产业资源消耗的主要指标。

（3）污染程度，包括单位 GDP 工业二氧化硫排放量、单位 GDP 工业烟尘排放量、单位 GDP 工业粉尘排放量、单位 GDP 工业废水排放量 4 项指标，减少生产过程中的污染排放是产业生态化的要求，这些指标是反映污染程度的主要指标。

（4）环境治理能力，包括工业废水排放达标率、工业固体废弃物综合利用率、工业“三废”综合利用产值、环境治理投资额占 GDP 比重 4 项指标，针对生产过程排放的“三废”进行末端治理及对环境治理进行资金投入，这些指标从不同方面体现了环境治理能力。

（5）生态保护水平，包括人均公园绿地面积、建成区绿化覆盖率 2 项指标，它们是体现生态保护水平的主要指标。

（二）评价方法

用多指标进行综合评价时，各指标对评价对象的作用大小不同，应赋予不同指标相应的权重。权值是各指标相对重要程度的一种主观评价和客观反映的综合度量，确定权重是综合评价的关键。确定指标权重的方法主要有主观赋权法和客观赋权法两类：主观赋权法，即通过评价者主观上对各评价指标的重视程度来确定其权重，如古林法、Delphi 法、AHP 法等（郭显光，1998）。主观赋权方法的优点是专家可以根据实际问题，较为合理地确定各指标之间的排序，但该类方法的缺点是主观随意性大。客观赋权法，即根据各指标提供的信息量的大小来决定相应指标的权重，评价方法主要有熵值法、因子分析法、主成分分析法、路径分析法、复相关系数法等。出于研究的需要，为了克服人为确定权重的主观性及多指标变量间信息的重叠，选用熵值法对江苏省产业生态化水平进行评价。

熵值法的基本原理如下：设 n 个指标，m 个年份（或 m 个待评价项目），形成原始数据矩阵 $X=(x_{ij})m\times n$，对于某项指标 x_j，若指标值 x_{ij} 差距越大，则该指标在综合评价中所起的作用也就越大；反之就越小。若某项指标的指标值全部相等，则该指标在综合评价中不起作用。在信息论中，存在以下函数关系：$H(x)=-\sum_{i=1}^{n} f(x_i)\ln f(x_i)$，式中，$H(x)$ 为信息熵，是系统无序程度的度量；$-\sum_{i=1}^{n} f(x_i)\ln f(x_i)$ 为信息，是系统有序程度的度量；两者绝对值相等，符号相反。某项指标的指标值离散程度越大，$H(x)$ 就越小，该指标所提供的信息量也就越大，所以其权重也应越大；反之，指标间离散程度越小，信息熵就越大，其容纳的信息量也就越小，权重理应越小（乔家君，2004）。所以，根据指标间的离散程度，用信息熵来确定指标权重，从而为产业生态化水平评估提供科学依据。

熵值法的主要步骤如下。

（1）指标的标准化处理。在构建的产业生态化指标体系中，有的指标值越大越好，越有利于提高产业生态化水平，这样的指标称为正向型指标，如人均 GDP、工业废水排放达标率；而有的指标值越小越好，超过一定限度会制约产业生态化水平，这样的指标称为逆向型指标，如万元 GDP 能耗、单位 GDP 工业二氧化硫排放量。因此，在对产业生态化水平评价时，要对指标值进行正向化处理。采用的方法是取逆向指标的倒数，并将其作为正向化处理后的指标值（任福兵等，2010）。

采用 Z-score 对数据进行标准化处理，公式如下：

$$X_{ij}=\frac{x_{ij}-\overline{x_j}}{\sigma_j} \tag{4-1}$$

式中，X_{ij} 为无量纲化后的指标值；x_{ij} 为无量纲化前的指标值；$\overline{x_j}$ 为指标 j 各年份的平均值；σ_j 为指标 j 的标准差。

（2）为了消除标准化后的指标值负值的影响，进行坐标平移，公式如下：

$$x'_{ij}=X_{ij}+A \tag{4-2}$$

式中，x'_{ij} 为标准数据平移后的值；A 为平移幅度，$A>\min(X_{ij})$。

（3）计算评价指标的熵值，其计算公式为

$$e_j=-k\sum_{i=1}^{m}x'_{ij}\ln x'_{ij} \tag{4-3}$$

式中，$k=1/\ln m$。

（4）计算评价指标的差异性系数，计算公式为

$$d_i=1-e_i \tag{4-4}$$

（5）计算评价指标的权重，其公式为

$$w_j=d_j\Big/\sum_{i=1}^{n}d_i \tag{4-5}$$

（6）计算样本的综合评价值，采用加权函数法进行计算：

$$D=\sum_{i=1}^{n}w_ix'_{ij} \tag{4-6}$$

（三）数据来源

本章所需要的原始数据主要来源于《江苏统计年鉴》（2001～2013 年）、江苏省环境状况公报，不能直接获取的指标数据通过对相关原始数据的计算获得。在数据收集整理过程中，可能会遇到某一年份的指标在统计年鉴中缺失（或者是有些指标的统计口径和统计项目发生了变化）。一般来说，对于缺失数据，要进行重新调查补齐，但是考虑到实际条件，通常只能通过一些统计处理方法来解决。本章对于个别指标在某一年份数据缺失的情况，主要通过回归分析法来估算指标值。

二、江苏省产业生态化时序演化特征分析

区域产业生态化水平是区域系统发展状况的综合反映。而科学测度区域产业生态化水平则是进行江苏省产业生态化发展研究的前提。本章以 2000～2012 年江苏省的社会经济发展水平、资源投入、污染水平、环境治理、生态保护数据为基础，根据前述评价方法、计算步骤，对每一层指标进行权重确定，从而得出江苏省产业生态化每一级指标的权重及评价结果。从公式（4-1）中可以看出，首先对数据进行了归一化处理，因此处理后的指标值为 0～1，由于已考虑到指标的正负性，评价值越大表示程度越好，产业生态化水平越高。

处理后每一级指标的权重见表 4-2。在整个产业生态化评价系统中，准则层权重情况为社会经济发展水平＞环境治理能力＞污染程度＞生态保护水平＞资源利用水平。权重的高低不同对评价结果的影响程度也不同，权重高的指标影响大，反之则小。其中，社会经济发展水平对产业生态化的贡献能力最高，达到了 0.3117；其次为环境治理能力及污染程度，其权重分别为 0.2571、0.2087，表明环境治理能力及污染程度对产业生态化的影响程度比较高；权重比较低的为生态保护水平与资源利用水平，分别为 0.1198、0.1036，对产业生态化水平提高的影响相对较小。

表 4-2　产业生态化各级评价指标权重

目标层	准则层	权重	指标层	权重
A 产业生态化	*B* 社会经济发展水平	0.3117	*B*1 人均地区生产总值	0.1699
			*B*2 第三产业产值占 GDP 比重	0.1661
			*B*3 城镇居民人均可支配收入	0.1713
			*B*4 农民人均纯收入	0.1670
			*B*5 专利申请受理量	0.1583
			*B*6 人均社会消费品零售总额	0.1673
	C 资源利用水平	0.1036	*C*1 单位 GDP 能耗	0.4941
			*C*2 单位 GDP 电耗	0.4983
			*C*3 单位土地面积投入强度	0.0076
	D 污染程度	0.2087	*D*1 单位 GDP 工业二氧化硫排放量	0.2528
			*D*2 单位 GDP 工业烟尘排放量	0.2461
			*D*3 单位 GDP 工业粉尘排放量	0.2471
			*D*4 单位 GDP 工业废水排放量	0.2540

续表

目标层	准则层	权重	指标层	权重
A 产业生态化	*E* 环境治理能力	0.2571	*E*1 工业废水排放达标率	0.3092
			*E*2 工业固体废弃物综合利用率	0.2660
			*E*3 工业“三废”综合利用产值	0.2099
			*E*4 环境治理投资额占 GDP 比重	0.2149
	F 生态保护水平	0.1198	*F*1 人均公园绿地面积	0.5113
			*F*2 建成区绿化覆盖率	0.4887

根据计算出来的权重及标准化后的数据，运用综合加权法，计算得出江苏省产业生态化各子系统时序评价值及产业生态化评价指数（表 4-3）。

表 4-3 江苏省产业生态化各子系统及综合评价水平时序演变（2000～2012 年）

年份	社会经济发展水平	资源利用水平	污染程度	环境治理能力	生态保护水平	产业生态化水平
2000	0.0503	0.0582	0.0522	0.0461	0.0437	0.0497
2001	0.0525	0.0581	0.0514	0.0566	0.0321	0.0515
2002	0.0545	0.0553	0.0535	0.0586	0.0458	0.0544
2003	0.0558	0.0528	0.0751	0.0735	0.0501	0.0634
2004	0.0566	0.0609	0.0563	0.0886	0.0633	0.0660
2005	0.0622	0.0566	0.0589	0.0672	0.0764	0.0639
2006	0.0676	0.0620	0.0655	0.0855	0.0891	0.0738
2007	0.0751	0.0676	0.0741	0.1001	0.0976	0.0833
2008	0.0835	0.0846	0.0851	0.0926	0.0994	0.0882
2009	0.0915	0.0909	0.0934	0.0806	0.0979	0.0898
2010	0.1032	0.1032	0.1042	0.0814	0.1054	0.0981
2011	0.1170	0.1221	0.1086	0.0805	0.0987	0.1042
2012	0.1301	0.1266	0.1249	0.0888	0.1005	0.1145

（一）社会经济发展水平呈现较快上升趋势

从图 4-1 可以看出，社会经济发展水平呈现持续上升状态，由 2000 年的 0.0503 增长到 2012 年的 0.1301，年均增长率达 8.23%，增长幅度较大。这说明江苏省社会经济发展水平不断提升，总体上，可分为两个阶段：①缓慢上升阶段（2000～2004 年）。这一时期江苏省社会经济发展水平指数由 0.0503 上升到 0.0566，年均增长率仅为 2.96%，低于研究期平均水平（8.23%）5.27 个百分点。2001 年，我国加入 WTO，对于江苏省这样一个沿海省份来说是一个很好的发展契机，这一时期江苏省抓住机遇，经济实力逐渐增强，社会经济发展水平评价值缓慢提升，这一阶段江苏省人均 GDP 由 11 765 元上升至 20 031 元，年均增长率为 14.2%。②快速上升阶段（2005～2012 年）。这一时期社会经济发展水平指数由 0.0622 迅速提升到 0.1301，增长率高达为 9.66%，高于平均水平 1.43 个百分点。2009 年江苏省沿海开发战略的实施使江苏省社会经济发展又迈向了一个新阶段，社会经济发展整体水平快速提高，经济实现了快速飞跃，人均 GDP 由 24 616 元快速上升至 68 347 元，年均增长率为 15.7%。就经济发展水平而言，江苏省属于发展比较活跃的省份。近年来，江苏省积极调整产业结构，并取得了一定成效。但是，我们应该认识到在产业结构方面仍存在着巨大的问题，江苏省由于高度的工业化，第二产业比重保持在 50%左右，这势必会带来严重的能源、环境问题，而这些问题又会影响江苏省产业生态化水平的提升。因此，大力发展第三产业、提升产业生态化水平将是未来发展的必然趋势。

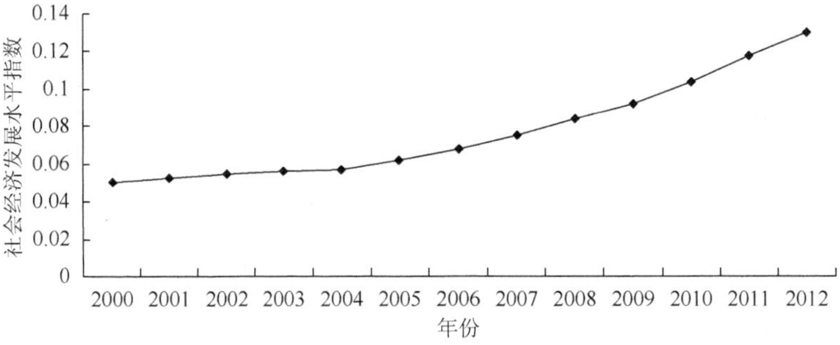

图 4-1　江苏省社会经济发展水平时序演变（2000～2012 年）

此外，江苏省还积极发展高科技产业。科技创新为产业结构优化、能源利用效率提高、环境改善增加了可能，是实现产业生态化的有效手段。近年来，江苏省科学研究成果突出，自主创新能力不断提升。2012 年，江苏省共申请专利 472 656 件，专利申请量稳步增长，知识产权创造和运用能力不断提高。近年来，江苏省积极推动企业科技创新，加快科技成果转化力度。2012 年，江苏省计算机、通信等产业总产值达到了 16 176.85 亿元，成为工业总产值中贡献率最高的产业。

（二）资源利用水平稳步提高

能源消耗总量与电耗总量不断提高，这与江苏省工业的五大高能耗行业（化学原料及化学制品制造业、黑色金属冶炼及压延加工业、石油加工及炼焦业、电力热力的生产和供应业、非金属矿物制品业）的快速发展有关，而且还对江苏省生态环境造成了一定影响。同时，单位 GDP 能耗、电耗不断下降说明江苏省经济发展在一定程度上注重了环境保护，注重了降低碳排放，从而有利于产业生态化水平提升。单位 GDP 能耗、电耗不断下降也说明经济发展对资源的依赖程度不断下降。单位土地面积投入强度则逐年增长，说明江苏省对区域建设的投入强度不断提高。

由图 4-2 可知，2000～2003 年，江苏省资源利用水平呈下降趋势，资源利用水平指数由 0.0582 下降到 0.0528，这是由历史原因及经济发展体制造成的。江苏省在 2000 年左右还未摆脱以资源为依托的产业格局，正处于转型阶段，经济发展仍是以依靠资源消耗与开发获得的，因此在资源利用水平方面呈现下降趋势；2004 年上升到 0.0609，随后在 2005 年下降至 0.0566；2006～2012 年则表现为快速上升的趋势，资源利用水平指数由 0.0620 增长到 0.1266，这是因为资源过度消耗已经使江苏省面临资源危机，尤其是能源方面，江苏省大力开发新能源并进行节能减排，实现了资源利用水平的快速提升。从整体上看，江苏省资源利用水平指数呈现稳步上升的趋势，说明江苏省在注重经济增长的同时，注重资源的利用效率问题，经济增长方式正由粗放型向集约型转变。

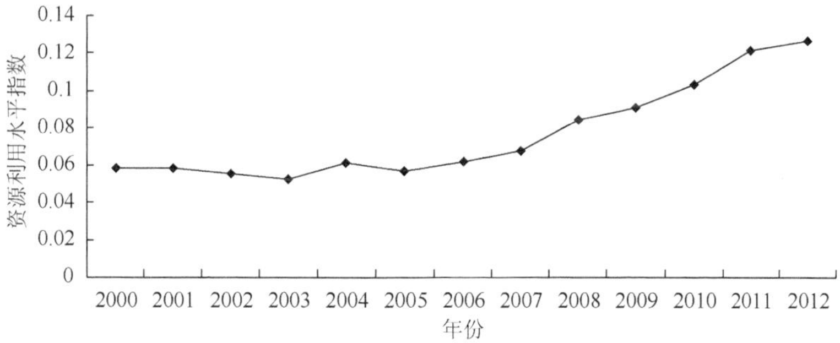

图 4-2 江苏省资源利用水平时序演变（2000～2012 年）

（三）污染程度呈下降态势

单位 GDP 工业二氧化硫排放量、单位 GDP 工业烟尘排放量、单位 GDP 工业粉尘排放量、单位 GDP 工业废水排放量等指标均为逆向指标，在对指标数据进行归一化前，对指标均进行了正向化，因此评价值越高，表明污染程度越低，评价值越低，表明污染程度越高。江苏省环境污染水平中的工业二氧化硫排放量、工业烟尘排放量、工业粉尘排放量及工业废水排放量在总量上虽然随着经济发展水平的提升处于缓慢上升的趋势，但单位 GDP 工业二氧化硫排放量、单位 GDP 工业烟尘排放量、单位 GDP 工业粉尘排放量、单位 GDP 工业废水排放量则呈现出不断下降的趋势，说明江苏省在经济发展不断提升的同时，注重了环境保护。进入 21 世纪，江苏省工业在改革开放、结构调整、规模经济、科技进步等因素的推进下，经济增长方式正由粗放型向集约型方向转变，但我们应该意识到投入高、消耗多、污染重、创新不足等问题仍比较突出，这是造成环境污染的主要原因。

图 4-3 表明，江苏省污染程度指数在 2000～2002 年变化很小，由 2000 年的 0.0522 下降至 2001 年的 0.0514，随后增长到 2002 年的 0.0535，污染程度变化不大；到 2003 年快速提升到 0.0751，说明污染程度有所下降；2004 年下降至 0.0563，污染情况有所加剧；2005～2012 年飞速提升，评价指数由 0.0589 快速上升至 0.1249，这一时期江苏省污染程度下降很快。从整体上看，江苏省环境污染程度呈现下降趋势，这与江苏省在工业生产中注意从源头减少污染、引入清洁能源有关。

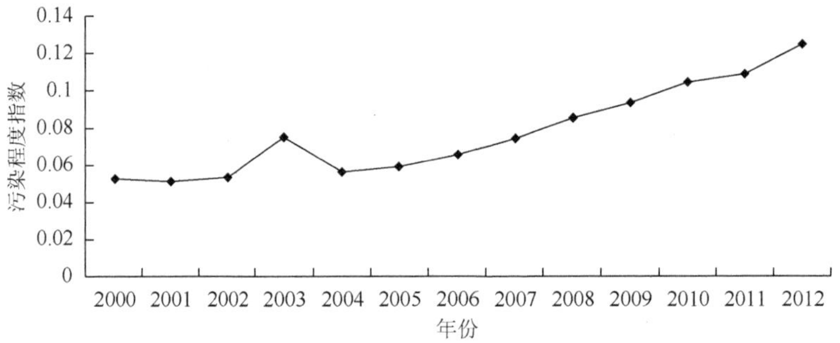

图 4-3 江苏省污染程度时序演变（2000～2012 年）

（四）环境治理能力呈波动性上升趋势

工业废水排放达标率、工业固体废弃物综合利用率、工业“三废”综合利用产值、环境治理投资额占 GDP 比重不断提升，说明江苏省不仅在生产过程中注重环保，而且在后期更加注重，加大了投入力度。工业“三废”综合利用产值逐年上升，环境保护支出也逐年增加，说明江苏省对循环经济和环境保护比较重视，这有利于产业生态化水平的提升。但是，从细节上我们也应该认识到江苏省在环境治理方面的力度是远远不够的。在环境治理投资额占 GDP 比重方面，发达国家经验表明，要控制环境恶化趋势，环境治理投资额占 GDP 比重要达到 1%～1.5%（赵海霞等，2006），而江苏省整个研究期间的平均水平只有 0.13%，远远低于发达国家的水平，说明现阶段环境投资力度对控制环境污染恶化趋势是远远不够的。

从图 4-4 可知，江苏省环境治理能力呈现出比较曲折反复的发展历程，整体上呈现波动上升的趋势。2000～2004 年，环境治理能力呈现快速上升的状态，环境治理能力指数由 0.0461 上升至 0.0886，2005 年下降至 0.0672，随后在 2007 年出现峰值 0.1001，2009 年缓慢下降至 0.0806 后，到 2012 年回升至 0.0888，表明江苏省在环境治理能力方面的投入力度还不足，经济发展过程中忽略了环境问题，资金多用于经济建设，而对环境方面的建设投入力度不足，导致一些三废处理设施没有跟上，造成了环境污染比较严重。环境治理、环境污染的防治更重要的是政府的参与。

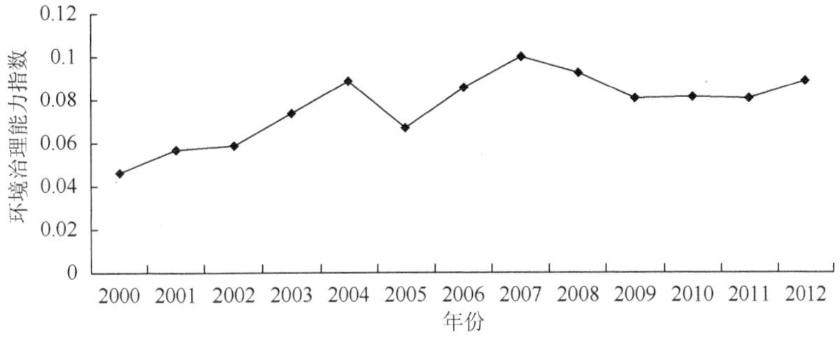

图 4-4　江苏省环境治理能力时序演变（2000～2012 年）

（五）生态保护水平日趋增强

在生态保护方面，江苏省建成区绿化覆盖率由 2000 年的 33.2%增长到 2012 年的 42.2%，增长了 9 个百分点，人均公园绿地面积由 2000 年的 8.1m^2/人增长到 2012 年的 13.6m^2/人，年均增长率达 4.07%，生态保护能力不断增强。图 4-5 表明，江苏省生态保护能力在 2000～2010 年整体上日趋增强，评价值由 2000 年的 0.0437 增长到 2012 年的 0.1005，年均增长率为 7.19%。在发展趋势上表现为在 2000～2001 年出现了下降，由 0.0437 下降至 0.0321，随后不断上升，由 2002 年的 0.0458 快速上升至 2012 年的 0.1005。

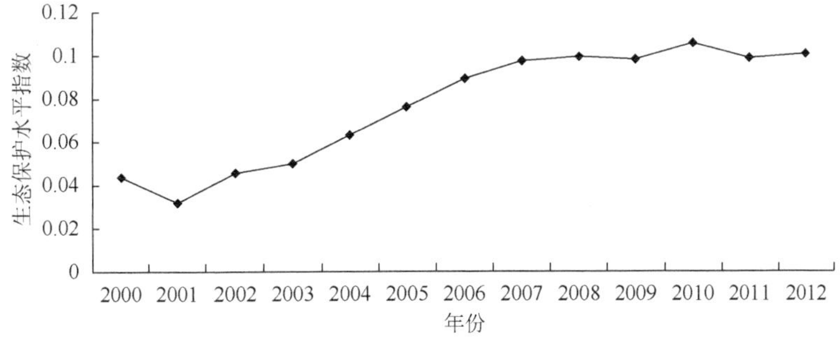

图 4-5　江苏省生态保护水平时序演变（2000～2012 年）

江苏省在生态保护水平方面远远高于全国平均水平，2012 年建成区绿化覆盖率（42.2%）高于全国（39.6%）2.6 个百分点，在全国处于第 4 位，仅次于北京市（46.2%）、江西省（46.0%）、重庆市（42.9%）。人均公园绿地面积（$13.6m^2$）高于全国平均水平（$3.8m^2$）$9.8m^2$。率先建成全国文明示范区的要求及《江苏省生态文明建设规划》的出台为江苏省生态保护水平的提升提供了一个新台阶。

（六）产业生态化水平缓慢提高

从图 4-6 可以看出，2000～2012 年，江苏省产业生态化水平呈现出缓慢上升的趋势，产业生态化趋势发展良好，说明江苏省在经济不断发展、节能减排力度不断加强、污染程度不断下降、环保实力不断提升的基础上，实现了产业生态化综合水平的不断提升。其主要有两个原因：一是，政府严格控制“双高”企业发展，随着经济发展，技术密集型产业逐渐代替了传统的资源密集型、污染密集型产业，大力扶持高新技术产业，严格控制污染物排放；二是，在环境污染不断加剧的情况下，江苏省重视加强对环境的保护力度。

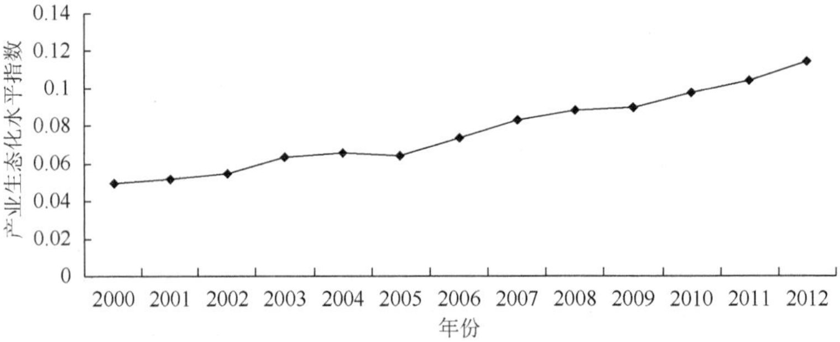

图 4-6　江苏省产业生态化水平时序演变（2000～2012 年）

图 4-6 表明，江苏省产业生态化评价值由 2000 年的 0.0497 上升到 2012 年的 0.1145，年均增长率为 7.21%，呈现出不断上升的趋势，其变化趋势分为两个阶段。缓慢上升阶段（2000～2005 年）：该阶段产业生态化评价值由 0.0497 增长至 0.0639，年均增长率为 5.17%，增长速度较慢。该时间段内江苏省经济发展主要依靠的仍是资源、资金的投入，资源能源巨大投入的代价则是对生态环境的污染，因此，虽然经济发展水平的提升为产业生态化的发展注入了活力，但资源的高投入与环境的严重污染阻碍了产业生态化的发展。快速上升阶段（2006～2012 年）：该阶

段产业生态化评价值由0.0738增长到2012年的0.1145，年均增长率为7.60%，增长速度有所提升。该时间段内江苏省更加重视高科技产业的发展、新能源的开发与环境保护，促进社会、经济与环境的和谐发展，因此产业生态化水平呈现快速提升趋势。

三、江苏省产业生态化空间分异特征分析

江苏省不同县域由于工业发展水平差异比较大，环境污染程度各异，这就形成了县域产业生态化水平的差异。本节以县域为研究单元，探讨江苏省产业生态化空间差异特征。考虑到江苏省县域的具体情况，县域产业生态评价指标体系包括3个层次，共14项具体指标：准则层中，社会经济发展水平指标包括人均地区生产总值（元）、第三产业产值占GDP比重（%）、城镇居民人均可支配收入（元）、农民人均纯收入（元）、人均社会消费品零售总额（元）；资源利用水平指标包括单位 GDP 能耗（tce/万元）、单位 GDP 电耗[（kW·h）/万元]、单位土地面积投入强度（万元/km^2）；污染程度指标包括单位GDP工业二氧化硫排放量（t/万元）、单位GDP工业烟尘排放量（t/万元）、单位GDP工业废水排放量（t/万元）；环境治理能力指标包括工业废水排放达标率（%）、工业固体废弃物综合利用率（%）、工业“三废”综合利用产值（亿元）。以上数据主要来源于《江苏统计年鉴》（2003～2013年）、《中国城市统计年鉴》、江苏省13个地市统计年鉴（2003～2013年）、江苏省环境状况公报及各地市环境状况公报。对于整理过程中缺失的数据，同样也采用回归分析法来进行估算。

（一）空间格局现状特征

1. 社会经济发展水平呈现多核心向外围逐步递减的核心–边缘型空间格局

图4-7表示的是2012年江苏省社会经济发展水平空间分异态势，指数越大颜色越深，表明社会经济发展水平越高，指数越小颜色越浅，表明社会经济发展水平越低。江苏省社会经济发展水平分异呈现出以苏州–无锡及周边县域、南京市区、徐州市区、连云港市区为核心向外围逐渐递减的多极型核心–边缘空间格局。

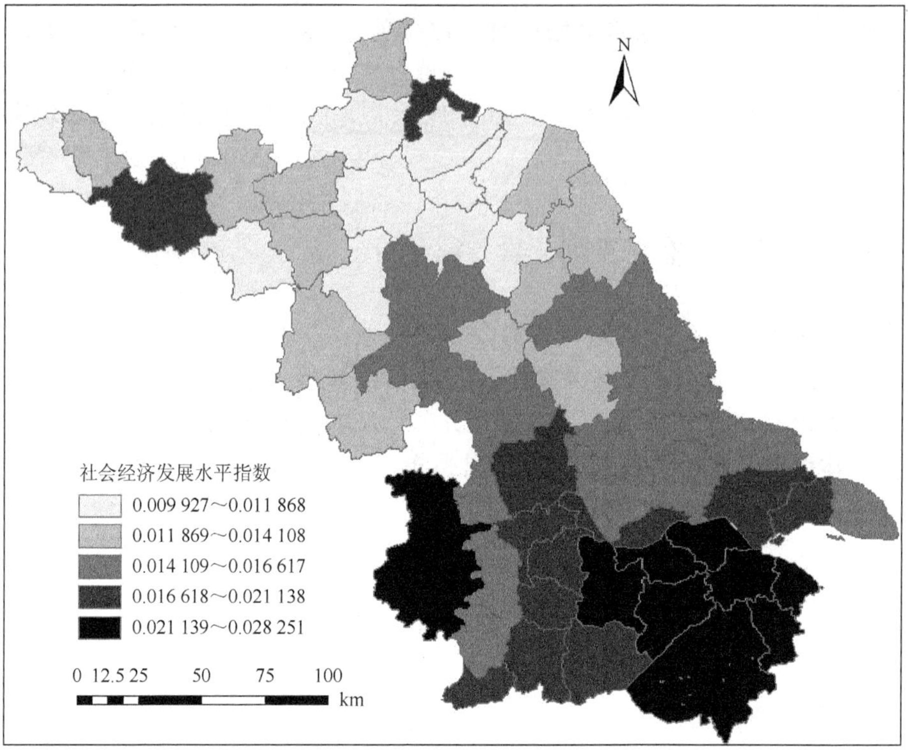

图 4-7　2012 年社会经济发展水平空间分异

苏州-无锡核心区域（包括苏州市区、昆山、太仓、常熟、张家港、江阴、无锡市区、常州市区 8 个县域，其平均值为 0.0259）社会经济发展水平在江苏省位于前列，远远高于全省平均水平（0.0164）及其外围的宜兴、金坛、溧阳、南通等 11 个县域发展水平（平均值为 0.0188）。南京市区社会经济发展水平（0.0268）远高于其外围的仪征、镇江市区、句容、溧水、高淳等县域（平均值为 0.0176）。徐州市区、连云港市区社会经济发展水平在苏北地区位于前列（评价值分别为 0.0171、0.0183），其周围县域经济发展水平则比较低（徐州市区周围县域邳州、丰县、沛县、睢宁、宿迁市区等 6 个县域平均值为 0.0123，连云港市区外围县域赣榆、东海、灌云、灌南、沭阳、涟水等 10 个县域平均值为 0.0115）。江苏中部的宝应、高邮、扬州市区、泰州市区、姜堰、海安、如皋、南通市区、启东等 13 个县域经济发展水平在江苏省处于中等水平（平均值为 0.0156），远低于苏州-无锡、南京市区核心区域，也低于苏北连云港市区、徐州市区核心区域。

2. 资源利用水平呈现以沿江地区为轴向南北下降的“凸”字形空间格局

图 4-8 表示的是 2012 年江苏省资源利用水平空间分异情况，由于对指标数据

（单位 GDP 能耗、单位 GDP 电耗）进行了正向化处理，计算的指数越大颜色越深，代表资源利用水平越高，指数越小颜色越浅，表明资源利用水平越低。

由图 4-8 可知，沿江地区的南京市区、无锡市区、扬中、常州市区、镇江市区、扬州市区、南通市区、靖江等县域资源利用水平均比较高（平均值为 0.0223），远高于江苏省平均水平（平均值为 0.0164）。沿江地区以南的溧阳、宜兴、金坛 3 个县域资源利用水平处于相对较低的水平，平均值为 0.0142。沿江地区以北的县域资源利用水平不断下降，高邮、兴化、宝应、姜堰等县域资源利用水平（平均值为 0.0162）远低于沿江地区，高于响水、滨海、灌南、射阳 4 个县域（平均值为 0.0141）及徐州市区、丰县、沛县、邳州、睢宁 5 个县域（平均值为 0.0134）。从整体上看，整个江苏省在资源利用水平上水平均比较低，其中沿江地区资源利用水平最高，呈现出以沿江地区为轴线向南北下降的"凸"字形空间格局。

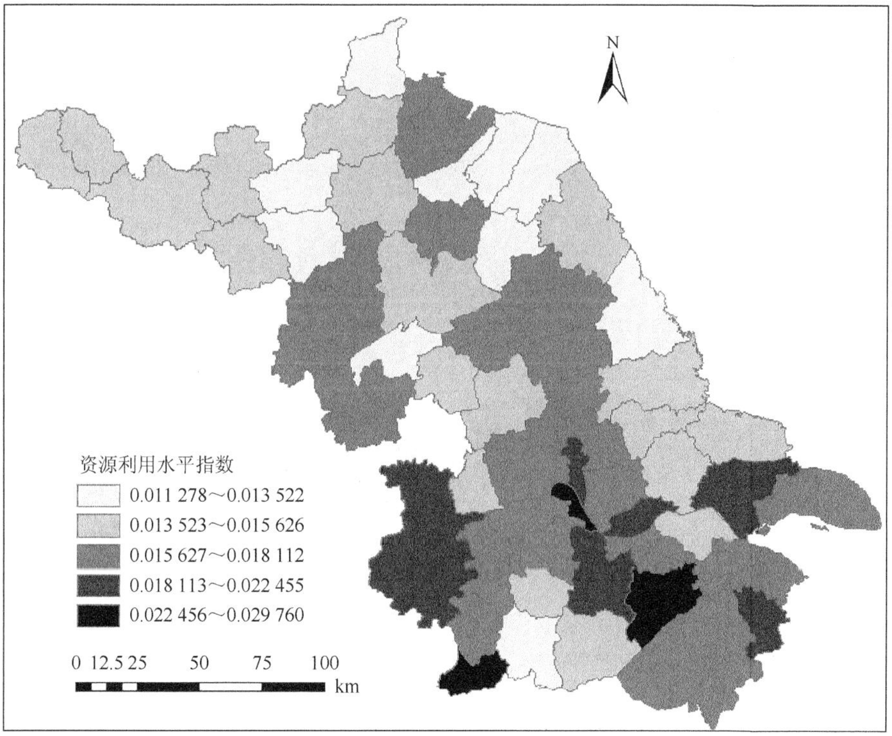

图 4-8　2012 年资源利用水平空间分异

3. 污染程度由西北向东南呈现高-低相间分布格局

环境污染指标属于逆向指标，已对其进行指标正向化，因此分析所得的指数越大表明污染程度越低，指数越小则污染程度越高，图 4-9 中指数越低颜色越深，表明污染程度越高，指数越高颜色越浅，表明污染程度越低。从图 4-9 可以看出，江苏省大部分县域污染程度处于较高水平，由西北向东南呈现出高-低带状相间分布的格局。污染程度相对较高的县域主要表现为 5 条带状分布，由西北到东南分别是丰县、沛县（平均值为 0.0143）一线，比江苏省平均水平（0.0162）低 0.0019，污染程度远高于江苏省平均水平；睢宁、新沂、宿迁市区、赣榆（平均值为 0.0142）一线 4 个县域污染程度较高；洪泽、淮安市区、涟水、灌南（平均值为 0.0141）一线 4 个县域污染程度处于较高程度；南京市区、仪征、扬州市区、兴化、盐城 5 个县域平均值为 0.0150，该类县域在生产过程中排污控制能力较低，污染程度偏高；溧水、高淳、溧阳、宜兴、常州市区、江阴、张家港、靖江、如皋、如东、常熟、太仓等 15 个县域（平均值为 0.0143）经济发展水平较高，工业比较发达，对污染控制力度较弱，污染程度高。

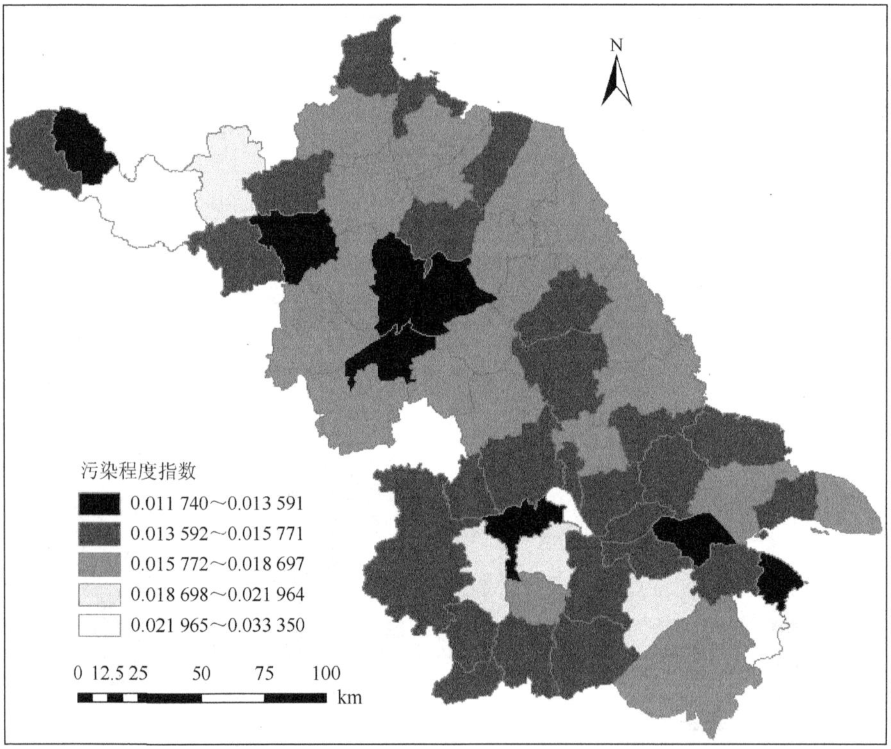

图 4-9　2012 年污染程度空间分异

污染程度相对较低的县域与相对较高的县域相间呈带状分布，主要表现为 5 条带状分布，由西北向东南分别是徐州市区、邳州一线 2 个县域，其平均值为 0.0239，高于整体平均水平，污染程度较低；泗阳、沭阳、东海、灌云（平均值为 0.0169）4 个县域由于工业相对落后，污染排放较少，污染程度相对较低；盱眙、金湖、宝应、阜宁、射阳、响水 6 个县域（平均值为 0.0163）及句容、扬中、丹阳、姜堰、东台、大丰这 6 个县域（平均值为 0.0211）评价指数相对较高，污染程度低；如皋、苏州市区、金坛、无锡市区、昆山 5 个县域（平均值为 0.0227）在生产过程中注重控制污染物的排放及末端治理，其污染程度处于较低的水平。

4. 环境治理能力由南北向中部呈递减的“凹”字形格局

图 4-10 表示的是江苏省环境治理能力空间现状分异，指数越大颜色越深，表明环境治理能力越强，指数越小颜色越浅，表明环境治理能力越低。从整体上来看，江苏省西北地区、南部地区环境治理能力比较强，中部地区则相对较弱，呈现出由南北向中部递减的“凹”字形格局。

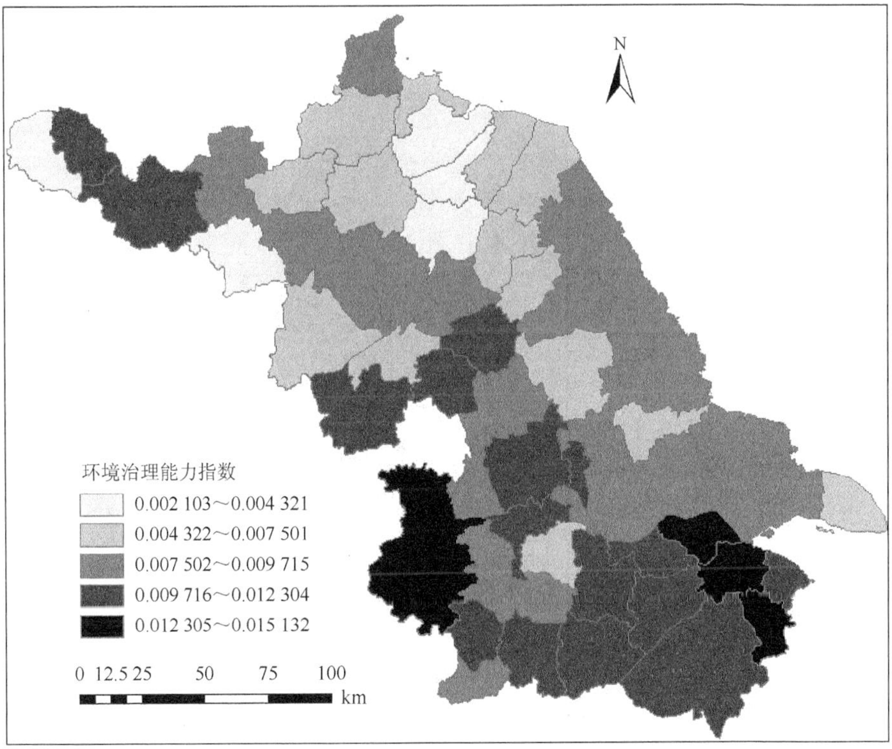

图 4-10　2012 年环境治理能力空间分异

西北部徐州市区、沛县、邳州、赣榆 4 个县域（平均值为 0.0106）环境治理能力高于江苏省平均水平（平均值为 0.0103），在全省处于比较靠前的位置，主要是由于该类区域处于产业结构调整的关键时期，近年来加大了对环境保护的投入力度；江苏省南部的南京市区、苏州市区、太仓、昆山、常熟、张家港、无锡市区等 12 个县域（平均值为 0.123）环境治理能力位于全省前列，主要是由于该类县域经济比较发达，对环境保护投入力度比较大，尤其是对三废治理方面。环境治理能力不仅跟一个地区的经济发展水平有关，还与政府投入力度及环保政策的制定及实施有关。对于东海、新沂、连云港市区、灌云、灌南、响水、滨海、沭阳、涟水、阜宁、睢宁、丰县、泗洪、宿迁市区、泗阳、淮安市区（平均值为 0.0059）等治理能力相对较低的县域来说，政府加大环保投入力度势在必行。

5. 产业生态化水平呈现多核心向外围降低的多极化格局

根据江苏省社会经济发展水平、资源利用水平、污染程度、环境治理能力 4 个子系统，对江苏省县域产业生态化进行评价，结果如图 4-11 所示，指数越大颜色越深，表明产业生态化水平越高，指数越小颜色越浅，表明产业生态化水平越低。

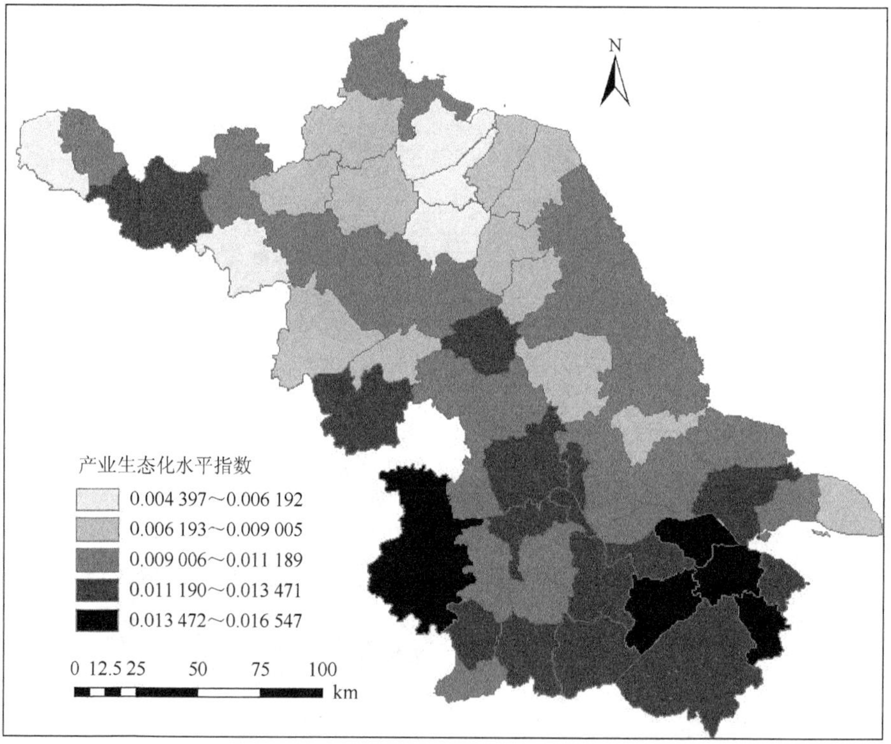

图 4-11　2012 年产业生态化水平空间分异

从整体上看，产业生态化水平呈现苏南高苏北低，内陆高沿海低的空间格局，城乡尺度上呈现以南京市区、徐州市区、张家港-无锡-昆山为核心向外围降低的核心-边缘格局。徐州市区（评价值为 0.0130）产业生态化水平远远高于其外围的沛县、邳州（平均值为 0.0108）与丰县、睢宁、新沂、泗洪等县域（平均值为 0.0071）；

以南京市区为核心的县域呈现出从南京市区（评价值为 0.0154）向溧水、溧阳、镇江、丹阳、扬中（平均值为 0.0119）与句容、金坛、常州、仪征、扬州（平均值为 0.0116）等县域递减的趋势；以张家港-无锡-昆山为核心的县域呈现出从张家港、无锡、昆山等县域（平均值为 0.0155）向苏州市区、太仓、南通市区、江阴、常州市区、宜兴（平均值为 0.0129）及海门、启东、如皋、靖江（平均值为 0.0097）等县域递减的趋势。此外，江苏省东北部的灌云、灌南、响水、滨海、涟水等县域产业生态化水平极低（平均值为 0.0064），远远低于全省平均水平（平均值为 0.0104）。

南京市区、徐州市区、张家港、无锡市区、昆山等县域虽然工业的高速发展对环境造成了一定影响，但其经济发展水平在江苏省处于领先地位，且其科研能力较强，对环保投入的资金、基础设施等较多，环境治理方面也处于比较高的水平，因此产业生态化水平整体上处于高水平。而对于灌云、灌南、涟水等产业生态化水平较低的县域，其社会经济发展水平低，在生产过程中对环境污染比较严重，且在发展过程中忽视了对环境的保护，其产业生态化水平处于相对较低的水平。

（二）空间格局演变特征

1. 社会经济发展水平呈现相对稳定的核心-边缘格局

由图 4-12 可以看出，2002～2012 年，江苏省社会经济发展水平整体上呈现出相对稳定的核心-边缘格局，表现为以南京市区、苏州-无锡市区、徐州市区三大核心向外围递减的趋势。2002 年，南京市区（评价指数为 0.0269）社会经济发展水平高于其周围县域扬州市区、仪征、句容、高淳、溧水、镇江市区 6 个县域（平均值为 0.0180），形成以南京市区为核心向外围递减的趋势；太湖周围苏州市区、无锡市区、常州市区、常熟、昆山、太仓、张家港、江阴 8 个县域社会经济发展水平（平均值为 0.0245）高于周围宜兴、溧阳、金坛、丹阳、扬中、靖江、泰州市区、姜堰、海安、如皋、通州、南通市区、海门、启东、如东 15 个县域社会经济发展水平（平均值为 0.0175），形成以苏州-无锡为核心向外围递减的趋势；徐州市区（评价指数为 0.0203）社会经济发展水平高于周围丰县、沛县、邳州、睢宁、新沂、泗阳、泗洪、宿迁市区 8 个县域（平均值为 0.0120），形成以徐州市区为核心向外围递减的趋势；此外，盐城市区、高邮、大丰、东台、兴化、宝应、淮安市区、金湖等 22 个县域社会经济发展水平（平均值为 0.0132）低于江苏省平均水平（0.0164）。2002～2012 年，社会经济发展水平有小的差异，但整体变化不大，依旧呈现出以南京市区、镇江市区、常州市区等为中心的多极化核心-边缘格局，以南京市区、苏州-无锡核心、徐州市区等县域为中心向外围逐渐降低。

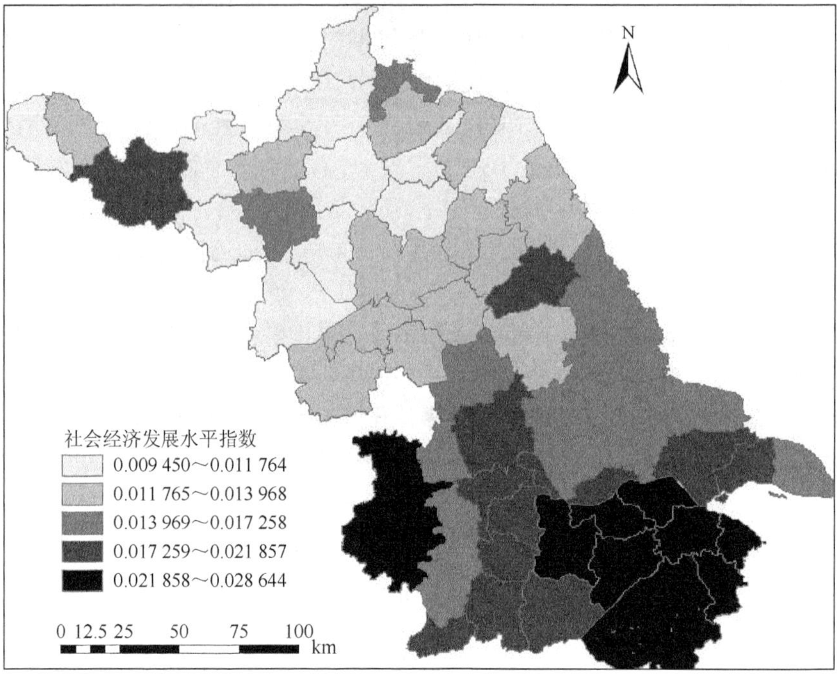

(a) 2002年

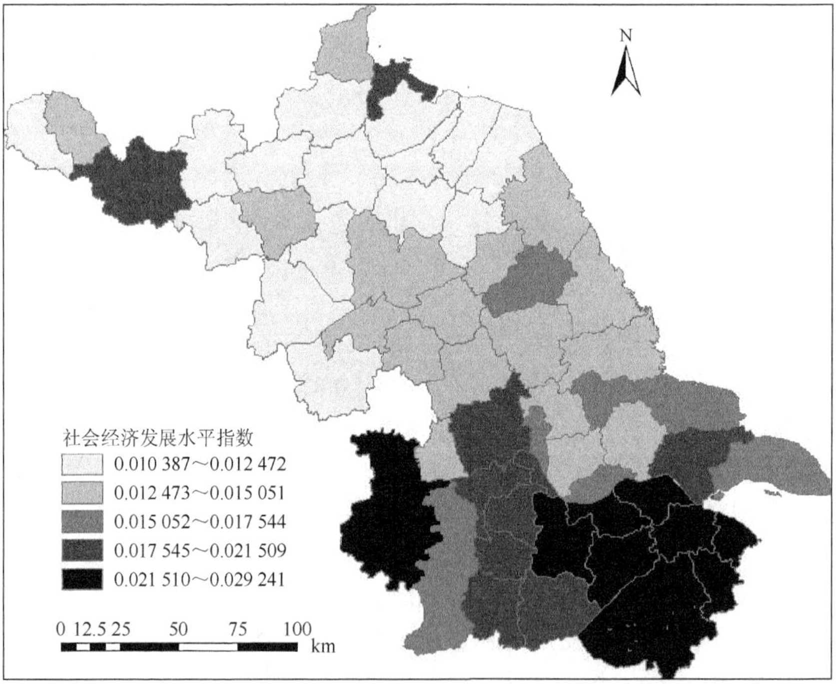

(b) 2007年

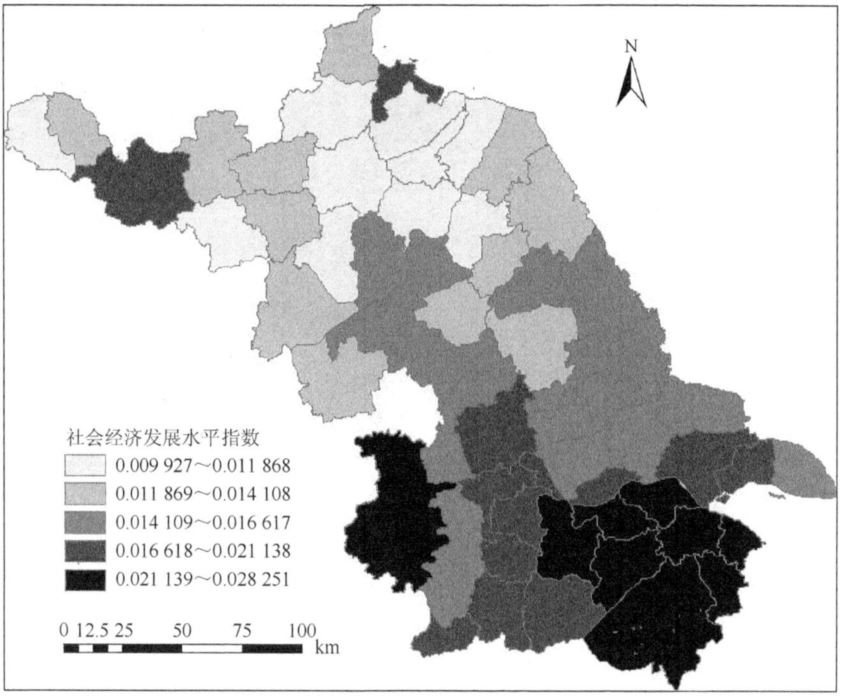

(c) 2012年

图 4-12　社会经济发展水平空间分异演变

此外，2002 年社会经济发展水平低于江苏省平均水平（0.0164）的有灌南、泗洪、响水、洪泽等 35 个县域（平均值为 0.0130），2007 年增加到了 36 个县域（平均值为 0.0131），2012 年则增加到了 38 个县域（平均值为 0.0134），低于全省平均值的县域达到了 57.3%，占据了一半以上的县域，说明江苏省县域之间社会经济发展差异有拉大的趋势。

2. 资源利用水平呈现由东北高西南低向沿江地区高而南北两侧低演化

图 4-13 表明，2002～2012 年，资源利用水平整体上呈现出由东北高西南低的格局向沿江地区高而南北两侧低的格局演变的趋势。资源利用水平高于江苏省平均水平的县域由 2002 年的 15 个（无锡市区、赣榆、扬中、连云港市区、泰州市区、灌云、涟水、滨海等，平均值为 0.0201，主要位于江苏省东北部）增加到 30 个（扬中、无锡市区、南京市区、常州市区、南通市区、昆山、靖江等，平均值为 0.0185，主要位于江苏省中部及南部地区），资源利用水平较低的县域由 2002 年的 6 个增加到 2012 年的 10 个，说明整体上江苏省资源利用水平呈现两极分化的趋势。

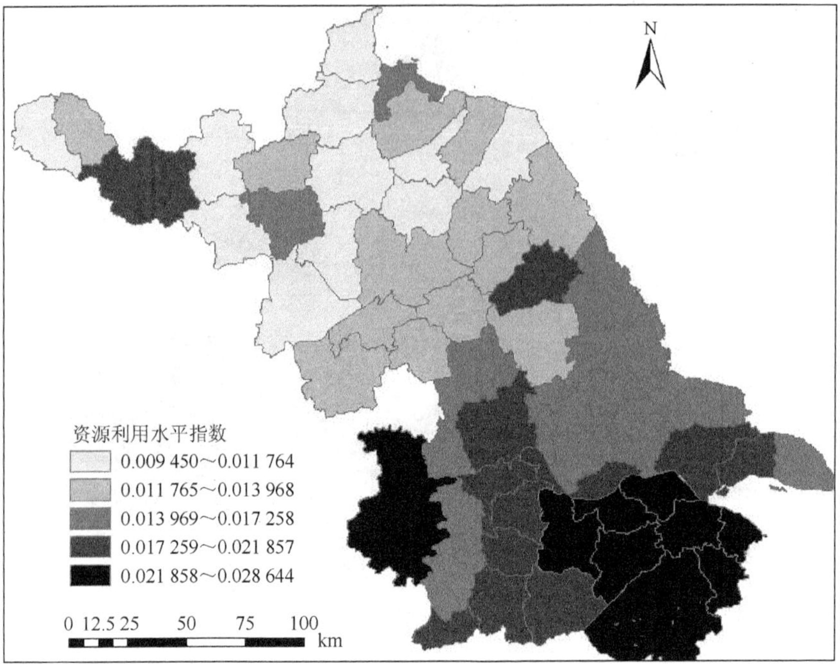

(a) 2002年

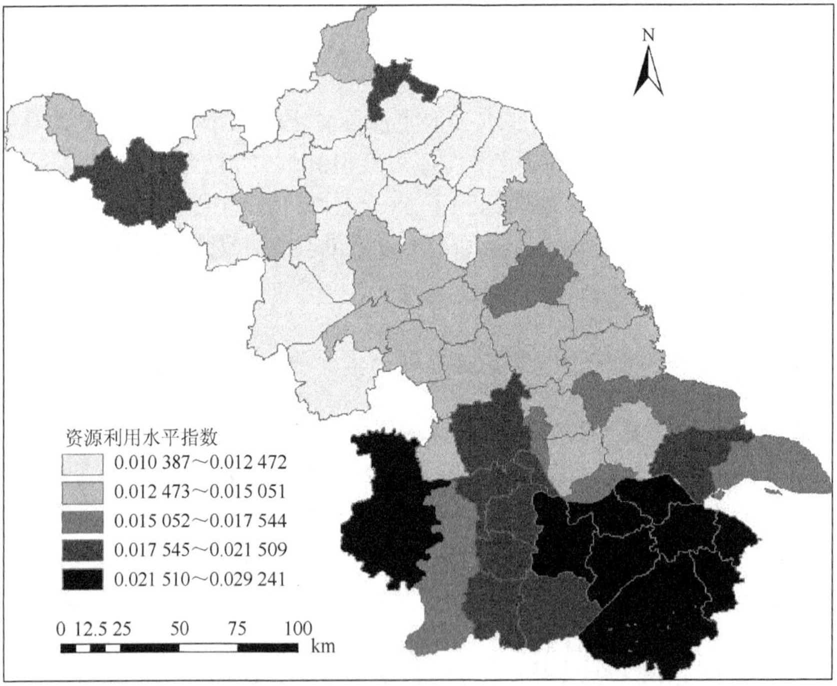

(b) 2007年

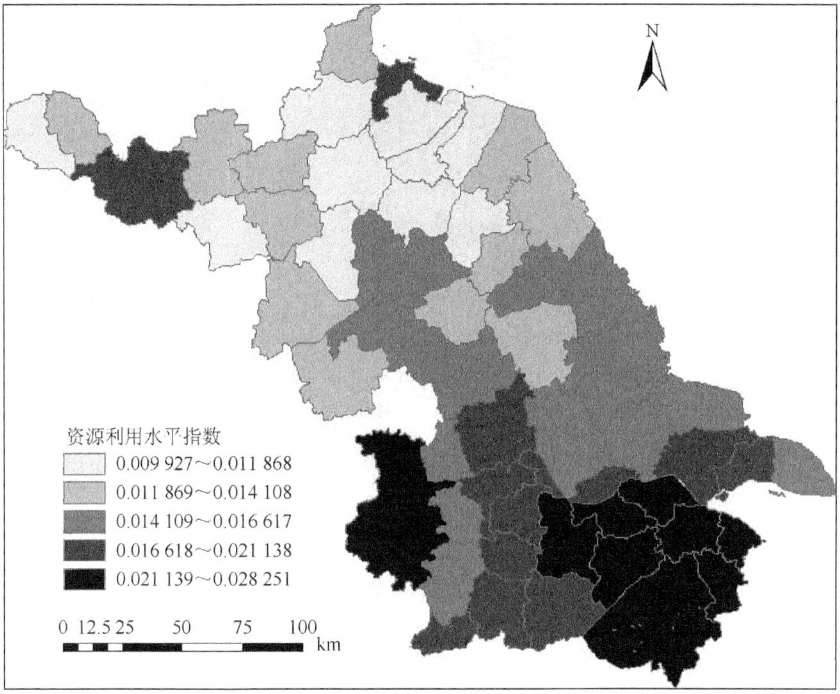

(c) 2012年

图 4-13　资源利用水平空间分异演变

2002 年，资源利用水平高的县域主要集中在江苏省东北部，连云港市区、赣榆、灌云、沭阳、涟水、响水 6 个县域资源利用水平（平均值为 0.0182）在全省（平均值为 0.0164）处于较高水平，远高于其周围东海、灌南、滨海、阜宁、射阳、建湖、淮安市区、洪泽、泗阳、宿迁市区 10 个县域（平均值为 0.0155），此外宝应（0.0230）、扬中（0.0224）、启东（0.0234）3 个县域资源利用水平也处于较高水平，整体上处于东北高西南低的格局分布。到了 2012 年空间格局发生了较大变化，呈现出沿江地区县域资源利用水平（南京市区、无锡市区、扬中、常州市区、镇江市区、扬州市区、南通市区、靖江等县域，平均值为 0.0223）较高而向南北两侧低的空间格局。

3. 污染程度呈现由西高东低向分散化格局演化趋势

图 4-14 表明，污染程度高的县域由 2002 年的 26 个减少到 2012 年的 7 个，表现为由 2002 年集中分布在江苏省西北部及西南部向 2012 年的分散化格局演进的趋势，污染程度较低的县域由 2002 年的 3 个增加到 2012 年的 5 个，表现为由西高东低向分散化格局演进的趋势，说明江苏省整体污染程度呈现下降的趋势。

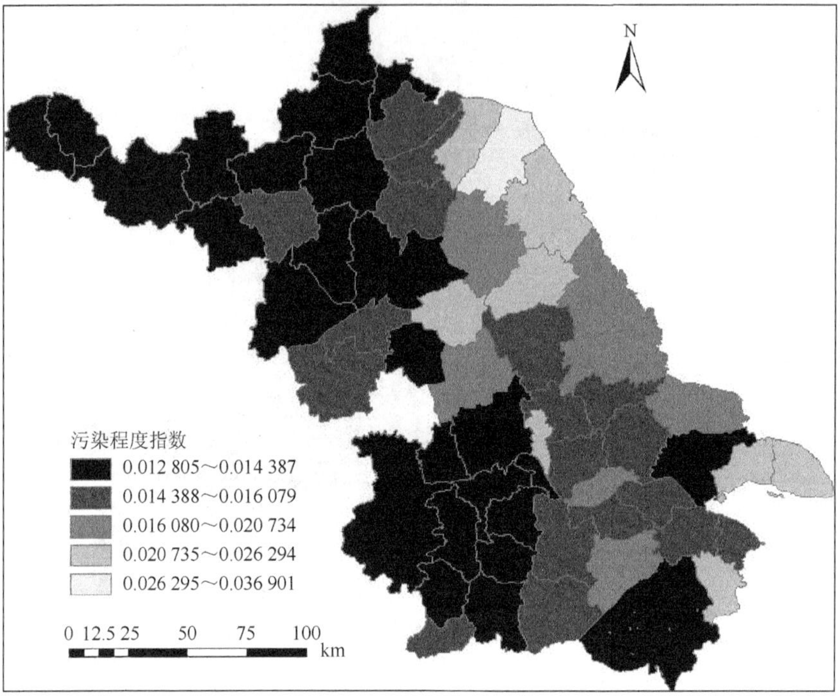

(a) 2002年

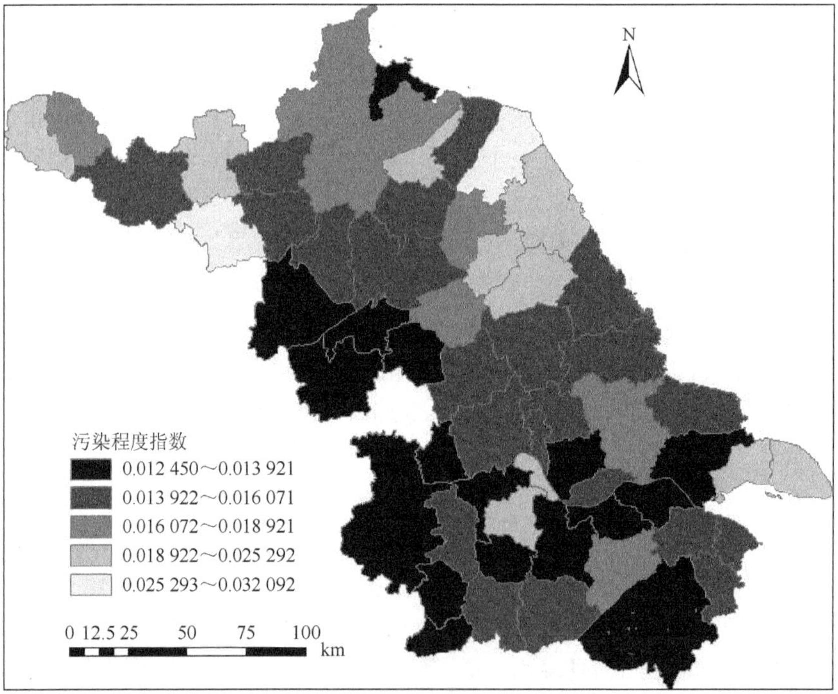

(b) 2007年

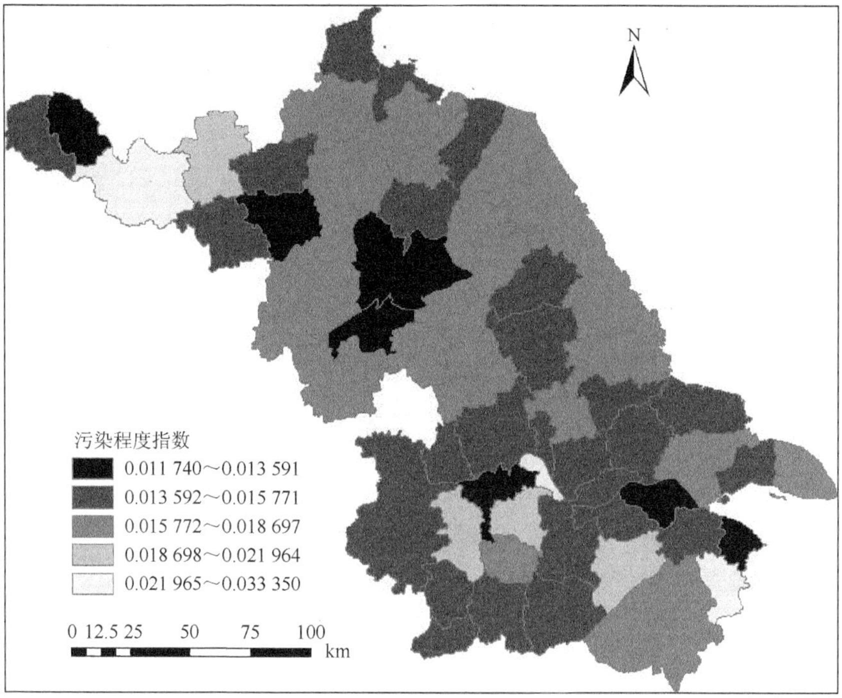

(c) 2012年

图 4-14　污染程度空间分异演变

2002 年，江苏省县域污染程度主要表现为西部县域污染程度高于东部县域，具体表现为以徐州市区为核心的县域（共包括丰县、沛县、徐州市区、邳州、睢宁、新沂、涟水、淮安市区、金湖、盱眙、洪泽、泗洪、泗阳、宿迁市区、沭阳 15 个县域，平均值为 0.141）及以南京市区为核心的县域（共包括南京市区、溧水、高淳、句容、丹阳、金坛、仪征、镇江市区 8 个县域，平均值为 0.136）污染程度最高。然而，兴化、高邮、扬州市区、宝应、建湖、盐城市区、阜宁、响水、滨海、射阳、大丰、东台 12 个县域（平均值为 0.221）污染程度较低。到了 2012 年则发生了比较大的变化，污染程度较高的县域呈现出分散化的空间格局，主要形成以下高污染集中区域：丰县、沛县（平均值为 0.0143）集中区；洪泽、淮安市区、涟水、灌南（平均值为 0.0142）集中区；南京市区、仪征、扬州市区、兴化、盐城 5 个县域（平均值为 0.0150）集中区；溧水、高淳、溧阳、宜兴、常州市区、江阴、张家港、靖江、如皋、如东、常熟、太仓等 15 个县域（平均值为 0.0143）集中区。因此，2002～2012 年，江苏省污染程度呈现由西高东低向分散化格局演化的趋势。

4. 环境治理能力呈现由点状分布格局演化为南高北低的空间格局

图 4-15 反映了江苏省环境治理能力的空间分异演变格局，可以得出，2002 年

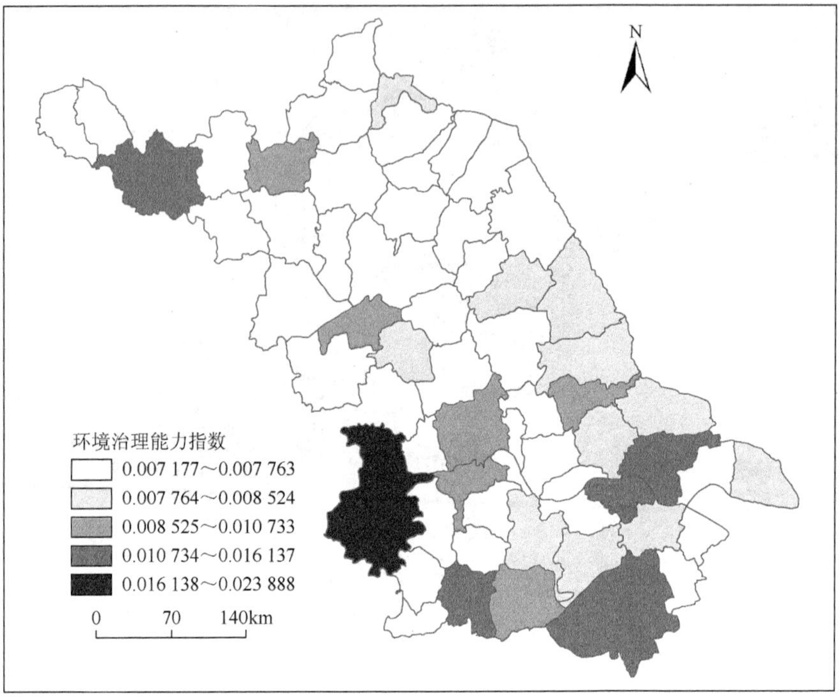

(a) 2002年

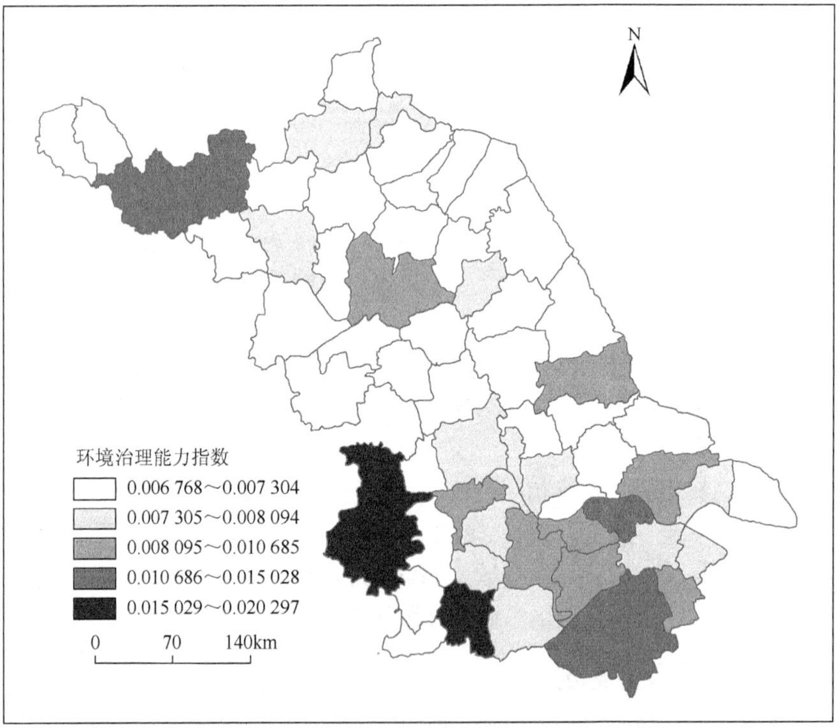

(b) 2007年

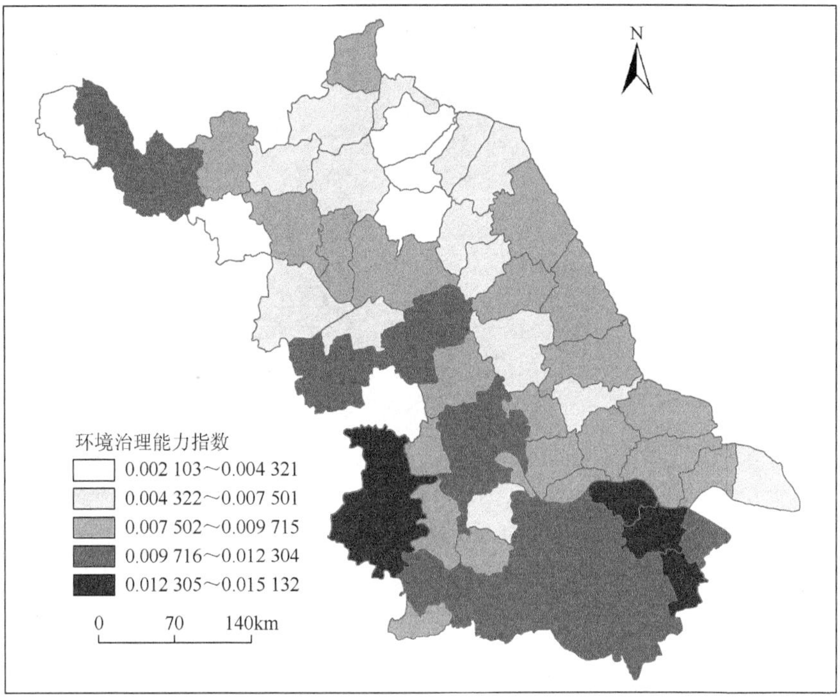

(c) 2012年

图 4-15 环境治理能力空间分异演变

江苏省环境治理能力较高的县域由 2002 年的 4 个县域迅速增长到 2012 年的 16 个县域，说明江苏省整体上环境治理能力呈现出不断上升的趋势。

2002 年，江苏省环境治理能力整体上处于较低水平，仅有徐州市区（0.0122）、南京市区（0.0239）、苏州市区（0.0121）、南通市区（0.0115）4 个县域环境治理能力较强（远高于江苏省平均水平，平均值为 0.0085），且呈现出点状分布格局。其余县域环境治理能力较低，主要是因为各地市政府注重经济发展，忽视了对环境保护基础设施的建设。到 2012 年环境治理能力高的区域迅速提升，包括南京市区、溧水、溧阳、宜兴、苏州市区、无锡市区、昆山、太仓、常熟、张家港、江阴、徐州市区、沛县、金湖、宝应、盱眙 16 个县域（平均值为 0.0117，远高于全省平均水平 0.0087），且该类县域除沛县、金湖、宝应、盱眙外均位于南部地区，呈现出南高北低的空间格局。因此，江苏省环境治理能力呈现出由点状分布向南高北低格局演化的趋势。

5. 产业生态化水平呈现由南高北低空间格局向“∏”形空间格局演化

图 4-16 反映的是江苏省产业生态化演变特征，2002 年江苏省产业生态化整体水平比较低，产业生态化水平较高的县域主要有徐州市区（评价指数为 0.0133）、

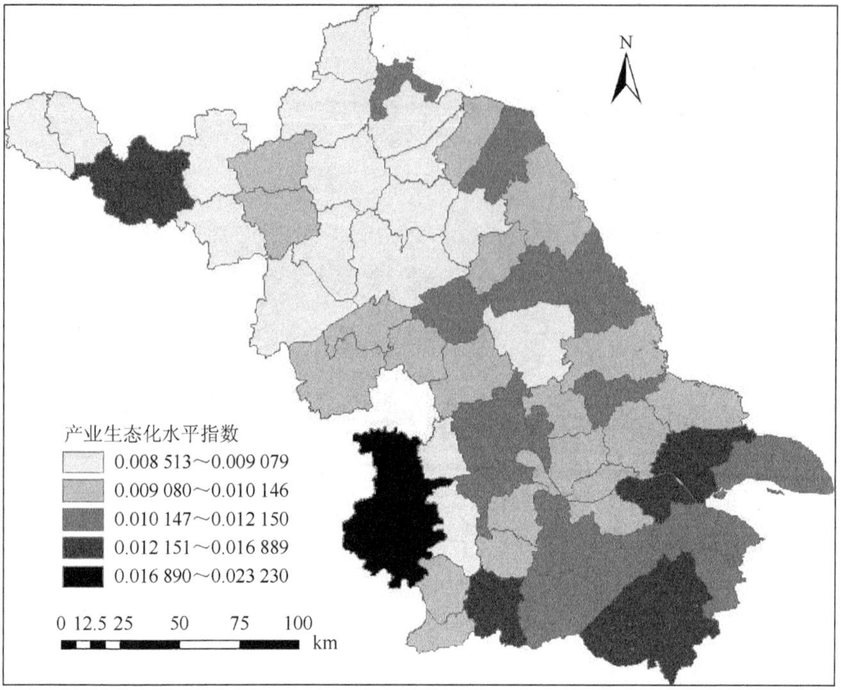

(a) 2002年

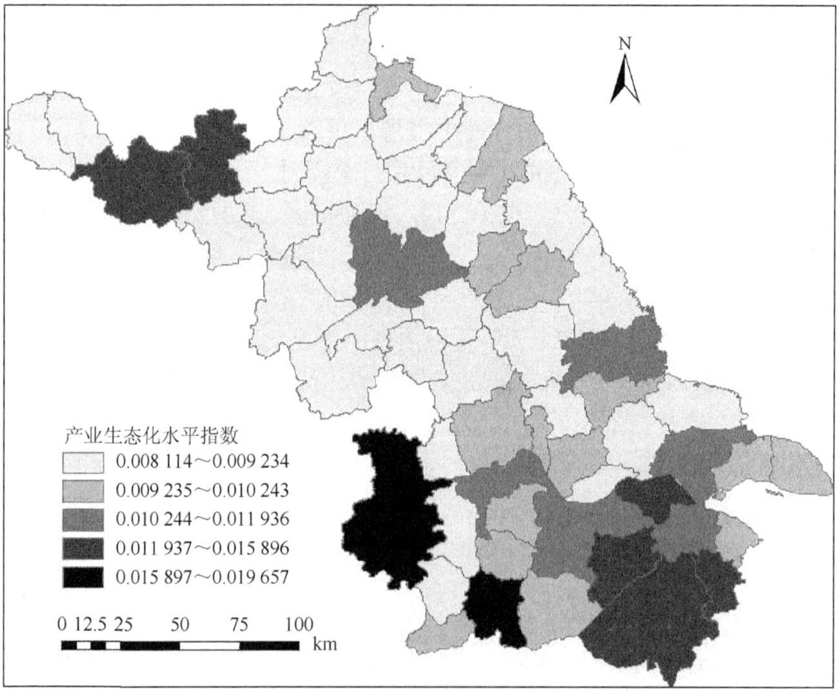

(b) 2007年

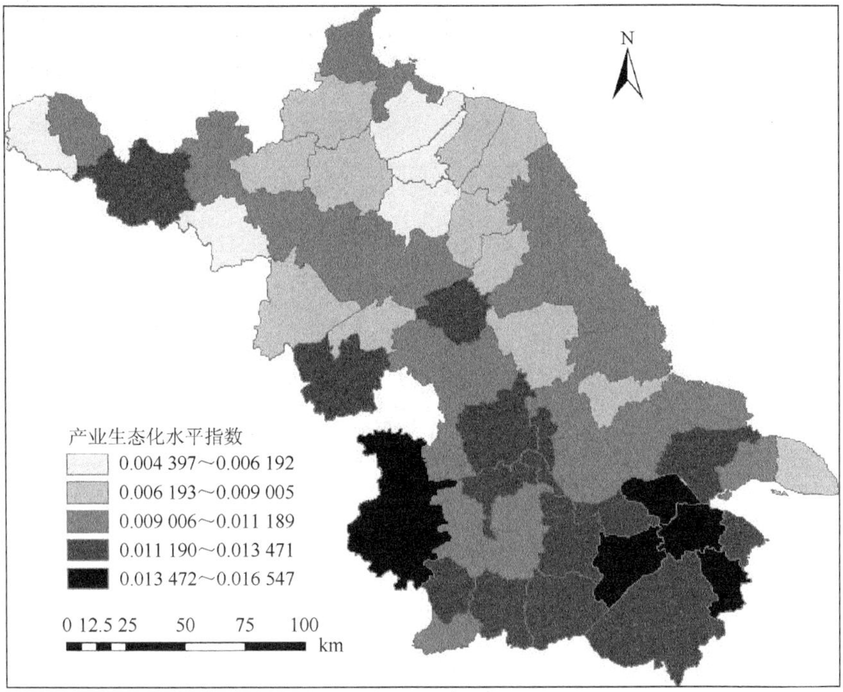

(c) 2012年

图 4-16　产业生态化水平空间分异演变

南京市区（评价指数为 0.0232）、溧阳（评价指数为 0.0146）、苏州市区（评价指数为 0.0139）、南通市区（评价指数为 0.0130）5 个县域，且除徐州市区外均位于南部地区，呈现出南高北低的空间格局。到了 2012 年产业生态化水平大力提升，产业生态化水平高的县域主要表现为沿江（南京市区、镇江市区、常州市区、扬州市区、南通市区、句容、扬中、丹阳、江阴、张家港、常熟、太仓、仪征、泰兴、靖江、如皋、通州、海门等 20 个县域，平均值为 0.0125）、沿海（如东、东台、大丰、盐城市区、射阳 5 个县域，平均值为 0.0098）、沿京杭大运河（高邮、宝应、淮安市区、泗阳、宿迁市区 5 个县域，平均值为 0.0106）分布的“∏”形空间格局。

这说明各县域在加强经济建设的同时，注重了加大环保投入力度，积极提升资源利用效率，产业生态化水平整体上提升，空间格局表现为由南高北低向“∏”（沿江、沿海、沿京杭大运河）形空间格局演化的趋势。

（三）地域类型

根据江苏省 61 个县域的产业生态化水平的演变特征，取其平均值对其进行区域划分，共分为 5 类，分别为高产业生态化发展水平区、较高产业生态化发展水平区、中等产业生态化发展水平区、一般产业生态化发展水平区、较低产业生态化发展水平区（图 4-17）。

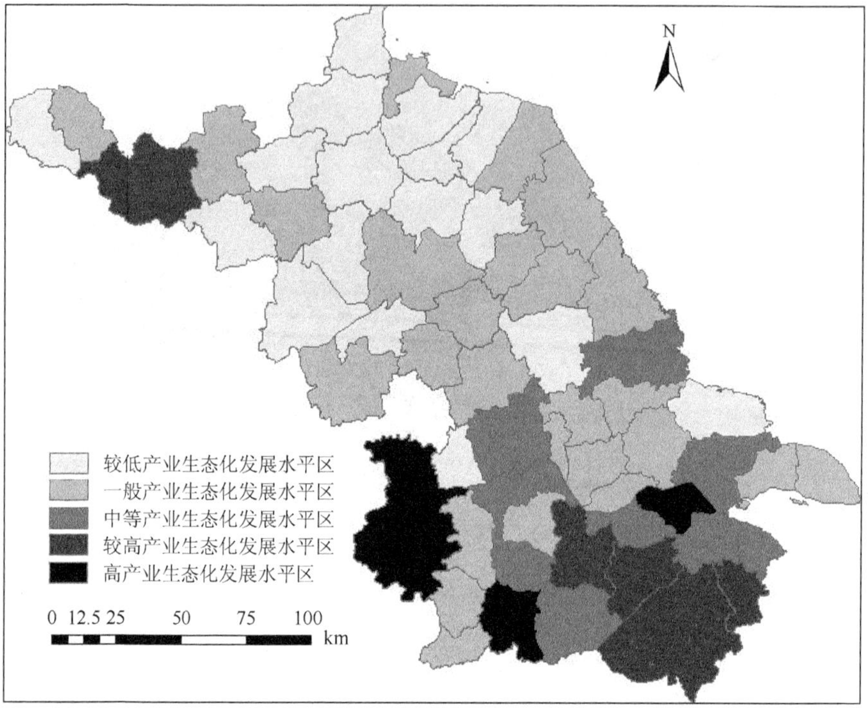

图 4-17　江苏省产业生态化水平类型分布图

1. 高产业生态化发展水平区

该类区域包括南京市区、张家港、溧阳 3 个县域。该类县域虽然少，但其经济水平在江苏省处于领先地位。2012 年，该类县域总面积为 7258km^2，占江苏省总面积的 7.07%；总人口为 723.35 万人，占江苏省总人口的 9.13%；GDP 总量为 9076.7 亿元，占江苏省总量的 16.8%；人均 GDP 为 125 481 元，高于全省平均水平（68 346 元）57 135 元。

该类区域产业生态化水平位居江苏省前列，特别是社会经济发展水平位于江苏省首列，但资源利用水平处于一般的位置。由于该类县域在经济发展中第二产业比重较大，虽然在生产过程中注重控制污染物的排放，但其污染程度仍然较高；该类区域环境保护理念比较强，加强环境治理，且对环境治理强度大，环境保护能力较强。同时，在经济发展的同时加强科技投入，提升资源利用水平，加大对环保基础设施的投入，加强对环境的治理能力。

2. 较高产业生态化发展水平区

该类区域主要包括无锡市区、苏州市区、徐州市区、常州市区、昆山5个县（市）。2012年，该类县域总面积为11 941km^2，仅为江苏省总面积的11.6%；总人口为1195.17万人，仅占江苏省总人口的15.1%；GDP总量达到了16 309.86亿元，占江苏省总量的30.2%，人均GDP为136 465元，远高于全省平均水平。

该类区域社会经济发展水平较高，外资利用能力强，但由于外资的投资取向倾向于资源消耗高的产业，所以其资源利用水平整体上处于一般水平，排污量大，污染程度较高。但该类县域重视对环境保护的投入，环境保护能力较强。对该类区域应该加强对第二产业内部的调控，加强对外商投资的审核，严格控制高资源投入、高污染排放企业的进驻。

3. 中等产业生态化发展水平区

该类区域主要包括常熟、江阴、南通市区、东台、镇江市区、扬中、扬州市区7个县域。该类县域主要位于苏中地区，社会经济发展水平在江苏省处于中游位置。2012年，该类县域总面积为10 768km^2，占江苏省总面积的10.5%；总人口为915.03万人，占江苏省总人口的11.56%；GDP为10 037.33亿元，占江苏省总量的18.6%；人均GDP为109 694元，是江苏省平均水平的1.6倍。

该类区域社会经济发展水平差异较大，资源利用水平处于相对中等水平。环境保护投入力度不够，污染程度较高。对该类县域应该加强环境保护投入力度，控制污染物排放。

4. 一般产业生态化发展水平区

该类区域主要包括太仓、宜兴、金坛、丹阳、泰州市区、海门、启东、高淳、淮安市区、邳州、盐城市区、宝应、溧水、连云港市区、大丰、如皋、靖江、建湖、句容、泰兴、海安、沛县、金湖、盱眙、高邮、射阳、滨海、姜堰、宿迁市区29个县域。这一区域虽然包含县域较多，但其社会发展水平在江苏省处于相对靠下的位置。2012年，该类县域总面积为45 687km^2，占江苏省总面积的44.5%；总人口为2970.04万人，占江苏省总人口的37.5%；GDP总量为14 762.36亿元，占江苏省总量的27.3%；其人均GDP为49 704元，低于江苏省平均水平（68 346元）18 642元。

该类区域社会经济发展水平一般，以资源密集型产业为主，技术密集型产业相对较少，资源利用水平较低，环境污染程度相对较高，环保投入力度不足，产业生态化水平一般，对该类县域要控制污染物的排放力度，加强环境保护能力。

5. 较低产业生态化发展水平区

该类区域主要包括如东、赣榆、仪征、阜宁、新沂、东海、沭阳、兴化、泗阳、泗洪、睢宁、洪泽、丰县、涟水、响水、灌云、灌南 17 个县域。该类县域面积为 28 602km^2，占江苏省总面积的 27.9%；人口总量为 1811.8 万人，占江苏省总人口的 22.9%；GDP 总量为 5140.33 亿元，占江苏省总量的 9.5%；人均 GDP 为 28 371 元，比江苏省平均水平（68 346 元）低 39 975 元，社会经济发展水平在江苏省处于较低水平。

该类区域社会经济发展水平比较低，以粗放型经济增长方式为主，资源利用水平较低，工业化水平相较其他地区较低，产业结构层次低，科技创新能力不高，环境投入力度较小，产业生态化水平处于较低水平。

第五章　基于绿色发展效率的江苏省产业系统环境适应能力评价

产业系统环境适应性不仅表现为系统结构和功能的适应、发展目标的适应，更重要的是表现为产业系统内部投入产出效率的最大化。如果不能获取较高的绿色发展效率，再完善的产业共生网络也难以存在和发展。实质上，基于绿色发展效率的江苏省产业系统环境适应能力体现为以最少的物质资源消耗与最小的环境代价，获取最大的经济社会发展，这也是江苏省产业系统环境适应性重组的根本要求。本章拟采用数据包络分析（data envelopment analysis，DEA）方法，探讨江苏省产业系统绿色发展效率时空演化特征和影响因素。

第一节　研究方法与数据来源

一、绿色经济效率测度方法

江苏省绿色经济效率测度方法有静态分析方法、动态分析方法（马涛，2010）。DEA 方法作为静态分析方法，是由美国运筹学家 A.Charnes 和 W.W.Cooper 于 1978 年创建的，主要是采用线性规划技术，对决策单元（DMU）进行生产有效性评价，评价结果与输入输出指标的量纲无关（魏权龄，1988），其为开展江苏省产业系统环境适应性评价提供了有效的分析工具。在国内，DEA 模型主要应用于测度区域投资效率、能源效率、商业银行效率、高校办学效益、城市效率等（冯振环和赵国杰，2000；魏楚和沈满洪，2007；李郇等，2005），而区域可持续发展能力评价（曾珍香等，2000；吴玉英和何喜军，2006），特别是绿色发展评价的研究尚处于起步阶段。本章利用 C^2R 模型与 BCC 模型，对江苏省绿色经济投入产出指标进行静态分析，测算出综合效率、纯技术效率、规模效率，定量分析江苏省绿色经济效率变化特征，进而采用 Malmquist 全要素生产率，分析江苏省绿色经济投入产出效率的变化趋势及其空间异质性。

（一）C^2R 模型

C^2R 模型是评价部门“技术有效”和“规模有效”的模型。假设有 n 个决策单元，每个决策单元都有 m 种类型的输入及 s 种类型的输出，分别表示该决策单元消耗的资源和活动的成效（李兆前和齐建国，2004）。现设有某个 DMU_j 的输入、输出向量分别为

$$x_i=(x_{1j}\ \ x_{2j}\ \ \cdots\ \ x_{mj}),j=1,\cdots,n$$

$$y_j=(y_{1j}\ \ y_{2j}\ \ \cdots\ \ y_{sj}),j=1,\cdots,n$$

输入、输出权向量分别为

$$v=(v_1\ \ v_2\ \ \cdots\ \ v_m)^{\mathrm{T}}$$

$$u=(u_1\ \ u_2\ \ \cdots\ \ u_s)^{\mathrm{T}}$$

每个决策 DMU_j 都有相应的效率评价指数：

$$h=\frac{u^{\mathrm{T}}y_{rj}}{v^{\mathrm{T}}x_j}=\frac{\sum_{r=1}^{s}u_r y_{rj}}{\sum_{i=1}^{m}v_i x_{ij}},j=1,2,\cdots,n \tag{5-1}$$

不大于 1 为约束条件，构造如下模型：

$$\max h_{jo}=\frac{\sum_{r=1}^{s}u_r y_{rjo}}{\sum_{i=1}^{m}v_i x_{ijo}}$$

$$\text{s.t.}\frac{\sum_{r=1}^{s}u_r y_{rj}}{\sum_{i=1}^{m}v_j x_{ijo}}\leqslant 1,j=1,2,\cdots,n \tag{5-2}$$

$$v=(v_1\ \ v_2\ \ \cdots\ \ v_m)^{\mathrm{T}}\geqslant 0$$

$$u=(u_1\ \ u_2\ \ \cdots\ \ u_s)^{\mathrm{T}}\geqslant 0$$

（二）BCC 模型

由于 $\mathrm{C^2R}$ 模型的前提是假设规模收益不变的，即假设被评价单元可以通过增加投入同等比例地扩大产出（锥性条件），但这一假设与实际相差较大，被评价单元不可能在所有时候都满足锥性条件，当评价单元处于规模收益递减或规模收益递增时，效率无效，除了投入产出不适以外，还有可能是由规模因素造成的（康洪，2002；陈健，2008；张春霞，2001；陈诗一，2010）。因此，对 $\mathrm{C^2R}$ 模型中增加一个凸性假设：

$$\sum_{j=1}^{n}\lambda_j=1$$

此时，生产可能集变为

$$T_{\mathrm{BCC}}=\left\{(x,y)\middle|x\geqslant\sum_{j=1}^{n}\lambda_j x_j, y\leqslant\sum_{j=1}^{n}\lambda_j y_j, \sum_{j=1}^{n}\lambda_j=1, \lambda_j\geqslant 0, j=1,2,\cdots,n\right\}$$

构造如下 BCC 模型：

$$\min\theta=V_{D2}$$
$$\text{s.t.}\begin{cases}\sum_{j=1}^{n}x_j\lambda_j\leqslant\theta X_0\\ \sum_{j=1}^{n}Y_j\lambda_j\geqslant Y_0\\ \sum_{j=1}^{n}\lambda_j=1\\ \lambda_j\geqslant 0, j=1,2,\cdots,n\end{cases}\tag{5-3}$$

二、绿色经济效率动态研究方法——Malmquist 指数

Malmquist 指数是由瑞典统计学家 Malmquist 在 1953 年首次提出的，其广泛用于应用与投入产出分析中，该指数能够分解为几个指数的乘积，从而能够从不同的方面进行效率变化分析（陈诗一，2012；程明，2008；黄贤金和朱德明，2003）。Malmquist 生产率指数表达形式为

$$M(x^{t+1},y^{t+1},x^t,y^t)=\left[\frac{D^t(x^{t+1},y^{t+1})}{D^t(x^t,y^t)}\times\frac{D^{t+1}(x^{t+1},y^{t+1})}{D^{t+1}(x^t,y^t)}\right]^{1/2}\tag{5-4}$$

Malmquist 指数可以分解为技术进步指数（TC）和技术效率指数（TEC）两部分，其表达式为

$$M(x^{t+1},y^{t+1},x^t,y^t)=\left[\frac{D^t(x^{t+1},y^{t+1})}{D^{t+1}(x^{t+1},y^{t+1})}\times\frac{D^t(x^t,y^t)}{D^{t+1}(x^t,y^t)}\right]^{1/2}\times\frac{D^t(x^{t+1},y^{t+1})}{D^t(x^t,y^t)}=\mathrm{TC}\times\mathrm{TEC}\tag{5-5}$$

其中，

$$\mathrm{TC}=\left[\frac{D^t(x^{t+1},y^{t+1})}{D^{t+1}(x^{t+1},y^{t+1})}\times\frac{D^t(x^t,y^t)}{D^{t+1}(x^t,y^t)}\right]^{1/2}\tag{5-6}$$

$$\mathrm{TEC}=D^t(X^{t+1},y^{t+1})/D^t(X^t,y^t)\tag{5-7}$$

TEC 又可以进一步分解为规模效率变化（SEC）部分和纯技术效率变化（PTEC）部分，即

$$\frac{D_i^{t+1}(\mu^{t+1},x^{t+1})}{D_i^t(\mu^t,x^t)}=\frac{D_i^{t+1}(\mu^{t+1},x^{t+1}/\mathrm{VRS})}{D_i^t(\mu^t,x^t/\mathrm{VRS})}\times\frac{D_i^{t+1}(\mu^{t+1},x^{t+1}/\mathrm{CRS})}{D_i^t(\mu^{t+1},x^{t+1}/\mathrm{VRS})}\times\frac{D_i^t(\mu^t,x^t/\mathrm{VRS})}{D_i^t(\mu^t,x^t/\mathrm{CRS})}$$
$$=\mathrm{PTEC}\times\mathrm{SEC} \tag{5-8}$$

其中，

$$\mathrm{PTEC}=\frac{D_i^{t+1}(\mu^{t+1},x^{t+1}/\mathrm{VRS})}{D_i^t(\mu^t,x^t/\mathrm{VRS})} \tag{5-9}$$

$$\mathrm{SEC}=\frac{D_i^{t+1}(\mu^{t+1},x^{t+1}/\mathrm{CRS})}{D_i^t(\mu^{t+1},x^{t+1}/\mathrm{VRS})}\times\frac{D_i^t(\mu^t,x^t/\mathrm{VRS})}{D_i^t(\mu^t,x^t/\mathrm{CRS})} \tag{5-10}$$

式中，VRS 指规模报酬可变；CRS 指规模报酬不变。

通过分解，Malmquist 效率指数可以变为

$$M_{t,t+1}=\mathrm{TC}\times\mathrm{TEC}=\mathrm{TC}\times\mathrm{PTEC}\times\mathrm{SEC} \tag{5-11}$$

因此，求解 Malmquist 效率指数的问题转化为对距离函数求解，进而转化为通过 4 个 DEA 模型进行求解，当采用基于输入的 DEA 模型求解时，模型为

$$D^t(x^t,y^t)=\min\theta$$
$$(\mathrm{C^2R})\mathrm{s.t.}\begin{cases}\sum_{j=1}^{n}X_j^t\lambda_j\leqslant\theta X_k^t\\ \sum_{j=1}^{n}Y_j^t\lambda_j\geqslant Y_k^t\\ \lambda_j\geqslant 0,j=1,2,\cdots,n\end{cases} \tag{5-12}$$

$$D^{t+1}(x^{t+1},y^{t+1})=\min\theta$$
$$(\mathrm{C^2R})\mathrm{s.t.}\begin{cases}\sum_{j=1}^{n}X_j^{t+1}\lambda_j\leqslant\theta X_k^{t+1}\\ \sum_{j=1}^{n}Y_j^{t+1}\lambda_j\geqslant Y_k^{t+1}\\ \lambda_j\geqslant 0,j=1,2,\cdots,n\end{cases} \tag{5-13}$$

$$D^{t+1}(x^{t+1},y^{t+1})=\min\theta$$
$$(\mathrm{C^2R})\mathrm{s.t.}\begin{cases}\sum_{j=1}^{n}X_j^{t+1}\lambda_j\leqslant\theta X_k^{t}\\ \sum_{j=1}^{n}Y_j^{t+1}\lambda_j\geqslant Y_k^{t}\\ \lambda_j\geqslant 0,j=1,2,\cdots,n\end{cases} \tag{5-14}$$

$$D^{t+1}(x^t, y^t) = \min\theta$$

$$(\mathrm{C^2R})\text{s.t.}\begin{cases}\sum_{j=1}^{n} X_j^t \lambda_j \leqslant \theta X_k^{t+1} \\ \sum_{j=1}^{n} Y_j^t \lambda_j \geqslant Y_k^{t+1} \\ \lambda_j \geqslant 0, j = 1,2,\cdots,n\end{cases} \tag{5-15}$$

通过求解上面 4 个基于输入 $\mathrm{C^2R}$ 模型，即可得到各个评价单元在一段时期内的技术效率变化情况，如果需要进一步计算纯技术效率和规模效率的变化情况，还应求解以下两个模型：

$$D^t(x^t, y^t) = \min\theta$$

$$(\mathrm{BCC})\text{s.t.}\begin{cases}\sum_{j=1}^{n} X_j^{t+1} \lambda_j \leqslant \theta X_k^t \\ \sum_{j=1}^{n} Y_j^t \lambda_j \geqslant Y_k^t \\ \sum_{j=1}^{n} \lambda_j = 1 \\ \lambda_j \geqslant 0, j = 1,2,\cdots,n\end{cases} \tag{5-16}$$

$$D^{t+1}(x^{t+1}, y^{t+1}) = \min\theta$$

$$(\mathrm{BCC})\text{s.t.}\begin{cases}\sum_{j=1}^{n} X_j^{t+1} \lambda_j \leqslant \theta X_k^{t+1} \\ \sum_{j=1}^{n} Y_j^{t+1} \lambda_j \geqslant Y_k^{t+1} \\ \sum_{j=1}^{n} \lambda_j = 1 \\ \lambda_j \geqslant 0, j = 1,2,\cdots,n\end{cases} \tag{5-17}$$

三、指标的选取及数据处理

本章以县域（县、县级市、地级市市区）为研究单元，共包括 61 个县域，研究时段为 2000～2012 年，在投入指标的选择上，选取资本、劳动和能源作为计量绿色经济效率的投入要素，具体为资本投入（固定资产投资，单位：亿元）、劳动力投入（年末从业人员，单位：万人），以及能源投入（能源消费量折算成标准煤表示，单位：万 tce）；从社会经济发展角度来看，产出分为期望产出，即好产出，以及非期望产出，即坏产出 2 类，其中期望产出以工业总产值表示，非期望产出反映经济发展、能源消费带来的不和谐、非友好型的环境影响，以工业二氧化硫排放量和工业废水排放量表示，具体如下。

（一）投入指标

1. 资本投入

在以往的研究中，资本投入采用的数据一般有 2 种：资本存量和固定资产投资。采用资本存量表示资本投入的文献一般采用戈登史密斯（Goldsmith）在 1951 年开创的永续盘存法，来计算一个国家或地区的资本存量。但永续盘存法计算繁琐，又存在许多不确定因素，如当年投资的选取、投资品价格指数的构造、经济折旧率的确定、基年资本存量确定等，而且数据可获取性也不高，其结算结果存在不确定性。相对来说，固定资产投入能更准确地体现资本投入过程，且获取方便，数据连续性好，因此本章采用固定资产投资总额作为资本投入数据。固定资产投入总额数据单位为万元，基础数据来源于《江苏统计年鉴》（2001～2013 年）。

2. 劳动投入

由于难以准确估算各县域的人力资本存量，同时考虑各县域人均教育水平等数据的不易获得性，因此，本章采用各县域年末从业人数作为劳动投入指标，计算时没有包括各县域劳动力质量上的差异。其数据来源于《江苏统计年鉴》（2001～2013 年）。

3. 能源投入

本章将江苏省各县域的能源消耗总量参照实物消耗量，参考《中国能源统计年鉴》折算标准，将能源消耗总量折算为标准煤计算，单位为万 t，数据来源于《江苏统计年鉴》（2001～2013 年）和《中国能源统计年鉴》（2000～2013 年），以及相应年份江省所辖各地级市统计年鉴。其中，2000 年和 2001 年部分县域能源消耗总量数据缺失，利用插值法代替补充数据。

（二）产出指标

1. 期望产出

本章以工业总产值为期望产出。为与资本存量价格保持一致，避免物价因素干扰，以工业总产值增长指数进行平减，获得以 2000 年为基年的 2000～2012 年的可比价折算，单位为万元。原始数据来源于《江苏统计年鉴》（2001～2013 年）。

2. 非期望产出

非期望产出，也就是坏产出，表现为负的社会效应，是一种环境成本。非期望产出与期望产出不同，期望产出属于极大型指标，其值越大越好，而非期望产出相反，属于极小型指标，从社会经济发展角度来说，其值越小，对社会发展越有利，因此其值越小越好。为产出统一作用方向，使模型意义更加合理，在计算全要素能源效率之前，必须对其进行转换。本章依据 Liang 等（2009）和 Yeh 等（2010）的研究，设变换前的非期望产出为 s，转换后的非期望产出为 s'，则有 $s'=-s+p$，其中 $p=\max(s)+1$。在非期望产出指标的选择上，参照以往研究，并结合软件计算精度要求，本章选取工业废水及工业 SO_2 排放量作为非期望产出指标，单位为万 t。原始数据主要来自《江苏统计年鉴》（2000～2013 年），以及相应年份江苏省所辖各地级市统计年鉴，个别年份缺失数据采用插值法测算。

第二节　绿色经济效率时空演变特征

一、绿色经济效率时间演变特征

运用 C^2R 模型，对江苏省 61 个县域 2000～2012 年的投入产出指标进行处理，得到的结果如图 5-1 所示。从图 5-1 可知，考虑环境污染因素，2000～2012 年江苏省综合效率平均值为 0.522，达到最优水平的 55.20%，还有 44.80%的提升空间。2000～2012 年，江苏省绿色经济效率总体呈下降趋势，其中 2000～2004 年基本呈下降趋势，2004～2006 年在均值以下小幅震荡，除 2007 年呈小幅回升外，2007～2009 年呈下降态势，至 2009 年降至最低点（0.425），相较于起始年份 2000 年下

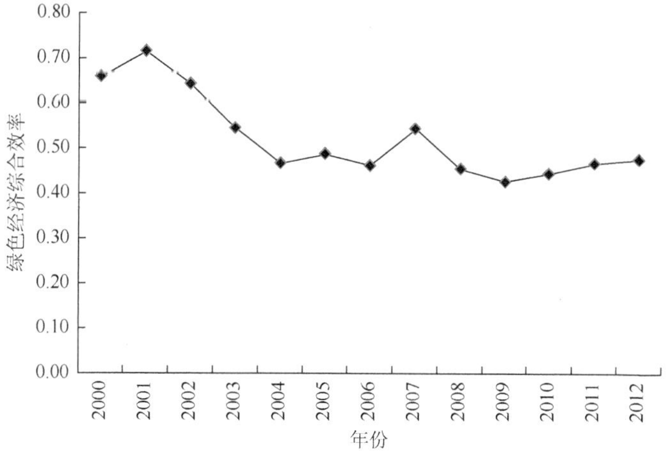

图 5-1　江苏省绿色经济综合效率演化趋势（2000～2012 年）

降了 30%，相对于最高值 2001 年下降了 40%，低于平均值 19%。其后绿色经济效率一直处于缓慢上升状态。

二、绿色经济效率空间格局特征

（一）现状特征

通过绿色经济效率测度模型对 3 个投入指标、3 个产出指标进行分析，利用 DEAP2.1 软件，采用 BCC 模型，测算出 2012 年江苏省各县域绿色经济综合效率、纯技术效率和规模效率，并得到了各地区相应的规模收益情况，见表 5-1。

表 5-1　2012 年江苏省各市县绿色经济效率值

地区	综合效率	纯技术效率	规模效率	规模收益
南京市区	0.308	0.566	0.544	递减
溧水	0.254	0.35	0.724	递增
高淳	0.245	0.337	0.727	递增
无锡市区	0.71	1	0.71	递减
江阴	0.741	0.759	0.977	递减
宜兴	0.577	0.6	0.961	递增
徐州市区	0.33	0.525	0.629	递减
丰县	0.307	0.466	0.658	递增
沛县	0.342	0.394	0.869	递增
睢宁	0.439	0.594	0.74	递增
新沂	0.375	0.426	0.881	递增
邳州	0.425	0.452	0.938	递增
常州市区	0.393	0.685	0.573	递减
溧阳	0.4	0.429	0.931	递增
金坛	0.382	0.395	0.967	递减
苏州市区	0.707	1	0.707	递减
常熟	0.559	0.571	0.978	递增
张家港	0.684	0.695	0.984	递增
昆山	1	1	1	不变
太仓	0.491	0.569	0.863	递增
南通市区	0.453	0.703	0.644	递减
海安	0.495	0.513	0.966	递减

续表

地区	综合效率	纯技术效率	规模效率	规模收益
如东	0.514	0.526	0.977	递减
启东	0.348	0.376	0.926	递增
如皋	0.484	0.516	0.939	递增
海门	0.491	0.505	0.972	递减
连云港市区	0.308	0.378	0.814	递减
赣榆	0.403	0.52	0.775	递增
东海	0.373	0.38	0.982	递增
灌云	0.46	1	0.46	递增
灌南	0.307	0.404	0.76	递增
淮安市区	0.316	0.426	0.742	递减
涟水	0.448	0.532	0.842	递增
洪泽	0.455	0.969	0.469	递增
盱眙	0.447	0.465	0.96	递减
金湖	0.484	1	0.484	递增
盐城市区	1	1	1	不变
响水	0.395	0.53	0.745	递增
滨海	0.336	0.347	0.967	递增
阜宁	0.347	0.426	0.815	递增
射阳	0.332	0.432	0.769	递增
建湖	0.465	0.469	0.993	递减
东台	0.315	0.355	0.886	递增
大丰	0.337	0.375	0.899	递增
扬州市区	0.463	0.709	0.654	递减
宝应	0.604	0.679	0.89	递增
仪征	0.545	0.628	0.868	递增
高邮	0.771	0.881	0.875	递增
镇江市区	0.932	1	0.932	递减
丹阳	1	1	1	不变
扬中	1	1	1	不变
句容	0.582	0.713	0.816	递增
泰州市区	0.679	0.911	0.745	递减
兴化	0.625	0.719	0.869	递增
靖江	0.87	0.962	0.904	递减
泰兴	0.646	0.711	0.909	递增
姜堰	0.494	0.528	0.934	递增

续表

地区	综合效率	纯技术效率	规模效率	规模收益
宿迁市区	0.286	0.355	0.805	递减
沭阳	0.313	0.358	0.872	递增
泗阳	0.246	0.31	0.795	递增
泗洪	0.257	0.34	0.755	递增
平均	0.497	0.603	0.832	

1. 纯技术效率空间分异

据表 5-1 可知，纯技术效率是指在不考虑规模变化的情况下，获得最大产出时由于管理不当引起的资源浪费状况。2012 年，江苏省纯技术效率平均值为 0.603，说明在不考虑规模因素的前提下，江苏省绿色经济发展因管理不当造成了 36.8% 的资源浪费，因此江苏省绿色经济发展需要大幅度提升和改进管理水平。从空间上（图 5-2）看，江苏省纯技术效率的空间分布呈现南高北低的特征，但不同地区表现不同，其中苏北地区以高污染、高耗能产业为主，纯技术效率呈中间低而外围高的“碟”形格局；苏中、苏南地区以制造业，特别是以高新技术产业发展为主，纯技术效率处于较高水平，苏南地区随着距上海距离的增加，纯技术效率自东向西呈降低趋势，而苏中地区总体上呈自西向东降低的趋势。

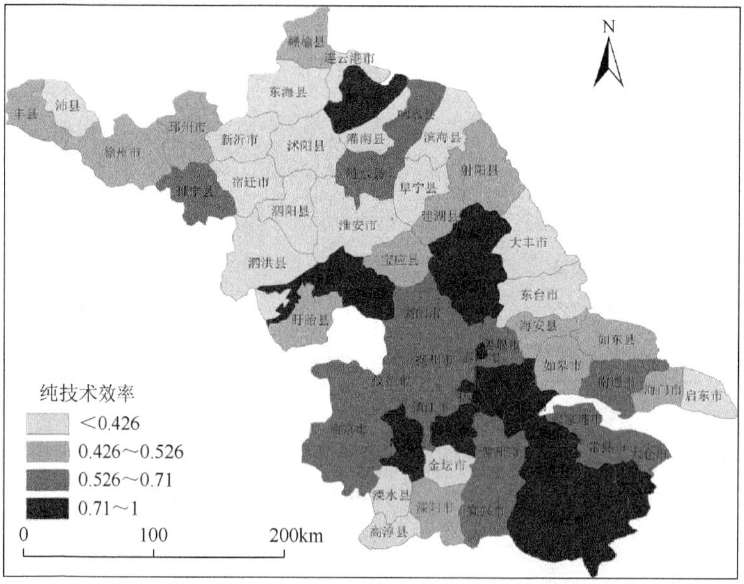

图 5-2　江苏省绿色经济纯技术效率空间分布现状（2012 年）

按照图 5-2，可将江苏省各市县绿色经济技术效率分为强、较强、较弱、弱 4 个等级，即可将江苏省 61 个县市分为Ⅰ、Ⅱ、Ⅲ、Ⅳ4 类，见表 5-2。

表 5-2　江苏省各地区绿色经济纯技术效率分类与排序

类别	等级	分值范围	代表地区	平均值
Ⅰ	强	>0.71	苏州市区、无锡市区、昆山、江阴、盐城市区、兴化等	0.908
Ⅱ	较强	0.526～0.71	常州市区、宜兴、南京市区、镇江市区等	0.585
Ⅲ	较弱	0.426～0.526	徐州市区、射阳、海门、丰县等	0.472
Ⅳ	弱	<0.426	淮安市区、沛县、东台、宿迁市区等	0.367

从表 5-2 可以看出，江苏省绿色经济纯技术效率 4 类区域也存在着一定程度的差异。第Ⅰ类与第Ⅱ类绿色经济纯技术效率平均值相差 0.323，第Ⅱ类与第Ⅲ类绿色经济纯技术效率平均值差距为 0.113，第Ⅲ类与第Ⅳ类绿色经济纯技术效率平均值相差 0.105，第Ⅰ类与第Ⅳ类差距为 0.541。由此可以看出，江苏省发展绿色经济中的纯技术效率水平各地区差距较大。

从表 5-3 可以发现，绿色经济纯技术效率较强的地区主要分布在苏南地区，占全部地区的 11.48%，苏北、苏中地区各占 6.56%。绿色经济纯技术效率较弱的地区主要分布在苏北地区，占全部地区 16.39%，苏中地区仅占 1.64%，苏南地区占 4.92%。从表 5-3 可以看出，苏北地区纯技术效率较强范围相较于综合效率较强范围有所扩大，说明该地区的技术水平发展较好。

表 5-3　江苏省绿色经济纯技术效率强弱在三大区域的分布及比重

地区类别	苏北地区				苏中地区				苏南地区			
	Ⅰ	Ⅱ	Ⅲ	Ⅳ	Ⅰ	Ⅱ	Ⅲ	Ⅳ	Ⅰ	Ⅱ	Ⅲ	Ⅳ
数量	4	3	11	10	4	6	4	1	7	7	1	3
比重（%）	6.56	4.92	18.03	16.39	6.56	9.84	6.56	1.64	11.48	11.48	1.64	4.92

通过上述分析可以发现，苏南地区纯技术效率比较高，表明该地区在发展绿色经济过程中管理技术水平较强，而苏北地区在这一方面表现较弱。

2. 规模效率空间分异

江苏省 61 个市县中，昆山、盐城市区、扬中的规模效率值达到 1，为 DEA 有效，即这些地区的资源得以有效配置，充分发挥了管理水平，所投入的资源得到了最优的产出；无锡市区、苏州市区、灌云、金湖的纯技术效率值达到 1，为弱 DEA 有效，其余地区都为非 DEA 有效。除 6 个已经达到 DEA 有效的地区外，有 20 个地区的绿色经济处于规模收益递减的状态，表明这些地区投入规模相对过大，存在资源浪费，其余地区的绿色经济处于规模收益递增的状态，表明这些地区绿色经济投入规模过少，不能实现现有技术条件下的规模经济。从空间上（图 5-3）看，江苏省绿色经济规模效率分布呈东高西低、南部北部塌陷的分布特征。其中，苏北西部的丰县、徐州市区、睢宁的规模效率较低，东海的规模效率位于江苏省前列，整体以东海为中心，规模效率向周边呈不同程度递减；苏中地区的规模效率比苏南地区要大，而苏南地区的苏州市区、无锡市区等县域的规模效率处于江苏省落后水平，可见苏南地区绿色经济发展规模存在一定程度的问题，规模收益水平有待提高。

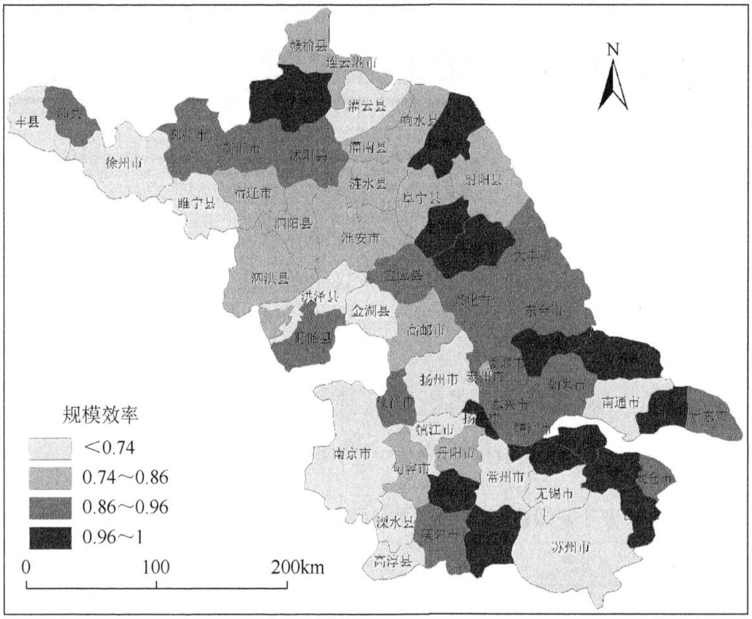

图 5-3　江苏省绿色经济规模效率空间分布现状（2012 年）

按照图 5-3，可将江苏省各市县绿色经济规模效率分为强、较强、较弱、弱 4 个等级，可以将江苏省 61 个市县分为Ⅰ、Ⅱ、Ⅲ、Ⅳ 4 类，见表 5-4。

表 5-4　江苏省各地区绿色经济规模效率分类与排序

类别	等级	分值范围	代表地区	平均值
Ⅰ	强	＞0.96	昆山、张家港、东海、常熟、江阴等	0.980
Ⅱ	较强	0.86～0.96	仪征、太仓、靖江、启东等	0.905
Ⅲ	较弱	0.74～0.86	淮安、射阳、连云港、宿迁等	0.795
Ⅳ	弱	＜0.74	苏州、无锡、南京、常州等	0.632

从表 5-4 可以看出，江苏省绿色经济规模效率 4 类区域存在着一定程度的差异。第Ⅰ类与第Ⅱ类绿色经济规模效率平均值相差较小，为 0.075，第Ⅱ类与第Ⅲ类绿色经济规模效率平均值差距为 0.11，第Ⅲ类与第Ⅳ类绿色经济规模效率平均值相差 0.163。第Ⅰ类与第Ⅳ类差距为 0.348。由此可以看出，江苏省绿色经济规模效率各地区差距不大。

从表 5-5 可以发现，绿色经济规模效率较强的地区主要分布在苏南地区，占全部地区的 11.48%，苏北地区占 8.20%、苏中地区占 4.92%，绿色经济规模效率较弱的地区也主要分布在苏南地区，占全部地区的 11.48%，苏中地区仅占 1.64%，苏北地区占 9.84%。

表 5-5　江苏省绿色经济规模效率强弱在三大区域的分布及比重

地区类别	苏北地区				苏中地区				苏南地区			
	Ⅰ	Ⅱ	Ⅲ	Ⅳ	Ⅰ	Ⅱ	Ⅲ	Ⅳ	Ⅰ	Ⅱ	Ⅲ	Ⅳ
数量	5	6	11	6	3	6	4	1	7	2	2	7
比重（%）	8.20	9.84	18.03	9.84	4.92	9.84	6.56	1.64	11.48	3.28	3.28	11.48

从表 5-6 可知，江苏省绿色经济规模收益递增县域最多，达 36 个，主要分布在苏北地区，占该类县域的 58.33%；苏南、苏中分别占 25.0%和 16.62%。规模收益递减县域有 22 个，空间分布相对平衡，但苏中地区稍多，占该类县域的 40.91%；苏南、苏北分别占 31.81%、27.27%。

表 5-6　江苏省绿色经济规模收益在三大区域的分布

规模收益	苏北地区			苏中地区			苏南地区		
	递增	递减	不变	递增	递减	不变	递增	递减	不变
数量	21	6	1	6	9	0	9	7	2

3. 综合效率空间分异

综合效率是在测量江苏省绿色经济发展的过程中，在获得最大产出的前提下，投入要素是否存在资源浪费的情况。从表 5-7 可以看出，2012 年江苏省综合效率平均值为 0.497，说明江苏省绿色经济发展存在着 50.3%的资源浪费，即投入并没有形成有效产出。出现这种情况是因为江苏省绿色经济发展中仍存在着能源消耗量大、资源利用率低等问题。从空间上（图 5-4）看，江苏省绿色经济效率总体呈南高北低的分布特征，绿色经济效率较高的地区主要集中在南部，为苏州市区、无锡市区、昆山、江阴、张家港、常熟等县域；绿色经济效率较低的地区主要集中在北部，为徐州市区、淮安市区、宿迁市区、连云港市区、沭阳、泗洪等地。在苏北地区，东部沿海地区绿色经济效率明显低于西部地区，苏中、苏南内陆地区的扬州市区、镇江市区绿色经济效率最低，西南地区的南京市区绿色经济效率也处于江苏省绿色经济效率低值异常区。苏南地区绿色经济效率普遍高于苏中及苏北沿海地区。

表 5-7　江苏省各地区绿色经济综合效率分类与排序

类别	等级	分值范围	代表地区	平均值
Ⅰ	强	＞0.55	苏州市区、无锡市区、常熟、昆山、张家港、盐城市区等	0.743
Ⅱ	较强	0.44～0.55	太仓、南通市区、海门、仪征、高邮等	0.476
Ⅲ	较弱	0.33～0.44	常州市区、镇江市区、溧阳、启东、扬州市区等	0.427
Ⅳ	弱	＜0.33	徐州市区、连云港市区、淮安市区、宿迁市区、泗阳等	0.292

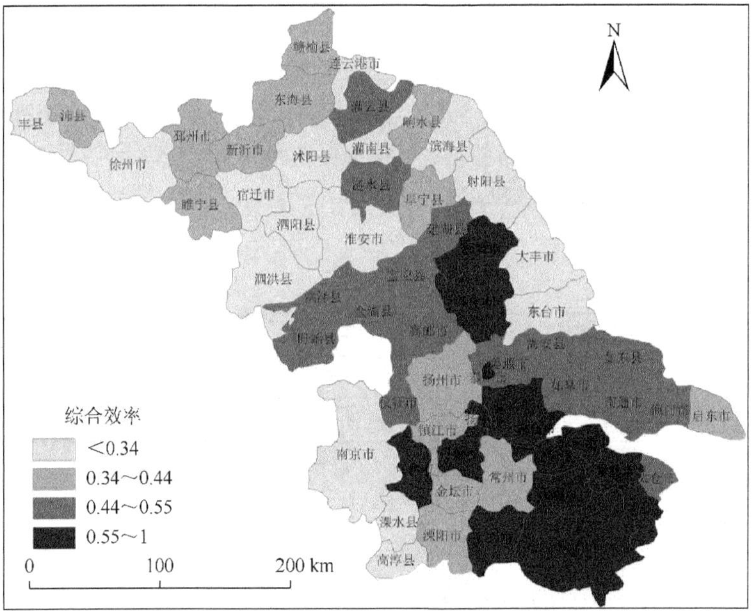

图 5-4　江苏省绿色经济综合效率空间分布现状（2012 年）

按照图 5-4，可将江苏省各县域绿色经济综合效率分为强、较强、较弱、弱 4 个等级，可以将江苏省 61 个县域分为Ⅰ、Ⅱ、Ⅲ、Ⅳ 4 类，见表 5-7。

从表 5-7 可以看出，江苏省绿色经济各区域发展存在着明显的差异。4 类区域绿色经济综合效率平均值差距比较大。第Ⅰ类与第Ⅱ类绿色经济综合效率平均值相差 0.267，第Ⅱ类与第Ⅲ类绿色经济综合效率平均值差距不大，为 0.049，第Ⅲ类与第Ⅳ类绿色经济综合效率平均值相差 0.135，第Ⅰ类与第Ⅳ类差距为 0.451。由此可以看出，江苏省绿色经济效率各地区发展差距较大。

从表 5-8 可以发现，绿色经济综合效率较强的地区主要分布在苏南地区，占全部地区的 16.39%，苏北地区仅占了 1.64%，绿色经济综合效率较弱的地区主要分布在苏北地区，占全部地区的 16.39%，苏中地区仅占 0%，苏南地区占 4.92%。

表 5-8　江苏省绿色经济综合效率强弱在三大区域的分布及比重

地区类别	苏北地区				苏中地区				苏南地区			
	Ⅰ	Ⅱ	Ⅲ	Ⅳ	Ⅰ	Ⅱ	Ⅲ	Ⅳ	Ⅰ	Ⅱ	Ⅲ	Ⅳ
数量	1	6	11	10	4	9	2	0	10	1	4	3
比重（%）	1.64	9.84	18.03	16.39	6.56	14.75	3.28	0.00	16.39	1.64	6.56	4.92

通过对江苏省 61 个县域 2012 年规模效率、纯技术效率、综合效率的空间分析可以看出，苏南地区与苏北地区差异明显。苏北地区，如徐州经济发展主要依靠重工业等高耗能、高污染的产业，管理水平较低，在发展经济的同时也忽略了环境污染的治理，这就导致了苏北地区环境污染程度上升。苏南地区具有丰富的资本与技术优势，经济、产业结构优化升级，服务业、高新技术产业等新兴产业逐渐取代高耗能、高污染的产业，节能环保技术与替代不可再生能源的新能源的引进与应用，使工业污染排放量也日趋减少，最终使得绿色经济综合效率比较高。

（二）绿色经济效率空间格局演化特征

图 5-5 揭示了 2000～2012 年江苏省绿色经济综合效率空间变化状况。总体而言，研究期内江苏省绿色经济发展一直呈现南高北低的空间格局，但也呈现以下变化特征：①江苏省绿色经济效率较高的县域呈极化态势。研究期内，江苏省绿色经济效率高的县域大幅减少，空间范围萎缩，主要是由于长江以北地区处于较高效率的县域逐渐消失，而苏州、无锡等县域始终保持较高水平。②绿色经济效率低的县域分布范围呈现扩大趋势。2000 年，低效率的县域主要分布在江苏省西北地区，到 2006 年扩展到整个西部地区，到 2012 年又扩展到沿海地区。③沿海地区的绿色经济效率由高变低。④沿江地区绿色

经济效率水平从东到西逐渐降低，且低效率范围呈扩大趋势。

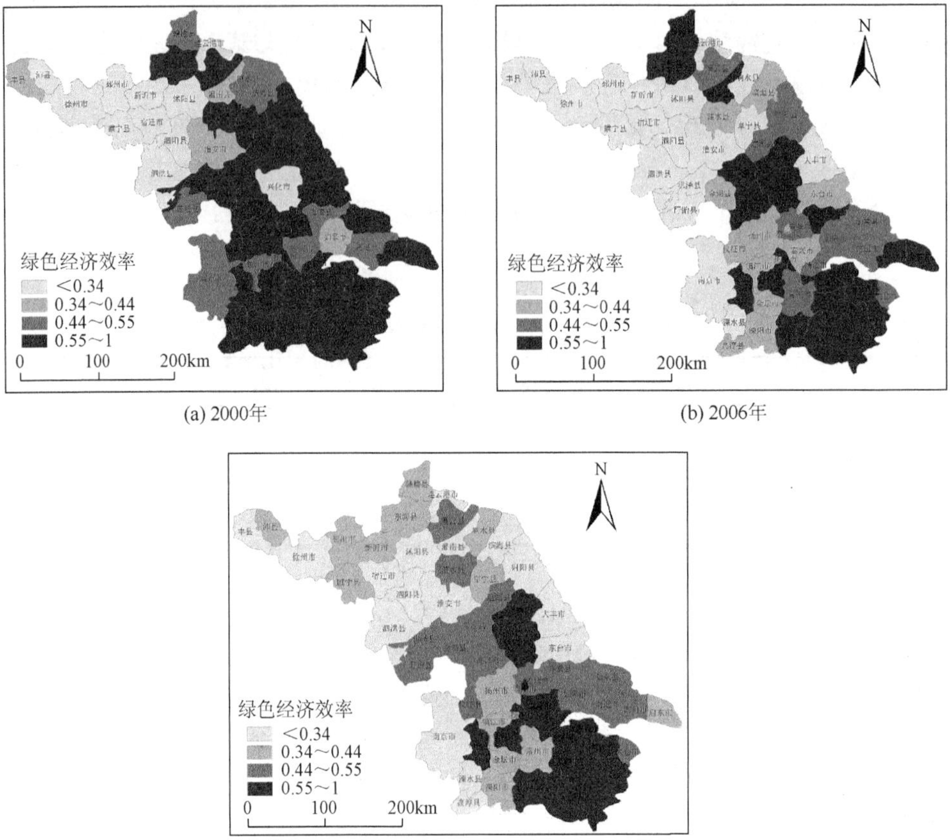

(a) 2000年　(b) 2006年　(c) 2012年

图 5-5　江苏省绿色经济效率空间格局演化图

第三节　绿色经济效率增长指数时空特征

一、时间演变特征

绿色经济效率增长指数又称绿色经济效率增长率，其反映全要素绿色经济效率的总体变动状况，一般通过 Malmquist 指数来体现。根据 2000～2012 年江苏省 61 个县域绿色经济的各项输入、输出指标的统计数据，运用 Malmquist 模型进行效率分析，利用 DEAP 软件，可以测算出 2000～2012 年江苏省绿色经济的全要素生产率变化、技术效率变化、技术变化、纯技术效率变化，以及规模效率变化，表 5-9 和图 5-6 为江苏省 2000～2012 年各指数的变化情况。

表 5-9　2000～2012 年江苏省绿色经济效率变化统计描述

年份	TEC	TC	PTEC	SEC	TFP*
2000	1	1	1	1	1
2001	1.118	1.026	1.118	1	1.147
2002	0.889	1.681	0.885	1.005	1.494
2003	0.823	0.874	0.932	0.883	0.719
2004	0.838	1.262	0.884	0.947	1.057
2005	1.027	1.081	0.946	1.086	1.111
2006	0.935	1.295	0.978	0.956	1.211
2007	1.182	0.968	1.1	1.075	1.144
2008	0.817	1.275	0.781	1.046	1.041
2009	0.934	1.152	0.971	0.962	1.075
2010	1.085	1.101	1.077	1.007	1.195
2011	1.13	0.734	1.197	0.944	0.829
2012	1.035	0.993	1.048	0.987	1.028
平均	0.986	1.111	0.994	0.992	1.081

* TFP 代表全要素生产率。

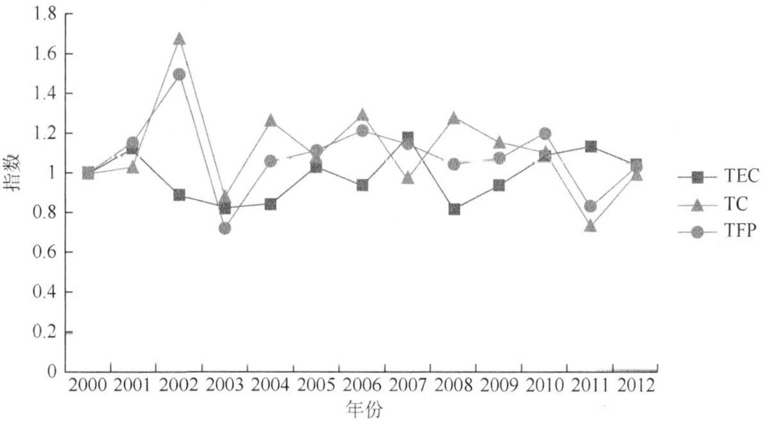

图 5-6　江苏省绿色经济效率的技术效率指数、技术进步指数及全要素生产率变化

表 5-9 及图 5-6 描绘了 2000～2012 年江苏省绿色经济发展效率变动的总体趋势，各指数以 2000 年为基期，当期所有效率指数均为 1。

纯技术效率变化（PTEC）指的是决策单元在技术不变的情况下，通过改善管理水平而达到的生产状况的改善。2000～2012 年的纯技术效率变化值为 0.986，平均增长率为−1.4%，说明 2000～2012 年江苏省绿色经济行业管理水平有所下降。

规模效率变化（SEC）指的是决策单元的实际规模与最佳规模之间的差异。

2000～2012 年的规模效率变化值为 0.99，平均增长率为–1%，说明 2000～2012 年江苏省绿色经济实际规模与最佳规模还存在一定程度的偏差。

技术进步指数（TC）指的是决策单元技术变动的情况。2000～2012 年的技术进步变化值为 1.097，平均增长率为 9.7%，说明 2000～2012 年江苏省绿色经济行业技术有所进步。

综上，由表 5-9 可以看出，2000～2012 年江苏省各市县 TFP 的平均增长率为 7.1%，呈现一定的波动性。其中，2003 年明显下降，TFP 平均增长率为–28.1%，2011 年出现下降，TFP 平均增长率为–17.1%，其余年份均在不同程度的增长。从图 5-6 可以看出，2002～2003 年、2010～2011 年江苏省 TFP 下降是因为技术退步明显，说明江苏省绿色经济全要素生产率还没有达到以技术进步为主要支撑的增长阶段。

从图 5-6 还可以看出，2000～2012 年技术的进步对江苏省绿色经济的增长贡献最大，技术效率次之。技术效率变动指数可以分解为可变规模报酬下的纯技术效率和规模效率。从表 5-9 还可以看出，不考虑技术进步指标，规模效率对研究期内全要素生产率提高起很大作用，所以江苏省需要优化产出比例，达到规模最优状态。

2000～2012 年，江苏省绿色经济生产效率的提升都来源于技术进步，管理水平的下降及绿色经济行业规模效率的下降在一定程度上缩小了全要素生产率的提高，阻碍了绿色经济生产效率的增长。

二、空间格局特征

为客观反映 2000～2012 年江苏省各县域绿色发展效率空间分布格局，以研究期内 Malmquist 全要素生产率（TFP）、技术进步指数（TC）、技术效率指数（TEC）、规模效率变化（SEC）和纯技术效率变化（PTEC）的算术平均值为评价指标，揭示江苏省绿色发展效率的空间异质性特征（表 5-10，图 5-7）。

表 5-10　江苏省各地区绿色经济效率增长指数变化

地区	TEC	TC	PTEC	SEC	TFP
徐州市区	1.024	1.083	1.029	0.995	1.109
丰县	0.983	1.062	1.013	0.971	1.044
沛县	1.026	1.070	1.037	0.989	1.098
睢宁	1.060	1.039	1.076	0.985	1.102
新沂	1.029	1.109	1.036	0.993	1.141
邳州	1.064	1.144	1.068	0.996	1.217
连云港市区	1.002	1.140	1.015	0.987	1.142
赣榆	0.975	1.062	0.996	0.979	1.036

续表

地区	TEC	TC	PTEC	SEC	TFP
东海	0.958	1.096	0.955	1.003	1.050
灌云	0.985	1.165	1.044	0.943	1.148
灌南	0.983	1.107	0.993	0.990	1.087
淮安市区	0.976	1.016	0.931	1.048	0.992
涟水	0.935	1.016	0.949	0.986	0.950
洪泽	0.962	0.991	0.998	0.965	0.954
盱眙	0.986	1.142	0.984	1.002	1.126
金湖	0.941	1.074	1.000	0.941	1.011
盐城市区	0.990	1.144	1.000	0.990	1.132
响水	0.982	1.154	0.949	1.036	1.134
滨海	0.975	1.080	0.944	1.033	1.053
阜宁	0.924	1.115	0.936	0.987	1.030
射阳	0.912	1.060	0.932	0.978	0.967
建湖	0.938	1.130	0.939	0.999	1.060
东台	0.938	1.066	0.948	0.990	1.000
大丰	0.919	1.160	0.928	0.991	1.067
宿迁市区	0.997	1.119	1.013	0.984	1.115
沭阳	1.053	1.030	1.062	0.991	1.084
泗阳	0.979	1.091	0.991	0.988	1.068
泗洪	0.987	1.033	1.003	0.985	1.020
苏北地区	0.982	1.089	0.992	0.990	1.069
南通市区	0.996	1.138	1.024	0.972	1.134
海安	0.995	1.146	0.998	0.998	1.141
如东	0.994	1.093	0.995	0.998	1.086
启东	0.951	1.069	0.957	0.994	1.016
如皋	1.020	1.117	1.024	0.997	1.139
海门	0.959	1.076	0.959	0.999	1.032
扬州市区	0.952	1.094	0.979	0.972	1.042
宝应	0.946	1.136	0.945	1.002	1.075
仪征	0.936	1.038	0.948	0.988	0.972
高邮	0.954	1.201	0.966	0.988	1.146
泰州市区	0.987	1.114	1.011	0.977	1.100
兴化	1.054	1.051	1.066	0.989	1.108
靖江	0.988	1.113	0.998	0.991	1.100

续表

地区	TEC	TC	PTEC	SEC	TFP
泰兴	1.023	1.058	1.030	0.994	1.083
姜堰	0.977	1.058	0.981	0.996	1.033
苏中地区	0.982	1.100	0.992	0.990	1.080
南京市区	0.957	1.186	0.972	0.985	1.136
溧水	0.904	1.087	0.925	0.977	0.982
高淳	0.922	1.049	0.934	0.987	0.967
无锡市区	0.979	1.204	1.000	0.979	1.179
江阴	0.976	1.078	0.977	0.998	1.052
宜兴	0.980	1.063	0.982	0.998	1.041
常州市区	0.926	1.154	0.969	0.956	1.069
溧阳	0.953	1.070	0.959	0.994	1.020
金坛	0.960	1.156	0.959	1.001	1.110
苏州市区	0.972	1.172	1.000	0.972	1.139
常熟	0.987	1.042	0.989	0.998	1.028
张家港	0.979	1.102	0.976	1.003	1.079
昆山	1.000	1.142	1.000	1.000	1.142
太仓	0.964	1.174	0.958	1.006	1.133
镇江市区	1.047	1.025	1.015	1.032	1.073
丹阳	1.019	1.113	1.013	1.005	1.133
扬中	1.023	1.135	1	1.023	1.162
句容	0.985	1.018	0.99	0.995	1.002
苏南地区	0.974	1.110	0.979	0.9950	1.080

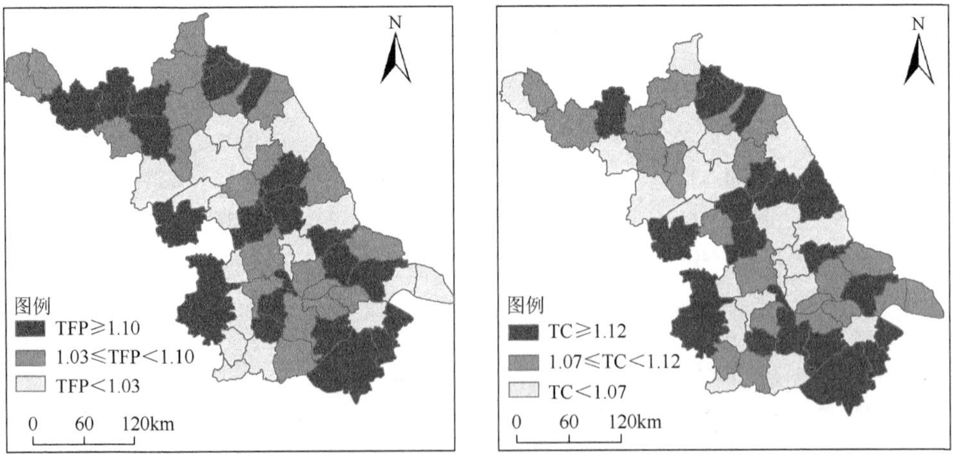

(a)　　(b)

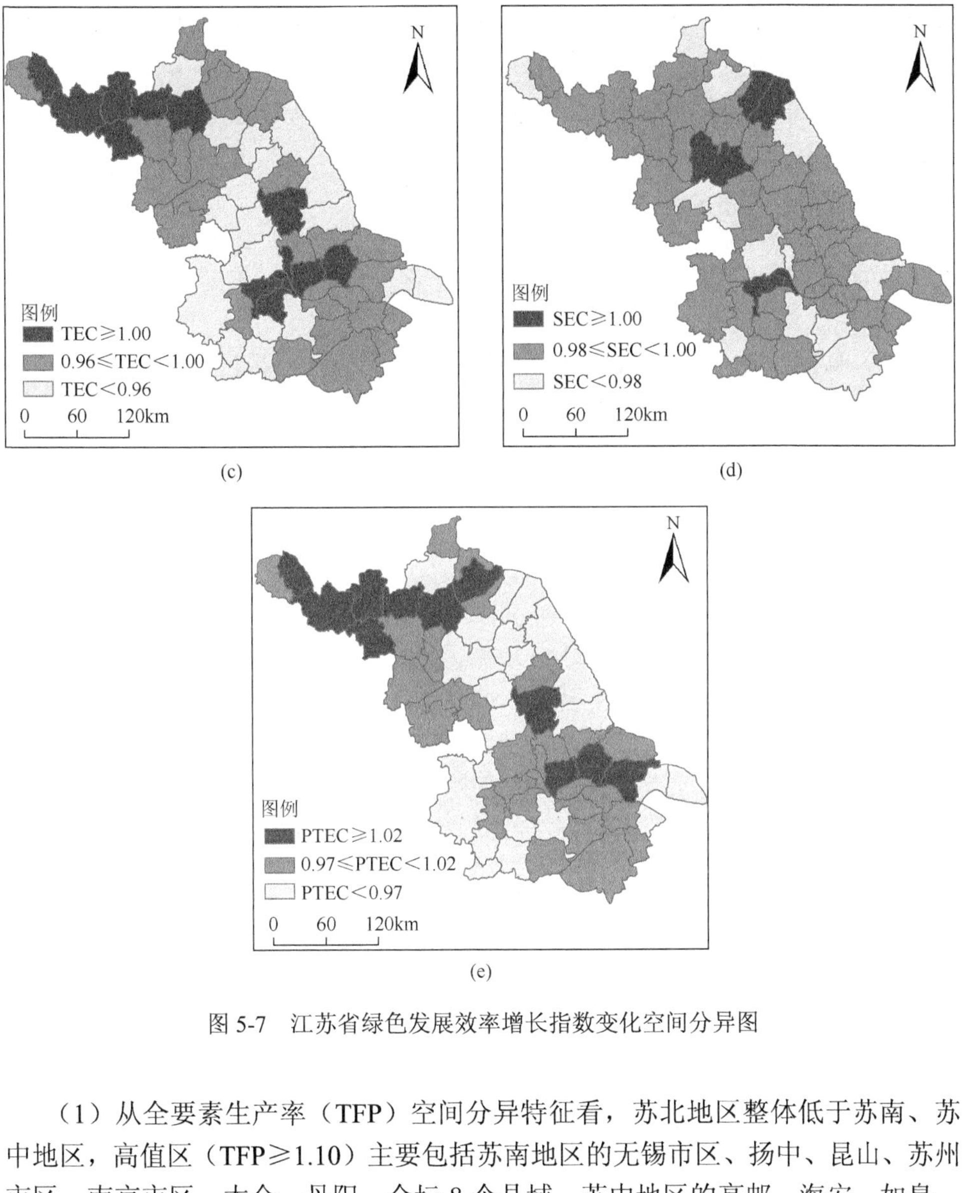

(c)　(d)

(e)

图 5-7　江苏省绿色发展效率增长指数变化空间分异图

（1）从全要素生产率（TFP）空间分异特征看，苏北地区整体低于苏南、苏中地区，高值区（TFP≥1.10）主要包括苏南地区的无锡市区、扬中、昆山、苏州市区、南京市区、太仓、丹阳、金坛 8 个县域，苏中地区的高邮、海安、如皋、南通市区、兴化、泰州市区、靖江 7 个县域，苏北地区的邳州、灌云、连云港市区、新沂、响水、盐城市区、盱眙、宿迁市区、徐州市区、睢宁 10 个县域；中值区（1.03≤TFP<1.10）主要包括苏南地区的张家港、镇江市区、常州市区、江阴、宜兴 5 个县域，苏中地区的如东、泰兴、宝应、扬州市区、姜堰、海门 6 个县域，苏北的沛县、灌南、沭阳、泗阳、大丰、建湖、滨海、东海、丰县、赣榆、阜宁 11 个县域；低值区（TFP<1.03）主要包括苏南地区的常熟、溧阳、句容、溧水、

高淳 5 个县域，苏中地区的启东、仪征 2 个县域，苏北地区的泗洪、金湖、东台、淮安市区、射阳、洪泽、涟水 7 个县域。

（2）从技术进步指数（TC）空间分异特征看，呈现苏南＞苏中＞苏北的南高北低的区域格局。高值区（TC≥1.12）主要包括无锡市区、南京市区、太仓、苏州市区、金坛、常州市区、昆山、扬州 8 个县域；中值区（1.07≤TC＜1.12）主要包括高邮、海安、南通市区、宝应 4 个县域；低值区（TC＜1.07）主要包括灌云、大丰、响水、邳州、盐城市区、盱眙、连云港市区、建湖 8 个县域。

（3）从技术效率指数（TEC）空间分异特征看，呈现苏北、苏中地区高于苏南地区的格局特征。高值区（TEC≥1.00）主要包括苏南地区的镇江市区、扬中、丹阳、昆山 4 个县域，苏中地区的兴化、泰兴、如皋 3 个县域，苏北地区的邳州、睢宁、沭阳、新沂、沛县、徐州市区、连云港市区 7 个县域；中值区（0.96≤TEC＜1.00）主要包括苏南地区的常熟、句容、宜兴、无锡市区、张家港、江阴、苏州市区、太仓、金坛 9 个县域，苏中地区的南通市区、海安、如东、靖江、泰州市区、姜堰 6 个县域，苏北地区的宿迁市区、盐城市区、泗洪、盱眙、灌云、丰县、灌南、响水、泗阳、淮安市区、赣榆、滨海、洪泽 13 个县域；低值区（TEC＜0.96）主要包括苏南地区的南京市区、溧阳、常州市区、高淳、溧水 5 个县域，苏中地区的海门、高邮、扬州市区、启东、宝应、仪征 6 个县域，苏北地区的东海、金湖、建湖、东台、涟水、阜宁、大丰、射阳 8 个县域。

（4）从规模效率变化（SEC）空间分异特征看，呈现苏南大于苏中、苏北的区域格局特征。高值区（SEC≥1.00）主要包括镇江市区、扬中、太仓、丹阳、张家港、金坛、昆山 7 个县域，苏中地区的宝应 1 个县域，苏北地区的淮安市区、响水、滨海、东海、盱眙 5 个县域；中值区（0.98≤SEC＜1.00）主要包括苏南地区的江阴、宜兴、常熟、句容、溧阳、南京市区、高淳 7 个县域，苏中地区的海门、海安、如东、如皋、姜堰、启东、泰兴、靖江、兴化、仪征、高邮 11 个县域，苏北地区的建湖、邳州、徐州市区、新沂、大丰、沭阳、灌南、盐城市区、东台、沛县、泗阳、连云港市区、阜宁、涟水、睢宁、泗洪、宿迁市区 17 个县域；低值区（SEC＜0.98）主要包括苏南地区的无锡市区、溧水、苏州市区、常州市区 4 个县域，苏中地区的泰州市区、南通市区、扬州市区 3 个县域，苏北地区的赣榆、射阳、丰县、洪泽、灌云、金湖 6 个县域。

（5）从纯技术效率变化（PTEC）空间分异特征看，呈现苏中、苏北高于苏南的区域格局特征。高值区（PTEC≥1.02）主要包括苏中地区的兴化、泰兴、南通市区、如皋 4 个县域，苏北地区的睢宁、邳州、沭阳、灌云、沛县、新沂、徐州市区 7 个县域，而苏南地区没有此类县域的分布；中值区（0.97≤PTEC＜1.02）主要包括苏南地区的镇江市区、丹阳、无锡市区、苏州市区、昆山、扬中、句容、常熟、宜兴、江阴、张家港、南京市区 12 个县域，苏中地区的泰州市区、海安、靖江、姜堰、扬州市区 5 个县域，苏北地区的连云港市区、丰县、宿迁市区、泗洪、金湖、盐城市区、洪泽、赣榆、如东、灌南、泗阳、盱眙 12 个县域，低值区（PTEC＜0.97）主要包括苏南地区的常州市区、溧阳、太仓、金坛、高淳、溧水 6 个县域，苏中地区的高邮、海门、启东、仪征、宝应 5 个县域，苏北地区的东海、涟水、响水、东台、滨海、建湖、阜宁、射阳、淮安市区、大丰 10 个县域。以上分析表明，纯技术效率空间上形成以徐州、南通为中心向外围逐次递减的 2 个集聚高地，二者之间则是低值区集中分布区域，江苏省自北而南整体上呈现高—低—高—低相间分布的格局。

第四节　绿色经济发展地域类型

根据各个县域绿色经济效率与江苏省均值的比较，高于全省平均值的为高效率类型，而低于平均值的为低效率类型，据此，将江苏省绿色经济发展划为 6 个地域类型：高综合效率-高纯技术效率-高规模效率区、高综合效率-高纯技术效率-低规模效率区、高综合效率-低纯技术效率-高规模效率区、低综合效率-高纯技术效率-低规模效率区、低综合效率-低纯技术效率-高规模效率区、低综合效率-低纯技术效率-低规模效率区（图 5-8）。同时，利用 DEAP 软件测算出江苏省 61 个县的投入指标优化值，用其反映出江苏省各县投入指标的冗余情况和优化方向（表 5-11）。

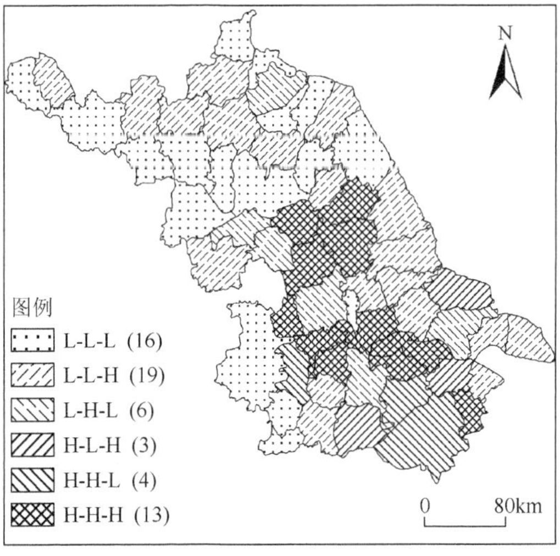

图 5-8　江苏省绿色发展效率类型图

一、高综合效率-高纯技术效率-高规模效率区

该类型区包括昆山、盐城市区、丹阳、扬中、镇江市区、靖江、高邮、江阴、张家港、泰兴、兴化、宝应、仪征 13 个县域，主要分布在沿江地区。该类型区的绿色综合效率、纯技术效率、规模效率平均值分别为 0.801、0.849 和 0.939，分别是江苏省平均水平的 1.61 倍、1.41 倍和 1.13 倍，其中昆山、盐城市区、丹阳、扬中 4 个县域为 DEA 有效。该类型区域为江苏省绿色效率最为显著的区域，表明该类型区域资源得到有效配置，资源利用率较高，管理水平得到较好的发挥，生产经营规模也处于比较合理的状态。表 5-11 显示，该类型区研究期内从业人员、固定资产投资、能源消耗量的冗余率分别为 27.22%、0.57%和 31.13%，其中盐城市区从业人员冗余率达 89.35%，张家港能源消耗的冗余率达 89.97%，表明劳动力和能源没有得到充分利用，减少劳动力和能源投入、提高利用率是该类地区面临的重大课题，而固定资产投资的利用较为合理。

该类型区在发展绿色经济的过程中需要优化劳动力资源配置，改善投资环境，整合区域内不同类型产业，构建循环产业链，实现区域内各企业的资源有效利用，同时，加大能源利用技术创新力度，提高资源利用效率，促进区域内中心城市的错位竞争，实现绿色市场的多样化，在竞合发展中促进绿色经济效率的提升。

二、高综合效率-高纯技术效率-低规模效率区

该类型区域包括无锡市区、苏州市区、泰州市区、句容 4 个县域，占江苏省县域总数的 6.6%。该类型区的绿色综合效率、纯技术效率、规模效率平均值分别为 0.670、0.906 和 0.745，分别是江苏省平均水平的 1.35 倍、1.50 倍和 0.89 倍。可见，该类型区绿色经济综合效率高于江苏省平均水平，也说明该类县域资源配置、能源利用方面表现较好，同时绿色经济管理技术水平也较高，但规模效率处于较低水平，其中无锡市区、苏州市区、泰州市区 3 个县域的规模收益处于递减状态，说明该地区在发展绿色经济过程中投入规模过大（从业人员、能源消耗的冗余率分别为 22.66%和 11.97%），造成一定程度上的资源浪费，需要及时适当地调整规模，促使规模收益相对合理。

由表 5-11 可知，无锡市区、苏州市区 2 个县域的要素投入比例合理，没有投入要素冗余的现象。泰州市区、句容均存在从业人员和能源消耗冗余问题，所以该类型区需要推进产业升级，优化劳动力资源配置，降低能源消耗，提高利用效率，避免造成资源的浪费，从而提高规模收益和综合效率。

三、高综合效率-低纯技术效率-高规模效率区

该地域类型包括宜兴、常熟、如东 3 个县域，占江苏省县域总数的 4.9%。该类型区的绿色综合效率、纯技术效率、规模效率平均值分别为 0.550、0.566 和 0.972，分别是江苏省平均水平的 1.11 倍、0.94 倍和 1.17 倍。可见，该类型区绿色经济综合效率高于江苏省平均水平，规模效率较高，而技术管理水平较低，主要表现为从业人员和能源消耗的冗余率分别为 25.39%和 46.19%，而固定资产投资的冗余率为 0，各县域表现差异较大，宜兴、常熟呈现规模递增态势，而如东呈现递减趋势。因此，今后应重点加大能源利用技术创新，推行能源审计，提高能源利用率，减少资源消耗；同时，优化从业人员结构，促进劳动力合理配置。

四、低综合效率-高纯技术效率-低规模效率区

该类型区包括金湖、扬州市区、灌云、洪泽、南通市区、常州市区 6 个县域，占江苏省县域总数的 9.8%。该类型区的绿色综合效率、纯技术效率、规模效率平均值分别为 0.451、0.844 和 0.547，分别是江苏省平均水平的 0.91 倍、1.40 倍和 0.66 倍，表明绿色综合效率和规模效率低于全省平均水平，在绿色经济发展过程中仍有资源浪费、生产效率不高等问题，而纯技术效率较高，其中金湖、灌云纯技术效率达到 1，处于有效状态，显示出该类县域具有较高的绿色技术水平，说明该地区管理和技术水平较高，生产规模仍需要改进。

由表 5-11 可知，该类型区各县域存在着不同程度的要素投入冗余问题，从业人员、固定资产投资、能源消耗 3 个投入要素的冗余率分别为 10.47%、1.63%和 30.64%。其中，常州市区的固定资产投资、能源消费量出现冗余，扬州市区、洪泽、南通市区 3 个县域存在着从业人员、能源消费量的冗余，南通市区、常州市区、扬州市区 3 个县域的规模收益呈递减状态，说明该地区投入规模过大。今后该类型区发展绿色经济时需要提高劳动力素质，引进人才，加大人力资本的投资，使冗余过剩的就业者向高效就业者过渡。需要调整投资结构，吸引绿色投资，减少固定资产投资，吸引优质资本投入。大力推动科技创新，提高资源利用效率，做好节能减耗的工作。南通市区、常州市区、扬州市区、洪泽 4 个县域需要优化要素投入结构，整合绿色相关产业，形成绿色发展链条，实现企业清洁生产，从生产的源头和全过程充分利用资源，避免造成资源浪费；金湖、灌云 2 个县域需要发展优势绿色产业，以优势产业和主导产业为先导，拉动优质要素的投入，扩大投入规模。

表 5-11　江苏省各县域投入指标的优化目标值（%）

地区	年末从业人员冗余率	固定资产投资冗余率	能源消费量冗余率
南京市区	0.00	–26.11	–88.05
溧水	0.00	0.00	–88.51
高淳	0.00	0.00	–87.03
无锡市区	0.00	0.00	0.00
江阴	0.00	–5.24	–83.05
宜兴	–17.11	0.00	–65.88
徐州市区	–25.10	0.00	–62.73
丰县	–57.87	0.00	–71.24
沛县	–29.63	0.00	–55.59
睢宁	–62.69	0.00	–85.53
新沂	–33.41	0.00	–65.49
邳州	–34.07	0.00	–64.31
常州市区	0.00	–10.86	–46.97
溧阳	–4.37	0.00	–67.19
金坛	–20.62	0.00	0.00
苏州市区	0.00	0.00	0.00
常熟	–21.50	0.00	–72.69
张家港	0.00	0.00	–89.97
昆山	0.00	0.00	0.00
太仓	0.00	0.00	–89.18
南通市区	–29.01	0.00	–17.54
海安	–27.42	0.00	0.00
如东	–37.55	0.00	0.00
启东	–31.94	0.00	–62.91
如皋	–42.52	0.00	–16.59
海门	–31.61	0.00	0.00
连云港市区	–39.53	0.00	–10.19
赣榆	–34.71	0.00	–78.92
东海	–52.85	0.00	–7.07
灌云	0.00	0.00	0.00
灌南	–35.55	0.00	–70.30
淮安市区	–45.83	0.00	–67.86
涟水	–65.82	0.00	–34.09
洪泽	–19.28	0.00	–65.75

续表

地区	年末从业人员冗余率	固定资产投资冗余率	能源消费量冗余率
盱眙	−47.63	0.00	0.00
金湖	0.00	0.00	0.00
盐城市区	−89.35	0.00	0.00
响水	−24.86	0.00	−64.76
滨海	−53.38	0.00	−12.69
阜宁	−54.79	0.00	−54.31
射阳	−57.37	0.00	−72.85
建湖	−44.04	0.00	0.00
东台	−43.57	0.00	−32.36
大丰	−35.53	0.00	−29.84
扬州市区	−14.50	0.00	−53.57
宝应	−39.98	0.00	0.00
仪征	−12.29	0.00	−83.39
高邮	−45.54	0.00	0.00
镇江市区	0.00	−2.21	−62.37
丹阳	−27.37	0.00	−21.40
扬中	0.00	0.00	0.00
句容	−36.22	0.00	−47.89
泰州市区	−54.42	0.00	0.00
兴化	−65.57	0.00	−39.25
靖江	−26.95	0.00	0.00
泰兴	−46.79	0.00	−25.22
姜堰	−33.63	0.00	−21.08
宿迁市区	−71.34	0.00	0.00
沭阳	−65.76	0.00	−53.45
泗阳	−45.65	0.00	−53.77
泗洪	−52.06	0.00	−69.67

五、低综合效率–低纯技术效率–高规模效率区

该类型区包括海安、姜堰、太仓、海门、如皋、建湖、涟水、盱眙、邳州、溧阳、金坛、新沂、东海、启东、沛县、大丰、滨海、东台、沭阳 19 个县域，主要分布在苏北及沿海地区，占江苏省县域总数的 31.1%。该类型区绿色经济综合

效率、纯技术效率、规模效率分别为0.408、0.441和0.926，分别是江苏省平均水平的0.82倍、0.73倍和1.11倍，说明该类型区综合发展效率较低，该地区存在技术水平低、资源浪费，管理水平不高等问题，该地区规模效率较高，说明该地区与江苏省绿色经济发展最优规模差异较小，但尚未达到最佳规模。表5-11显示，该类型区从业人员、能源消费量的冗余率分别为36.73%和32.2%，表明研究期内该类型有三分之一左右的劳动力和能源没有得到充分有效的利用。今后该类型区发展绿色经济时要加强对从业人员投入规模的控制，减少劳动力要素的投入；推动高效、综合利用能源，拓展新能源的研发和使用，代替煤炭、石油等化石资源的使用；优化投资环境，加大招商引资力度，增加高绿色经济投入，促进绿色产业发展。

六、低综合效率-低纯技术效率-低规模效率区

该类型区包括睢宁、赣榆、响水、阜宁、射阳、徐州市区、淮安市区、南京市区、连云港市区、丰县、灌南、宿迁市区、泗洪、溧水、泗阳、高淳16个县域，占江苏省县域总数的26.2%。该类型区绿色综合效率、纯技术效率、规模效率平均值分别为0.318、0.435和0.737，分别是江苏省平均水平的0.64倍、0.72倍和0.89倍，说明该类型区绿色发展效率全面较低，存在资源浪费、管理水平不高、规模不合理等问题，但该类型区规模效率与江苏省绿色经济发展最优规模差异较小。

从表5-11可以看出，该类型区从业人员、固定资产投资、能源消费量的冗余率分别为37.96%、1.63%和64.11%，说明能源的有效利用率过低。今后该地域类型发展绿色经济时要加强对从业人员投入规模的控制，提高劳动力有效利用效率；大力推进节能减排工作，实施能源利用审计制度，强化资源利用技术创新，大幅度减低能源投入；优化投资环境，加大对绿色经济的投入，扩大绿色产业发展规模。

第六章　基于循环经济的江苏省产业系统环境适应能力评价

第一节　江苏省产业系统碳排放效应时空特征分析

低碳经济作为一种新的科学术语，最早出现于《我们能源的未来——创建低碳经济》这一英国能源白皮书中。低碳经济之所以被广泛推崇，原因在于低碳经济的目标是为了减少温室气体的排放，使得经济结构呈现出低损耗特征，从而实现可持续发展。江苏省工业的快速发展，造成了大量工业“三废”的排放，这些环境污染物的排放造成了环境污染加剧，局部区域环境质量恶化，严重威胁到人类的生存发展，因此，改变传统行业发展模式，降低碳排放，促进工业低碳化发展，是缓解江苏省工业与经济增长不协调矛盾的必然选择，也是江苏省产业系统环境适应能力的主要表征。

一、江苏省工业能源消费演变特征分析

（一）能源消费总量特征

2012 年，江苏省综合能源消费总量为 28 849.84 万 tce，比 2000 年增长了 3.35 倍，年平均增长率为 4.57%，其中，工业能源消费量最多，达 22 636.42 万 tce，占总能源消费量的 78.46%。从能源消费结构来看，长期以来，能源消费以煤炭为主，平均占比为 69.78%，呈下降趋势，至 2004 年达到顶峰，之后消费比重又有所降低，但依然占主导地位；能源消费结构中位居第二的原油占 18.92%，天然气的消费量也逐年增加，由于其他新能源的开发使用，天然气所占比例呈下降趋势，而其他能源的消费比例有所增加。

本章中所指的能源消费包括主营活动和附营活动消费、终端消费和中间消费，是全部国有企业和年产品销售收入 500 万元以上的非国有工业企业在报告期内实际使用的能源数量。能源消耗数据主要来自《中国能源统计年鉴》《中国统计年鉴》《江苏统计年鉴》和各地市统计年鉴，江苏省分行业能源消费数据主要由各地级市分行业能源消费数据汇总而成。

图 6-1 显示，全国和江苏省的工业能源消费总量均呈上升趋势，年均增长率分别为 6.6%和 11.23%，说明江苏省工业能源消耗增长快于全国，也说明江苏省工业规模的快速扩大依赖于能源的快速消耗。

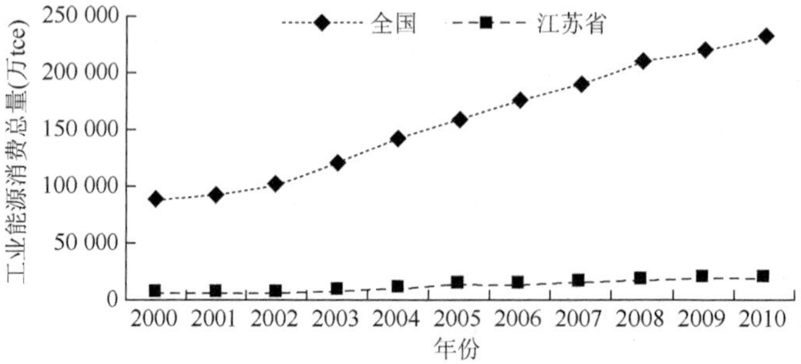

图 6-1　2000～2010 年全国、江苏省工业能源消费总量

从工业分行业能源消费总量（表 6-1）和占江苏省工业能源消费总量的比重（表 6-2）来看，江苏省工业分行业能源消费主要集中在电力蒸汽热水的生产和供应业、化学原料及化学制品制造业、黑色金属冶炼及压延加工业、石油加工及炼焦业等行业，所占比重分别为 26.61%、17.36%、18.06%、11.33%，占据全省工业能源消费的主导地位。

表 6-1　2000～2010 年江苏省工业分行业能源消费总量（单位：万 tce）

类别	2000 年	2001 年	2002 年	2003 年	2004 年	2005 年	2006 年	2007 年	2008 年	2009 年	2010 年
采矿业	591.34	796.79	696.90	823.25	836.29	841.67	879.90	869.38	301.43	1259.69	296.04
电力、蒸汽、热水的生产和供应业	3351.78	3715.62	4309.76	4538.48	6028.36	4676.15	6306.38	7038.87	7356.77	7063.13	6987.19
食品加工业	81.88	79.42	76.27	82.98	68.84	111.19	86.00	105.38	126.00	154.07	147.74
食品制造业	48.78	57.02	58.06	71.39	77.35	64.50	52.44	54.99	54.09	48.62	49.51
纺织业	559.62	677.33	747.51	890.66	1038.40	1247.43	831.57	1052.30	849.53	900.79	916.31
服装及其他纤维制品制造业	51.58	58.98	75.83	62.08	109.30	133.62	97.46	119.55	105.94	135.47	177.28
皮革毛皮羽毛及其制品业	9.81	10.64	13.35	172.59	19.06	37.04	28.46	37.80	30.52	19.10	30.25
木材加工及竹藤棕草制品业	25.8	27.32	38.29	64.27	78.79	104.62	97.46	99.92	138.72	136.48	140.89
家具制造业	2.97	3.70	5.47	5.66	4.62	6.06	3.14	3.58	5.98	5.49	20.24
造纸及纸制品业	158.85	201.07	247.29	282.28	429.71	398.62	372.51	469.07	519.52	515.77	515.46

续表

类别	2000 年	2001 年	2002 年	2003 年	2004 年	2005 年	2006 年	2007 年	2008 年	2009 年	2010 年
印刷业和记录媒介的复制	6	6.39	8.97	10.77	11.54	15.55	7.58	9.28	9.56	11.35	52.81
文教体育用品制造业	7.32	9.05	48.06	228.91	16.23	20.77	13.57	22.15	44.53	18.74	16.97
橡胶制品业	40.11	60.08	57.63	66.94	67.35	115.82	70.22	85.36	82.69	93.65	88.37
塑料制品业	62.69	80.18	100.84	124.61	146.42	178.29	99.11	116.13	128.54	118.02	144.79
非金属矿物制品业	814.33	914.01	967.40	1082.75	1230.35	1346.83	1207.98	1312.52	1940.00	1286.52	1202.40
金属制品业	96.84	128.10	167.69	159.61	161.47	239.44	167.87	215.37	246.09	264.79	222.39
饮料制造业	72.18	81.81	120.86	94.07	101.19	113.48	116.45	125.79	153.62	130.58	111.21
烟草制品业	12.62	49.97	12.65	59.56	5.84	19.81	10.06	3.70	10.00	5.39	5.25
石油加工及炼焦业	1566.11	1732.67	1411.05	1684.08	2009.80	2567.36	2339.70	2826.46	2568.92	3120.48	2975.67
化学原料及化学制品制造业	2406.48	2236.97	2351.66	3086.68	3171.36	4083.73	3936.99	4630.33	4558.08	5158.64	4558.93
医药制造业	73.61	86.03	258.92	71.72	83.12	159.71	136.24	129.50	129.50	164.37	624.53
化学纤维制造业	239.02	282.97	466.80	391.16	390.72	544.01	379.30	499.19	297.21	351.41	439.29
黑色金属冶炼及压延加工业	789.17	979.97	1269.38	1753.50	2472.95	3427.30	3390.57	4263.39	3924.10	4128.95	4742.02
有色金属冶炼及压延加工业	64.41	73.99	94.06	106.12	205.28	215.92	307.52	130.77	139.50	159.84	363.82
普通机械制造业	138.19	165.79	176.59	176.03	217.00	290.78	240.08	298.49	304.65	344.69	352.95
专用设备制造业	55.81	63.71	80.40	152.95	72.22	81.82	52.00	62.28	72.68	85.41	167.41
交通运输设备制造业	70.06	72.71	86.00	110.09	118.16	150.00	96.36	127.15	152.56	219.61	182.61
电气机械及器材制造业	82.15	86.78	145.63	72.69	115.27	192.69	121.69	169.79	202.73	266.02	293.08
电子及通信设备制造业	72.35	87.85	113.69	138.98	256.84	384.58	174.06	222.07	246.36	333.14	374.45
仪器仪表及文化、办公用机械制造业	10.03	7.24	8.99	85.29	16.49	22.60	12.27	19.62	24.02	38.30	58.65

表 6-2　江苏省工业分行业能源消费总量占江苏省工业能源消费总量的比重（%）

类别	2000年	2001年	2002年	2003年	2004年	2005年	2006年	2007年	2008年	2009年	2010年
采矿业	2.25	3.03	2.65	3.14	3.18	3.21	3.35	3.31	1.15	4.80	1.13
电力、蒸汽、热水的生产和供应业	12.76	14.15	16.41	17.28	22.96	17.81	24.02	26.81	28.02	26.90	26.61
食品加工业	0.31	0.30	0.29	0.32	0.26	0.42	0.33	0.40	0.48	0.59	0.56
食品制造业	0.19	0.22	0.22	0.27	0.29	0.25	0.20	0.21	0.21	0.19	0.19
纺织业	2.13	2.58	2.85	3.39	3.95	4.75	3.17	4.01	3.24	3.43	3.49
服装及其他纤维制品制造业	0.20	0.22	0.29	0.24	0.42	0.51	0.37	0.46	0.40	0.52	0.68
皮革毛皮羽毛及其制品业	0.04	0.04	0.05	0.66	0.07	0.14	0.11	0.14	0.12	0.07	0.12
木材加工及竹藤棕草制品业	0.10	0.10	0.15	0.24	0.30	0.40	0.37	0.38	0.53	0.52	0.54
家具制造业	0.01	0.01	0.02	0.02	0.02	0.02	0.01	0.01	0.02	0.02	0.08
造纸及纸制品业	0.60	0.77	0.94	1.08	1.64	1.52	1.42	1.79	1.98	1.96	1.96
印刷业和记录媒介的复制	0.02	0.02	0.03	0.04	0.04	0.06	0.03	0.04	0.04	0.04	0.20
文教体育用品制造业	0.03	0.03	0.18	0.87	0.06	0.08	0.05	0.08	0.17	0.07	0.06
橡胶制品业	0.15	0.23	0.22	0.25	0.26	0.44	0.27	0.33	0.31	0.36	0.34
塑料制品业	0.24	0.31	0.38	0.47	0.56	0.68	0.38	0.44	0.49	0.45	0.55
非金属矿物制品业	3.10	3.48	3.68	4.12	4.69	5.13	4.60	5.00	7.39	4.90	4.58
金属制品业	0.37	0.49	0.64	0.61	0.61	0.91	0.64	0.82	0.94	1.01	0.85
饮料制造业	0.27	0.31	0.46	0.36	0.39	0.43	0.44	0.48	0.59	0.50	0.42
烟草制品业	0.05	0.19	0.05	0.23	0.02	0.08	0.04	0.01	0.04	0.02	0.02
石油加工及炼焦业	5.96	6.60	5.37	6.41	7.65	9.78	8.91	10.76	9.78	11.88	11.33
化学原料及化学制品制造业	9.16	8.52	8.96	11.75	12.08	15.55	14.99	17.63	17.36	19.65	17.36
医药制造业	0.28	0.33	0.99	0.27	0.32	0.61	0.52	0.49	0.49	0.63	2.38
化学纤维制造业	0.91	1.08	1.78	1.49	1.49	2.07	1.44	1.90	1.13	1.34	1.67
黑色金属冶炼及压延加工业	3.01	3.73	4.83	6.68	9.42	13.05	12.91	16.24	14.94	15.72	18.06
有色金属冶炼及压延加工业	0.25	0.28	0.36	0.40	0.78	0.82	1.17	0.50	0.53	0.61	1.39
普通机械制造业	0.53	0.63	0.67	0.67	0.83	1.11	0.91	1.14	1.16	1.31	1.34
专用设备制造业	0.21	0.24	0.31	0.58	0.28	0.31	0.20	0.24	0.28	0.33	0.64
交通运输设备制造业	0.27	0.28	0.33	0.42	0.45	0.57	0.37	0.48	0.58	0.84	0.70

续表

类别	2000年	2001年	2002年	2003年	2004年	2005年	2006年	2007年	2008年	2009年	2010年
电气机械及器材制造业	0.31	0.33	0.55	0.28	0.44	0.73	0.46	0.65	0.77	1.01	1.12
电子及通信设备制造业	0.28	0.33	0.43	0.53	0.98	1.46	0.66	0.85	0.94	1.27	1.43
仪器仪表及文化、办公用机械制造业	0.04	0.03	0.03	0.32	0.06	0.09	0.05	0.07	0.09	0.15	0.22

（二）能源消费强度特征

能源消费强度指标，反映了国民经济发展中工业各行业部门能源利用效率和节能降耗状况。工业能源消费强度是单位工业总产值的综合能耗，即单位工业总产值所使用的能源量，它衡量的是单位产出所消耗的综合能源量，单位通常为 tce/万元。一个地区的工业能源消费强度与该地区的工业结构、工业技术和工业节能水平等有密切关系。

根据《中国能源统计年鉴》和《江苏统计年鉴》整理出各年份全国及江苏省的能源消费量及工业总产值，通过公式：能源消费强度=能源消费总量/工业总产值，计算出全国和江苏省的能源消费强度。

由图 6-2 可知，全国和江苏省工业能源消费强度均呈递减趋势，2004～2008 年的降速最大，且二者在 2010 年的工业能源消费强度相差最小。其差异性主要体现在全国工业能源消费强度的降速较慢，由 2000 年的 1.7tce/万元降低至 2010 年的 0.47tce/万元，年均降幅为 7.1%，且总体能源消费强度最低；江苏省工业能源消费强度变化平缓，由 2000 年的 0.82tce/万元降低至 2010 年的 0.28tce/万元，年均降速为 12.5%。总体上，江苏省的工业能源消费强度逐年减弱，工业能源的利用效率逐渐提高。

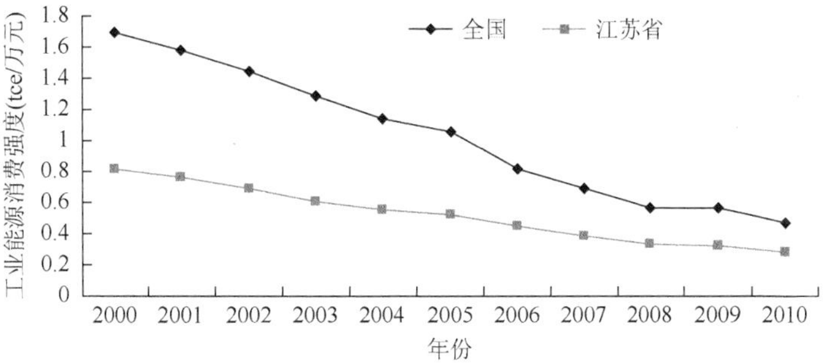

图 6-2　2000～2010 年全国、江苏省工业能源消费强度

从表 6-3 来看，江苏省工业能源消费强度最高的行业也是能源消费总量最大的行业，其中，电力蒸汽热水的生产和供应业、黑色金属冶炼及压延加工业、化学原料及化学制品制造业、石油加工及炼焦业、非金属矿物制品业的年均能源消费强度分别为 0.64tce/万元、0.28tce/万元、0.41tce/万元、0.26tce/万元、0.14tce/万元。而食品制造业、皮革毛皮羽毛及其制品业、印刷业和记录媒介的复制、文教体育用品制造业、橡胶制品业、烟草制品业、仪器仪表及文化、办公用机械制造业等行业能源消费强度最低。

表 6-3　2000～2010 年江苏省工业分行业能源消费强度（单位：tce/万元）

类别	2000 年	2001 年	2002 年	2003 年	2004 年	2005 年	2006 年	2007 年	2008 年	2009 年	2010 年
采矿业	0.15	0.19	0.14	0.14	0.11	0.09	0.08	0.07	0.02	0.08	0.02
电力、蒸汽、热水的生产和供应业	0.87	0.87	0.88	0.76	0.77	0.50	0.57	0.54	0.48	0.43	0.36
食品加工业	0.02	0.02	0.02	0.01	0.01	0.01	0.01	0.01	0.01	0.01	0.01
食品制造业	0.01	0.01	0.01	0.01	0.01	0.01	0.01	0.01	0.01	0.01	0.01
纺织业	0.15	0.16	0.15	0.15	0.13	0.13	0.07	0.08	0.06	0.05	0.05
服装及其他纤维制品制造业	0.01	0.01	0.02	0.01	0.01	0.01	0.01	0.01	0.01	0.01	0.01
皮革毛皮羽毛及其制品业	0.01	0.01	0.01	0.03	0.01	0.02	0.01	0.02	0.01	0.02	0.01
木材加工及竹藤棕草制品业	0.01	0.01	0.01	0.01	0.01	0.01	0.01	0.01	0.01	0.01	0.01
家具制造业	0.01	0.02	0.01	0.02	0.01	0.02	0.03	0.01	0.01	0.02	0.01
造纸及纸制品业	0.04	0.05	0.05	0.05	0.06	0.04	0.03	0.04	0.03	0.03	0.03
印刷业和记录媒介的复制	0.02	0.01	0.02	0.01	0.02	0.01	0.02	0.01	0.01	0.02	0.01
文教体育用品制造业	0.01	0.01	0.01	0.04	0.02	0.01	0.01	0.03	0.01	0.01	0.02
橡胶制品业	0.01	0.01	0.01	0.01	0.01	0.01	0.01	0.01	0.01	0.01	0.01
塑料制品业	0.02	0.02	0.02	0.02	0.02	0.02	0.01	0.01	0.01	0.01	0.01
非金属矿物制品业	0.21	0.21	0.20	0.18	0.16	0.14	0.11	0.10	0.13	0.08	0.06
金属制品业	0.03	0.03	0.03	0.03	0.02	0.03	0.02	0.02	0.02	0.02	0.01
饮料制造业	0.02	0.02	0.02	0.02	0.01	0.01	0.01	0.01	0.01	0.01	0.01
烟草制品业	0.01	0.01	0.01	0.01	0.02	0.02	0.02	0.01	0.02	0.01	0.02
石油加工及炼焦业	0.41	0.41	0.29	0.28	0.26	0.28	0.21	0.22	0.17	0.19	0.15

续表

类别	2000年	2001年	2002年	2003年	2004年	2005年	2006年	2007年	2008年	2009年	2010年
化学原料及化学制品制造业	0.63	0.52	0.48	0.51	0.41	0.44	0.35	0.36	0.30	0.31	0.24
医药制造业	0.02	0.02	0.05	0.01	0.01	0.02	0.01	0.01	0.01	0.01	0.03
化学纤维制造业	0.06	0.07	0.10	0.07	0.05	0.06	0.03	0.04	0.02	0.02	0.02
黑色金属冶炼及压延加工业	0.21	0.23	0.26	0.29	0.32	0.37	0.31	0.33	0.26	0.25	0.25
有色金属冶炼及压延加工业	0.02	0.02	0.02	0.02	0.03	0.02	0.03	0.01	0.01	0.01	0.02
普通机械制造业	0.04	0.04	0.04	0.03	0.03	0.03	0.02	0.02	0.02	0.02	0.02
专用设备制造业	0.01	0.01	0.02	0.03	0.01	0.01	0.00	0.00	0.00	0.01	0.01
交通运输设备制造业	0.02	0.02	0.02	0.02	0.02	0.02	0.01	0.01	0.01	0.01	0.01
电气机械及器材制造业	0.02	0.02	0.03	0.01	0.01	0.02	0.01	0.01	0.01	0.02	0.02
电子及通信设备制造业	0.02	0.02	0.02	0.02	0.03	0.04	0.02	0.02	0.02	0.02	0.02
仪器仪表及文化、办公用机械制造业	0.01	0.01	0.01	0.01	0.01	0.01	0.01	0.01	0.01	0.01	0.01

（三）能源消费结构特征

能源消费结构是指各种能源的消费量占能源总消费量的比重。其计算公式如下：

$$能源消费结构=i\ 种能源消费强度\div 能源消费总量\times 100\%$$

其中，各种能源的折算标准煤系数见表 6-4。

表 6-4 主要能源种类的折算标准煤系数

能源种类	原煤	焦炭	热力	汽油	柴油	电力*
折算标准煤系数	0.714 3	0.971 4	0.034 12	1.471 4	1.457 1	0.122 9

* 电力数据来源于《中国能源统计年鉴》(2008 年)。其中，电力折算系数按当量值计算。

根据以上公式可以计算出 1999～2010 年全国和江苏省工业能源消费结构情况（图 6-3，图 6-4）。全国与江苏省的工业能源消费结构基本保持一致，其中煤炭所占比重较高，全国煤炭平均占比为 69.80%，江苏省煤炭平均占比为 69.78%；但是，在江苏省工业能源消费结构中，煤炭所占的比重呈下降趋势，在 2004 年达到顶峰，然后开始下降，但仍然占主要地位。位于全国和江苏省能源消费结构第二的分别是石油和原油，平均占比分别为 20.30%和 18.92%；位列再次的是热力、电力、柴油和汽油，它们所占比重均较少。

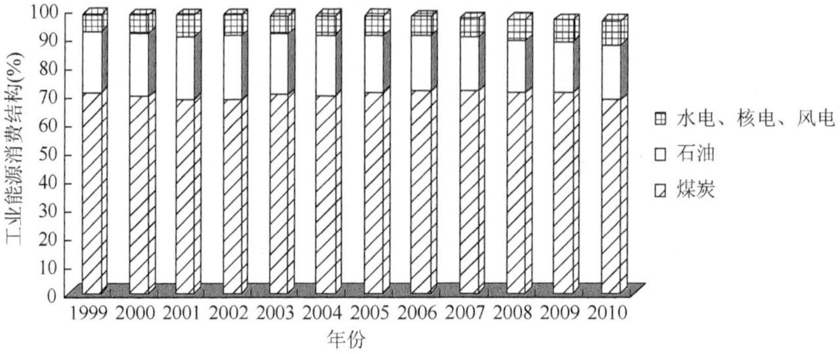

图 6-3　全国工业能源消费结构

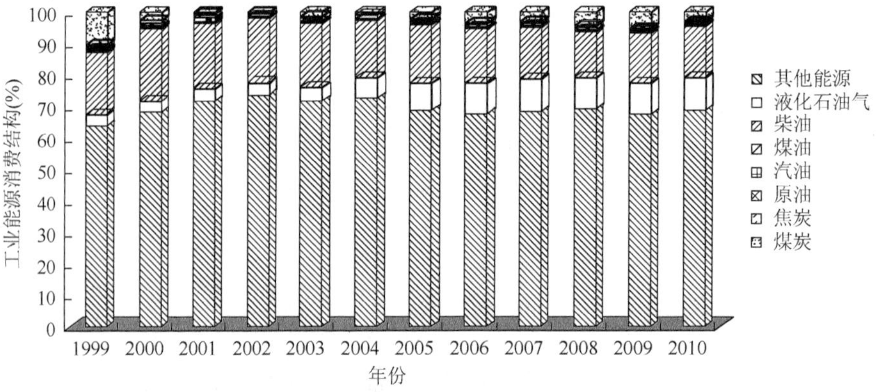

图 6-4　江苏省工业能源消费结构

（四）能源消费空间特征

表 6-5 显示，江苏省能源消耗的区域差异显著，苏南地区工业能源消耗占全省的 74.4%，居于主导地位，而苏中、苏北地区工业能源消耗占比分别为 9.56% 和 16.06%，呈现苏南、苏北高而苏中低的“凹”字形空间格局。从发展趋势看，苏南地区工业能源消耗占比呈持续下降趋势，而苏北地区则呈持续上升趋势，苏中地区则显示出先增后降的趋势。这主要是由苏南地区产业结构转型升级，第三产业快速发展，工业产值比重下降所致；苏北地区则是由于快速推进的工业化和

城镇化，增加了能源消耗；苏中地区“十五”“十一五”期间工业快速发展，致使能源消耗增加，而进入“十二五”以来，工业高级化转型，造成能源消耗下降。在市域尺度上，工业能源消耗占江苏省比重增加的城市有苏州、无锡、常州、徐州、淮安、连云港和宿迁7市，尤以常州最为显著，增幅达5.46个百分点；其余城市工业能源消耗占比下降，尤以南京最为显著，降幅达9.91个百分点，值得注意的是，苏州工业产值与能源消耗同步增加，可能是与2003年以来的工业重型化有关。南京则呈现二者双下降的趋势，可能与该市工业快速转型和转移有关。苏北地区的徐州、淮安、连云港和宿迁4市，主要是由于这些城市近10年来在“一市一策”发展战略的驱动下，工业化程度大大提升，但多以资源劳动密集型行业为主，从而造成能源消耗快速增加。

表6-5　江苏省工业产值与能源消耗的区域比较

地区	工业产值占江苏省比重（%）				工业能源消费占江苏省比重（%）			
	2000年	2005年	2010年	2012年	2000年	2005年	2010年	2012年
南京	15.51	12.86	9.48	0.97	47.03	37.29	36.96	37.12
苏州	23.43	31.74	27.45	26.99	13.63	18.5	16.45	17.16
无锡	17.48	18.34	14.52	13.56	10.48	12.07	10.44	10.56
常州	8.57	8.03	8.29	8.53	1.01	3.55	5.85	6.47
镇江	5.05	4.04	4.58	5.53	4.36	3.39	3.92	3.09
扬州	5.35	4.28	6.36	6.4	3.36	3.26	3.6	3.21
泰州	4.36	3.92	5.5	6.8	2.75	3.94	4.3	2.54
南通	6.6	6.73	8.2	9.47	3.83	3.63	3.85	3.81
徐州	3.77	3.24	5.26	8.14	5.23	5.43	5.62	6.2
淮安	2.18	1.71	2.66	3.66	2.62	4.8	4.05	4.15
盐城	4.78	3.47	4.37	4.6	2.8	2.16	2.12	2.15
连云港	2.06	1.03	2.07	3.18	2.17	1.29	1.95	2.52
宿迁	0.86	0.62	1.26	2.17	0.73	0.67	0.88	1.04
苏南	**70.04**	**75.01**	**64.32**	**55.58**	**76.51**	**74.8**	**73.62**	**74.4**
苏中	**16.31**	**14.93**	**20.06**	**22.67**	**9.94**	**10.83**	**11.75**	**9.56**
苏北	**13.65**	**10.07**	**15.62**	**21.75**	**13.55**	**14.35**	**14.62**	**16.06**

二、江苏省工业碳排放特征分析

（一）研究方法

江苏省各工业行业能源消费量的单位是tce，而标准煤为能源的度量单位，即每千克标准煤为 29 307kJ（7000kcal），即用焦耳去度量一切能源。以下是标准煤转换 CO_2 排放因子的计算过程：标准煤的热值是 7000kcal/kg，1cal=4.1868J；7000kcal=7000×4.1868kJ=29 307.6kJ；转换成国际单位：7000kcal/kg=29.3076GJ/t。IPCC 数据库中显示，典型煤种如褐煤、焦煤的碳含量为 25.8kg/GJ，碳氧化成 CO_2 分子量从 12 变成 44，对应的 CO_2 排放因子可计算得

$$25.8\text{kg C/GJ}\times 44/12\times 100\%=94.6\text{kg } CO_2\text{/GJ}=94\,600\text{kg}CO_2\text{/TJ} \tag{6-1}$$

进而，标准煤的 CO_2 排放因子可计算得

$$29.3076\text{GJ/t}\times 94.6\text{kg } CO_2\text{/GJ/1000}=2.7725\text{t}CO_2\text{/tce} \tag{6-2}$$

按照与标准煤的能量比较接近的一种燃料（如焦炭）来计算的标准煤的二氧化碳排放量与实际数据有所差异，一般标准是 1tce 估计排放二氧化碳为 2.4～2.8t。《能源基础数据汇编，国家计委能源所，1999.1，P16》是按每燃烧 1tce 约排放 2.6t 二氧化碳来进行污染物减排计算，所以采用该数据得到江苏省工业碳排放量：

$$\text{能源碳排放量}=\text{能源消费总量（tce）}\times 2.6\text{t} \tag{6-3}$$

由此，碳排放量效率（I），即单位工业总产值的能源消耗，计算公式为

$$I=\frac{E}{Y} \tag{6-4}$$

人均碳排放量

$$A=\frac{C}{P} \tag{6-5}$$

式中，E 为一次能源的消费量；C 为碳排放量；Y 为工业总产值；P 为人口。

（二）工业碳排放演变特征分析

根据上述计算方法，可以计算出 2000～2010 年江苏省工业碳排放总量、碳排放强度和人均碳排放量的变化情况（图 6-5～图 6-7），并以此分析江苏省工业碳排放特征。

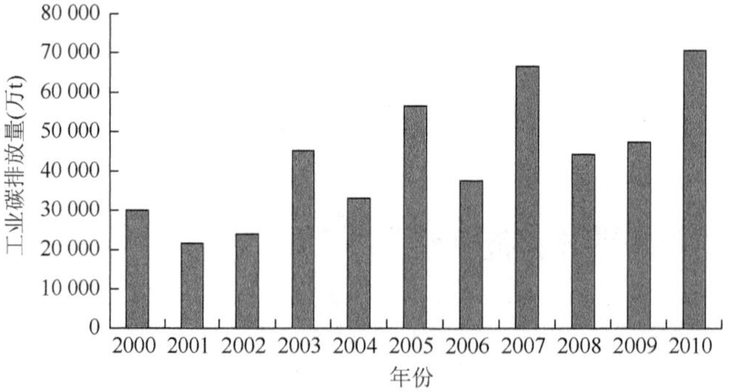

图 6-5　2000～2010 年江苏省工业碳排放量

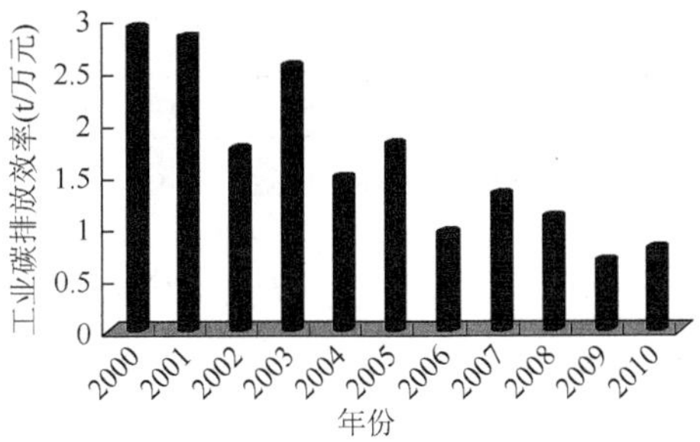

图 6-6 2000～2010 年江苏省工业碳排放效率

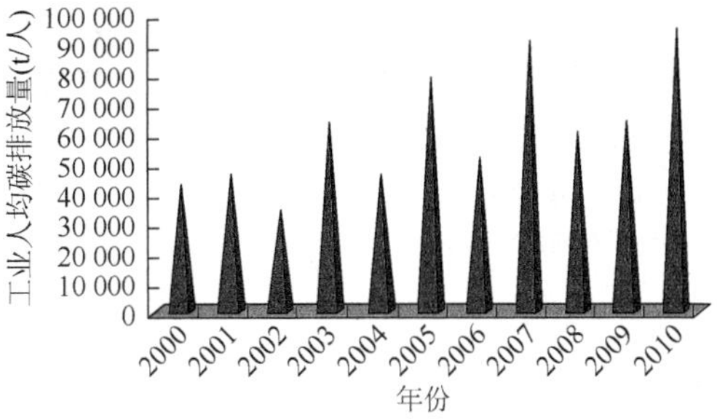

图 6-7 2000～2010 年江苏省工业人均碳排放量

1. 工业碳排放总量逐年上升

由图 6-5 可知，研究期内江苏省工业碳排放量呈波动状上升，从 2000 年的 30 080.401 万 t 增加到 2010 年的 70 714.67 万 t，年均增速为 8.92%。其中，2002～2005 年的增幅最快。江苏省工业碳排放量增长快的原因之一在于快速的工业化进程。2000～2010 年，江苏省三次产业产值比例由 12.2∶51.9∶35.9 演变为 9.6∶50.7∶39.7，说明伴随着第二产业比重的增加，工业企业的规模和数量必将有所扩大，随之而来的是对以煤炭为主的能源需求量的加大，燃烧的煤炭多了，碳的排放量则必然增多。

2. 工业碳排放效率呈下降趋势

图 6-6 表示，江苏省工业碳排放效率呈波动下降态势。2000 年，江苏省碳排放效率为 2.91t/万元，至 2010 年下降为 0.79t/万元。在研究时序内，工业碳排放效率下降幅度慢慢减小，在 2001～2002 年和 2003～2004 年两个时段，效率下降的幅度最大，下降率分别为 1.07%、1.05%。2005～2010 年，工业碳排放效率呈波状趋势下降，幅度较小，平均为 0.16%。

（三）工业碳排放的行业特征

江苏省工业碳排放水平较高，同时碳减排的空间也很大。从碳排放的行业结构看，制造业碳排放量占全部工业行业的比重高达 68.01%以上，而电力热力的生产和供应业、非金属矿物制品业等行业的碳排放比重也达到近 30%。江苏省节能减排，提高能源利用率，任务重大而艰巨。为了更清楚地表达江苏省工业碳排放的现状和特征，本章分行业估算了 35 个行业的碳排放量（表 6-6），由此来分析 2000～2010 年各行业碳排放演变特征。

表 6-6　2000～2010 年江苏省工业行业碳排放量　（单位：万 t）

类别	2000 年	2001 年	2002 年	2003 年	2004 年	2005 年	2006 年	2007 年	2008 年	2009 年	2010 年
化学原料及化学制品制造业	6 257	5 816	6 114	8 025	8 246	10 618	10 236	12 039	11 851	13 412	11 853
有色金属冶炼及压延加工业	167	192	245	276	534	561	800	340	363	416	946
交通运输设备制造业	182	189	224	286	307	390	251	331	397	571	475
石油加工及炼焦业	4 072	4 505	3 669	4 379	5 225	6 675	6 083	7 349	6 679	8 113	7 737
非金属矿物制品业	2 117	2 376	2 515	2 815	3 199	3 502	3 141	3 413	5 044	3 345	3 126
皮革毛皮羽毛及其制品业	26	28	35	449	50	96	74	98	79	50	79
服装及其他纤维制品制造业	134	153	197	161	284	347	253	311	275	352	461
黑色金属冶炼及压延加工业	2 052	2 548	3 300	4 559	6 430	8 911	8 815	11 085	10 203	10 735	12 329
仪器仪表制造业	26	19	23	222	43	59	32	51	62	100	153
木材加工及竹藤棕草制品业	67	71	100	167	205	272	253	260	361	355	366
食品制造业	127	148	151	186	201	168	136	143	141	141	129
饮料制造业	188	213	314	245	263	295	303	327	399	340	289
专用设备制造业	145	166	209	398	188	213	135	162	189	222	435
金属制品业	252	333	436	415	420	623	436	560	640	688	578
食品加工业	213	206	198	216	179	289	224	274	328	328	384
化学纤维制造业	621	736	1 214	1 017	1 016	1 414	986	1 298	773	914	1 142
文教体育用品制造业	19	24	125	595	42	54	35	58	116	49	44
家具制造业	8	10	14	15	12	16	8	9	16	14	53
纺织业	1 455	1 761	1 944	2 316	2 700	3 243	2 162	2 736	2 209	2 209	2 382
普通机械制造业	359	431	459	458	564	756	624	776	792	896	918
电子及通信设备制造业	188	228	296	361	668	1 000	453	577	641	866	974
医药制造业	191	224	673	186	216	415	354	337	337	427	1 624
塑料制品业	163	208	262	324	381	464	258	302	334	307	376
烟草制品业	33	130	33	155	15	52	26	10	26	14	14
橡胶制品业	104	156	150	174	175	301	183	222	215	243	230
电气机械及器材制造业	214	226	379	189	300	501	316	441	527	692	762
造纸及纸制品业	413	523	643	734	1 117	1 036	969	1 220	1 351	1 341	1 340
印刷业和记录媒介的复制	16	17	23	28	30	40	20	24	25	30	137

续表

类别	2000年	2001年	2002年	2003年	2004年	2005年	2006年	2007年	2008年	2009年	2010年
电力、蒸汽、热水的生产和供应业	8 483	6 819	10 935	13 149	15 419	11 888	16 290	19 591	19 021	19 984	20 584
煤气生产和供应业	165	114	199	346	169	177	72	69	63	51	14
自来水的生产和供应业	66	1 421	71	71	86	92	34	47	43	49	53
煤炭采选和洗选业	1 363	1 170	1 614	1 551	1 905	1 909	2 123	2 169	602	3 088	508
黑色金属矿采选业	22	32	57	71	64	64	40	40	30	37	25
非金属矿采选业	97	111	107	98	120	118	60	66	83	77	158
工艺品及其他制造业	36	47	44	47	51	60	31	43	38	48	56

1. 行业间碳排放差距大

研究期内，电力蒸汽热水的生产和供应业、化学原料及化学制品制造业、黑色金属冶炼及压延加工业、石油加工及炼焦业 4 个行业的碳排放量位于江苏省前 4 位，分别占碳排放总量的 34.36%、22.04%、16.06%、13.65%，而家具制造业、印刷业和记录媒介的复制、文教体育用品制造业 3 个行业的碳排放量最小，分别占总量的 0.04%、0.07%、0.25%。

2. 高碳行业多为资源密集型行业

由表 6-6 可知，碳排放量高的行业主要是资源型行业，以煤炭、金属矿物、岩石、焦炭为主要燃料，该类行业对资源的依赖性高，消耗量大，产生的 CO_2 排放量也很大，属于高耗能、高碳排的资源密集型产业。

3. 采矿类工业碳排放量总量最小，增长速度最慢

根据行业分类，江苏省工业可分为采矿业、制造业和电力煤气及水的供应业 3 类。其中，采矿业包括黑色金属矿采选业、煤炭采选和洗选业及非金属矿采选业，行业个数只占 8.57%，碳排放量也最小，占所有工业行业比重的 3.38%，仅次于电力煤气及水的生产供应业，位居第三，2000 年采矿业碳排放量为 1482 万 t，2009 年增长到 3201 万 t，10 年间增加了 1719 万 t，年增长率为 8.0%，增长速度最慢。在采矿业中，煤炭采选和洗选业所占比重最大，比重为 91%，该行业以煤炭开采为主要原料，所以工业生产产生大量的 CO_2，碳排放量极高。

4. 电力、煤气及水的生产供应业碳排放量较大，增长速度较快

该类工业包括 3 个行业，电力蒸汽热水的生产和供应业、煤气生产和供应业，以及自来水的生产和供应业。由表 6-6 可知，该类行业的碳排放量占总量的 28.61%，由 2000 年的 8715 万 t 快速增加到 2010 年的 20 651 万 t，11 年间，增加了 11 936 万 t，年增长率为 9.01%。其中，电力、蒸汽、热水的生产和供应业是江苏省 35 个工业行业中碳排放量最大的行业，2010 年碳排放量达到 20 584 万 t，占工业总排放量的 29.11%。从发展趋势看，2000～2010 年，碳排放量增加了 12 101 万 t，年均增长率为 9.27%。从具体分阶段看，2000～2001 年，碳排放呈下降趋势；2001～2007 年为碳排放量持续快速上升阶段，年均增长 1824.58 万 t，年增长率为 19.0%，增速较大；2007～2010 年呈波动状上升态势。

5. 制造业碳排放量最大、增长速度最快

在 35 个工业行业中，制造业所占的行业个数最多，占碳排放总量的比重最大，达 68.01%，是 3 类行业中，碳排放量最大的行业。由 2000 年的 19 845 万 t 波动上升到 2010 年的 49 391 万 t，年增长率为 9.55%，增长速度最快。分类来看，制造业行业碳排放的具体情况如下。

（1）化学原料及化学制品制造业的年均碳排放量为 9497 万 t，其变化趋势为先下降后上升再下降，2000～2001 年，由 6257 万 t 下降到 5816 万 t，下降速度较慢；2001～2005 年，呈持续上升趋势，年增长率为 16%；2005～2007 年，碳排放量有短暂的下降，然后又上升，上升速度较快；2007～2010 年，呈波动状，先下降后上升再下降，到 2010 年达 11 853 万 t。总体来说，2000～2010 年，其碳排放量是上升的，年增长率为 6.60%。

（2）纺织业的碳排放量总体上也是呈波状上升趋势，从 2000 年的 1455 万 t 上升为 2010 年的 2382 万 t，年均碳排放量为 2283 万 t，占全部工业行业的比重为 6.68%。服装及其他纤维制品制造业和皮革皮衣羽绒及其制品业占制造业的比重分别为 0.74%、0.29%，碳排放量很少。但从时间层面上分析，其碳排放量均是增多的，呈上升趋势。

（3）饮料制造业、木材加工及竹藤棕草制品业和造纸及纸制品业的年均碳排放量均大于 200 万 t，分别占制造业碳排放总量的 0.07%、0.06%、0.23%，它们均呈波动上升的趋势。近两年内，木材加工及竹藤棕草制品业的碳排放增长迅速，在 2009 年已经超过了饮料制造业，成为碳排放量最多的轻工业，而近两年造纸及纸制品业的碳排放量有所下降。

（4）非金属矿物制品业和黑色金属冶炼及压延加工业年均碳排放量分别为 3145 万 t 和 7361 万 t，碳排放量较大。从时间序列上看，黑色金属冶炼及压延加

工业是先上升后下降又上升，呈波动性变化趋势，在 2000～2005 年，碳排放量上升幅度大、速度快，由 2000 年的 2052 万 t 增加到 2005 年的 8911 万 t，年均增长率为 34.14%；2005～2006 年，略有下降，但变化不大，后又快速增长，到 2010 年碳排放量为 12 329 万 t，达到最大；非金属矿物制品业也呈现波动上升趋势，2000～2005 年上升幅度大，年增长率为 5.16%，之后开始下降，至 2010 年达 3126 万 t，年均递减率为 2.25%。

（5）普通机械制造业碳排放量呈稳步上升趋势，年均碳排放量为 639 万 t，年均增长率为 9.84%。其他各机电类行业的碳排放量都较小且变化较为平稳，其中，近 4 年来电气机械及器材制造业的碳排放增速较大。

（四）工业碳排放的空间特征

江苏省碳排放空间差异呈先扩大后缩小的趋势，2004 年变差系数最高，为 0.69，此后呈波动下降趋势，这主要是由城市经济、工业发展水平空间差异造成的。从各年份不同城市占江苏省碳排放比重的平均值看，南京（29.43%）、苏州（15.53%）、无锡（12.01%）与徐州（10.62%）4 市碳排放占比高于 13 市平均值（7.69%），除镇江碳排放比重高于 5%外，其他城市均低于 5%。由此可见，碳排放高值区多分布于苏南地区，这与其经济发展迅速、能源刚性需求较大密不可分。碳排放强度空间差异变化趋势与碳排放总量大体一致，也呈现先扩大后缩小的趋势。从各城市不同年份碳排放强度平均水平看，南京（3.70tce/万元）、镇江（1.84tce/万元）、徐州（4.12tce/万元）、淮安（2.68tce/万元）、连云港（2.94tce/万元）5 市碳排放强度高于 13 市平均水平（1.84tce/万元），单位工业总产值碳排放高值区多集中于苏北地区，这主要与区域经济发展方式较为粗放，工业基础薄弱，技术水平低下有关。从发展趋势（图 6-8）看，苏南、苏中地区工业碳排放占比呈下降趋势，分别下降了

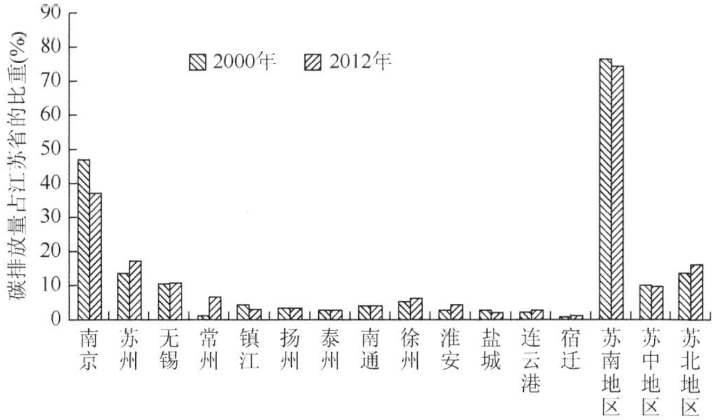

图 6-8　各地区工业碳排放量占江苏省比重的区域比较

2.11 个百分点和 0.4 个百分点，相反，苏北地区提高了 2.52 个百分点。在市域尺度上，南京、镇江、扬州、泰州、南通、盐城 6 市的工业碳排放呈下降趋势，分别下降了 9.91%、1.27%、0.15%、0.21%、0.02%、0.65%，说明这些城市工业结构高级化趋势明显，低碳化转型成效显著。其余城市工业碳排放呈提高趋势，与这些城市工业重化工化加重有关。

三、工业碳排放的行业关联特征分析

本章在分析了 2000～2010 年江苏省 35 个工业行业碳排放现状和特征的基础上，进一步选取工业总产值数据，采用灰色关联模型计算江苏省工业行业碳排放与工业总产值的相关度。

（一）灰色关联分析法

灰色关联度是通过构建模型，反映参考因素与被参考因素变化趋势的相似度或相异度，能够弥补方差分析、主成分分析和回归分析等方法需要大样本数据和典型分布的缺陷。

（1）确定分析序列。分析序列包括参考数列和比较数列，将 2000～2010 年江苏省工业总产值和 35 个工业行业碳排放量分别作为参考数列和比较数列。

参考数列： $X_0 = \{X_0(j) | j = 1, 2, \cdots, n\}$ ；

比较数列： $X_i = \{X_i(j) | i = 1, 2, \cdots, m; j = 1, 2, \cdots, n\}$ （6-6）

式中，j 表示第 j 年；i 表示第 i 类行业。

（2）无量纲化。参考数列和比较数列分别采用式（6-7）进行无量纲化：

$$X_i'(j) = \frac{X_i(j)}{\frac{1}{n}\sum_{j=1}^{n} X_i(j)} \quad (6\text{-}7)$$

得出无量纲化后的参考数列和比较数列，分别如下。

参考数列： $x_0' = \{x_0'(j) | j = 1, 2, \cdots, n\}$ ； （6-8）

比较数列： $x_i' = \{x_i'(j) | i = 1, 2, \cdots, m; j = 1, 2, \cdots, n\}$

（3）计算绝对差值：

$$\Delta_{ij} = \left| x_i'(j) - x_0'(j) \right| \quad (6\text{-}9)$$

（4）计算关联系数：

$$\lambda_{ij} = \frac{\min \Delta_{ij} + \rho \max \Delta_{ij}}{\Delta_{ij} + \rho \max \Delta_{ij}} \quad (6\text{-}10)$$

式中，分辨系数 ρ=0.5；$\min\Delta_{ij}$ 为经过绝对差值化后的最小差值；$\max\Delta_{ij}$ 为经过绝对差值化后的最大差值。

（5）计算相关度：通过式（6-11）计算出各类工业行业碳排放量对工业总产值的关联度。

$$r_i = \frac{1}{n}\sum_{j=1}^{n}\lambda_{ij} \tag{6-11}$$

（二）工业碳排放的行业关联类型

根据上述关联模型分析，得出江苏省工业行业的碳排放量对工业总产值的灰色关联度（表 6-7）。行业的关联度高，表示该行业碳排放量与工业总产值的同步性较强；反之，同步性较弱。

表 6-7　2000～2010 年江苏省工业行业碳排放量对工业总产值的灰色关联度

排序	行业	关联度	排序	行业	关联度
1	交通运输设备制造业	0.919 121	19	橡胶制品业	0.721 077
2	电力、蒸汽、热水的生产和供应业	0.873 29	20	电子及通信设备制造业	0.720 772
3	有色金属冶炼及压延加工业	0.826 879	21	化学纤维制造业	0.720 770
4	皮革毛皮羽毛及其制品业	0.785 993	22	电气机械及器材制造业	0.720 768
5	黑色金属冶炼及压延加工业	0.784 904	23	烟草制品业	0.720 699
6	工艺品及其他制造业	0.777 439	24	造纸及纸制品业	0.720 685
7	服装及其他纤维制品制造业	0.769 129	25	印刷业和记录媒介的复制	0.720 670
8	化学原料及化学制品制造业	0.750 891	26	医药制造业	0.720 425
9	木材加工及竹藤棕草制品业	0.735 332	27	塑料制品业	0.720 368
10	食品制造业	0.735 118	28	自来水的生产和供应业	0.719 327
11	石油加工及炼焦业	0.733 926	29	家具制造业	0.718 434
12	专用设备制造业	0.732 906	30	文教体育用品制造业	0.718 379
13	仪器仪表及文化、办公用机械制造业	0.732 576	31	非金属矿采选业	0.711 421
14	煤炭采选和洗选业	0.727 879	32	非金属矿物制品业	0.699 148
15	金属制品业	0.724 240	33	饮料制造业	0.691 457
16	纺织业	0.722 930	34	黑色金属矿采选业	0.689 948
17	食品加工业	0.722 851	35	煤气生产和供应业	0.671 202
18	普通机械制造业	0.721 267			

关于行业类型划分，主要依据有两点：一是，根据各行业碳排放占总碳排放量比重的平均值，高于平均值的为高碳行业，低于平均值的为低碳行业。二是，根据各行业的关联度，高于平均值的为高关联，低于平均值的为低关联。由此，将江苏省35个行业划分出4类行业，即高关联高碳行业、高关联低碳行业、低关联低碳行业和低关联高碳行业（表 6-8）。

表 6-8　江苏省工业行业分类

分类区间	碳排放占工业碳排放总量比重＞3.07%	碳排放占工业碳排放总量比重＜3.07%
关联度＞0.738	Ⅰ类行业： 化学原料及化学制品制造业，黑色金属冶炼及压延加工业，电力、蒸汽、热水的生产和供应业	Ⅲ类行业： 食品制造业，服装及其他纤维制品制造业，皮革皮衣羽毛及其制品业，木材加工及竹藤棕草制品业，有色金属冶炼及压延加工业，交通运输设备制造业，工艺品及其他制造业
关联度＜0.738	Ⅱ类行业： 石油加工及炼焦业，非金属矿物制品业，纺织业，煤炭采选和洗选业	Ⅳ类行业： 黑色金属矿采选业，非金属矿采选业，饮料制造业，专用设备制造业，仪器仪表及文化办公用机械制造业，食品加工业，烟草制品业，家具制造业，造纸及纸制品业，印刷业和记录媒介的复制，文教体育用品制造业，医药制造业，化学纤维制造业，橡胶制品业，塑料制品业，金属制品业，电气机械及器材制造业，普通机械制造业，电子及通信设备制造业，煤气生产和供应业，水的生产和供应业

由表 6-7 和表 6-8 可知，Ⅰ类行业为高关联高碳行业，包括化学原料及化学制品制造业，黑色金属冶炼及压延加工业，电力、蒸汽、热水的生产和供应业 3 个行业。该类行业的碳排放量与工业总产值的关联度大于 0.738，且碳排放占工业碳排放总量比重高达 68.37%，其碳排放总量在研究时序内处于快速增长的趋势，是江苏省工业产生碳排放量最主要的行业，也是工业节能减排、减少污染的重点行业。

Ⅱ类行业为低关联高碳行业，主要包括石油加工及炼焦业，非金属矿物制品业，纺织业，煤炭采选和洗选业 4 个行业。该类行业的碳排放量占全部工业碳排放总量比重较大，达 29.09%，但其碳排放量与工业总产值的关联度小于 0.738，说明Ⅱ类行业碳排放量与工业总产值的密切程度较低。

Ⅲ类行业为高关联低碳行业，主要包括食品制造业，服装及其他纤维制品制造业，皮革皮衣羽毛及其制品业，木材加工及竹藤棕草制品业，有色金属冶炼及压延加工业，交通运输设备制造业，工艺品及其他制造业 7 个行业。该类行业的关联度均大于 0.738，说明碳排放量与工业总产值的密切程度较高；但从碳排放量比重来看，排放量占全部工业碳排放总量的比重较小，但增速较快。

Ⅳ类行业为低关联低碳行业，主要包括黑色金属矿采选业，非金属矿采选业，饮料制造业，专用设备制造业，仪器仪表及文化、办公用机械制造业等 21 个行业。该类行业的碳排放与工业总产值的关联度低，且碳排放量少，占全部工业行业碳排放总量的比重也很小，总体呈下降趋势。

四、工业碳排放驱动效应分析

（一）数据来源与研究方法

1. 数据来源

各城市工业总产值数据来源于 2001～2013 年各市统计年鉴，采用国家发展和改革委员会建议 1kg 标准煤燃烧排放 0.67kg 碳，折合 2.46kg 二氧化碳，碳排放数据（t）由相应年份能源消费量（tce）数据换算得出，江苏省工业总产值与碳排放数据由相应年份 13 个地级市数据相加而得。

2. LMDI 因素分解方法

Kaya 恒等式由日本教授 Yoichi Kaya 首次提出，建立起经济、政策和人口等因素与 CO_2 排放量之间的联系，其基本形式是

$$\mathrm{CO_2}=\frac{\mathrm{CO_2}}{\mathrm{PE}}\times\frac{\mathrm{PE}}{\mathrm{GDP}}\times\frac{\mathrm{GDP}}{P}\times P \tag{6-12}$$

式中，CO_2、PE、GDP 和 P 分别代表 CO_2 排放量、一次能源消费总量、国内生产总值及国内人口总量。本章将其运用到江苏省碳排放驱动效应测度中，将影响碳排放变化的因素分解为规模效应、结构效应与强度效应，以测度经济规模的扩大、产业结构的变动及碳排放强度的变化对碳排放的影响。Kaya 恒等式的扩展形式如下：

$$E=\sum_{i}^{n}E_i=\sum_{i}^{n}\mathrm{GDP}\times\frac{\mathrm{GDP}_i}{\mathrm{GDP}}\times\frac{E_i}{\mathrm{GDP}_i}=\sum_{i}^{n}GS_iI_i \tag{6-13}$$

式中，E 为碳排放量；E_i 为第 i 行业碳排放量；GDP_i 为第 i 行业总产值；G 代表 GDP，表示该地区工业经济规模；$S_i=\dfrac{\mathrm{GDP}_i}{\mathrm{GDP}}$ 代表产业结构；$I_i=\dfrac{E_i}{\mathrm{GDP}_i}$ 代表第 i 行业碳排放强度。相对于基年而言，t 年的 E 变化量可表示为

$$\Delta E=E_t-E_0=\Delta E_{\mathrm{G}}+\Delta E_{\mathrm{S}}+\Delta E_{\mathrm{I}}+\Delta E_{\mathrm{rsd}} \tag{6-14}$$

式中，ΔE_{G} 为经济增长因素，反映经济规模扩张引起的碳排放量的变化；ΔE_{S} 为产业结构因素，反映产业结构调整引起碳排放量的变化；ΔE_{I} 为碳排放强度因素，反映技术进步引起的碳排放量的变化；ΔE_{rsd} 为分解余量，其中 $\Delta E_{\mathrm{rsd}}=0$。式（6-14）

中，ΔE_{G}、ΔE_{S}、ΔE_{I}为各因素变化对 E 变化的贡献值。基于式（6-14），采用对数平均权重 Divisia 分解法计算各种因素对 E 变化的贡献值（Ang et al.，1998），具体计算公式为

$$\Delta E_{\mathrm{G}}=\sum_{i}^{n}W_i\cdot\ln\frac{G^t}{G^0}\qquad \Delta E_{\mathrm{S}}=\sum_{i}^{n}W_i\cdot\ln\frac{S_i^t}{S_i^0}$$

$$\Delta E_{\mathrm{I}}=\sum_{i}^{n}W_i\cdot\ln\frac{I_i^t}{I_i^0} \tag{6-15}$$

其中，$W_i=\dfrac{E_i^t-E_i^0}{\ln(E_i^t/E_i^0)}$

由于经济规模效应对工业碳排放量总是起到促进作用，所以期末工业碳减排量为

$$E_{t+1}=-(\Delta E_{\mathrm{S}}+\Delta E_{\mathrm{I}}) \tag{6-16}$$

减排率计算公式为

$$\mathrm{ERT}_{t+1}=\frac{E_{t+1}}{E_t+\Delta E_{\mathrm{G},t+1}}\times 100\% \tag{6-17}$$

为了揭示结构因素和技术因素在工业碳排放过程中的作用，则需要算出结构效应（ΔE_{S}）和技术效应（ΔE_{I}）对碳排放的贡献率，计算公式分别为

$$\mathrm{PRS}_{t+1}=-\frac{\Delta E_{\mathrm{S},t+1}}{E_t+\Delta E_{\mathrm{G},t+1}}\times 100\% \tag{6-18}$$

$$\mathrm{PRI}_{t+1}=-\frac{\Delta E_{\mathrm{I},t+1}}{E_t+\Delta E_{\mathrm{G},t+1}}\times 100\% \tag{6-19}$$

若工业碳排放量的变化效应ΔE_{G}、ΔE_{S}、ΔE_{I}为正值，则表示经济规模、工业结构和碳排放强度的变化对工业碳排放量变化起正向促进作用，其变化值为碳排放量的增量效应；反之，负值则表示减量效应。

3. 经济增长与碳排放脱钩模型

“脱钩”是指具有相应关系的两个或多个物理量之间的相互关系不再存在。经济增长与碳排放之间的脱钩分析能够定量揭示二者的相互关系及作用程度，因此引入经济增长与碳排放脱钩指数（E）计算公式：

$$E_t=\frac{\Delta Y_t}{\Delta X_t}=\frac{(Y_{t2}-Y_{t1})/Y_{t1}}{(X_{t2}-X_{t1})/X_{t1}} \tag{6-20}$$

式中，E_t为 t 时期的脱钩指数，能够反映经济增长与碳排放的脱钩状态与程度；ΔY_t与 ΔX_t分别代表 t 时期碳排放增长变化率与工业总产值变化率；Y_{t1}和 Y_{t2}分别为 t 时期基年和末年的碳排放总量；X_{t1}和 X_{t2}分别为 t 时期基年和末年的工业

总产值。根据 E_t、ΔY_t 与 ΔX_t 的变化，将经济与碳排放的关系划分为不同的状态（表 6-9）。

表 6-9　工业经济增长与碳排放脱钩状态类型

脱钩状态	脱钩程度	ΔY_t	ΔX_t	E_t
脱钩	强脱钩	<0	>0	<0
	弱脱钩	>0	>0	$0<E_t<0.8$
	衰退性脱钩	<0	<0	>1.2
负脱钩	扩张性负脱钩	>0	>0	>1.2
	强负脱钩	>0	<0	<0
	弱负脱钩	<0	<0	$0<E_t<0.8$

（二）驱动效应的时间特征

利用 LMDI 因素分解方法，对江苏省 2000～2012 年碳排放影响因素进行分解（表 6-10）。2000～2012 年，江苏省碳排放累计增加 43 023.59 万 t，其中由于规模效应导致碳排放增加 124 116.92 万 t，结构效应与强度效应导致碳排放分别减少 9965.89 万 t 与 71 127.47 万 t，三者贡献率依次为 288.49%、–23.16%、–165.32%，可见经济规模增长是碳排放的正向驱动因素，而产业结构与碳排放强度则起到抑制作用。2000～2012 年，规模效应致使碳排放年均增长 10 343.08 万 t，变差系数为 0.55，在驱动效应中表现最为稳定。江苏省工业总产值由 2000 年的 10 336.06 亿元增长到 2012 年的 112 904.00 亿元，2012 年碳排放总量增长到 71 465.61 万 t，是 2000 年的 2.51 倍，平均增长速率分别为 22.05%、7.97%，均呈正向增长态势且碳排放增长速度明显小于经济增长速度，除个别年份表现为强脱钩、增长连接外，大多数年份呈弱脱钩，占统计总数的 66.67%（图 6-9）。结构效应导致碳排放年平均减少 830.49 万 t，变差系数绝对值为 3.42，表现最不稳定。其中，电力、蒸汽、热水的生产和供应业，石油加工及炼焦业，化学原料及化学制品制造业与黑色金属冶炼及压延工业 4 类行业各年份产值总和占江苏省产值比重平均为 72.26%，通用设备制造业、电子及通信设备制造业等技术密集型行业产值占江苏省产值比重平均值为 4.25%，产业结构不尽合理，层次水平偏低，高碳化趋向明显。强度效应使碳排放平均每年减少 5927.29 万 t，变差系数绝对值为 1.15，表现相对不稳定。由于技术投入加大、产业结构调整等原因，工业能源利用效率水平得到一定程度的提高，单位 GDP 碳排放量处于持续下降态势，成为抑制碳排放增长的重要因素。

表 6-10　江苏省碳排放因素分解（加法分解）　（单位：万 t）

年份	规模效应	结构效应	强度效应	总效应
2000～2001	3 456.65	−796.73	470.1038	3 130.03
2001～2002	5 549.35	−787.94	−1 362.04	3 399.37
2002～2003	10 060.80	−2 922.31	−257.75	6 880.74
2003～2004	14 750.96	5 441.88	−13 926.61	6 266.23
2004～2005	12 144.65	−7 526.38	870.20	5 488.47
2005～2006	12 742.83	−657.57	−12 470.18	−384.91
2006～2007	14 772.87	−1 360.45	−3 508.47	9 903.95
2007～2008	12 130.71	−696.22	−13 074.31	−1 639.83
2008～2009	7 911.47	−1 271.10	−2 841.70	3 798.68
2009～2010	15 195.00	−2 331.63	−11 342.95	1 520.42
2010～2011	9 470.03	1 835.03	−11 143.49	161.58
2011～2012	5 931.60	1 107.53	−2 540.27	4 498.86
2000～2012	124 116.92	−9 965.89	−71 127.47	43 023.59

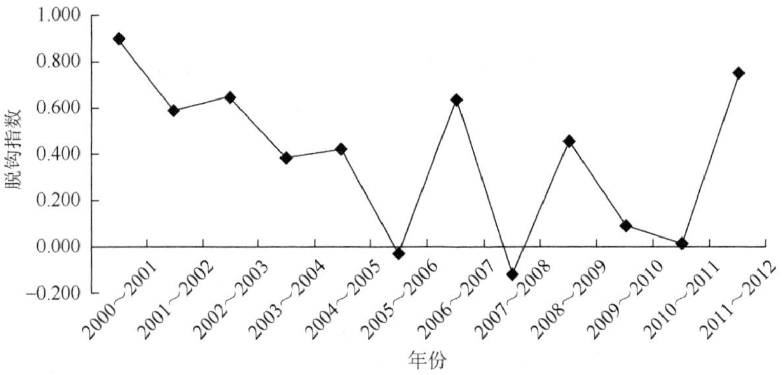

图 6-9　江苏省碳排放与经济增长脱钩指数

（三）驱动效应空间分异特征

1. 规模效应

2000～2012 年，江苏省工业碳排放的规模效应整体上呈现波动性增强趋势，规模效应均值由 3456.65 万 t 增加到 5931.60 万 t，年均递增率为 4.60%，说明工业经济增长驱动了规模效应的扩大，说明工业发展加剧了碳排放压力的增大。空间差异上，2001 年、2012 年江苏省工业碳排放的规模效应的最大值分别为 926.70 万 t

（南京）、1435.07 万 t（南京），最小值分别为 17.76 万 t（扬州）、–350.85 万 t（无锡），两者绝对差值分别为 908.94 万 t、1785.92 万 t，变差系数由 1.09 降低到 1.08，表明江苏省工业碳排放规模效应的绝对差异呈拉大趋势，而相对差异呈缩小趋势（表 6-11）。

表 6-11　江苏省各市工业碳排放规模效应变化（2000～2012 年）（单位：万 t）

年份	南京	苏州	无锡	常州	镇江	扬州	泰州	南通	徐州	淮安	盐城	连云港	宿迁
2000～2001	926.70	588.48	411.89	87.61	217.68	17.76	97.38	175.32	327.31	55.62	81.76	62.01	22.09
2001～2002	1043.41	983.84	740.72	182.46	371.28	151.87	140.94	260.38	592.67	106.91	133.29	159.22	28.95
2002～2003	2647.76	2012.75	1288.96	372.01	401.36	327.95	253.48	317.94	840.12	178.06	151.77	–433.32	30.45
2003～2004	2942.12	2766.17	1849.43	551.89	634.37	633.72	703.39	533.44	1262.47	297.39	166.07	488.72	9.27
2004～2005	3782.66	2390.99	1467.18	336.96	435.43	574.71	–101.39	711.50	1738.70	339.12	217.56	161.20	61.38
2005～2006	2383.13	1808.91	1463.04	604.00	342.51	664.50	641.20	795.54	1851.06	645.39	214.94	298.33	120.73
2006～2007	3518.32	2111.16	1598.17	635.13	743.64	833.04	721.16	870.20	1817.07	622.83	423.80	410.31	142.52
2007～2008	2311.20	1538.40	1063.58	628.41	840.10	884.80	748.57	750.35	1506.77	446.60	480.74	429.29	104.22
2008～2009	357.16	854.77	403.25	435.46	410.83	733.62	786.59	406.55	1405.05	699.39	261.03	437.22	105.18
2009～2010	4560.30	2120.22	1423.09	565.99	743.51	965.31	847.26	519.35	2110.99	1105.88	328.55	526.95	149.57
2010～2011	1887.23	1374.13	971.99	387.33	834.27	578.70	422.47	506.75	1485.79	446.64	–84.08	409.55	139.23
2011～2012	1435.07	109.33	–350.85	226.31	393.76	–46.54	485.85	419.87	1341.52	815.07	350.47	384.86	217.52

空间格局上，研究期内江苏省工业碳排放规模效应由苏南＞苏北＞苏中的格局演变为苏南＞苏中＞苏北的格局。究其原因是苏南地区虽然产业层次高，但工业依然是主体，较大的工业规模使得该地区碳排放最高，但碳排放总量呈下降趋势，下降幅度达 18.76%；苏中地区工业碳排放呈增加趋势，主要是沿江开发战略的实施，促进工业重化工转型，增加碳排放的压力；苏北地区虽然传统的粗放式资源型工业对碳排放具有较强的正向拉动作用，增加幅度达 98.18%，但该地区碳排放总量依然是 3 个地区中最低的。从市域尺度看，苏州、无锡、扬州 3 市的工业碳排放量呈下降趋势，下降幅度分别达 81.42%、185.18%和 362.05%，其余城

市的工业碳排放呈增长趋势，尤以淮安为最，增幅达 13.65%，表明该市工业发展迅速，增速居于前五位的行业分别为通信设备计算机及其他电子设备制造业（72.05%）、塑料制品业（45.39%）、有色金属冶炼及压延加工业（43.59%）、采矿业（36.68%）、电气机械及器材制造业（36.58%），多为污染密集型产业。

2. 结构效应

2000～2012 年，江苏省各市工业结构调整对碳排放驱动效应的平均值由 −796.73 万 t 变化为 1107.53 万 t，表明江苏省工业结构对碳排放的驱动效应由抑制作用演变为促进作用。空间差异上，2000～2001 年、2011～2012 年江苏省工业碳排放结构效应的最大值分别为 38.51 万 t（苏州）、274.62 万 t（苏州），最小值分别为 −513.99 万 t（南京）、−778.65 万 t（南京），两者之差分别为 −552.50 万 t 和 1053.27 万 t，同期结构效应的标准差由 140.73 万 t 增加到 258.24 万 t，说明江苏省工业碳排放结构效应的绝对差异在扩大（表 6-12）。

表 6-12　江苏省各市工业碳排放结构效应变化（2000～2012 年）（单位：万 t）

年份	南京	苏州	无锡	常州	镇江	扬州	泰州	南通	徐州	淮安	盐城	连云港	宿迁
2000～2001	−513.99	38.51	−87.96	−5.26	10.05	−169.73	−11.73	7.04	−146.52	−1.30	−18.69	−25.73	−12.91
2001～2002	−207.41	−220.86	−156.35	47.47	−37.63	319.39	10.83	−62.36	−31.51	2.89	−27.51	−46.52	−11.72
2002～2003	113.71	−785.22	−77.08	6.10	−149.49	−152.76	123.72	−860.90	−93.88	−24.88	−17.42	256.87	−2.35
2003～2004	65.03	−204.04	670.91	−195.28	243.24	115.78	1510.19	970.82	−188.34	149.96	243.09	169.56	−28.82
2004～2005	843.21	−174.07	−1461.89	−33.96	−87.04	−459.26	−2247.49	−918.00	276.24	−98.69	−137.65	−153.52	20.01
2005～2006	284.73	317.60	−293.47	95.00	−19.95	−257.64	−95.73	−293.06	−619.43	−261.22	7.56	−41.51	−22.65
2006～2007	−569.15	168.60	−157.91	216.31	−392.17	−15.29	−106.44	−295.30	−792.27	−38.10	−102.59	272.52	−81.06
2007～2008	−426.38	−155.87	327.48	−99.31	−249.67	−414.13	980.11	−261.11	−246.14	−40.89	−108.56	−46.25	12.37
2008～2009	−1139.94	63.75	−13.24	124.15	−26.30	−397.48	210.65	−97.14	−711.62	−293.09	330.70	−36.85	−37.01
2009～2010	759.09	−496.13	−433.20	−194.72	−360.92	−528.09	−520.38	148.93	−586.91	−240.07	−234.00	−92.25	−2.70
2010～2011	1202.17	−14.98	13.31	183.32	−206.26	−261.20	−105.05	65.29	−336.11	−210.79	11.00	76.82	54.37
2011～2012	−778.65	274.62	118.37	82.14	129.30	259.08	3.69	−17.51	61.80	−246.47	8.72	123.15	−22.12

空间格局上，研究期内江苏省工业碳排放结构效应呈现由苏南（–111.73 万 t）＜苏中（–58.14 万 t）＜苏北（–41.03 万 t）向苏南（–34.84 万 t）＜苏北（–14.98 万 t）＜苏中（81.75 万 t）转变的空间格局，表明江苏省工业碳排放结构效应的抑制作用在减弱，尤以苏中为甚，并转为促进作用。从市域尺度看，2001 年工业碳排放结构效应呈现促进作用的城市有苏州、镇江、南通，其余城市为抑制作用，2012 年结构效应呈抑制作用的城市仅有南京、南通、淮安和宿迁 4 市，特别是扬州工业碳排放结构效应的作用由抑制转为促进，这主要是因为该市高能耗产业发展迅速，研究期内增速位居前五位的行业有计算机通信和其他电子设备制造业（37.43%）、家具制造业（35.62%）、黑色金属冶炼和压延加工业（32.63%）、化学原料和化学制品制造业（32.62%）、非金属矿物制品业（31.97%）。以上分析表明，近 10 年来，江苏省绝大多数城市工业结构向高碳化方向演化。

3. 技术效应

2000～2012 年，江苏省工业碳排放的技术效应总体上表现为抑制作用，技术效应指数平均值由 470.10 万 t 变化为–2540.27 万 t，表明江苏省工业技术创新趋向于低碳化方向，大大降低了碳排放。空间差异（表 6-13）上，2000～2001 年、2011～2012 年江苏省工业碳排放技术效应的最大值分别为 623.27 万 t（连云港）、2589.49 万 t（南京），最小值分别为–785.92 万 t（南京）、–1644.34 万 t（镇江），两者之差分别为–1409.19 万 t、–4233.83 万 t，同期结构效应的变差系数由 5.38 减小到–9.13，说明江苏省技术创新对工业碳排放作用的绝对差异在拉大，而相对差异则向相反方向演化。

表 6-13　江苏省各市工业碳排放技术效应变化（2000～2012 年）（单位：万 t）

年份	南京	苏州	无锡	常州	镇江	扬州	泰州	南通	徐州	淮安	盐城	连云港	宿迁
2000～2001	–785.92	29.79	500.53	598.93	19.20	272.97	3.35	11.59	–211.38	–129.67	–66.04	623.27	6.82
2001～2002	143.69	–205.68	–584.38	–48.35	–113.32	178.83	148.98	554.05	–22.51	92.54	5.78	–778.75	6.55
2002～2003	–1264.10	348.62	–0.94	–79.57	11.06	57.96	–98.40	–869.36	170.57	–47.02	–213.69	2084.11	–8.33
2003～2004	–1269.45	–576.28	–1236.61	66.04	–267.80	–405.02	–2340.12	–601.76	–360.57	–537.50	–64.73	–2402.51	–42.27
2004～2005	–1550.65	–2689.88	690.98	–173.02	–2000.26	196.21	2971.37	1136.50	–1193.09	637.46	–348.85	220.77	37.42
2005～2006	–2849.28	–1835.49	–1729.16	–376.30	488.58	–659.23	–340.82	–1410.79	–1308.66	–338.23	–60.66	–536.98	–12.40
2006～2007	–1947.22	–906.27	–108.35	–271.32	596.05	–217.83	–234.26	1071.76	–575.05	–164.26	511.97	–279.65	–76.24
2007～2008	–2162.87	–1002.74	–1619.90	415.59	–610.06	–412.79	–818.90	–1834.63	–3561.57	–335.86	–1054.65	–255.93	–127.94

续表

年份	南京	苏州	无锡	常州	镇江	扬州	泰州	南通	徐州	淮安	盐城	连云港	宿迁
2008～2009	2018.05	−351.08	−214.15	−1912.42	−1317.65	−21.26	−1193.38	134.94	2974.26	−262.21	−526.44	−111.00	−34.99
2009～2010	−3831.41	−841.85	−455.58	291.44	929.59	−318.21	−159.45	−386.27	−5191.78	−810.29	−10.01	−898.48	−67.29
2010～2011	−3826.16	−893.90	−745.48	−254.04	−214.72	−316.73	−1343.96	−403.85	−680.17	−584.86	16.48	−145.71	−144.66
2011～2012	2589.49	80.85	211.45	−160.73	−1644.34	−365.52	−528.85	−411.99	−571.78	345.35	−255.36	−479.01	−101.48

空间格局上，研究期内江苏省工业碳排放技术效应的空间格局，2001 年呈现出由南京、徐州、淮安一线地区的抑制作用演变为沿海地区的促进作用，显示出由沿海向内陆工业碳排放技术效应的抑制作用在增强，到 2012 年沿东陇海、沿江两个地区工业碳排放技术效应的抑制作用较强，而沿沪宁地区的技术效应则呈促进作用。究其原因是近 10 年来江苏省先后实施了东陇海产业带建设、沿江开发等战略，推动了这两个地区的技术创新，提高了技术效应的驱动作用。从市域尺度看，2000～2012 年，工业碳排放技术效应由促进作用转变为抑制作用的城市有常州、镇江、扬州、泰州、南通、连云港、宿迁 7 市，由抑制作用转变为促进作用的城市有南京、淮安 2 市，抑制作用持续增强的城市有徐州、盐城 2 市，促进作用减弱的城市为无锡，只有苏州工业碳排放技术效应的促进作用呈增强趋势。以上分析表明，苏北、苏中地区除淮安外，其他城市的工业碳排放技术效应均呈现向抑制碳排放作用转化的趋势，而作为现代工业城市的苏州、无锡 2 市则由于其原有工业基础、技术效应的促进作用仍然较强，加强低碳技术创新是该类城市工业转型的方向。

（四）减量效应分析

减量效应（RE）就是在技术效应和结构效应的共同作用下，资源投入和碳排放量呈现减少的趋势。表 6-14 显示，研究期内江苏省工业碳排放的减量效应从 326.6 万 t 变为 1433 万 t，减量作用变化明显，主要是由于 2000 年以来在科学发展观的指引下，伴随着创新型国家战略，以及产业结构转型升级战略的实施，结构效应和技术效应对碳排放的抑制作用明显增强，总体上表现为减量效应，且呈增强之势，但近年来有弱化趋势。空间上，2000～2001 年、2011～2012 年江苏省减量效应最强值分别为 1299.91 万 t（南京）、1515.04 万 t（镇江），最弱值分别为−597.53 万 t（连云港）、−1810.84 万 t（南京），二者之差分别为 1897.44 万 t、3325.88 万 t，说明减量效应的绝对差异呈扩大趋势。整个区域格局呈现出由 2000 年的以南京、徐州为中心向外减排效应降低的核心外围型格局，演变为 2012 年的以沿东陇海、沿海为轴线，以镇江为中心向外减排效应降低的集聚辐散型空间格局。从效应的贡献率分析，结构效应和技术效应对江苏省工业碳排放减量效应的贡献率平均分别为 1.44%和 9.58%。从变化趋势看，二者分别由 2000～2001 年的 2.25%和 3.89%变化到 2011～2012 年的 1.07%和 7.66%，表明技术效应对工业碳排放的控制作用明显高于结构效应，也说明技术改造提高能源效率比工业结构调整对碳排放的控制作用更为显著。从效应贡献率的空间差异看，苏南、苏中、苏北 3 个地区结构效应贡献率平均值分别为 1.06%、4.34%和 1.79%，呈现中间高南北低的“凸”字形格局；苏南、苏中、苏北 3 个地区技术效应贡献率分别为 7.28%、8.13%和 13.16%，呈现北高南低的单面倾斜型空间格局，以上分析说明，处于工业化中期向后期过渡阶段的苏中地区，结构调整对降低碳排放的作用既高于处于工业化后期的苏南地区，也高于处于工业化中期的苏北地区，而就技术效应而言，经济越是落后的地区，技术创新对工业低碳化发展的促进作用越明显。

表 6-14　2000～2012 年江苏省工业碳排放减量效应和贡献率

地区	指标	2000～2001 年	2001～2002 年	2002～2003 年	2003～2004 年	2004～2005 年	2005～2006 年	2006～2007 年	2007～2008 年	2008～2009 年	2009～2010 年	2010～2011 年	2011～2012 年
南京	RE（万 t）	1 299.91	63.72	1 150.39	1 204.42	707.43	2 564.55	2 516.38	2 589.25	−878.11	3 072.32	2 623.99	−1 810.84
	ERT（%）	12.78	0.57	8.00	7.34	3.48	13.69	12.05	13.35	−4.70	12.61	12.52	−7.63
	PRS（%）	5.05	1.84	−0.79	−0.40	−4.15	−1.52	2.73	2.20	6.11	−3.12	−5.74	3.28
	PRI（%）	7.73	−1.28	8.80	7.74	7.63	15.21	9.33	11.15	−10.81	15.73	18.26	−10.90
苏州	RE（万 t）	−68.31	426.54	436.60	780.32	2 863.95	1 517.89	737.67	1 158.61	287.33	1 337.98	908.89	−355.47
	ERT（%）	−1.41	7.35	5.19	7.00	27.81	15.17	6.31	10.08	2.53	9.97	6.92	−2.88
	PRS（%）	−0.79	3.81	9.34	1.83	1.69	−3.17	−1.44	1.36	−0.56	3.70	0.11	−2.22
	PRI（%）	−0.61	3.54	−4.15	5.17	26.12	18.34	7.76	8.73	3.09	6.27	6.80	−0.65
无锡	RE（万 t）	−412.57	740.73	78.02	565.71	770.91	2 022.63	266.26	1 292.43	227.39	888.78	732.18	−329.82
	ERT（%）	−9.86	16.41	1.24	6.97	9.14	25.71	2.85	15.08	2.81	9.22	7.76	−4.08
	PRS（%）	2.10	3.46	1.23	−8.26	17.34	3.73	1.69	−3.82	0.16	4.49	−0.14	−1.46
	PRI（%）	−11.96	12.94	0.01	15.23	−8.19	21.98	1.16	18.90	2.65	4.73	7.91	−2.62
常州	RE（万 t）	−593.67	0.88	73.46	129.24	206.98	281.30	55.02	−316.29	1 788.27	−96.72	70.72	78.58
	ERT（%）	−50.37	0.06	3.78	5.07	8.41	9.22	1.50	−6.87	58.51	−2.49	1.76	1.96
	PRS（%）	0.45	−3.26	−0.31	7.66	1.38	−3.11	−5.90	2.16	−4.06	5.02	−4.56	−2.05
	PRI（%）	−50.82	3.32	4.09	−2.59	7.03	12.33	7.41	−9.02	62.57	−7.51	6.32	4.01
镇江	RE（万 t）	−29.24	150.94	138.43	24.56	2 087.30	−468.63	−203.88	859.74	1 343.95	−568.67	420.98	1 515.04
	ERT（%）	−1.29	5.73	4.73	0.65	108.72	−17.76	−5.11	21.16	49.75	−13.08	8.68	46.07
	PRS（%）	−0.44	1.43	5.11	−6.45	4.53	0.76	9.84	6.14	0.97	8.30	4.25	−3.93
	PRI（%）	−0.85	4.30	−0.38	7.10	104.18	−18.52	−14.95	15.01	48.78	−21.39	4.43	50.00

续表

地区	指标	2000～2001年	2001～2002年	2002～2003年	2003～2004年	2004～2005年	2005～2006年	2006～2007年	2007～2008年	2008～2009年	2009～2010年	2010～2011年	2011～2012年
扬州	RE（万t）	−103.24	−140.56	94.80	289.24	263.05	916.87	233.12	826.92	418.74	846.31	577.93	106.44
	ERT（%）	−7.10	−7.47	4.14	9.83	8.24	30.25	6.14	21.15	10.28	19.13	14.31	3.27
	PRS（%）	11.67	−16.97	6.67	−3.94	14.38	8.50	0.40	10.59	9.76	11.94	6.47	−7.95
	PRI（%）	−18.76	9.50	−2.53	13.77	−6.14	21.75	5.73	10.56	0.52	7.19	7.84	11.21
泰州	RE（万t）	8.38	−159.81	−25.33	829.93	−723.88	436.56	340.70	−161.21	982.73	679.84	1 449.01	525.16
	ERT（%）	0.86	−12.15	−1.48	40.91	−39.17	15.63	10.47	−3.85	24.37	15.96	51.57	18.53
	PRS（%）	1.21	−0.82	−7.25	−74.44	121.60	3.43	3.27	−23.39	−5.22	12.21	3.74	0.13
	PRI（%）	−0.35	−11.33	5.77	115.35	−160.77	12.20	7.20	19.54	29.59	3.74	47.84	18.66
南通	RE（万t）	−18.63	−491.69	1 730.26	−369.06	−218.50	1 703.84	−776.47	2 f095.74	−37.80	237.33	338.56	429.49
	ERT（%）	−0.94	−17.44	118.13	−14.29	−5.92	59.45	−16.93	67.13	−1.17	6.56	8.97	11.68
	PRS（%）	−0.36	2.21	58.78	−37.60	24.88	10.23	6.44	8.36	3.01	−4.12	−1.73	0.48
	PRI（%）	−0.58	−19.65	59.36	23.30	−30.80	49.23	−23.36	58.76	−4.19	10.68	10.70	11.21
徐州	RE（万t）	357.89	54.02	−76.68	548.91	916.85	1 928.09	1 367.32	3 807.70	−2 262.64	5 778.69	1 016.28	509.98
	ERT（%）	9.20	1.15	−1.31	7.85	11.05	23.15	15.63	62.06	−23.32	85.74	15.43	7.01
	PRS（%）	3.76	0.67	1.60	2.69	−3.33	7.44	9.06	4.01	7.33	8.71	5.10	−0.85
	PRI（%）	5.43	0.48	−2.91	5.15	14.38	15.71	6.58	58.04	−30.66	77.03	10.33	7.86
淮安	RE（万t）	130.97	−95.43	71.91	387.54	−538.77	599.45	202.36	376.74	555.30	1 050.36	795.65	−98.88
	ERT（%）	11.57	−7.40	4.71	25.79	−21.66	21.46	6.44	12.16	15.83	−26.09	27.59	−2.37
	PRS（%）	0.11	−0.22	1.63	−9.98	3.97	9.35	1.21	1.32	8.35	−5.96	7.31	5.91
	PRI（%）	11.46	−7.18	3.08	35.77	−25.63	12.11	5.23	10.84	7.47	−20.13	20.28	−8.28
盐城	RE（万t）	84.73	21.73	231.11	−178.36	486.49	53.10	−409.38	1 163.21	195.73	−244.02	−27.48	246.64
	ERT（%）	9.27	2.02	22.75	−12.97	42.04	4.03	−17.36	67.12	12.40	−14.10	−2.18	13.70
	PRS（%）	2.05	2.55	1.71	−17.68	11.89	−0.57	4.35	6.26	−20.95	−13.52	−0.87	−0.48
	PRI（%）	7.23	−0.54	21.03	4.71	30.14	4.61	−21.71	60.86	33.35	−0.58	−1.31	14.19
连云港	RE（万t）	−597.53	825.28	−2 340.98	2 232.95	−67.26	578.49	7.14	302.18	147.85	−990.73	68.89	355.87
	ERT（%）	−41.29	93.96	−106.72	162.83	−5.29	51.23	0.43	12.30	7.08	−57.81	3.56	18.33
	PRS（%）	1.78	5.30	−11.71	−12.37	12.07	3.68	−16.57	1.88	1.77	−5.38	−3.97	−6.34
	PRI（%）	−43.07	88.66	−95.01	175.20	−17.35	47.55	17.01	10.42	5.32	−52.43	7.52	24.68
宿迁	RE（万t）	6.09	5.17	10.69	71.09	−57.43	35.05	157.30	115.58	72.01	−69.99	90.30	123.60
	ERT（%）	3.00	2.21	4.00	41.45	−16.53	7.12	31.49	25.69	14.86	−11.50	13.96	15.09
	PRS（%）	6.36	5.01	0.88	16.81	−5.76	4.60	16.23	−2.75	7.64	−0.44	−8.40	2.70
	PRI（%）	−3.36	−2.80	3.12	24.65	−10.77	2.52	15.26	28.44	7.22	−11.06	22.36	12.39
江苏	RE（万t）	326.6	2 150	3 180	8 485	6 656	13 128	4 869	13 771	4 113	−13 675	9 308	1 433
	ERT（%）	6.14	7.85	16.35	10.59	19.97	7.38	17.67	5.64	18.68	−11.33	1.87	8.73
	PRS（%）	2.25	7.21	−10.48	11.97	1.00	2.06	0.89	1.74	3.19	−2.23	−1.45	1.07
	PRI（%）	3.89	0.64	26.83	−1.38	18.97	5.32	16.78	3.90	15.50	13.57	3.32	7.66

第二节　循环经济导向下江苏省产业环境绩效异质性

着力推进绿色发展、循环发展、低碳发展，关键在于推动资源利用方式发生根本转变，促进整个生产过程减量化、再利用、资源化。因此，提高和改善环境绩效是推进生态文明建设的核心。本节从源头、过程、末端 3 个不同的生产环节，分析循环经济导向下江苏省产业环境绩效，探讨江苏省产业系统环境适应能力及空间异质性。

一、环境绩效评价方法

20 世纪 90 年代以来，环境绩效评估作为环境管理和环境政策实施效果的重要分析工具，引起学术界的广泛关注。目前，环境绩效研究集中于以下 3 个方面：①关于环境绩效评估标准，认为环境绩效是指一个组织管理其环境问题的结果，可依照组织的环境方针、目标和指标来进行测度（ISO，1999；杨文举，2011），国际标准化组织（ISO）提出了包括环境状态指标（ECIs）、管理绩效指标（MPIs）和经营绩效指标（OPIs）3 个方面的环境绩效评价综合框架（ISO，1999），之后，世界可持续发展工商理事会（WBCSD）（2000）、国际会计和报告标准政府间专家工作组（ISAR）（2005）、全球性报告促进行动（GRI）（2006）等机构相继提出企业环境绩效评估体系。②关于环境绩效评估方法，主要包括生命周期评价（life cycle assessment，LCA）、多准则分析（multi-criteria analysis，MCA）和环境绩效指数（environmental performance indicators，EPI）等几种（Hermann et al.，2007），近年来，结合 Malmquist 指数和数据包络分析法的动态环境绩效测度方法应用较广（杨文举，2011；Mika，2008）。③关于环境绩效与经济绩效的关系。学者们对环境绩效与经济绩效的关系尚存在不同意见，大致形成 3 种观点（King and Lenox，2001），即正相关、负相关和不相关。这些研究多是集中于区域、企业、设施和环境公共政策等不同维度的环境绩效评价，难以揭示不同环境策略导向下的环境绩效异同。因此，如何从过程演化视角建立物理意义明确的环境绩效分析框架，成为定量分析不同产业生态化策略导向下环境绩效的关键性问题。

环境绩效是衡量区域产业系统环境适应能力的主要标志，不同的环境绩效指标可以反映区域产业系统环境适应的不同策略导向，资源投入指标反映产业系统环境适应的源头减量化策略导向，污染物产生量指标反映生产过程中的清洁生产策略导向，污染物排放量指标反映末端治理策略导向。与源头减量化、清洁生产等预防性策略相比，末端治理策略更易造成环境绩效与经济绩效之间呈倒“U”

形关系，无法实现经济增长与资源环境的脱钩，而以源头减量化和清洁生产为主的预防性策略，有利于推动经济增长与资源环境的协调发展，实现穿越“环境高山”的发展目标，因此推动末端治理策略向源头减量化、清洁生产等预防性策略转变，可以更好地促进区域可持续发展（高迎春等，2011）。基于此，本节采用完全分解模型，分别测算源头减量化、清洁生产和末端治理阶段的资源投入和污染物削减的绝对量，对比分析不同产业环境适应策略导向下的环境绩效，探讨区域产业系统环境适应不同策略的影响因素。

（一）数据处理及来源

本书以江苏省 13 个地级市为研究地域单元，以 2002～2010 年为研究时期，以工业 GDP 表示经济规模，以能源消费量表示资源投入量，反映源头减量化状况；以工业二氧化硫去除量和排放量之和代表污染物产生量（以下简称产污量），反映清洁生产状况；以工业二氧化硫排放量代表污染物排放量（以下简称排污量），反映末端治理状况。本章中所需各类数据均来自于相应年份的《江苏统计年鉴》和各市统计年鉴，以及各市环境状况公报。

（二）完全分解模型

完全分解模型是由 Sun（1998）在传统分解模型的基础上提出的，该模型消除了分解过程中残差的影响，提高了分解的准确性。近年来，该模型在资源环境领域得到较为广泛的应用（Bao et al.，2006；孙才志和王妍，2010；李名升等，2009；李凯等，2007；韩瑞玲等，2012），但在产业系统环境绩效评价方面研究成果尚不多见。产业系统环境绩效是区域科学发展的重要测度，也是绿色发展的重要体现，借鉴该方法构建不同产业环境适应策略下的环境绩效分解模型，比较不同产业环境适应策略下环境绩效的差异，分析工业经济规模、空间布局和技术进步等因素对产业生态化影响作用，有利于促进经济发展方式转型目标的实现。区域产业系统环境绩效（资源投入量、产污量或排污量）完全分解模型可以表达为

$$\mathrm{EP} = T\sum_{i=1}^{n} S_i I_i \tag{6-21}$$

式中，EP 为环境绩效指标值，本节指资源投入量（万 t）、工业产污量或排污量（t）；T 为工业经济规模（万元），用工业 GDP 表示；S_i 为地区 i 的工业经济规模 T_i 占研究区域工业经济总规模 T 的比重，即 $S_i = T_i / T$，表示区域工业空间格局；I_i 为技术效应，用地区 i 的环境绩效指标值（资源投入量、工业产污量或排污量）EP_i

与该地区工业经济规模 T_i 的比值表示，即 $I_i = EP_i / T_i$；n 为研究区域内部地区划分个数，本节为 13 个省辖市。

假设研究末期指标用上标 t 表示，则研究基期指标用上标 t–1 表示，则研究末期和基期工业环境绩效指标分别用 EP^t 和 EP^{t-1} 表示，研究期间环境绩效指标变化量ΔEP 可以表示为

$$\Delta\mathrm{EP} = \mathrm{EP}^t - \mathrm{EP}^{t-1} \tag{6-22}$$

同理，可得 ΔT、ΔS、ΔI。这样，环境绩效指标（资源投入量、产污量或排污量）的变化 ΔEP 可以看作是工业经济规模 T、工业空间结构 S、资源投入（产污或排污）强度 I 三种因素共同作用的结果。根据完全分解模型（Sun，1998），影响因素 T、S、I 的变化对 ΔEP 的贡献分别为

$$\mathrm{EP_T} = \Delta T\sum_{i=1}^{3} I_i^{t-1} S_i^{t-1} + \frac{1}{2}\sum_{i=1}^{3}\Delta T(I_i^{t-1}\Delta S_i + S_i^{t-1}\Delta I_i) + \frac{1}{3}\Delta T\sum_{i=1}^{3}\Delta S_i \Delta I_i \tag{6-23}$$

$$\mathrm{EP_S} = T^{t-1}\sum_{i=1}^{3} I_i^{t-1}\Delta S_i + \frac{1}{2}\sum_{i=1}^{3}\Delta S_i(I_i^{t-1}\Delta T + T^{t-1}\Delta I_i) + \frac{1}{3}\Delta T\sum_{i=1}^{3}\Delta S_i \Delta I_i \tag{6-24}$$

$$\mathrm{EP_I} = T^{t-1}\sum_{i=1}^{3} S_i^{t-1}\Delta I_i + \frac{1}{2}\sum_{i=1}^{3}\Delta I_i(S_i^{t-1}\Delta T + T^{t-1}\Delta S_i) + \frac{1}{3}\Delta T\sum_{i=1}^{3}\Delta S_i \Delta I_i \tag{6-25}$$

式中，$\mathrm{EP_T}$ 为规模效应，表示工业规模总量变化引起的资源投入量（产污量或排污量）的变动；$\mathrm{EP_S}$ 为空间结构效应，表示工业经济总量在研究区域内部各地区的比例份额变动对资源投入（产污量或排污量）的影响；$\mathrm{EP_I}$ 为技术效应，表示技术进步引起地区资源投入（污染物产生或排放）强度下降，进而影响资源投入量（产污量或排污量）的变动。区域环境绩效（资源投入量、产污量或排污量）的变化 ΔEP 等于各项分解效应之和，即$\Delta\mathrm{EP}=\mathrm{EP_T}+\mathrm{EP_S}+\mathrm{EP_I}$。根据上述模型，第 t 年工业生产过程中的源头减量化效应（资源投入减少量）、过程控污量（污染物产生减少量）、末端减排量（污染物排放减少量）为

$$\mathrm{EPR}_t = -(\mathrm{EP_I} + \mathrm{EP_S}) \tag{6-26}$$

减量化（少）率公式为

$$\mathrm{EPRR}_t = \frac{\mathrm{EPR}_t}{\mathrm{EP}_{t-1} + \mathrm{EP}_{\mathrm{T},t}} \times 100\% \tag{6-27}$$

如果 $\mathrm{EP_T}$、$\mathrm{EP_S}$、$\mathrm{EP_I}$ 三者均为正值，则表示由于工业经济规模、工业空间结构和资源消耗（污染物产生或排放）强度的变化对区域工业资源消耗（污染物产生或排放）施加正向影响，引起资源消耗增加，环境污染加剧，其变化值称为资源环境影响的增量效应；反之，负值表示各自的减量效应。利用上述分解模型，

不仅可以初步考察工业经济规模、工业空间结构、技术进步对资源消耗、污染物产生或排放的影响程度和作用规律（李名升等，2009），而且能够将区域产业系统环境适应过程中源头减量化、过程清洁生产和末端治理 3 个阶段的“净”环境绩效从资源消耗（污染物产生或排放）的总量变化中提取出来（高迎春等，2011）。

二、资源投入量、产污量或排污量的时空特征分析

2002～2010 年，江苏省工业 GDP 由 4880.09 亿元增加到 19 277.65 亿元，年均增长率为 18.73%。同期，资源投入量和产污量分别由 10 103.28 万 t 和 132.91 万 t 增加到 20 597.82 万 t 和 306.22 万 t，年均增长率分别为 9.31%和 11.00%，而排污量则由 105.51 万 t 下降为 90.44 万 t，年均递减率为 1.91%。以上分析表明，江苏省工业规模的快速扩张，推动了资源投入量和产污量的大幅增加，加剧了资源的约束性，技术进步则发挥了明显的抑制作用，促进了资源投入量和污染物产排量的降低。需要指出的是，江苏省工业规模扩张与排污量呈反向增减，二者处于相对脱钩状态，这在一定程度上反映出末端治理的环境绩效显著，也说明江苏省工业生产的源头减量化和生产过程中的清洁生产尚有较大潜力。

从空间结构，即各市工业 GDP（产污量或排污量）占江苏省 GDP（产污量或排污量）的比例看（图 6-10），江苏省工业发展水平呈现由苏南（64.73%）向苏中（18.80%）再苏北（18.46%）逐步下降的趋势，而苏南地区资源投入量、产污量和排污量占全省的比例分别为 69.18%、59.55%和 53.65%，苏中地区分别为 14.97%、18.39%和 19.31%，苏北地区则分别为 15.86%、22.06%、27.05%，三者均呈现出南北高而中部低的“凹”字形格局。从演化趋势看，自 2003 年江苏沿江开发战略实施以来，苏州、无锡、南京 3 市的工业发展规模呈现先增后减的趋势，而其余 10 市则呈现先减后增的变化趋势，工业经济变差系数由 2002 年的 0.765 提高到 2005 年的 0.907，然后再下降到 2010 年的 0.788，使得工业经济空间格局表现出极化-分散的演化态势。资源投入量、产污量或排污量的空间结构也表现出相似的变化趋势，但资源投入的空间变差系数（0.976）高于工业经济规模（0.847），而产污量（变差系数为 0.845）和排污量（变差系数为 0.634）的空间差异则小于经济差异（图 6-11），表明工业的快速发展是由资源投入的快速增加来推动的，而污染物产生和排放的空间差异在很大程度上受清洁生产技术和末端治理技术等多要素的影响、控制，但并不完全受制于经济因素。近年来，随着工业区域转移的推进，江苏省工业发展呈现分散化趋势，工业空间结构变差系数呈现降低趋势，而环境绩效方面除了产污量空间结构变差系数降低外，资源投入、排污量的空间结构变差系数均呈增大趋势，表明源头减量化和末端治理的环境绩效仍以苏南各市较为显著，而与其他各市存在较大差异。

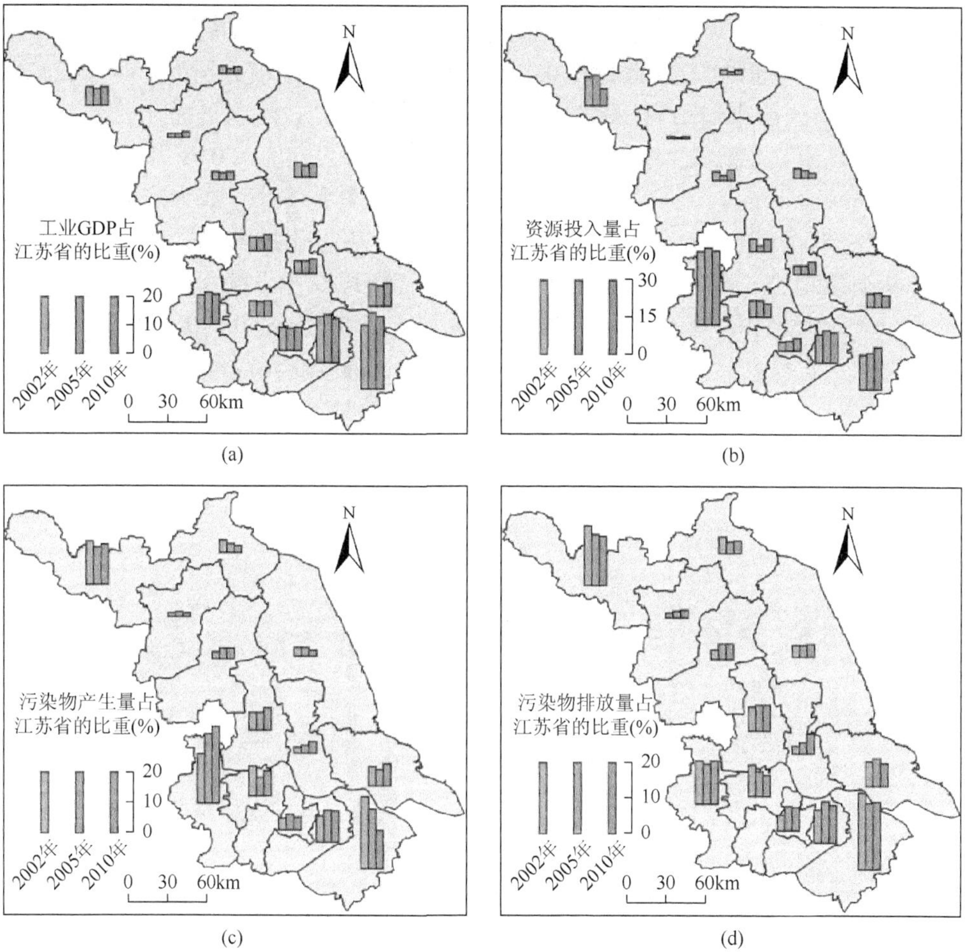

图 6-10　江苏省工业规模、资源投入、污染物产生及排放量的空间结构变化

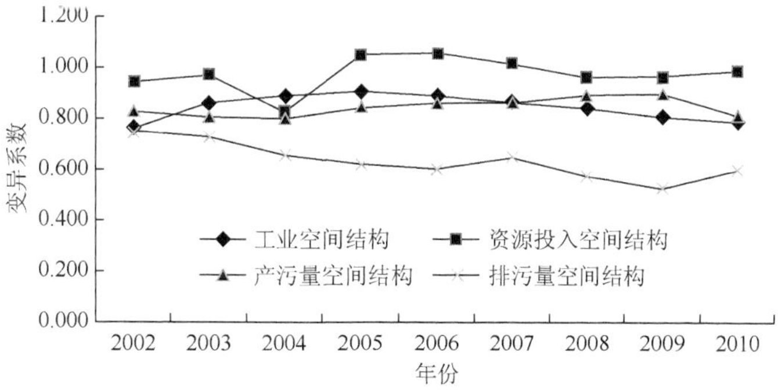

图 6-11　空间结构变差系数

从资源投入及产排污强度（图 6-12）看，2002～2010 年江苏省资源投入强度、产污强度和排污强度呈现持续下降态势，分别由 2.070t/万元、0.027t/万元、0.022t/万元下降到 1.068t/万元、0.016t/万元和 0.005t/万元，年均下降速度分别为 7.94%、6.52% 和 17.39%，说明末端治理技术进步最快，而清洁生产技术水平提升最慢。从空间结构看，南京资源投入强度（5.250t/万元）和产污强度（0.040t/万元）高于其他各市，而徐州的排污强度（0.025t/万元）均高于其他各市，成为江苏省源头减量化、生产过程清洁生产和末端治理等不同产业生态化技术水平提高的制约因素。从演化趋势（表 6-15）看，2002～2010 年资源投入强度和产污强度的区域差异呈现拉大趋势，变差系数分别由 0.618 和 0.498 上升到 0.639 和 0.559，而排污强度的变差系数呈现逐渐下降趋势，由 0.525 下降到 0.367，表明江苏省各市源

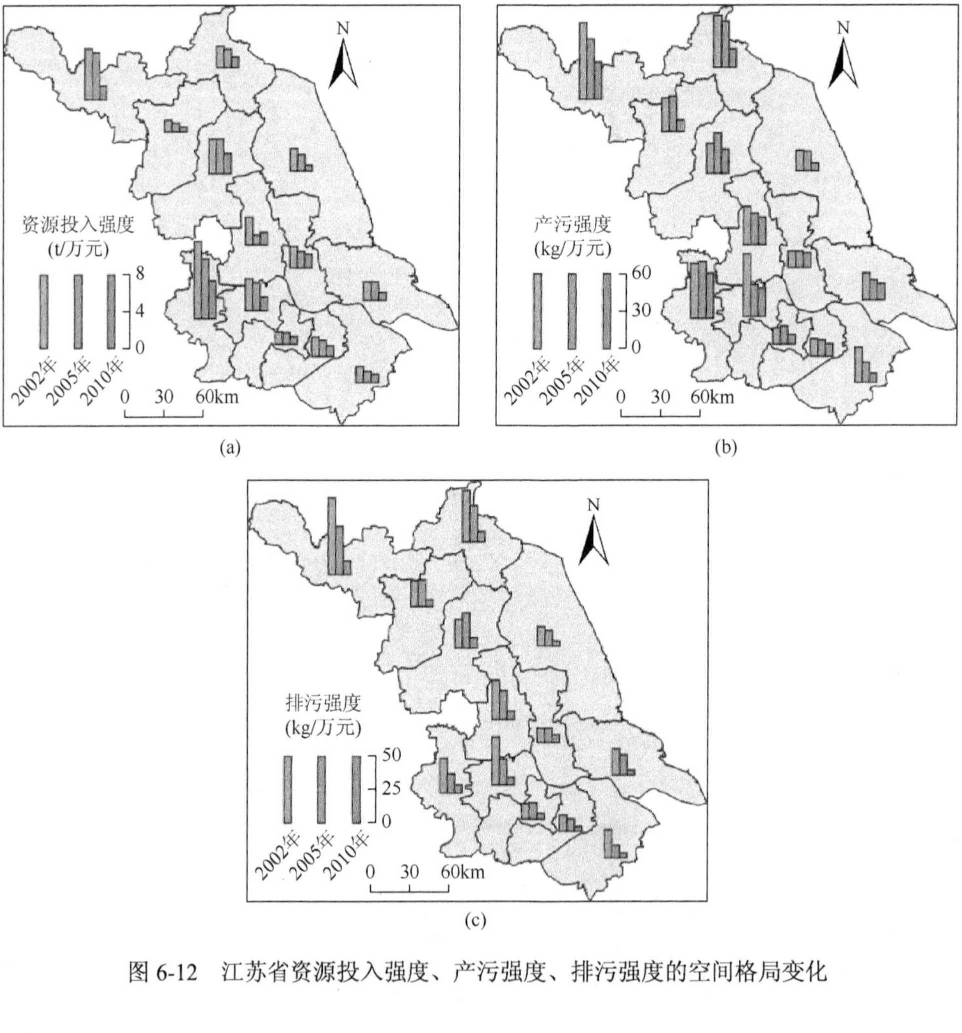

图 6-12　江苏省资源投入强度、产污强度、排污强度的空间格局变化

头减量化技术水平的差异最大，生产过程污染控制水平的差异次之，而末端治理技术水平的差异最小，也说明不同的产业环境适应策略会产生不同的环境绩效，受技术水平的限制，各市源头减量化和生产过程污染控制的环境绩效差异较大，而末端治理的环境绩效差异有缩小趋势。

表 6-15 资源投入强度、产污强度、排污强度的变差系数（2002～2010 年）

指标	2002 年	2003 年	2004 年	2005 年	2006 年	2007 年	2008 年	2009 年	2010 年
资源投入强度	0.618	0.605	0.540	0.673	0.683	0.655	0.668	0.694	0.639
产污强度	0.498	0.497	0.404	0.465	0.431	0.443	0.429	0.487	0.559
排污强度	0.525	0.526	0.424	0.440	2.551	0.318	0.376	0.362	0.367

三、效应分解分析

根据完全分解模型，分别对 2002～2010 年江苏省源头资源投入量、生产过程产污量和末端排污量的变化进行分解，结果见表 6-16。

表 6-16 江苏省工业环境绩效分解

年份	资源投入量（万 t）			产污量（t）			排污量（t）		
	EP_T	EP_S	EP_I	EP_T	EP_S	EP_I	EP_T	EP_S	EP_I
2002～2003	17 356.13	4 100.93	–6 293.45	26 798.01	11 703.69	–36 770.17	24 726.75	8 518.79	–28 959.11
2003～2004	18 409.07	2 338.82	–26 596.73	40 196.84	–3 435.81	–12 028.47	33 058.91	–2 393.13	–17 294.72
2004～2005	22 859.58	4 178.19	10 684.83	41 978.49	5 771.15	12 979.74	25 435.63	3 336.41	–11 342.01
2005～2006	18 797.00	1 666.92	–23 872.72	42 760.61	–4 224.71	–9 296.06	25 886.20	–1 153.00	–35 158.63
2006～2007	21 485.56	1 976.01	–9 247.52	42 589.82	1 544.53	25 543.45	22 588.44	–668.50	–31 530.43
2007～2008	19 101.08	–1 212.11	–11 339.33	30 135.48	–3 173.99	10 705.95	17 194.00	–601.81	–33 040.31
2008～2009	12 846.94	–5 184.90	–9 486.44	26 970.55	839.92	–35 827.27	9 398.45	947.14	–21 034.03
2009～2010	20 011.13	–3 258.59	–22 053.97	36 741.86	–22.57	–88 908.52	16 140.56	–395.34	–7 441.66
2002～2010	173 275.04	9 476.99	–109 997.77	335 400.48	14 853.43	–199 410.70	246 926.31	1 053.76	–227 909.30

（一）资源投入量效应分析

2002～2010 年，江苏省能源消耗量的年际变化量由减量演变为增量，变化幅度呈现先增大后减少的趋势（图 6-13）。能源消耗大多数年份表现出增量效应，研究期内，除 2002～2003 年为减量效应小于 0 外，其余年份的工业能源消耗均为增量效应大于 0，表现出较为显著的增量作用。增量效应主要受工业经济规模、空间结构与资源投入强度的共同影响。通过相关分析，工业经济规模因素与资源投入量的年际变化呈正相关关系（相关系数为 0.397），对资源投入量增加有促进作用，2002～2010 年规模效应的作用累积促使资源投入增加 173 275.04 万 t；空间结构效应与工业资源投入呈负相关关系（相关系数为–0.406），表明随着工业空间布局优化与集聚发展，空间结构对资源投入的作用由增量效应转变为减量效应，即 2002～2003 年空间结构促使资源消耗增加 4100.93 万 t，而到 2009～2010 年则减少 3258.59 万 t，并且随着江苏省产业区域转移战略的实施，工业空间结构的重组，增量效应不断减弱，而减量效应呈不断增强的趋势；资源投入强度（技术效应）也与工业资源消耗呈负相关关系（相关系数为–0.457），即技术效应对资源投入产生的减量效应比较明显，研究期间共减少资源投入 109 997.77 万 t（表 6-16）。

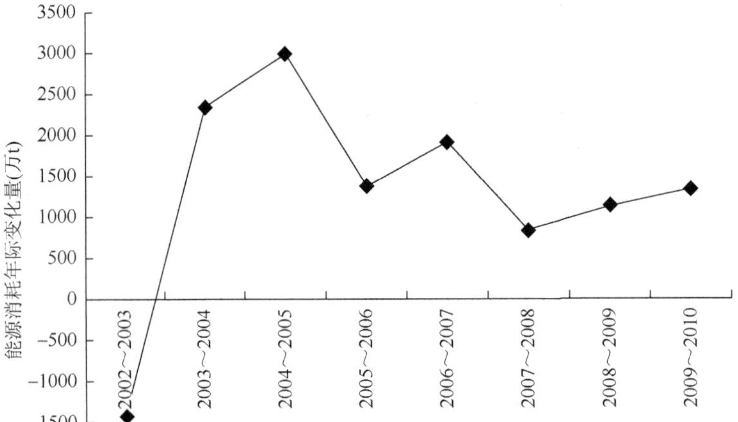

图 6-13　工业资源投入量年际变化

（二）产污量效应分析

2002～2010 年，江苏省工业产污量的年际变化量呈现波动性增长趋势（图 6-14）。除 2008～2009 年表现为负增长，下降幅度为 11 414t 外，其余年份表现出增量效应，且增加幅度呈波动性提高态势，这种变化趋势与区域经济变化基本一致。同样，通过相关分析可知，经济规模效应与工业产污量年际变化呈较显著的正相关

（相关系数为 0.506），即工业规模的迅速扩张带动了工业产污量的增加，研究期内所有年份均表现为增量效应，平均增量效应为 36 021.46t，平均增长 263.41%。空间结构效应与工业产污量年际变化呈弱的正相关关系（相关系数为 0.083），表明工业空间结构的变化促进了工业产污量的增加，平均效应增长 5.41%，但各年份空间结构效应表现不同，其中 2002～2003 年、2004～2005 年、2008～2009 年 3 个时期表现出增量效应，其他年份均表现为减量效应，且呈减弱趋势。技术效应与工业产污量年际变化呈较显著的负相关关系（相关系数为–0.634），对工业产污量发挥减量作用，研究期内所有年份均表现为负增长，技术效应年平均减少 23 086t，年均下降 168.83%。

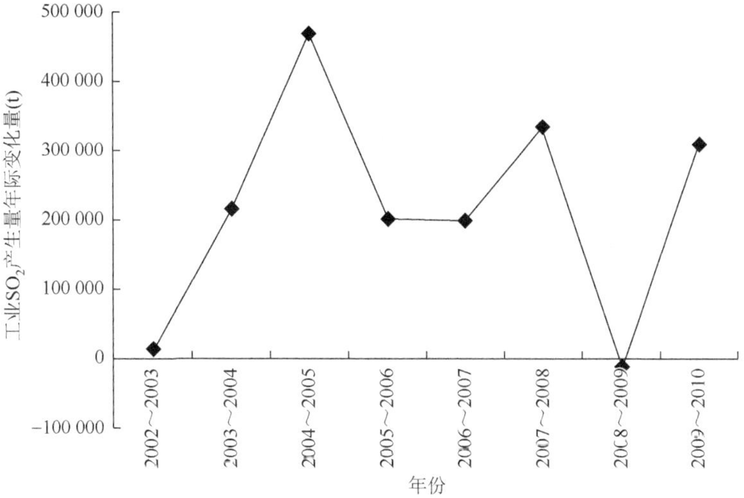

图 6-14　工业产污量年际变化

（三）排污量效应分析

2002～2010 年，江苏省工业排污量的年际变化量的减量幅度呈现先减小后增大再减少的变化趋势，显示出较大的波动性（图 6-15）。研究期内，2003～2005 年工业排污量的年际变化量的减量效应大于 0，其余年份的工业排污量的增量均小于 0，表现为显著的减排效应，这主要是由末端治理技术进步造成的。相关分析表明，工业规模效应与排污量年际变化呈较显著的相关性（相关系数为 0.508），但由于工业规模效应的持续扩大，造成其对工业排污量的增量效应也比较明显，年均规模效应为 21 803.62t，且增长幅度呈下降趋势。空间结构效应与工业排污量的年际变化量的相关性较弱，相关系数仅为 0.047，反映了区域工业空间布局调整对工业排污量的影响不明显，表明江苏省区域工业结构的空间差异性对工业排污量减排影响较弱，且空间结构效应总体上显示为减量效应，但各年份表现不同，仅 2002～2003 年、2004～2005 年、2008～2009 年 3 个时期呈现增量效应，大多数年份表现为减量效应，近年来，减排幅度有增大趋势。技术效应与工业排污量年际变化量具有较为显著的相关性，相关系数为 0.702，表明随着技术创新能力的增强，工业排污量的年际变化持续表现为减量作用，年均技术效应为–23 225.1t，表明技术创新的减量效果较为突出，造成其总体发挥的作用比较大。

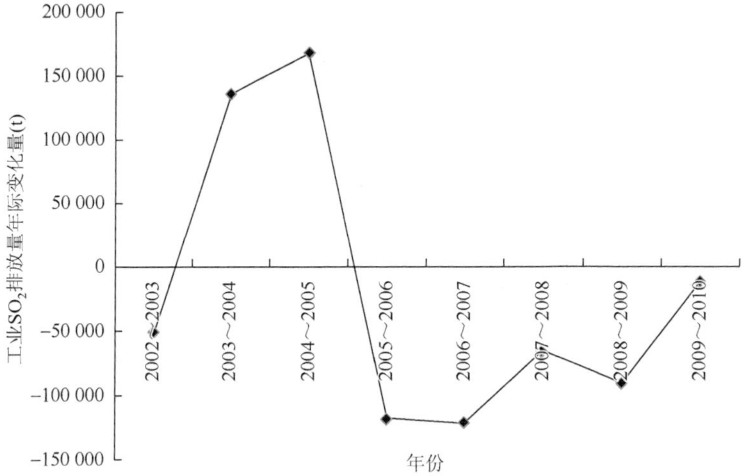

图 6-15　工业排污量年际变化

四、减量效果分析

表 6-16～表 6-17 显示，在技术效应和空间结构效应的共同作用下，资源投入减少量和污染控制量总体上呈现增大的变化趋势，分别由 2192.52 万 tce 和 25 066.48t 提高到 25 312.56 万 tce 和 88 931.09t，减量化率（或减少率）分别由 7.98% 和 1.85%提高到 64.46%和 3.19%，而末端污染物减排量由 20 440.32t 下降到 7837.00t，减排率由 1.89%降低到 0.84%，表明源头减量化和过程清洁生产取得了显著成效，并且这一趋势正在加强，而末端治理的环境绩效明显低于源头减量化和过程清洁生产，显示出以资源投入减量化和清洁生产为主导的预防性环境策略正成为江苏省产业生态化策略的主要导向，特别是近年来江苏省生态建设、产业转型升级及创新省份建设等战略举措的实施，使得源头减量化效果和过程控污效果持续增强，进一步提升了预防性环境策略在江苏省环境管理中的地位，促使产

业生态化沿着绿色发展和循环型发展的方向推进。

表 6-17　源头减量效果、过程控污效果和末端减排效果比较（2003～2010 年）

年份	源头减量效果		过程控污效果		末端减排效果	
	减少量（万 tce）	减量化率（%）	污染控制量（t）	减少率（%）	减排量（t）	减排率（%）
2002～2003	2 192.52	7.98	25 066.48	1.85	20 440.32	1.89
2003～2004	24 257.91	89.51	15 464.28	1.12	19 687.85	1.90
2004～2005	–14 863.02	–43.86	-18 750.89	–1.17	8 005.59	0.69
2005～2006	22 205.80	67.66	13 520.77	0.65	36 311.63	2.72
2006～2007	7 271.51	19.71	27 087.98	1.19	32 198.92	2.65
2007～2008	12 551.45	34.47	–7 531.96	–0.31	33 642.12	3.09
2008～2009	14 671.34	47.36	34 987.34	1.25	20 086.90	1.98
2009～2010	25 312.56	64.46	88 931.09	3.19	7 837.00	0.84
2002～2010	100 520.78	54.82	184 557.23	11.09	226 855.57	17.42

需要指出的是，无论是资源投入减少量还是污染控制量、末端减排量，在总量上均小于由技术效率提升所带来的减少量，主要是因为空间结构效应累计结果为正值，即江苏省域在空间上不仅没有形成能源原料及副产品相互利用的区域产业网络系统，甚至彼此之间相互封闭，这在一定程度上加剧了资源消耗，造成污染物产生量及排放量的增加，使得工业发展的环境影响更趋恶化。2008 年以来，伴随着产业转型升级的加快，工业空间布局的优化重组，区域性产业网络的逐步形成，空间结构效应对资源消耗表现出减量化作用。

源头减量效果、过程控污效果和末端减排效果的变化趋势反映了区域产业生态化的环境绩效特征。在深入推进生态文明建设的新形势下，江苏省大力实施绿色发展战略，努力推进节能减排，资源投入减量化成效显著，资源高效、综合利用水平大幅度提升，研究期内资源投入减量化率高达 54.82%，源头减量化是江苏省产业生态化的首选路径。同时，随着技术的进步，以降低污染物排放、减少环境污染为直接目的的末端治理促进了污染排放强度的大幅下降，研究期内减排率为 17.42%，大大降低了工业发展对环境的负面影响，成为仅次于源头减量化的区域产业生态化方向。以降低污染物产生为主导的清洁生产，作为产业生态化的理想追求，能够有效地促进环境绩效与经济绩效的协调发展，但由于受技术、经济等多因素的制约，进展相对缓慢，造成污染物产生量减少率仅为 11.09%，减量化效果小于资源源头循环和末端治理，应成为今后产业系统环境适应性调整的重点。

第七章　江苏省典型地区产业系统的环境效应

江苏省经济发展存在明显的区域差异，不同地区的资源环境基础、区位条件、人文社会环境等要素各不相同，由此决定了各地区产业系统根植性的差异。本章拟选取现代工业城市——苏州市、资源型城市与老工业城市——徐州市为典型地区，深入分析江苏省不同地区产业系统的环境影响程度，研究江苏省不同区域产业系统环境适应性的特殊性，并揭示其驱动机制，寻求各具特色的产业系统环境适应性的区域性。

第一节　苏州市产业结构演变的环境响应评价

苏州市经济已进入工业化发展的中后期，第二产业所占比重仍较大，尤其是工业所占比重占绝对优势，在这种产业结构的影响下，虽然苏州市坚持加快发展与资源利用、环境保护“三位一体”协调共进，完成总量减排任务，持续改善水环境质量，深入开展“蓝天工程”，有效解决一批环境热点难点问题，有序推进生态城市建设，但工业发展对环境污染的影响是不容小觑的，苏州市的环境质量还是呈现出一定程度的恶化趋势，如随着工业用水量的日益增加，污水排放量也有所增加，1990～2010 年苏州市工业废水年排放量增加了 1.34 倍，部分污水未经处理直接排入河道，造成主要河道受到不同程度的污染，其中张家港和十一圩港水质污染最为严重，此外，全市的湖泊表现出富营养化特征。苏州市工业废气年排放量持续增长，由 1990 年的 390 亿标立方米增加到 2010 年的 8271 亿标立方米，固体废物产生量在 20 年间年增长率达到 14.5%。此外，从企业数量上来看，纺织业、食品制造业、化学纤维制造业、医药制造业等 15 个高污染、高耗能企业数量占规模以上企业总数的比重由 1990 年的 48%增加至 83%，高污染、高耗能行业的过快增长给环境造成巨大压力。总体来看，虽然苏州市的工业总产值年均增长率达到 21.7%，但经济高增长背后是工业“三废”排放总量的高增长态势，苏州市产业发展带来的环境问题依旧严重，所以在全市倡导产业转型的趋势下研究产业结构演变的环境响应问题已迫在眉睫。苏州市“十二五”规划中强调坚持绿色发展，以产业生态化为基础，推进产业结构的生态化重组和低碳产业体系建设，大力发展绿色经济、低碳经济和循环经济，实现经济效益和生态效益的协调统一，营造绿色生态的宜居环境。因而，从理论上深入剖析苏州市产业结构演变的过程与特征，总结产业结构演变的资源效应与环境效应，试图为苏州市绿色发展提供依据。

一、产业结构演变及环境质量状况分析

（一）苏州市社会经济状况

苏州市地处长江三角洲核心区域，面积为 8488.42km^2，占江苏省总面积的 8.3%。改革开放以来，该市凭借毗邻上海市的优势，通过发展乡镇经济、外向型经济、创新型经济，实现了快速工业化和城市化，苏州市成为国内知名的制造业基地和重要的经济中心城市，在全国经济社会发展和改革开放大局中具有重要的战略地位和示范作用。2010 年，苏州市总人口为 637.66 万人，人口密度为 751 人/km^2。地区生产总值达 9228.91 亿元，人均地区生产总值为 93 043 元（按常住人口计算），分别是上海市、江苏省、全国平均水平的 1.2 倍、1.8 倍和 3.1 倍。三次产业产值比例为 1.7∶56.9∶41.4，处于“二、三、一”型产业结构层次。目前，苏州市产业发展已融入全球产业供应链中，并形成了电子信息、装备制造、纺织服装、冶金、轻工和石化等优势产业。

（二）苏州市产业结构演变过程与特征

改革开放以来，苏州市逐渐形成了农业产业规模稳定、工业特色明显、服务业加速发展的现代产业结构。1978～2010 年，苏州市产业结构演变过程大致可以分为 3 个阶段（表 7-1）。当前苏州市已进入工业化后期，但产业结构还存在一定问题：第二产业比重过大，其中劳动密集型、土地及环境资源高消耗型产业比重还很大；第三产业比重偏小，特别是生产性服务业和现代服务业发展不足。

表 7-1　1978～2010 年苏州市产业结构演变过程的 3 个阶段及特征

年份	社会经济特征	产业特征	模式
1978～1997	乡镇经济	轻纺工业	苏南模式
1998～2002	外向型经济	重化工型工业	苏州模式
2003～2010	创新型经济、外向型经济、民营经济	高技术、新兴产业	新苏州模式

1. 评价指标

关于产业结构定量分析的指标有很多，本书选取产业结构偏离度和变差系数、产业结构转换系数来定量分析三次产业结构的演变过程。鉴于苏州市工业特色明显，本章从行业结构、所有制结构、企业规模结构三方面选取行业结构变动指数、所有制结构多样化指数、工业企业规模差异指数等一系列指标，建立评价指标体系，以定量分析苏州市工业结构演变特征（表 7-2）。

表 7-2　苏州市产业结构演变的定量分析指标

指标名称	公式	解释
产业结构偏离度和变差系数	$\varphi_1=\dfrac{\text{GDP}_i/\text{GDP}}{Y_i/Y}-1$ $\varphi_2=\sum_{i=1}^{n}\left\lvert \text{GDP}_i/\text{GDP}-Y_i/Y\right\rvert$	产业结构偏离度反映的是产业结构中某产业的产值比重与就业比重是否处于同步变化和对称状态，其是用来衡量各次产业发展均衡性的主要指标（陈万明和石丽，2012）。若偏离度为正值，表明产值比重大于就业比重，其绝对值越小，产业结构和就业结构发展越平衡，为零时两者均衡。变差系数越大，产业结构与就业结构差距越大。其中，φ_1 为就业产业结构偏离度，φ_2 为变差系数，GDP_i/GDP 为第 i 产业 GDP 产值所占比重，Y_i/Y 为第 i 产业就业人员数所占比重
产业结构转换系数与转换方向系数	$V=\sqrt{\sum_{i=1}^{n}\dfrac{(S_i-S_j)b_i}{S_j}}$ $\theta_i=\dfrac{1+S_i}{1+S_j}$	根据罗斯托的主导产业扩散效应论，将区域内各产业发展的差异作为衡量一个区域产业结构转换能力的主要标尺，包括产业结构转换速度系数和产业结构转换方向系数。其中，V 为产业结构转换速度系数，θ_i 为产业结构转换方向系数，S_i 为产业年均增速，S_j 为研究时段内 GDP 年均增速，b_i 为 i 产业占 GDP 的比重，n 为产业的数量
多样化指数	$D=1\Big/\sum_{i=1}^{n}d_i^2$	产业结构多样化指数可以用来衡量产业内部结构的多样化程度，通常使用赫芬达尔-赫希曼指数的倒数来表征。多样化指数增大，表明产业结构多样化程度提升，产业的系统性、整体性增强。其中，D 为多样化指数，d_i 为各产业产值占总产值的比重
行业结构变动指数	$H_i=\sum_{i=1}^{n}\left\lvert C_i(t)-C_i(t+\Delta t)\right\rvert$	$C_i(t)$和 $C_i(t+\Delta t)$分别为 t 和 $t+\Delta t$ 时期 i 行业在工业总产值中的比重，n 为工业结构中的行业数量。H_i 为 i 年份行业结构变动指数，其值越大，说明行业结构变动越明显；反之，则越不明显（褚晓和沙景华，2012）
霍夫曼系数	$F_i=L_i/H_i$	L_i、H_i 分别为 i 年份轻工业、重工业产值，F_i 为 i 年份霍夫曼系数，反映区域重工业化发展程度
高技术产业发展指数	$Y_i=G_i/I_i$	G_i、I_i 分别为 i 年份高新技术产业产值、工业总产值，Y_i 为 i 年份高新技术产业发展指数，反映技术创新对工业发展的推动作用（李鹤和张平宇，2012）
所有制结构多元化指数	$S_i=-\sum_{j=1}^{n}X_{ij}\ln(X_{ij})$	X_{ij} 为 i 年份第 j 种所有制类型工业产值比重，n 为所有制的类型，S_i 为 i 年份工业所有制结构多元化指数，S_i 值越大，所有制构成越多元化
工业企业规模差异指数	$A_i=D_i/X_i$	D_i、X_i 分别为 i 年份大型、中小型规模工业企业平均产值规模，A_i 为 i 年份企业规模差异指数，反映区域工业企业的规模差异程度

2. 偏离-份额分析法

偏离-份额分析法（shift-share method，SSM）在国外区域与城市经济结构的分析中已得到广泛应用。SSM 与以往其他方法相比，能比较研究区域各部门或产业的发展状况与全局相关部门或产业竞争力的大小，具有较强的综合性和动态性。其基本原理是在选定时间范围和背景区域内，把区域变化看作一个动态过程，以其所处更大区域的经济发展为参照系，将区域自身经济总量在某时期的变动分解为份额分量 N、结构分量 P 和竞争力分量 D 三部分。偏离-份额分析法数学模型较为复杂，具体计算过程详见文献（崔功豪等，2006）。

3. 三次产业结构演变过程分析

图 7-1 显示，1978～2010 年苏州市产业结构演变的总趋势如下：①第一产业在国民经济中地位迅速下降。改革开放以来，随着工业化和城市化的快速发展，以及土地限制、农业劳动力出路压力大、农业收益低下等因素的制约，第一产业所占比重由 1978 年的 28.1%下降到 2010 年的 1.7%。②第二产业发展势头强劲。随着改革开放的深入，外向型经济的飞速发展，各种方针、政策都更多地倾向于发展第二产业，第二产业的强扩张态势非常明显，所占份额一直处于 55%以上，产业结构呈现出“中间大、两头小”的局面。③第三产业加速崛起。在开放的市场环境下，抓住国际服务业加快转移等重大机遇，苏州市第三产业快速发展，特别是 20 世纪 90 年代以来，第三产业的比重呈现稳步递增趋势。2005 年以来，随着第三产业比重的上升，苏州市产业结构层次呈现由“二三一”向“三二一”转变的趋势。

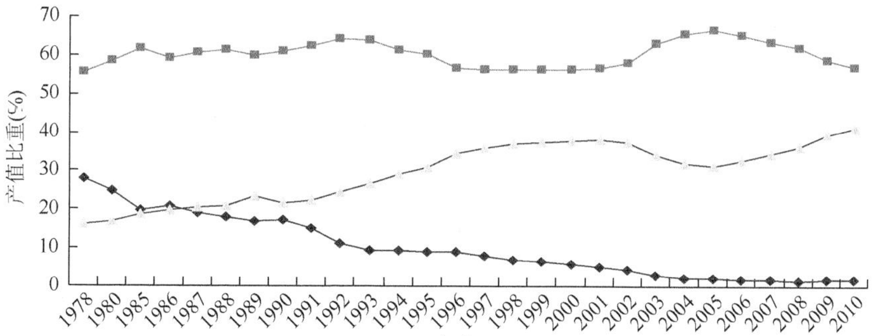

图 7-1 1978～2010 年苏州市三次产业结构演进情况

（1）就业结构和产业结构动态演进。苏州市产业结构的演进基本符合经济发展的一般规律，苏州市产业结构和就业结构较对称，就业结构随着产业结构的变化而发生相应变化。第一产业劳动力逐渐向二、三产业转移，第二产业成为安排就业最多的产业，第三产业就业人员比重稳步上升，对农村剩余劳动力的吸收能力也逐渐显现。根据产业结构偏离度及变差系数公式计算可知：①1990 年以前，第二产业产值与就业结构偏差最大，其绝对值趋向均衡的速度也是最快的。1990 年以来，其发展的均衡程度是最好的，第二产业在逐步优化，劳动力迁入压力逐步减小（图 7-2）。②第一产业的结构偏离度较大，且偏差趋向于均衡的速度比较慢，始终为负值，说明其产值结构一直小于就业比重，就业结构转变滞后于经济结构转变。此外，结构偏离度的绝对值由 1978 年的 0.55 上升到 2004 年的 0.84，偏离程度呈扩大趋势，说明苏州市第一产业存在隐形失业，剩余劳动力向其他产业转移的压力越来越大。进入 2005 年以后，结构偏离度绝对值略有下降，表明苏州市农业科技生产力有所提高。③第三产业结构偏离度变化比较平缓，绝对值逐渐缩小，说明第三产业产值与就业结构发展的均衡性较好。总的来看，1978～2010 年，苏州市产业结构与就业结构偏离程度逐渐减小，均衡度不断提高，就业结构与产业结构互动水平逐渐提高（图 7-3）。

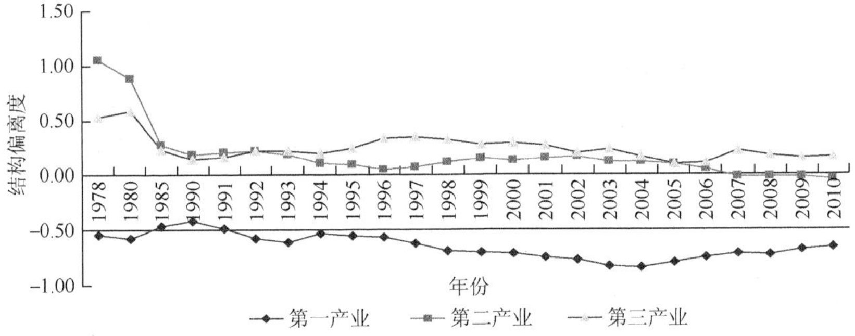

图 7-2　1978～2010 年苏州市三次产业的结构偏离度比较

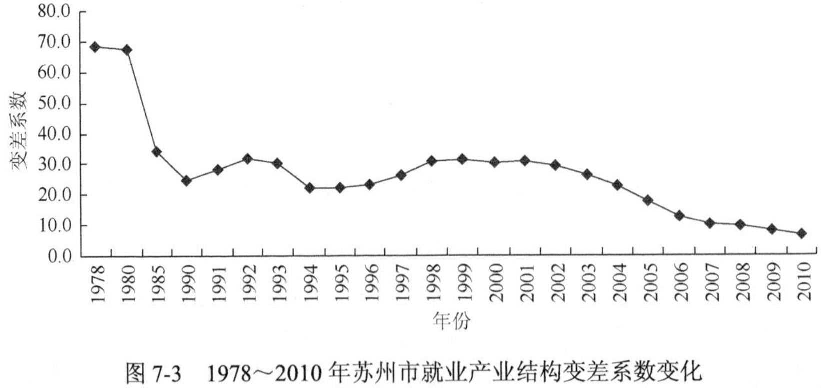

图 7-3　1978～2010 年苏州市就业产业结构变差系数变化

（2）产业结构升级转换动态演进。根据罗斯托的主导产业论，主导产业部门和优势产业的存在导致地区内各产业增长速度的差异，这种差异越大，该地区产业结构转换越快；若区内各产业增长速度相当，则转换就较慢。根据公式计算苏州不同阶段产业结构转换速度系数和方向系数（表 7-3）可以看出：①1978～2010 年，产业结构转换速度总体趋于变缓。改革开放初期，乡镇企业异军突起，冲破了计划经济的束缚，创造了加速发展的奇迹，苏州市产业结构转换速度较快。1998 年以后，随着经济活动的日趋成熟，产业结构转换速度变缓。2003 年以来，伴随着经济发展由投资驱动向创新驱动的转变，苏州市产业结构转换速度呈现加速的趋势。②研究时段内，θ_1 一直小于 1.0，且存在一个先降后升的过程，而 θ_3 一直大于 1.0，且在波动中保持基本稳定，存在一个先降后升的过程，θ_2 存在先升后降的过程。总体而言，第一产业比例下降、第三产业比例上升的趋势非常明显。2002 年以来，θ_2 也降低到 1.0 以下，表明苏州市第二产业比例开始下降，全市产业结构正从传统制造业主导型向高新技术产业主导型演进，从制造业主导型向服务业主导型演进，产业结构转换方向合理。

表 7-3　1978～2010 年苏州市不同时段产业结构转换速度系数和方向系数

时段		1978～1997 年	1998～2002 年	2003～2010 年
结构转换速度系数		0.0827	0.0604	0.0633
结构转换方向系数	θ_1	0.9338	0.8896	0.9349
	θ_2	1.0013	1.0091	0.9851
	θ_3	1.0419	1.0037	1.0283

注：θ_1、θ_2、θ_3 分别是第一、第二、第三产业的产业结构转换系数。

（3）产业结构的偏离-份额分析。依据偏离-份额分析模型，对本书所划分的 3 个代表性时段予以计算，结果见表 7-4。就份额分量而言，苏州市三次产业在 3 个时段的总增量均高于江苏省份额分量，表明从全省来看，该市三次产业均为区域增长性部门，标示着改革开放以来，苏州市三次产业总体增长情况良好。对于结构偏离份额，3 个时期情况类似，三次产业的结构偏离分量均为正值，尤其是第二产业的结构偏离分量最高，表明苏州市第二产业各部门结构对经济总量增长的贡献最大，而且从 W 指数来看，这种结构正效应也比较明显，第二产业中朝阳的、增长快的产业部门所占比重大，苏州市总体经济结构比较好，对于经济增长的贡献大。从竞争力偏离份额角度看，2002 年之前第二、三产业均为正值，且 $u>1$，说明第二、第三产业部门总的增长势头大，具有很强的竞争能力。

表 7-4　1978～2010 年苏州市不同年份偏离-份额分析（单位：亿元）

年份	产业类型	总增长 G_i	全省份额分量 N_j	结构偏离分量 P_j	竞争力偏离分量 D_j	总偏量 $(PD)_j$
1978～1997	第一产业	79.19	33.82	88.86	–43.49	45.37
	第二产业	619.23	226.27	203.94	189.02	392.96
	第三产业	402.83	45.94	185.67	171.21	356.89
	总计	1101.25	306.03	478.47	316.74	795.22
1998～2002	第一产业	3.71	0.47	2.85	0.39	3.24
	第二产业	509.57	191.52	187.29	130.76	318.05
	第三产业	317.08	91.31	167.16	58.61	225.77
	总计	830.36	283.3	357.3	189.76	547.06
2003～2010	第一产业	80.04	8.72	89.45	–18.13	71.32
	第二产业	3481.95	2128.2	1779.08	–425.33	1353.75
	第三产业	2865.36	961.85	1662.3	241.20	1903.51
	总计	6427.35	3098.77	3530.83	–202.26	3328.58

表 7-5 显示，1978～1998 年和 1999～2002 年两个时段，苏州市相对增长率和区域竞争系数均大于 1，表明这两个时段苏州市的经济增长速度快于江苏省平均速度，且区域竞争力较强。1998～2010 年，产业结构系数大于 1，产业结构层次水平较高，但 2002 年后相对增长率和区域竞争力略微下降，仅区域经济中增长快的朝阳产业部门有优势。苏州市经济增长主要依靠强劲发展的第二产业推动，产业结构有待进一步优化调整。

表 7-5　1978～2010 年不同年份苏州市 *L*、*W* 和 *u* 值

年份	相对增长率 L	结构效果系数 W	区域竞争系数 u
1978～1997	1.3483	0.9712	1.3882
1998～2002	1.1271	1.0243	1.1004
2003～2010	0.9909	1.0126	0.9786

4. 产业内部结构演变过程分析

a. 工业结构演变特征分析

（1）行业结构演变特征。根据苏州市采选业、制造业、电力、燃气和水的生产与供应业在 1991～2010 年的调整变动情况，可计算出苏州市工业行业结构变动指数。由图 7-4 可以看出，苏州市工业行业结构变动大致可以分为两个阶段：1991～1999 年，工业行业结构变动幅度较大，而且呈波动下降趋势；2000～2010

年，工业行业结构在波动中逐步趋于平缓。从各行业部门调整变动的幅度来看，制造业及电力、燃气、水的生产和供应业变动的幅度较明显，且呈现出同步性的特征，这主要是由于纺织、黑色金属冶炼及压延加工业、化学原料及化学制品制造业等的发展要消耗大量电力能源，需要电力、燃气和水的生产和供应业的发展与之配套。而采选业的调整变动幅度很小，所占工业总产值的比重也是最小的，历年来一直维持在 0.05 以下，这主要鉴于苏州市是一个能源输入型城市，矿产资源比较匮乏，除存在一些非金属矿外，能源类矿产几乎没有，以及受环境保护等矿产开采利用制约因素的影响，资源自供能力极其微弱，发展采选业受到一定限制。

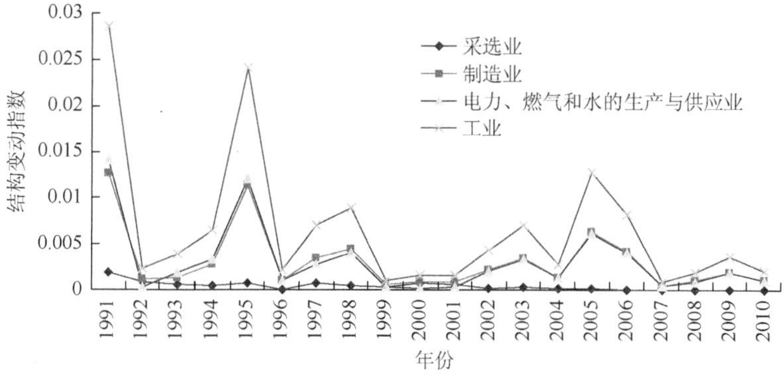

图 7-4　苏州市工业行业结构变动指数（1991～2010 年）

改革开放以来，苏州市工业的高速发展与较强的竞争力是苏州市经济增长的主要动力。研究期内苏州市工业总产值一直处于快速增长状态，工业产业多样化水平在 6～14（图 7-5），工业内部结构较为复杂多样，呈现出较为明显的演进特点，主要体现在自 1990 年以来，苏州市工业内部出现了三轮以高增长行业推动经济发展的过程，形成了结构变动推动经济发展的格局。第一轮是 20 世纪 90 年代初到 1997 年，工业内部多样化指数不断上升，产业的系统性、整体性逐渐增强。在“苏南模式”的影响下，苏州市走了一条重点发展以纺织服装为代表的轻工产业的发展路径，所占工业总产值比重在所有行业中位居首位（表 7-6）。第二轮是 90 年代中后期至 2003 年，工业产业多样化指数呈下降趋势。受东南亚金融危机的影响，苏州市产业也随之受到一定的冲击，产业的系统性减弱。但这段时期的电子信息产业发展势头良好，到 2003 年其产值所占比重跃居首位，达到了 31.47%。第三轮是 2003 年以后，苏州市工业产业结构变动进入了新的调整阶段。苏州市顺应了经济全球化潮流，抓住了国际产业转移节拍，加快筑巢引凤与引凤筑巢步伐，工业得到高度发展，推动了苏州市工业产业结构升级。到 2010 年年底，苏州市工业形成了电子信息、冶金、装备制造、纺织、化工等主导产业，而且在“苏州模式”嬗变过程中，苏州市更加关注产业的技术创新，加强创新型经济的培育。2010 年，新能源、新材料、生物技术和新医药、节能环保、新一代信息技术、高端装备等战略性新兴产业产值占规模以上工业总产值的比重达 65.4%，成为了当前新的主要高增长产业。2003～2010 年，产业多样化指数变幅减小，趋于稳定（图 7-5），工业内部结构趋于优化，产业结构呈现出高级化和技术集约化的发展趋势。

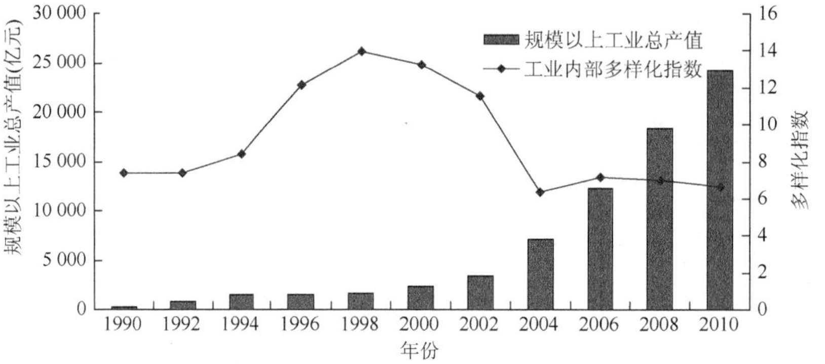

图 7-5　1990～2010 年苏州市工业内部多样化指数

表 7-6　苏州市工业行业产值比重排名前 10 位的行业

1990 年		1997 年		2003 年		2010 年	
行业	产值比重（%）	行业	产值比重（%）	行业	产值比重（%）	行业	产值比重（%）
纺织业	25.63	纺织业	18.65	通信设备、计算机及其他电子设备制造业	31.47	通信设备、计算机及其他电子设备制造业	33.85
通用设备制造业	7.14	通信设备、计算机及其他电子设备制造业	9.05	纺织业	9.76	黑色金属冶炼及压延加工业	8.72
电气机械及器材制造业	6.57	化学原料及化学制品制造业	7.48	黑色金属冶炼及压延加工业	6.80	电气机械及器材制造业	7.38
通信设备、计算机及其他电子设备制造业	5.81	电气机械及器材制造业	7.11	化学原料及化学制品制造业	6.30	纺织业	6.96
化学原料及化学制品制造业	5.76	黑色金属冶炼及压延加工业	5.92	电气机械及器材制造业	5.92	化学原料及化学制品制造业	5.62
纺织服装、鞋、帽制造业	2.82	纺织服装、鞋、帽制造业	5.70	通用设备制造业	4.03	通用设备制造业	5.15

续表

1990 年		1997 年		2003 年		2010 年	
行业	产值比重（%）	行业	产值比重（%）	行业	产值比重（%）	行业	产值比重（%）
食品制造业	2.62	通用设备制造业	4.95	交通运输设备制造业	3.06	化学纤维制造业	3.36
非金属矿物制品业	2.45	专用设备制造业	4.05	金属制品业	2.88	交通运输设备制造业	3.28
塑料制品业	2.32	非金属矿物制品业	4.03	仪器仪表及文化、办公用机械制造业	2.73	专用设备制造业	3.13
化学纤维制造业	2.23	金属制品业	3.52	纺织服装、鞋、帽制造业	2.49	金属制品业	2.52

由表 7-7 可知，1978～2010 年，苏州市轻重工业规模都有了大幅增长，根据可比价格，重工业规模增长倍数是轻工业的 3 倍多。按可比价格，以 1978 年为 100，苏州市轻重工业增长变化情况如图 7-6 所示。从图 7-6 中可以发现，在这 33 年间，轻重工业规模增长一直处于持续上升态势。其中，2000 年以前，轻工业的增幅略大于重工业，2000 年以后，重工业增幅上升明显，远大于轻工业增幅。轻工业由 1978 年的 100 增长到 2010 年的 28 780.86，增幅达 287 倍以上；重工业由 1978 年的 100 增长到 2010 年的 96 663.61，增幅为 966 倍以上。按当年价格，计算了 1978～2010 年轻工业和重工业的产值比重，如图 7-7 所示，轻重工业比例关系演变存在一定的阶段性。1978～1990 年，重工业比重持续下降，轻工业比重持续上升。1991 年以来，重工业比重持续上升，轻工业比重持续下降，特别是 1995 年以来，变化幅度显著增大。改革开放以来重工业表现出“先缓慢下降、后快速上升”的特征，轻工业比重则与其相反。

表 7-7　苏州市轻重工业结构演变（1978～2010 年）

年份	规模（亿元）		比重（%）	
	轻工业	重工业	轻工业	重工业
1978	27.12	21.39	55.9	44.1
1980	47.10	26.61	63.9	36.1
1985	122.36	66.76	64.7	35.3
1990	381.08	182.65	67.6	32.4
1995	1 216.90	745.84	62.0	38.0
2000	1 727.09	1 893.65	47.7	52.3
2005	4 073.36	8 049.73	33.6	66.4
2010	7 804.53	20 679.16	27.4	72.6

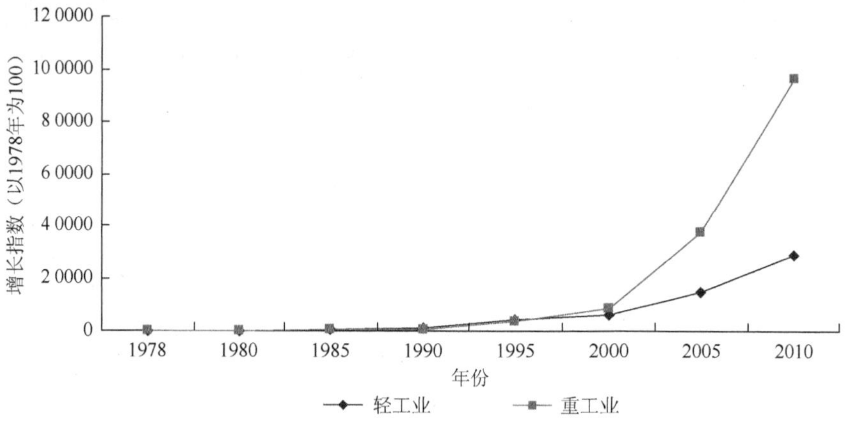

图 7-6　苏州市轻重工业规模增长指数（1978～2010 年）

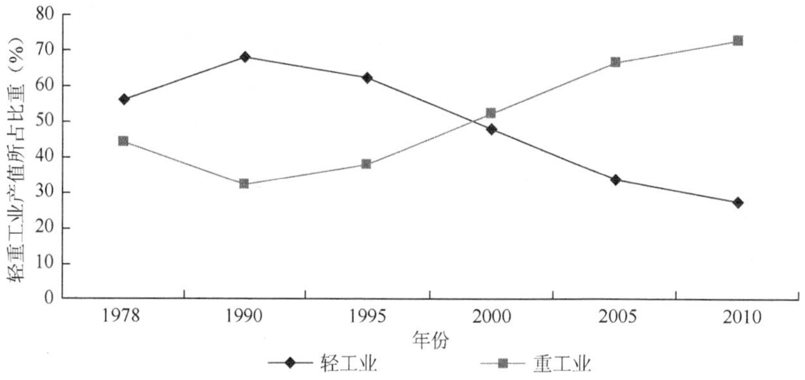

图 7-7　苏州市轻重工业结构演变（1978～2010 年）

从工业重型化发展趋势来看，1990 年以来，在全国倡导加快推进重工业化进程的大环境下，苏州市工业向资本密集和技术密集的重型化发展，其重工业得到了长足发展，1990～2010 年苏州市霍夫曼系数基本与江苏省保持同步下降趋势（图 7-8），且苏州市霍夫曼系数下降幅度和速度均高于全省平均水平。2003 年以后苏州市霍夫曼系数呈缓慢下降趋势，这主要与苏州市以通信设备、计算机及其他电子设备制造业为代表的轻工业产值比重的上升有关，其比重由 2003 年的 31.47%上升至 2010 年的 33.85%，在工业行业中产值比重位居首位（表 7-6）。但工业结构偏重的特点并未发生改变，2010 年重工业产值所占比重仍达到 72.6%（表 7-7，图 7-8）。

发展高新技术产业，加快运用高新技术改造提升传统产业，打造苏州市新兴产业发展新亮点，是提升苏州城市竞争力的关键。苏州市“十一五”规划和自主创新行动计划为苏州市产业发展指明了方向，把高新技术产业作为经济的主要增

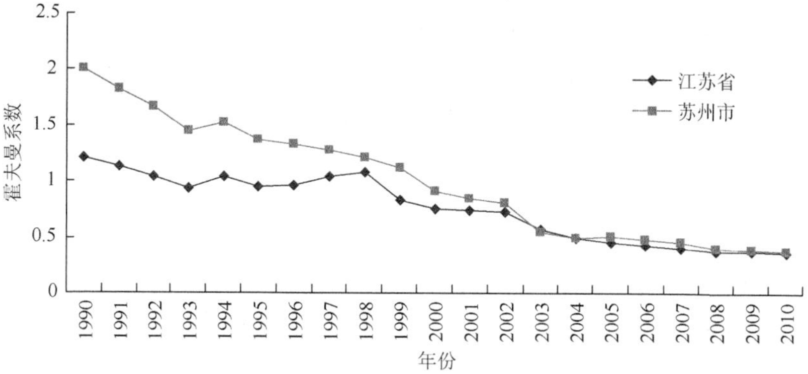

图 7-8　苏州市与江苏省霍夫曼系数变化对比

长点。2006 年以来，苏州市在电子与通信设备、生物医药等优势领域，初步形成了具有一定规模的高新技术产业群。“十一五”时期，高新技术产业发展较快，高新技术产业产值比重总体上呈上升趋势，高新技术产业发展指数由 2006 年的 0.26 上升为 2010 年的 0.32，远远高于江苏省平均水平（图 7-9），苏州市政府一直坚持把发展高新技术产业作为第一方略，鼓励企业走产业发展的高端路线，截至 2010 年年底，苏州市新兴产业在建项目已有 1200 个，所占比重达到了工业总产值的 1/3。

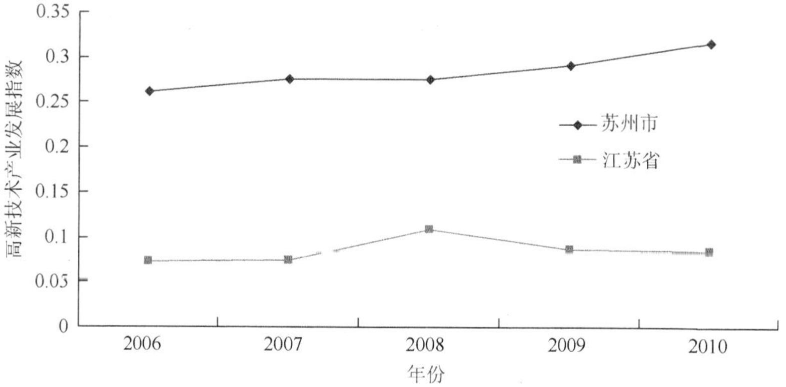

图 7-9　苏州市与江苏省高技术产业发展指数对比图（2006～2010 年）

（2）工业所有制结构演变特征。图 7-10 和图 7-11 表明，1994～1998 年，苏州市工业所有制结构多元化指数快速上升，苏州市通过推动乡镇集体企业产权制度改革及国有企业结构调整，跳出了“集体经济为主，乡村企业为主”的“苏南模式”，推动了经济成分的多元化和多向化发展，这一时期国有经济、集体经济产值比重下降幅度较为明显，股份制经济和外商投资经济发展较快。1998 年以来，工业所有制结构多元化指数在小幅下降中逐步趋于稳定，形成了外商及港澳台投资经济、股份制、私营经济为主体的多种所有制共存共荣的格局。随着经济全球化影响及国内市场经济体制的逐步建立，城市经济体制改革日益深化，苏州市借助浦东大开发的东风，适时地提出了“借助上海、错位竞争、走向世界”的经济发展战略，引得外资纷至沓来，外商投资经济高速发展，所占工业总产值的比重由1998年的26%跃升至2010年的51%。此外，由于企业改制使苏州市的民营经济也加速发展，涌现出了如江苏沙钢集团、梦兰集团等一批年产值超过百亿元的民营企业。但相较于外资，民营企业在发展规模与速度上还明显偏弱，这主要与“苏州模式”的不完善有关，政府把热情主要放到了招商引资上。

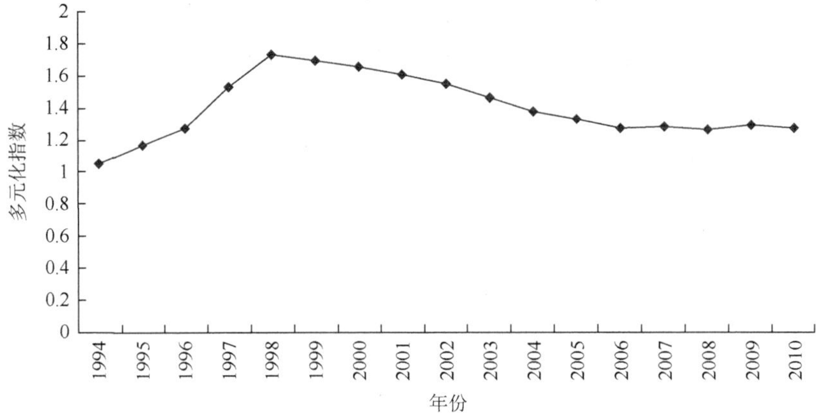

图 7-10　苏州市工业所有制结构多元化指数

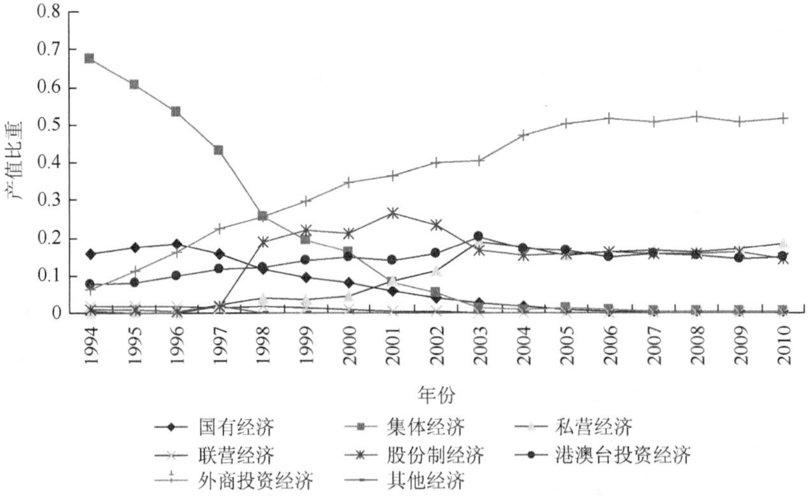

图 7-11　苏州市不同经济组织类型企业产值比重

（3）企业规模结构演变特征。图 7-12 显示，1990 年以来，苏州市大型工业企业所占比重呈现出扩张态势，有实力的大企业大集团不断涌现，2006 年后大型企业在苏州市工业发展中的主导地位逐步显现。苏州市的中小企业曾为苏州市的经济发展做出了巨大贡献，但由于受到人力成本、原料成本上升的影响，加之 1997 年东南亚金融危机及 2008 年全球金融危机，导致国内外市场需求萎缩，危害到苏州市实体经济的发展，特别是苏州市的一些化工、纺织、服装等规模小的企业受到的冲击最大，不少企业处于停产半停产状态，面临生存威胁，中小工业企业主导工业发展态势的局面逐渐发生改变。1997 年后中型企业产值比重在波动中逐渐下降，小型工业企业产值比重在 2000 年以后下降幅度明显，由 2000 年的 0.71 下降到 2010 年的 0.27，中小企业在区域发展中的地位逐渐弱化。总的来看，在研究期内，企业规模差异指数在 0.1～0.7 波动，并在波动中呈上升态势（图 7-13），企业规模分化现象进一步加剧。苏州市大型工业企业平均产值规模在加速壮大，以中小企业主导工业发展的局面正在向以大型工业企业主导的局面转换。

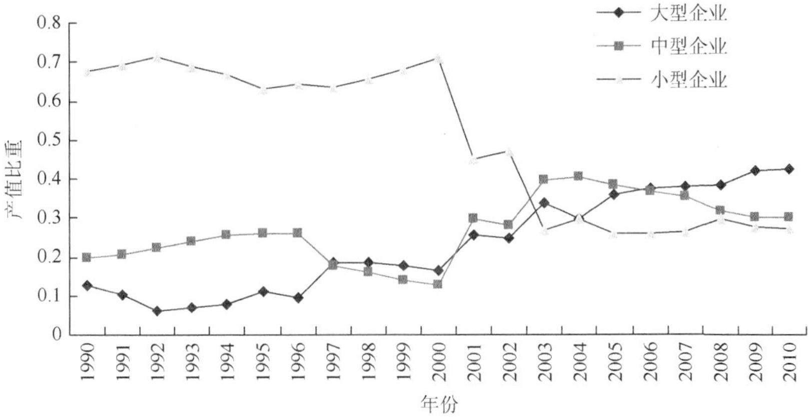

图 7-12　苏州市不同规模工业企业产值比重

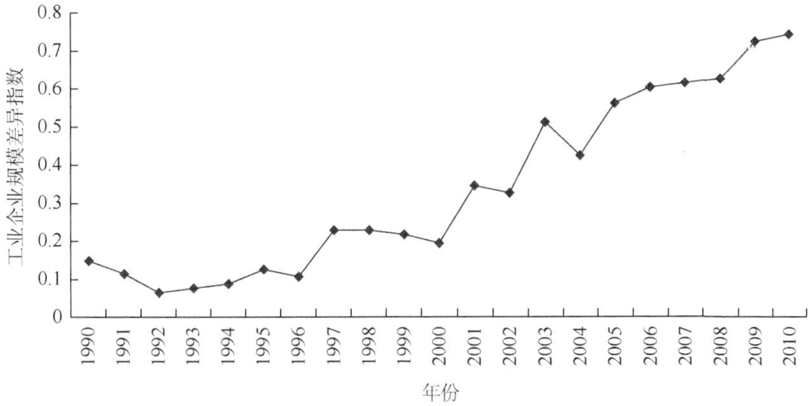

图 7-13　苏州市工业企业规模差异指数

b. 农业内部结构分析

农业在苏州市三次产业发展和变动过程中处于非主导地位（图 7-14），其产值比重一直处于最小。随着苏州市逐步实行城乡一体化，通过农业结构战略性调整的深化，传统农业得到了有效的改造和提升，农业产业化进程加快，2000 年以后，农业内部产业多样化指数急剧上升，2003 年达到 3.5，之后逐步趋于稳定，以农产品安全质量监控、农药、种子及技术支持等服务为主的农林牧渔服务业发展势头良好，这段时期以“优质粮油、高效园艺、特色水产和生态林业”为代表的现代农业格局初步形成。农业综合生产能力明显提高，农业内部结构日趋优化，农村区域经济焕发出新的活力。

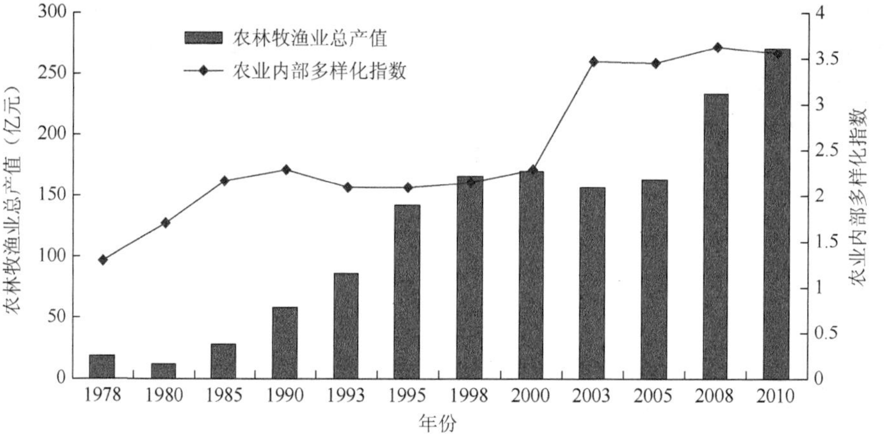

图 7-14　1978～2010 年苏州市农林牧渔业总产值和农业内部多样化指数

c. 第三产业内部结构分析

表 7-8 表明，苏州市的批发和零售业、住宿和餐饮业等传统服务业所占比重逐年上升，仍是第三产业的主要增长点。房地产业、金融业、仓储运输等新兴服务业开始占据重要位置，所占比重逐年攀升。旅游行业形成了古城文化、太湖风光等旅游品牌。文化创意产业、健康教育服务等新兴服务业也被提上发展日程，服务业发展正呈现出多元化与新型化特征。近年来，信息传输、计算机服务和软件业，科学研究、技术服务和地质勘查业，教育业等知识密集的生产性服务行业所占比重不仅很低，而且呈现出逐渐下降的趋势，这对产业高级化来说是不利的，苏州市服务业还没有步入良性发展轨道。

表 7-8　2005～2010 年第三产业部分行业增加值在第三产业增加值中构成变化

行业分类	占第三次产业比重（%）					
	2005 年	2006 年	2007 年	2008 年	2009 年	2010 年
交通运输、仓储和邮政业	5.55	5.40	5.33	5.02	7.48	7.48

续表

行业分类	占第三次产业比重（%）					
	2005年	2006年	2007年	2008年	2009年	2010年
信息传输、计算机服务和软件业	8.68	8.83	8.89	7.69	4.81	4.76
批发和零售业	27.32	27.32	27.39	27.50	31.02	31.20
住宿和餐饮业	4.21	4.19	4.32	4.56	5.66	5.64
金融业	10.48	10.23	11.38	12.72	12.85	12.76
房地产业	11.15	10.86	11.23	10.98	14.76	14.20
科学研究、技术服务和地质勘查业	2.05	2.09	1.92	2.21	1.56	1.51
教育	6.80	6.92	6.69	5.68	3.61	3.68

（三）苏州市环境质量演变过程与现状分析

基于环境数据的可获得性，本章主要进行1990～2010年苏州市环境质量分析，环境统计数据来源于1991～2011年的《苏州市统计年鉴》。本章所分析的环境质量仅限于工业生产对环境所造成的污染，主要的环境指标包括反映水环境质量的工业废水指标，即工业废水排放量、化学需氧量两种指标，反映大气环境质量的工业废气指标，即工业废气排放总量、烟尘排放量、二氧化硫排放量、粉尘排放量4种指标，以及反映固体废弃物环境的工业固体废弃物产生量指标，总计7种指标，以期较为全面地分析苏州市环境质量变化。

1. 水环境

图7-15显示，1990年以来，苏州市工业废水排放量总体上处于波动上升趋势，但以2000年、2005年、2009年为分界点又可细分为4个阶段，1990～2000年工业废水排放量表现出较为稳定的状态，始终保持在3亿t左右。2000年以后，工业废水排放量上升较快，增长幅度较大，到2005年达到峰值7.8亿t。此后，排放量又逐年下降，到2009年降至4.57亿t，从2010年开始又有所回升。

1990年以来工业废水中COD排放量波动比较明显，出现了多个波峰、波谷，其中1999年排放量为3.87万t，2005年排放量为6.71万t，分别为这21年来的最低值、最高值。以2001年为分界点可细分为两个阶段，1990～2001年工业废水中COD排放量波动频率及波动幅度均较大，2001年后排放量在小幅波动中趋于下降。

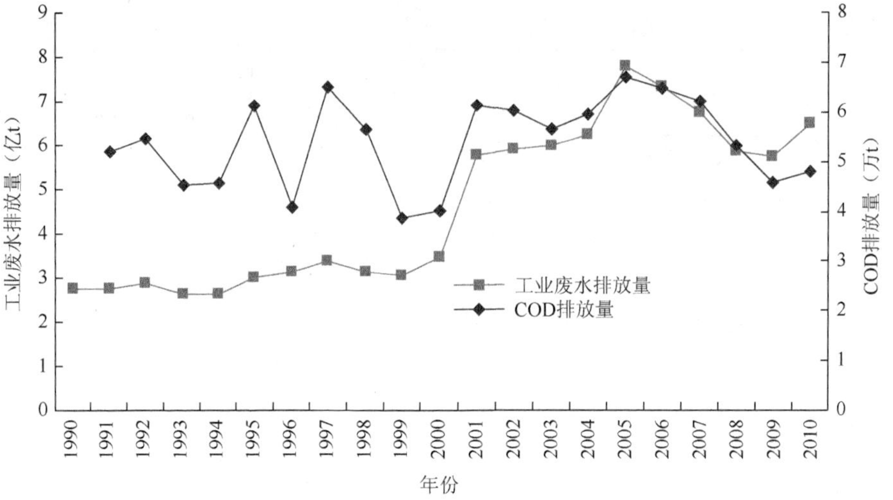

图 7-15　苏州市工业废水排放量与 COD 排放量（1990～2010 年）

图 7-16 反映的苏州市水环境指标的变动过程与幅度。以 1990 年排放量为 100（化学需氧量以 1991 年为 100），计算了苏州市工业废水及化学需氧量的排放量指数。总体上看，工业废水排放指数呈现出波动上升态势，由 1990 年的 100 上升至 2010 年的 233.82。其中，在 1990～2000 年波动幅度较小，2000 年以后波动幅度比较大。化学需氧量排放指数波动幅度较小，且在波动中处于下降态势，由 1991 年的 100 下降至 2010 年的 92.18。

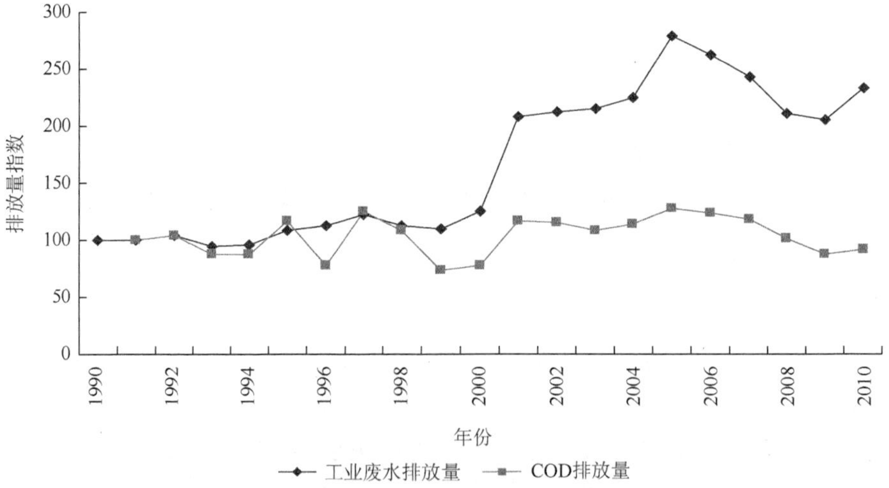

图 7-16　苏州市工业废水及化学需氧量排放量指数（1990～2010 年）

2. 大气环境

图 7-17 表明，在研究期内，苏州市工业废气排放量总体上呈上升趋势，1990 年排放量为 390.23 亿标立方米，2010 年增加到 8271.46 亿标立方米，年均增长 16.5%。但是，2000 年以后废气排放量增速加快，年均增长由 1990～2000 年的 14.3%提高至 2000～2010 年的 18.7%。

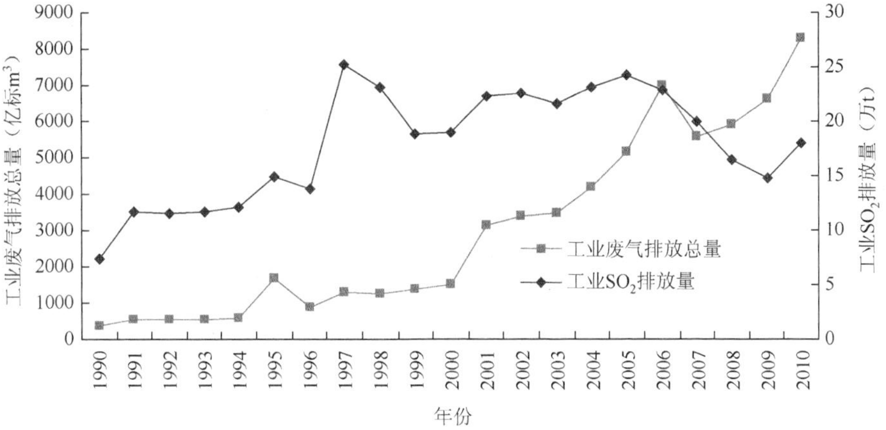

图 7-17　苏州市工业废气排放总量与工业 SO_2 排放量（1990～2010 年）

研究期内，工业 SO_2 排放量波动比较大，在经历了 1990～1996 年的平稳增长阶段后，1997 年急剧增长至波峰，排放量达 25.25 万 t，为 21 年中的最高值，排放量增幅竟达到 83%，是 1990～1996 年平均增幅的 8 倍左右。1997 年后工业 SO_2 排放量在波动中逐渐下降，在经过 2005～2009 年这一阶段排放量的持续下降后，2010 年排放量又开始回升。

图 7-18 反映了 1990～2010 年苏州市工业烟尘排放量和工业粉尘排放量的变化趋势。工业粉尘排放量在 1990～1996 年下降幅度较明显，由 1990 年的 6 万 t 降至 1996 年的 1.48 万 t，1996 年后出现大幅增长，至 1997 年工业粉尘排放量达到 4.81 万 t。此后，排放量经过 1997～2000 年 4 年的下降期和 2001～2005 年 5 年的平稳发展期后，于 2006 年开始逐年下降，至 2010 年排放量减小到 1.99 万 t。

工业烟尘排放量与工业粉尘排放量的变化趋势大致相同，但工业烟尘排放量的波动频率更大。而且排放量在 1990～1996 年先是有个大幅的上升阶段，与粉尘排放量 1990～1991 年的大幅下降情况相反。工业烟尘排放量在 1996 年后同样出现了大幅增长，至 1997 年排放量达到 6.14 万 t。随后排放量下降，2001 年迅速反弹，显示为奇

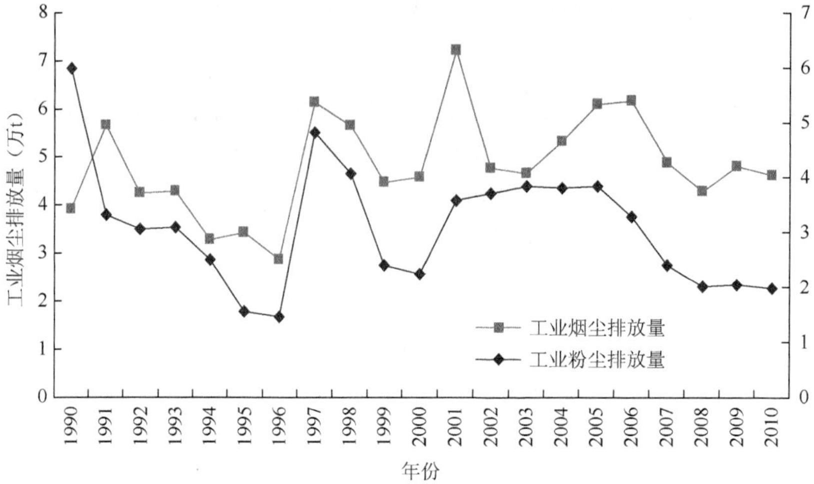

图 7-18　苏州市工业烟尘排放量与工业粉尘排放量（1990～2010 年）

异值（也是研究期内的最高值，排放量为 7.22 万 t）。随后经过 2001～2002 年的大幅下降后，工业烟尘排放量呈现出不规则的波动变化，排放量维持在 4 万～6 万 t。

以 1990 年排放量为 100，分别计算了苏州市工业废气及主要污染物的排放量指数。从图 7-19 可以看出，废气排放总量、工业 SO_2 排放量与工业烟尘排放量在波动中处于上升态势，按上升幅度从大到小依次为废气排放总量、工业 SO_2 排放量、工业烟尘排放量，指数分别为 2119.62、240.54、118.84。然而，工业粉尘排放量则处于下降之中，且下降幅度较明显，指数由 1990 年的 100 下降至 2010 年的 33.24。

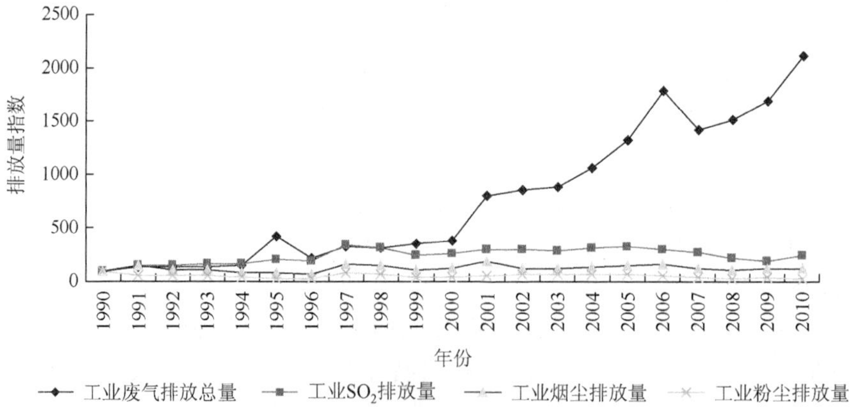

图 7-19　苏州市工业废气及主要污染物的排放量指数（1990～2010 年）

3. 固体废弃物

图 7-20 反映了 1990～2010 年苏州市工业固体废弃物产生量的变化过程。工业固体废弃物产生量分为两个阶段：1990～2000 年的缓慢增长阶段和 2000～2010 年的急剧增长阶段。1990 年，工业固体废弃物产生量为 148 万 t，至 2000 年缓慢增长至 417.65 万 t。2000 年以后，工业固体废弃物产生量呈现出急剧增长态势，至 2010 年已增加至 2204.54 万 t，年均增长率达 18%，远高于前一阶段 10%的增长率。固体废弃物产生量以 1990 年为 100 计算了产生量指数，如图 7-21 所示。苏州市固体废弃物产生量总体上处于上升态势，由 1990 年的 100 上升到 2010 年的 1489.55。

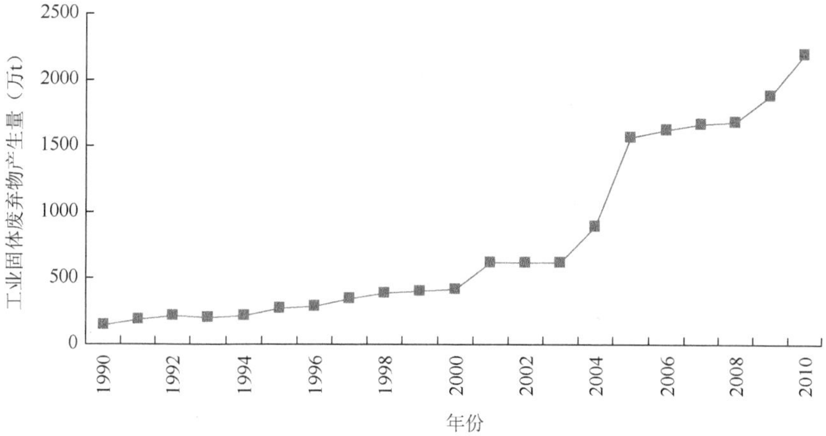

图 7-20　苏州市工业固体废弃物产生量（1990～2010 年）

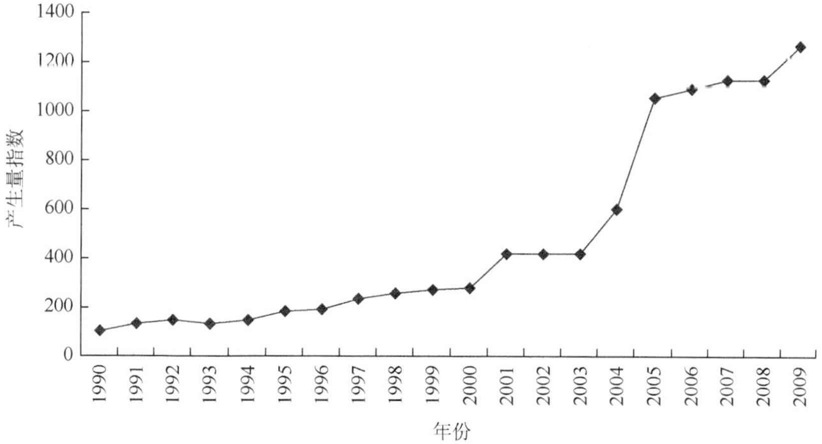

图 7-21　苏州市固体废弃物产生量指数（1990～2010 年）

二、产业结构演变的环境效应评价

准确判断产业结构演变与生态环境的关系是正确处理经济与环境关系的前提和关键。本章在前述研究的基础上，拟采用生态效率模型、生态环境影响指数和碳排放 3 种方法，分别从系统视角来看待产业系统对环境的影响，从分产业视角来分析产业对环境的影响，以及从分行业视角、从工业内部结构来看待经济系统对环境的影响，以期从苏州市产业结构演变的生态效率、产业结构演变的生态环境效应、产业结构演变的碳排放 3 个方面，由宏观到微观揭示苏州市产业结构演变与生态环境的相互作用关系。

（一）产业结构演变的生态效率

生态效率包括了可持续发展三维空间中的环境和经济两方面，产业系统生态效率水平可以具体地反映产业结构演变过程中生态环境影响的程度，较适于产业系统的可持续性评价。本章借鉴生态效率已有的研究成果，将生态效率分解成资源效率和环境效率，从减少原生资源的消耗和减少污染物产生的角度，构建生态效率的度量模型。通过生态效率的动态变化，定量描述苏州市产业结构演变过程中的资源环境负荷，反映产业发展与资源环境的关系，衡量资源环境各领域之间的协调程度。

1. 生态效率模型

a. 生态效率概念模型

在借鉴反映经济和环境关系的“控制方程”的基础上，世界可持续发展工商理事会（WBCSD）提出生态效率概念模型（Stigson，2000）：

$$\mathrm{EEF}=S/I \tag{7-1}$$

式中，S 为社会服务量，可用人口数、年产值（如 GDP）和年工业增加值等表示；I 为生态负荷，反映资源利用水平和污染物排放情况；EEF 为生态效率。如果社会服务量的增长倍数等于同期内生态负荷的增大倍数，那么生态效率只能维持在某一水平；如果社会服务量的增长倍数大于同期内生态负荷的增大倍数，那么生态效率就会增加。

生态负荷包括资源负荷和环境负荷，相应地，生态效率可分为资源效率和环境效率，用符号 R 和 P 表示：

$$R=F/Z \tag{7-2}$$

$$P=F/W \tag{7-3}$$

式中，F 为社会服务量（GDP 或人口数增长倍数）；Z 为资源消耗量（资源和能源消耗量增长倍数）；W 为污染物排放量（环境污染排放量增长倍数）。资源效率 R 和环境效率 P 分别从减少原生资源的消耗和减少污染物产生的角度表征区域物质代谢的生态效率。

b. 生态效率度量模型

在量化环境效率和资源效率的基础上，本章借鉴已有的研究成果（张妍和杨志峰，2007），开展苏州市产业结构演变的生态效率评价。

图 7-22 中生态效率度量模型是在标准化环境效率和资源效率的基础上提出的，生态效率 $\mathrm{EEF}=\sqrt{x^2+y^2}$。曲线 $\mathrm{EEF}=\sqrt{x^2+y^2}$ 表示生态效率的走势，曲线离原点越远，生态效率值 EEF 就越高。环境效率和资源效率值位于[0，1]，生态效率值位于[0，$\sqrt{2}$]。

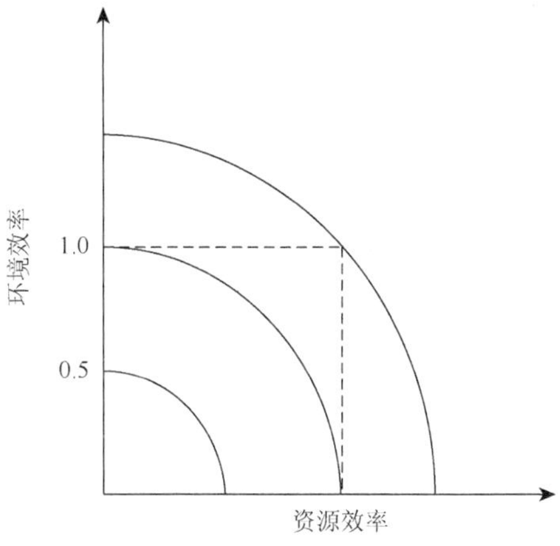

图 7-22　生态效率度量模型

2. 指标选择

根据生态效率是经济价值与环境影响比值这一表达方式，考虑到苏州市的发展特点，本着数据的可获得性、可比性、连续性等原则，本章选择的环境指标如下：工业废水排放量、工业固体废弃物产生量、工业废气排放总量、工业 SO_2 排放总量、工业烟尘排放量、工业粉尘排放量，以表征环境质量。资源消费指标如下：工业能源用量、总用水量、总用电量、工业用电量、生活用电量、工业用水总量、生活用水量。当选取的指标涉及总量指标时，在计算相应的效率时以 GDP 表示社会服务量，在涉及工业指标时则以工业 GDP 表示社会服务量，此时生态效率的含义是单位资源消耗/废物排放所产生的（工业）GDP；而在涉及民用指标时，采用人口数量表示社会服务量，此时生态效率的含义为单位资源消耗/废弃物所能支撑的人口数量。

3. 苏州市生态效率结果分析

从 1991～2011 年的《苏州统计年鉴》及《苏州市环境状况公报》等统计资料搜集上述指标在 1990～2010 年的数值，将原始数据进行处理，消除价格因素影响后代入式（7-2）和式（7-3）进行计算，可得各种指标表征的资源与环境效率（表 7-9）。

表 7-9　1990～2010 年苏州市经济系统资源效率与环境效率变化

年份	X_{11}	X_{12}	X_{13}	X_{14}	X_{15}	X_{16}	Y_{11}	Y_{12}	Y_{13}	Y_{14}	Y_{15}	Y_{16}
1990	1.000	1.000	1.000	1.000	1.000	1.000	1.000	1.000	1.000	1.000	1.000	1.000
1991	1.147	1.023	1.044	0.851	1.049	0.772	1.199	0.916	0.874	0.765	0.822	2.161
1992	1.634	1.327	1.385	0.694	1.518	0.750	1.798	1.302	1.304	1.196	1.718	3.641
1993	2.115	1.691	1.777	0.565	2.101	0.781	2.852	2.020	1.899	1.725	2.478	5.232
1994	2.593	2.029	2.145	0.395	2.621	0.644	3.770	2.450	2.340	2.216	4.264	8.636
1995	2.027	2.272	2.391	0.316	3.167	0.596	4.100	2.413	1.041	2.214	5.508	17.005
1996	2.069	2.233	2.134	0.279	3.408	0.636	4.031	2.352	2.034	2.467	6.219	18.539
1997	2.456	2.306	2.213	0.253	3.608	0.663	4.219	2.163	1.535	1.515	3.252	6.395
1998	1.918	2.365	2.231	0.235	3.945	0.646	4.999	2.172	1.753	1.182	3.862	8.273
1999	1.927	2.218	1.976	0.225	3.807	0.672	5.570	2.287	1.761	2.439	5.346	15.382
2000	1.482	2.036	1.750	0.171	4.551	0.719	5.644	2.491	1.842	2.755	5.978	18.882
2001	1.446	1.957	1.661	0.156	6.510	0.684	3.895	1.941	1.010	2.713	4.374	13.556
2002	1.551	1.910	1.603	0.163	2.882	0.699	4.633	2.348	1.136	3.239	8.015	15.854
2003	1.672	1.968	1.768	0.122	4.390	0.740	6.549	3.347	1.585	4.849	11.849	21.976
2004	1.670	1.907	1.812	0.106	5.176	0.576	8.191	3.051	1.719	5.916	13.455	28.987
2005	1.401	1.836	1.767	0.088	7.983	0.536	8.023	2.119	1.693	6.892	14.291	34.984
2006	1.713	1.793	1.716	0.072	9.379	0.464	10.058	2.418	1.479	8.622	16.732	48.130
2007	1.660	1.820	1.677	0.065	10.298	0.388	12.604	2.718	2.148	11.407	24.469	75.848
2008	1.883	2.095	1.899	0.056	11.989	0.402	16.939	3.160	2.364	16.268	32.631	106.418
2009	1.821	2.209	1.958	0.053	12.769	0.451	18.391	2.985	2.238	19.195	30.716	110.408
2010	1.912	2.263	1.949	0.044	13.187	0.497	18.687	2.933	2.061	18.165	36.767	131.445

注：X_{11}～X_{16} 分别表示工业能源资源效率、总用电资源效率、工业用电资源效率、生活用电资源效率、总用水资源效率、生活用水资源效率；Y_{11}～Y_{16} 分别表示废水环境效率、固体废物环境效率、废气环境效率、SO_2 环境效率、烟尘环境效率、粉尘环境效率。

运用 SPSS17.0 软件，对表 7-9 中列出的 12 项指标进行因子分析，并按照特征值大于 1 的原则提取主因子，通过 KMO 检验和 Bartlett 球度检验，并运用 Kaiser 标准化正交旋转法，对初始因子载荷矩阵施以旋转，得到主因子载荷矩阵（表 7-10）。结果显示：①KMO 值为 0.713，说明变量间相关性较小，适合进行因子分析；Bartlett 球度检验给出的相伴概率为 0.000，小于显著性水平 0.05，认为适合因子分析。②对初始因子旋转后，提取了两个主因子（累积贡献率为 86.361%），这两个主因子就可以很好地反映原始信息，可作为城市生态效率分析的依据。由表 7-10 可以看出，第一主因子由烟尘环境效率 Y_{15}、SO_2 环境效率 Y_{14}、废水环境效率 Y_{11} 组成，它们的载荷分别为 0.985、0.981、0.974，这几类因子主要反映了苏州市经济发展、产业结构演变的环境影响状况，可定义为环境效率因子；第二主因子由工业用电资源效率（X_{13}）、总用电资源效率（X_{12}）、工业能源资源效率（X_{11}）组成，它们的载荷分别为 0.966、0.910、0.876，这几类因子主要反映了苏州市产业经济发展与生活对资源的消耗情况，定义为资源效率因子。在分别计算环境效率和资源效率得分的基础上，依据本章所建立的生态效率度量模型和资源效率、环境效率得分，计算出 1990～2010 年苏州市的生态效率指数（表 7-11）。

表 7-10　旋转后的因子载荷、公共性和累积贡献率

指标	主因子	
	环境效率因子	资源效率因子
工业能源资源效率（X_{11}）	–0.072	0.876
总用电资源效率（X_{12}）	0.254	0.910
工业用电资源效率（X_{13}）	0.071	0.966
生活用电资源效率（X_{14}）	–0.622	–0.604
总用水资源效率（X_{15}）	0.965	0.147
生活用水资源效率（X_{16}）	–0.786	–0.424
废水环境效率（Y_{11}）	0.974	0.188
固体废物环境效率（Y_{12}）	0.615	0.632
废气环境效率（Y_{13}）	0.538	0.554
SO_2 环境效率（Y_{14}）	0.981	0.072
烟尘环境效率（Y_{15}）	0.985	0.105
粉尘环境效率（Y_{16}）	0.972	0.901
特征值	7.765	2.599
贡献率（%）	64.706	21.654
累计贡献率（%）	54.194	86.361

表 7-11 苏州市生态效率

年份	组分得分		归一化得分		生态效率值
	R	*P*	*R*	*P*	$e=\sqrt{x^2+y^2}$
1990	−3.612	−0.829	0.026	0.304	0.305
1991	−2.648	−0.710	0.066	0.330	0.336
1992	−1.463	−0.793	0.188	0.312	0.364
1993	−0.289	−0.880	0.428	0.293	0.519
1994	1.331	−0.848	0.791	0.300	0.846
1995	1.105	−0.769	0.751	0.317	0.815
1996	0.994	−0.602	0.730	0.354	0.811
1997	1.213	−0.935	0.771	0.282	0.821
1998	0.959	−0.690	0.723	0.334	0.796
1999	0.552	−0.526	0.635	0.371	0.735
2000	−0.205	−0.246	0.449	0.439	0.628
2001	−0.560	−0.310	0.364	0.423	0.558
2002	−0.488	−0.339	0.380	0.416	0.564
2003	−0.110	−0.068	0.473	0.483	0.676
2004	0.358	0.214	0.589	0.553	0.808
2005	−0.061	0.460	0.485	0.613	0.782
2006	0.258	0.721	0.564	0.673	0.878
2007	0.518	1.335	0.627	0.792	1.010
2008	0.921	1.845	0.715	0.864	1.121
2009	0.707	1.931	0.670	0.873	1.101
2010	0.518	2.036	0.627	0.885	1.084

a. 环境效率

表 7-11 显示，1990～2010 年苏州市环境效率显著提高，环境效率指数由−0.829 提高到 2.036，主要是由于 2010 年废水、固体废物、废气、SO_2、烟尘、粉尘等环境污染物的环境效率分别比 1990 年增加了 17.687 倍、1.933 倍、1.061 倍、17.165 倍、35.767 倍、130.445 倍。可见，伴随着环境友好型城市建设的有序推进，苏州市为了促进区域生态环境的改善，投入了大量的人力、物力、财力进行生态城环境整治，积极开展生态城市建设，工业环境保护工作取得了可喜的成果，降低了产业发展带来的环境影响。但固体废物环境效率、废气环境效率的提高并不是很明显，是今后环境污染控制的重点。随着苏州市经济的飞速发展，污染排放总量的持续增长是毋庸置疑的，推进技术进步，进行产业结构调整转型，降低产业发展带来的环境压力，是未来苏州市发展循环经济、开展生态城市建设的重要方向。

b. 资源效率

由表 7-11 可以看出，1990～2010 年，苏州市资源效率有了显著的提高，资源效率指数由1990年的3.612提高到2010年的0.518，主要是由于水和能源效率大大提高。例如，2010年工业能源资源效率、总用电资源效率、工业用电资源效率、总用水资源效率分别比1990年增加了0.912倍、1.263倍、0.949倍、12.197倍，资源消耗的增长速度已小于经济增长速度，实现了经济增长与资源消耗的"脱钩"，说明随着苏州市产业结构调整与优化，提高自主创新能力，可以使生产资源消耗效率明显提高。但生活用电资源效率、生活用水资源效率均出现下降趋势，分别是1990年的0.044倍、0.497倍，生活资源消耗的增长速度要明显高于人口增长速度，未实现社会发展与资源消耗的"脱钩"，表明随着城市化进程的加快、现代化程度的提高，苏州市工业资源节约工作成效显著，而在居民生活水平提高的同时，人们生活消费的环境意识有待进一步提高。

c. 生态效率

表7-11表明，1990～2010年，苏州市生态效率整体呈上升趋势，生态效率指数由1990年的0.305增长到2010年的1.084。其中，1990～1997年生态效率指数呈逐步递增趋势，这一时期苏州市经济处于苏南模式下，以发展乡镇经济为主，而乡镇经济中的轻纺工业对资源及能源的需求相对较小，生产及工艺过程中产生的污染相对较小，通过政府倡导对相关产业结构的调整，既提高了生产效率，也提高了生态环境质量。1998～2002年，生态效率指数呈逐步递减趋势，主要是由于苏州市在这一时期大力发展外向型经济，外商投资集中于重型工业，加之粗放的经济增长方式，产业发展消耗了大量能源资源，导致城市生态系统服务功能不断减弱，生态效率下降。之后，在科学发展观思想的指导下，全社会响应政府倡导的"建设生态文明"的号召，多地纷纷加入了建设"资源节约型、环境友好型城市"的行列。苏州市在这一时期发展创新型经济、外向型经济、民营经济结合的"三足鼎立"的经济，加强科技创新能力，重点发展资源消耗少、环境污染低的高新技术产业及新兴产业，生态效率又有提高的趋势。但由于苏州市产业发展的对外依存度仍然较高，加之企业的自主创新能力还不强，经济增长方式集约化程度低下，生态效率值在2008年以后略微波动。总体而言，如何通过发挥产业结构调整转型对环境资源的优化配置作用，以保持其生态效率的稳步、持续提高，是将苏州市打造成为生态环境优美的最佳宜居城市所面临的重大课题。

（二）产业结构演变的生态环境效应

1.评价思路、模型设定与数据来源

根据不同类型产业的性质及其在生产发展过程中引起的生态环境效应的不同，来研究三次产业内部结构（包括种植业、林业、畜牧业、渔业、轻工业、重

工业、建筑业和其他产业）演变带来的生态环境影响。根据各类型产业发展对生态环境干扰强度的不同，如不同类型产业在影响生态健康（包括生态破坏及环境污染）、人类健康（影响感觉及器质）及资源消耗（可再生及不可再生资源）3 方面程度上的不同，在[1，5]区间内赋值，作为某一产业带来的生态环境影响，并定义为该产业的生态环境影响系数，以衡量该产业对生态环境影响的相对强度，具体内容见表 7-12。此值越大，表明该类产业对环境的负面影响越大。

表 7-12　区域产业类型及其生态环境影响系数

产业类型	产业内涵及主要生态环境效应	影响系数
种植业	培育粮食、蔬菜、经济作物、园艺作物等的生产部门，其环境效应如下：①农药化肥等污染水体；②出现一系列土地退化现象；③秸秆燃烧污染大气等	3
林业	林木栽培和林产品采集以获取利润的生产部门，其环境效应如下：①森林覆盖面积减小；②生态系统的结构、功能受到破坏，稳定性下降等	2
畜牧业	人工饲养、繁殖以取得畜产品获得经济收入的生产部门（水产养殖除外），其环境效应如下：①动物粪便污染土壤、空气；②草场退化；③潜伏传播传染病等	3
渔业	即“水产业”，指采集、捕捞及人工养殖、繁殖水生经济动植物的生产部门，其环境效应如下：①水体富营养化；②加重水资源缺乏性等	1
轻工业	提供生活消费品和制作手工工具的生产部门，其环境效应如下：①三废排放造成水体、土壤、大气污染；②噪声污染等	4
重工业	为国民经济各部门提供物质技术基础的主要生产资料的生产部门，包括采掘、原料与加工工业，其生态环境效应如下：同轻工业带来的环境效应类似，但程度更深	5
建筑业	从事建筑安装工程的勘察设计、施工安装和维修更新活动的物质生产部门，其环境效应如下：①物理化学污染、噪声污染、大气污染；②土地资源的减少、破坏动植物的栖息地等	4
其他产业	区域产业结构中除上述七大产业类型以外的其他所有产业，其环境效应如下：产生不同程度的生态环境效应	2

为了客观地评价产业结构演变的生态环境效应，本章引入了区域生态环境影响指数（IIISNE），通过从时间序列上动态比较 IIISNE 的变化，就可以定量评价产业结构演变带来的环境影响。某一行业用 a_i 来表示，产业结构的生态环境的影响指数可采用以下计算公式：

$$\text{IIISNE}=\sum_{i=1}^{n}a_i\times b_i(i=1,2,\cdots,8) \tag{7-4}$$

式中，a_i 为 i 产业的增加值比例；b_i 为 i 产业的生态环境影响系数。在研究中，为了验证产业结构的 IIISNE 评价的有效性，本章采用相关分析，对 IIISNE 与同期三废排放量进行定量研究，以验证 IIISNE 对生态环境影响指示的可行性。

考虑到数据的可获得性，对苏州市产业结构生态环境影响指数计算的时间段为 1978～2010 年，对该指数与同期三废排放量进行定量分析的时间段为 1990～2010 年，产业数据来源于 1991～2011 年的《苏州统计年鉴》，环境数据来源于《苏州市环境状况公报》。

2. 结果分析

将表 7-13 中列出的各类产业产值比重代入式（7-4），则可得到 1978～2010 年苏州市的 IIISNE 值。图 7-23 反映了苏州市生态环境影响指数在 1978～2010 年 33 年间的变化趋势。1978～1980 年指数呈现出上升态势，1980 年 IIISNE 值达到 3.6，主要是由于改革开放初期，在政府行政推动的指引下，苏州市工业经济迅速增长，而工业生产消耗能源、资源，排放废弃物，对环境造成一定压力。1980～2000 年，IIISNE 值总体上呈下降态势，这一时期乡镇经济繁荣，工业发展以纺织、服装、食品饮料等轻工业为主，加之政府开始重视治理发展带来的环境污染，生态环境有所改善。1990～2000 年指数的微小波动与苏州市外向型经济兴起、政府开始重视发展重工业有关，而重工业发展带来的排污大量增加，使环境压力显著高于轻工业和其他产业。2000～2005 年，苏州市外向型经济高速发展，工业化的外向型特征推动了化工、黑色金属矿采选业等重工业的迅速发展，在这个过程中，重工业所占比例快速上升，2005 年轻重工业比例更是达到 1∶2，所以这是这一时期苏州市 IIISNE 值持续上升的结构原因。此外，由于政府对一些外商投资的污染型建设项目审批制度并非很严，所以也加重了产业发展带来的苏州市生态环境破坏。而在“十一五”期间，苏州市 IIISNE 值出现较大幅度下降，与这一时期苏州市开始积极培育战略性新兴产业、先进制造业和服务业等低能耗、低污染产业，加快推进产业结构转型升级有密切关系，产业结构演变对生态环境的改善起到了积极作用。此外，产业发展带来的环境压力减小也得益于政府的环境监督管理，以及在苏州市倡导企业开展以循环经济理念为指导的经营模式。

表 7-13　1978～2010 年苏州市产业产值结构比重构成

产业类型	1978 年	1980 年	1985 年	1990 年	1995 年	2000 年	2005 年	2010 年
种植业	0.392	0.199	0.169	0.155	0.095	0.062	0.014	0.011
林业	0.001	0.002	0.003	0.002	0.001	0.001	0.002	0.002
畜牧业	0.045	0.056	0.061	0.053	0.024	0.014	0.005	0.004
渔业	0.010	0.014	0.037	0.048	0.026	0.028	0.014	0.009
轻工业	0.224	0.343	0.336	0.338	0.321	0.233	0.202	0.145
重工业	0.176	0.194	0.183	0.162	0.197	0.255	0.399	0.383
建筑业	0.026	0.029	0.040	0.048	0.046	0.049	0.038	0.036
其他产业	0.124	0.162	0.170	0.195	0.290	0.358	0.326	0.410

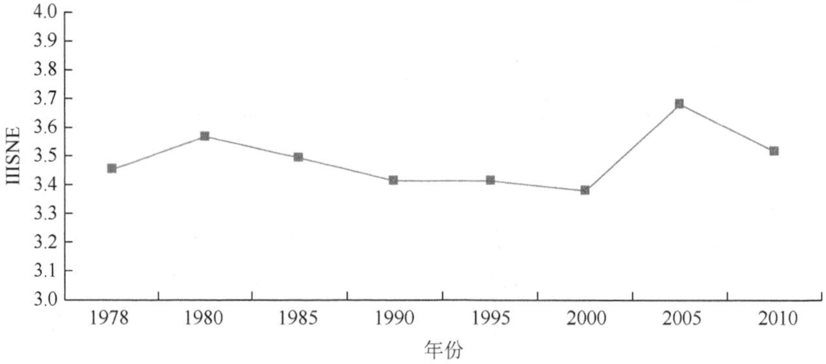

图 7-23　苏州市 IIISNE 变化及其趋势

通过对 1990～2010 年苏州市 IIISNE 与工业废水排放量、工业废气排放量、工业固废产生量 3 类环境指标的相关性分析发现，Pearson 相关系数均大于 0.6，显著性检验的 P 值小于 0.01，IIISNE 与三废排放量在 0.01 水平上显著相关，表明分析具有明显的统计学意义，见表 7-14。从这个结果看，IIISNE 可以反映苏州市生态环境效应的变化。

表 7-14　1990～2010 年苏州市 IIISNE 与环境指标的相关分析

	指标	工业废水排放量	工业废气排放总量	工业固废产生量
IIISNE	Pearson 相关系数	0.766	0.692	0.672
	P 值（双尾）	0.000	0.001	0.001

（三）产业结构演变的碳排放

1. 碳排放量的测算方法

碳排放主要是关于温室气体排放的总称或简称，它既是衡量某个国家（或地区）温室气体排放量的基础，也是测度环境质量的一种指标。IPCC 第四次评估报告指出，CO_2 是最主要的温室气体，而全球 CO_2 浓度的增加主要是由于化石燃料（如煤、石油和天然气）的使用。因此，根据能源消费的实际情况和数据的可获得性，本章所指的碳排放量主要是指燃烧一次能源中的化石能源（煤炭、石油、天然气）所排放的 CO_2 数量。

本章的碳排放采用 IPCC（2006）对外公布的碳排放指南缺省值[①]，其计算方

① IPCC. 2006. IPCC Guidelines for National Green-house Gas Inventories：Volume Ⅱ. http：//www.ipcc.ch/ipccrepaorts/Methodologyreprots.htm[2008-07-20].

法如下：

$$C=\sum_{j=1}^{n}N_{ij}\cdot\theta_{j} \tag{7-5}$$

式中，C 为碳排放量，单位为万 t；N 为化石能源消费量，单位为万 tce；θ 为单位能耗碳排放系数，单位为万 t/万 tce；j 为能源种类；i 为工业分行业中的第 i 类行业。结合苏州市能源消费状况，每种单位能耗的碳排放系数及不同种类的能源折算为标准煤的系数也如下所述（表 7-15）。

表 7-15 主要能源种类的标准煤折算系数及碳排放系数

能源种类	折标准煤系数（kg ce/kg）	碳排放系数（万 t/万 tce）
原煤	0.7143	0.7559
洗精煤	0.9000	0.7559
焦炭	0.9714	0.8550
其他焦化产品	0.9714	0.6449
焦炉煤气	0.5714	0.3548
其他煤气	0.1786	0.3548
原油	1.4286	0.5857
汽油	1.4714	0.5538
煤油	1.4714	0.5714
柴油	1.4571	0.5921
燃料油	1.4286	0.6185
天然气	1.3300	0.4483
液化石油气	1.7143	0.5042
炼厂干气	1.5714	0.4602
其他石油制品	1.2000	0.5857

2. 苏州市工业碳排放的行业分解

a. 工业分行业碳排放量现状

根据表 7-15，将各种含碳能源折算为标准煤，然后结合公式（7-5），根据 2011 年《苏州统计年鉴》中各工业行业的能源消耗数据，估算了 2010 年苏州市工业各行业能源消费所释放的碳排放量（表 7-16）。

表 7-16　苏州市工业各行业的碳排放量

行业	碳排放量（万 t）	比重（%）
有色金属矿采选业	0.00	0.00
非金属矿采选业	0.09	0.00
农副食品加工业	1.69	0.04
食品制造业	1.73	0.04
饮料制造业	1.19	0.03
烟草制品业	0.00	0.00
纺织业	145.32	3.65
纺织服装、鞋、帽制造业	7.68	0.19
皮革毛皮羽毛及其制品业	0.81	0.02
木材加工及竹、藤、棕、草制品业	5.85	0.15
家具制造业	0.39	0.01
造纸及纸制品业	170.22	4.28
印刷业和记录媒介的复制	0.89	0.02
文教体育用品制造业	0.61	0.02
石油加工及炼焦业	0.37	0.01
化学原料及化学制品制造业	109.81	2.76
医药制造业	9.97	0.25
化学纤维制造业	55.15	1.39
橡胶制品业	6.51	0.16
塑料制品业	15.80	0.40
非金属矿物制品业	62.68	1.58
黑色金属冶炼及压延加工业	1416.06	35.60
有色金属冶炼及压延加工业	5.88	0.15
金属制品业	7.62	0.19
通用设备制造业	16.38	0.41
专用设备制造业	2.08	0.05
交通运输设备制造业	1.85	0.05
电气机械及器材制造业	2.87	0.07
通信设备、计算机及其他电子设备制造业	5.15	0.13
仪器仪表及文化、办公用机械制造业	0.21	0.01
工艺品及其他制造业	0.34	0.01
废弃资源和废旧材料回收加工业	1.04	0.03
电力、蒸汽、热水的生产和供应业	1920.96	48.30
煤气生产和供应业	0.31	0.01
自来水生产和供应业	0.01	0.00

从计算结果看，工业碳排放主要集中在电力、蒸汽、热水的生产和供应业，以及黑色金属冶炼及压延加工业。其中，电力、蒸汽、热水的生产和供应业占碳排放量的比重最高，达到48.30%。由于电力生产主要靠火电（基本上是靠烧煤），火力发电相同热值的碳排放系数要比其他化石能源的碳排放系数高，加之火电技术水平落后，燃煤效率还有待提高，从而造成这个行业的碳排放量较高。然而，这个行业的产值却只占苏州市工业总产值比重的1.34%，生产节能技术水平较低，说明电力、蒸汽、热水的生产和供应业排放量高、产值低且技术落后。黑色金属冶炼及压延加工业的碳排放量紧随其后，所占碳排放量总量的35.60%，这种钢铁行业也属于高污染、高耗能产业。图7-24列出了碳排放量排名前十位的子行业。除了碳排放量主要集中的电力、蒸汽、热水的生产和供应业，以及黑色金属冶炼及压延加工业外，其中有一半是化工工业，分别为造纸及纸制品业、化学原料及化学制品制造业、化学纤维制造业、塑料制品业、医药制造业。此外，纺织、建材、机电行业中的纺织业、非金属矿物制品业、通用设备制造业的碳排放量也相对较高。这些行业碳排放量高主要与大量消耗能源和原材料有关，如2010年电力、蒸汽、热水的生产和供应业的综合能源消费量达到1476万tce，占能源消费总量的32%，位居第一。此外，技术层面的原因也会影响到行业的碳排放量，如一些企业尚未开发出清洁生产的核心技术，也导致了行业碳排量的居高不下。

碳强度是指某一行业单位产值的碳排放量，是测量碳排放状况的指标之一，其值越低越好，其反映某一行业在取得经济效益的同时对资源环境施加的压力也较小（谭丹和黄贤金，2008）。本节计算了高碳排放量行业的碳强度，结果显示，碳排放量高的行业如电力、蒸汽、热水的生产和供应业，以及黑色金属冶炼及压延加工业，这两个行业的碳强度明显高于其他行业，所付出的资源环境代价也较高。

b. 工业分行业碳排放量变化趋势与特征分析

（1）历年分行业碳排放量变化统计与分析。将苏州市工业35个行业划分为采掘类、化工类、机电类、纺织类、轻工类、电力煤气水的生产供应业类、钢铁、建材、石油类，分别统计历年来各行业碳排放量，如图7-25所示。由图7-25可以看出，不同行业碳排放量变化趋势迥异。化工类中的各行业碳排放量呈不断上升的趋势，其中造纸及纸制品业的碳排放量在2002年以后出现剧烈攀升趋势，2009年后才有所回落。造成造纸及纸制品业碳排放量居高不下，主要是由于该产业区域同构现象突出，各地重复投资，造成资源浪费。化工类中化学原料及化学制品制造业、化学纤维制造业的碳排放量均很高，2010年均超过了50万t。机电类与轻工类中各行业碳排放量变化的波动性特征明显，其中机电类中的通用设备制造业，通信设备、计算机及其他电子设备制造业，交通运输设备制造业，电气机械及器材制造业的碳排放量在波动中呈现出不断上升趋势，但总体而言，

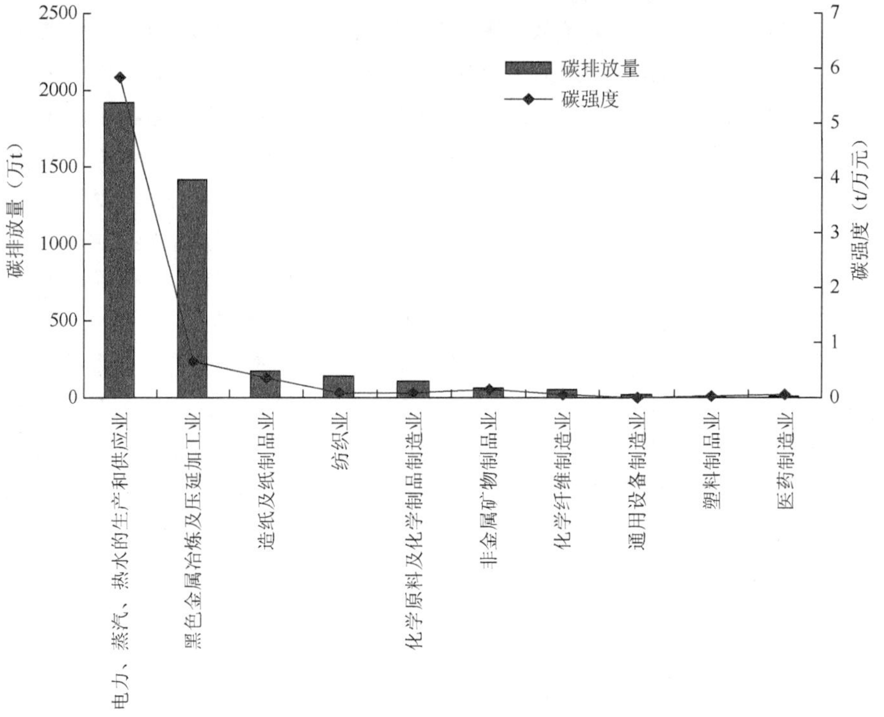

图 7-24　高碳行业碳排放量比较

机电类中各行业碳排放量相对较低。轻工类中的农副食品加工业、食品制造业、饮料制造业、烟草制品业、文教体育用品制造业的碳排放量在波动中呈现出下降趋势，其中农副食品加工业、食品制造业下降幅度明显。电力煤气水的生产供应业类中，电力、蒸汽、热水的生产和供应业的碳排放量历年在所有行业碳排放量中均位居首位，而且一直呈加速上升趋势。钢铁、建材、石油类中的黑色金属冶炼及压延加工业的碳排放量除 1998 年、1999 年之外，均处于第二位，而且在 2004 年后出现剧烈攀升态势，这主要是在新一轮重工业大发展时期，苏州市加强基础设施建设，对钢铁的需求增长过快，行业碳排放量急剧增加。采掘业类各行业的碳排放量呈现出不断下降的趋势，近 13 年来，苏州市采掘行业对碳排放量增长的贡献率很小，这主要是由于苏州市是一个能源输入型城市，以及受环境保护等矿产开采利用制约因素影响，资源自供能力极其微弱，发展采选业受到一定限制，采掘业发展规模不大，产生的碳排放量较少。纺织类各行业中主要是纺织业对碳排放量增长的贡献率较大，2010 年在统计的高碳排放行业中，纺织业的碳排放占总量的 3.7%，位居第四，这主要是由于近年来苏州市发展外向型经济，使纺织商品出口贸易增多，从而导致碳排放量也相应增加。

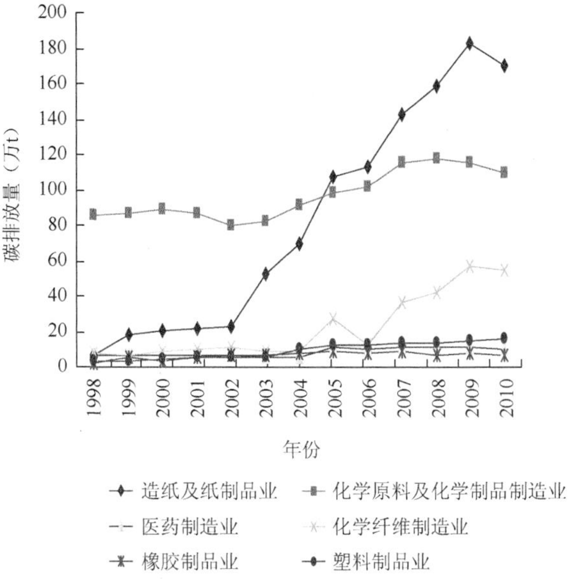

(a) 1998～2010年化工类各行业碳排放量

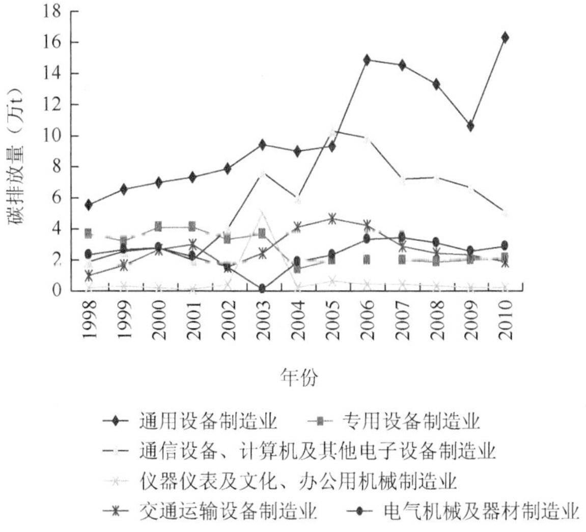

(b) 1998～2010年机电类各行业碳排放量

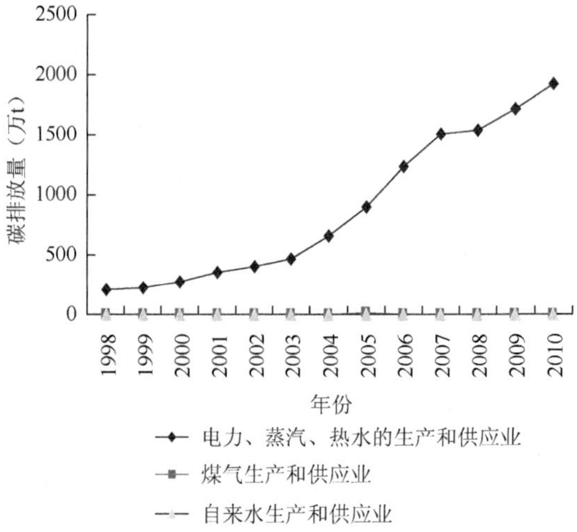

(c) 1998～2010年电力煤气水的生产供应业类各行业碳排放量

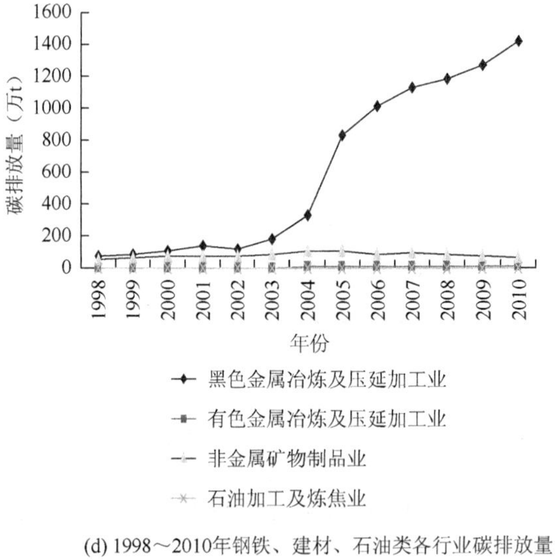

(d) 1998～2010年钢铁、建材、石油类各行业碳排放量

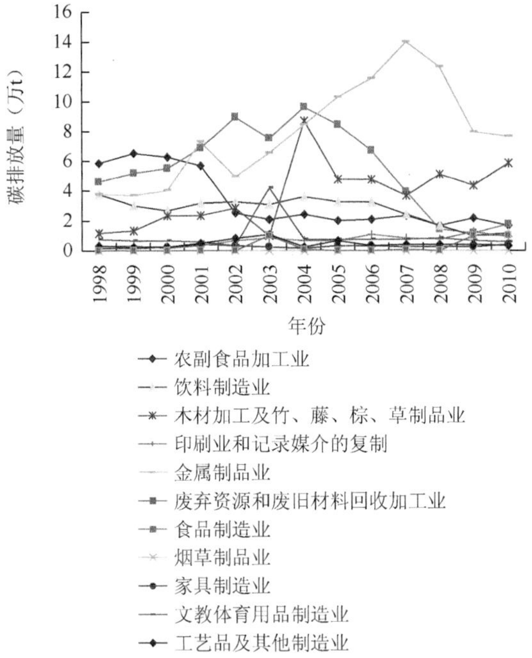

(e) 1998～2010年轻工类各行业碳排放量

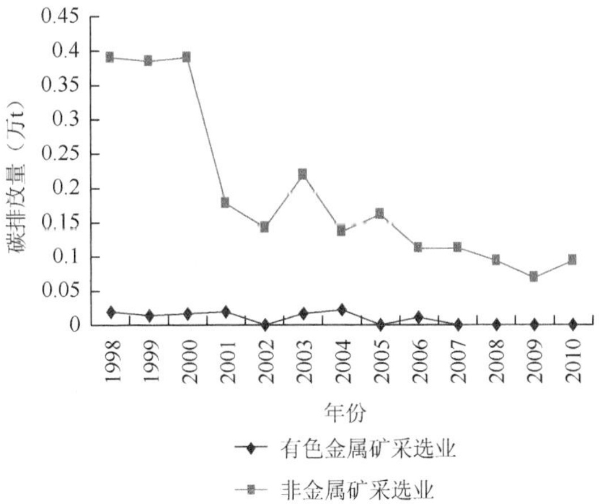

(f) 1998～2010年采掘业类各行业碳排放量

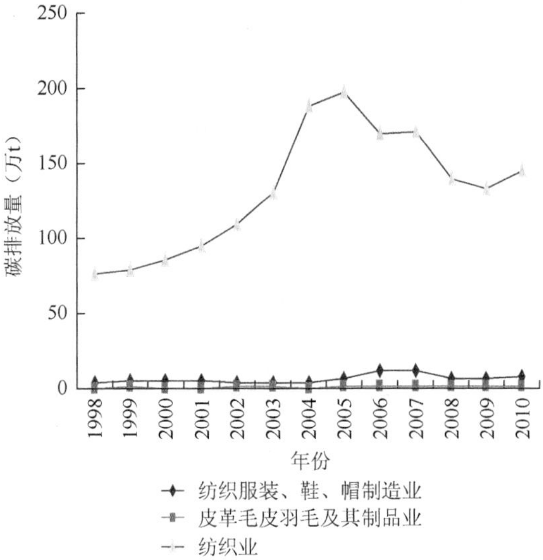

(g) 1998～2010年纺织类各行业碳排放量

图 7-25　基于行业分组的碳排放量走势（1998～2010 年）

（2）历年分行业碳强度变化统计与分析。1998～2010 年，苏州市工业各行业碳强度走势如图 7-26 所示。由图 7-26 可以看出，各行业 CO_2 排放强度走势在各组表现各不相同。化工类中除了造纸及纸制品业碳强度走势总体上呈上升趋势外，其他行业都是在小幅波动中呈下降态势。钢铁、建材、石油类各行业碳强度近年来有所降低，反映了苏州市近几年化工、建材等行业生产技术有所进步，企业对行业生产的节能减排给予高度重视。机电类中各行业碳强度表现为波动下降趋势，期间上升和下降间隔出现。其中，通用、专用设备制造业，仪器仪表及文化、办公用机械制造业的碳强度在 2003 年后下降幅度较大。总体来看，机电类各行业碳强度历年来都在 0.1t/tce 以下，在所有行业中处于较低水平，说明机电类各行业在节能减排方面效率很高，企业拥有较强的技术研发能力和环境治理能力。例如，近年来，苏州市的通信设备、计算机及其他电子设备制造业发展速度快，科技含量高，2010 年工业总产值达到 83 439 759 万元，在收获巨大经济效益的同时所付出的资源环境的代价很小。轻工类中各行业的碳强度总体呈现出下降态势，农副食品加工业等传统工业正不断改进和提高生产技术，逐步推进绿色产品的生产。电力煤气水的生产供应业类中电力、蒸汽、热水的生产和供应业碳强度很高，历年来都达到 4.5t/tce，2005 年达到最大值 7.9t/tce，之后碳强度才表现出缓慢下降趋势，这主要与此类行业的能源消费过于依赖煤炭资源和碳排放系数高的电力，以及相关企业自主研发能力不够，低碳生产技术还不成熟，对这一行业的管理并没有取得重大进步有关。近年来，纺织类各行业碳强度表现出下降趋势，2004 年后纺织类的碳强度出现急剧下降趋势。目前，苏州市的纺织行业发展已日臻成熟，形成了一些颇具规模、在国内有一定知名度的企业，企业已具有一定的自主研发能力，利用技术研发优势来节约原材料，正不断尝试通过清洁生产来减轻生产对环境的污染。

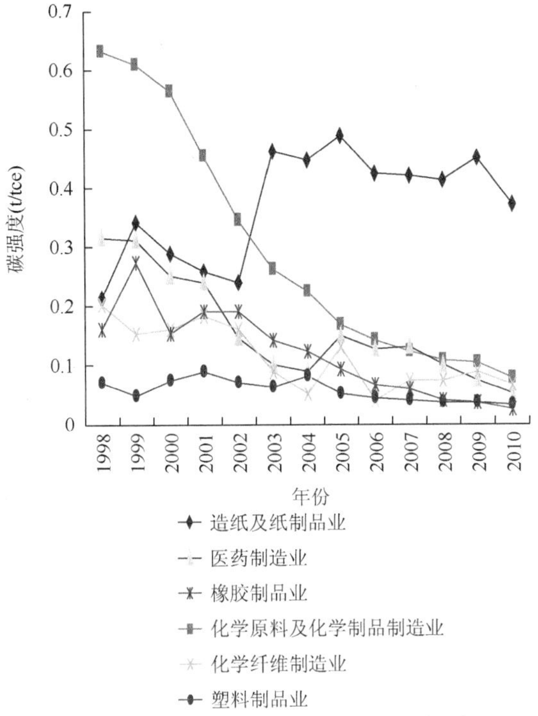

(a) 1998～2010年化工类各行业碳强度

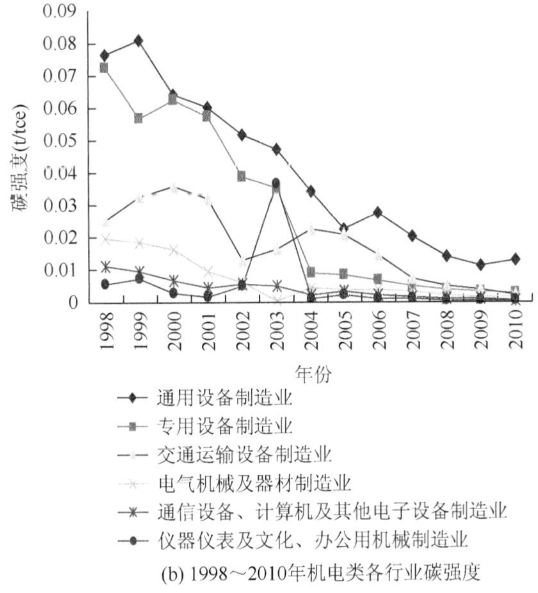

(b) 1998～2010年机电类各行业碳强度

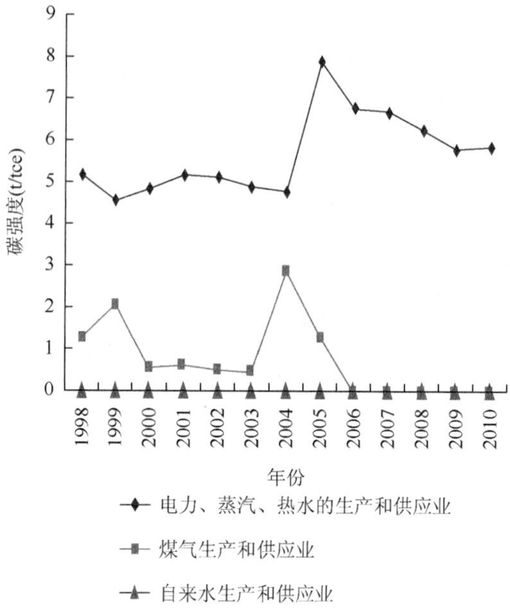

(c) 1998～2010年电力煤气水的生产供应业类各行业碳强度

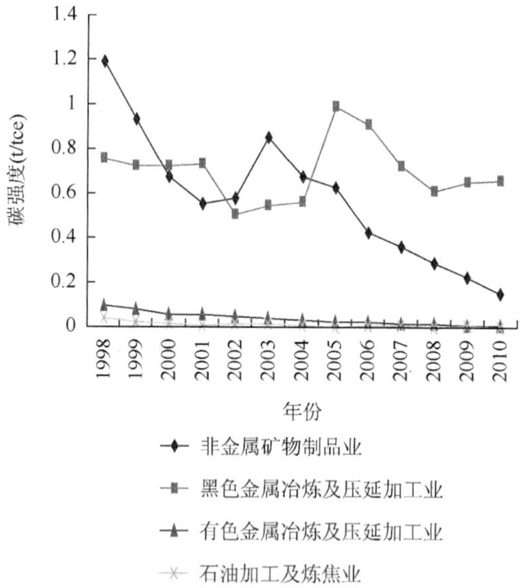

(d) 1998～2010年钢铁、建材、石油类各行业碳强度

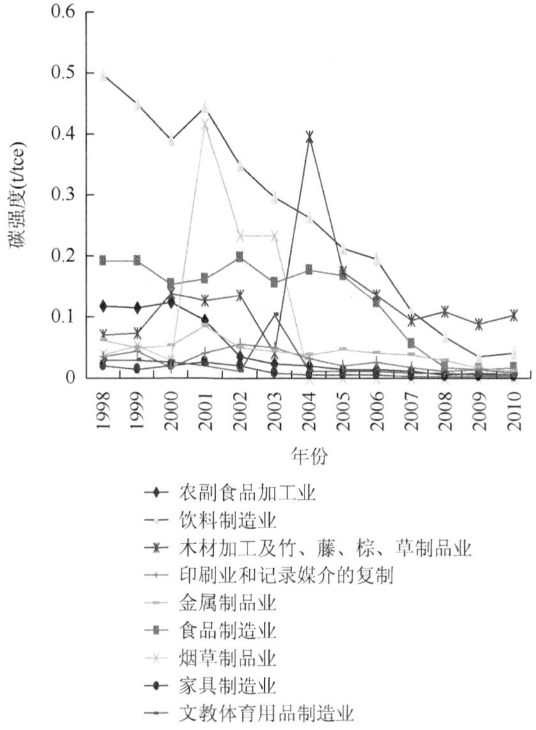

(e) 1998～2010年轻工类各行业碳强度

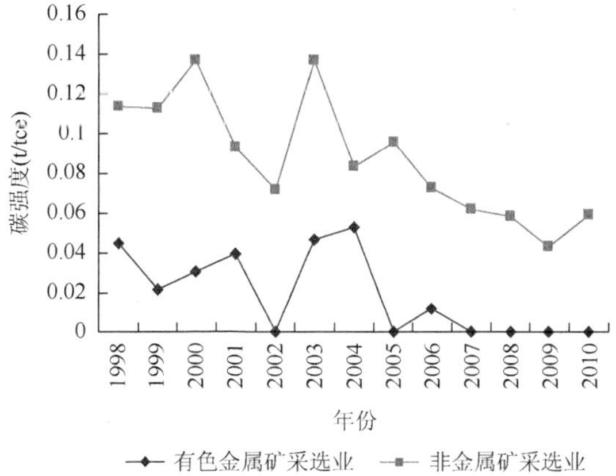

(f) 1998～2010年采掘业类各行业碳强度

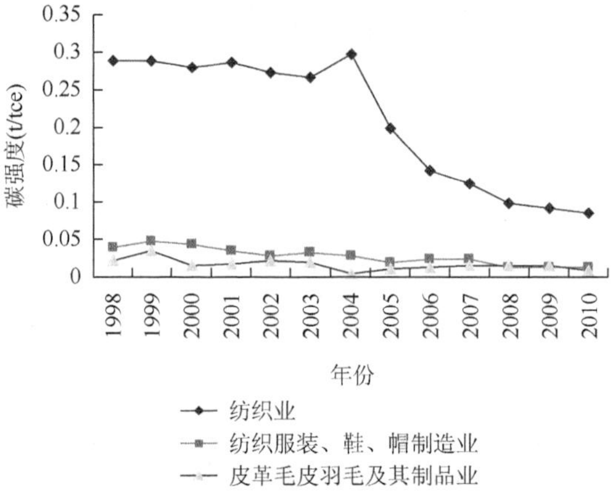

(g) 1998～2010年纺织类各行业碳强度

图 7-26　基于行业分组的碳强度走势（1998～2010 年）

3. 苏州市工业行业类型划分和评价

a. 行业低碳经济发展水平评价标准

通过比较基期和末期工业各行业碳排放量和万元工业总产值的碳排放，将苏州市工业各行业划分为以下 4 种类型，见表 7-17。

表 7-17　工业各行业低碳经济综合评价水平等级表

类型	行业名称	评价要素	解释
Ⅰ	绝对高碳行业	$C(t) < C(t+\triangle t)$， $I(t) < I(t+\triangle t)$	碳排放量增加且万元工业总产值的碳排放增加
Ⅱ	相对高碳行业	$C(t) < C(t+\triangle t)$， $I(t) > I(t+\triangle t)$	碳排放量增加且万元工业总产值的碳排放减少
Ⅲ	相对低碳行业	$C(t) > C(t+\triangle t)$， $I(t) < I(t+\triangle t)$	碳排放量减少且万元工业总产值的碳排放增加
Ⅳ	绝对低碳行业	$C(t) > C(t+\triangle t)$， $I(t) > I(t+\triangle t)$	碳排放量减少且万元工业总产值的碳排放减少

注：$C(t)$ 为 t 年份的工业碳排放量；$I(t)$ 为 t 年份万元工业总产值的碳排放，反映区域产业 CO_2 减排效率。

b. 评价结果与分析

根据表 7-17 的评价标准，采用 1998 年、2010 年苏州市工业各行业的相关数据，计算了工业各行业的碳排放量及万元工业总产值的碳排放，最后可以将苏州市工业各行业划分为以下 3 种类型（表 7-18）。

表 7-18　苏州市工业各行业分类

类型	主要行业
Ⅰ类	电力、蒸汽、热水的生产和供应业，造纸及纸制品业，家具制造业，木材加工及竹、藤、棕、草制品业，废弃资源和废旧材料回收加工业
Ⅱ类	纺织业，纺织服装、鞋、帽制造业，皮革毛皮羽绒及其制品业，印刷业和记录媒介的复制，石油加工及炼焦业，化学原料及化学制品制造业，医药制造业，化学纤维制造业，橡胶制品业，塑料制品业，非金属矿物制品业，黑色金属冶炼及压延加工业，有色金属冶炼及压延加工业，金属制品业，通用设备制造业，交通运输设备制造业，电气机械及器材制造业，通信设备、计算机及其他电子设备制造业，工艺品及其他制造业，自来水生产和供应业
Ⅳ类	有色金属矿采选业，非金属矿采选业，农副食品加工业，食品制造业，饮料制造业，烟草制品业，文教体育用品制造业，专用设备制造业，仪器仪表及文化、办公用机械制造业，煤气生产和供应业

Ⅰ类：绝对高碳行业，包括电力、蒸汽、热水的生产和供应业，造纸及纸制品业，家具制造业，木材加工及竹、藤、棕、草制品业，废弃资源和废旧材料回收加工业 5 个行业。其特征是末期相较于基期碳排放量与万元工业总产值的碳排放呈现同步增长趋势。其中，电力、蒸汽、热水的生产和供应业是苏州市碳排放量中所占比重最大的行业，碳排放量逐年攀升，碳强度也居高不下，这主要与苏州市工业增长对电力的依赖程度较高，以及相关企业的低碳生产技术还不成熟，对这一行业的管理并没有取得重大进步有关。

Ⅱ类：相对高碳行业，包括纺织业，石油加工及炼焦业，化学原料及化学制品制造业，黑色金属冶炼及压延加工业，有色金属冶炼及压延加工业，金属制品业，通信设备、计算机及其他电子设备制造业等 20 个行业。其特征是末期相较于基期碳排放量增加，万元工业总产值的碳排放减少，说明虽然企业生产规模的扩大相应地带来碳排放量的增加，但随着生产技术的进步，加之企业对行业生产的节能减排给予足够重视，万元工业总产值的碳排放有所减少。

Ⅳ类：绝对低碳行业，包括农副食品加工业，烟草制品业，文教体育用品制造业，仪器仪表及文化、办公用机械制造业等 10 个行业，这些行业的碳排放量少，末期相较于基期碳排放量减少，万元工业总产值的碳排放减少。

第二节　徐州市产业系统资源环境效应分析

徐州市正处在工业化的发展阶段，工业是城市发展的经济支柱，但也是能源消耗和产生碳排放的主体。从工业发展水平来看，徐州市工业 GDP 的增长速度远远落后于江苏省平均水平；从工业内部结构来看，徐州市以传统工业为主导，资源密集型产业和污染密集型产业比较多；从工业与生态环境关系来看，徐州市工业发展存在着过分依赖资源、生态环境破坏较为严重等问题，这在一定程度上制约着工业可持续发展。因此，徐州市工业发展与生态环境状况关系日趋尖锐化，经济系统转型及其可持续发展所面临的严峻形势已成为亟待解决的紧迫问题。本节采用分解分析方法，深入开展徐州市工业碳排放及环境绩效特征分析。

一、工业能源消耗及演变特征分析

（一）工业发展特征分析

徐州市工业经济稳步发展，工业结构逐渐改善。图 7-27 显示，2010 年徐州市工业 GDP 为 1268.61 亿元，比 1999 年增长了 1032.9 亿元，占全国的比重由 1999 年的 0.66%增加到 2010 年的 0.79%。研究期内，徐州市工业 GDP 年均增长率为 16.65%，高于全国年均 14.74%的速度；徐州市工业 GDP 占江苏省的比重由 1999 年的 6.99%逐渐降低至 2005 年的 5.6%，此后又呈上升之势，到 2010 年上升至 6.6%，年均增长速度慢于江苏省 17.30%的速度。由此可知，徐州市工业 GDP 的增长速度介于全国与江苏省之间，因此加快推进徐州市工业化进程仍是该市发展面临的重大任务。

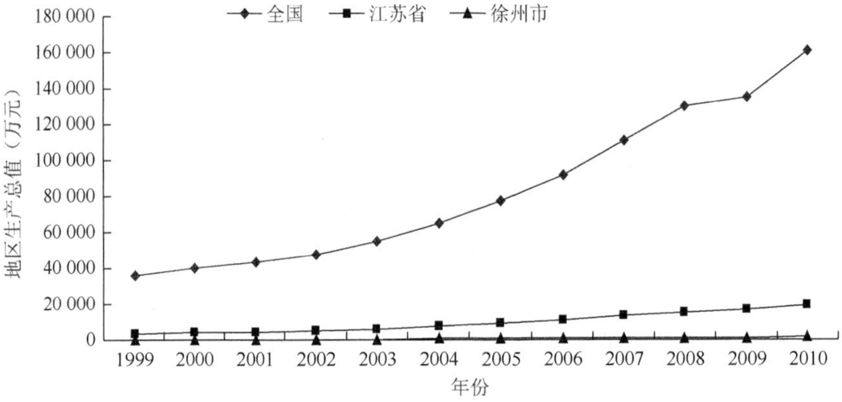

图 7-27　1999～2010 年全国、江苏省与徐州市的工业地区生产总值

表 7-19 显示，徐州市工业以能源、农副产品加工等资源密集型产业为主导，新兴产业发展较快，但尚未发展成为主导产业。从内部结构来看，煤炭、电力、冶金、机械、建材、化工、食品、纺织等是当前徐州市的工业支柱产业，其中，

装备制造业、能源产业、食品及农副产品加工业三大主导产业发展速度较快。从行业产值结构看，研究期内通用设备制造业、木材加工及竹藤棕草制品业、煤炭采选和洗选业的年均工业总产值最大，均超过 100 亿元，木材加工及竹藤棕草制品业、化学原料及化学制品制造业的工业总产值占所有工业总产值的比重上升最快，但煤炭采选和洗选业的比重已经逐渐下降；而煤气生产和供应业，水的生产和供应业和化学纤维制造业等的年均工业总产值最小，其所占比重均在减少。家具制造业、石油加工及炼焦及核燃料加工业和仪器及文化、办公用机械制造业等行业的工业总产值增长速度最快，相比 1999 年，2010 年的工业总产值增加均超过 100 倍，其所占比重也在逐年提高；而电力、蒸汽、热水的生产和供应业，煤气生产和供应业及饮料制造业等行业的工业总产值增长速度最慢，其占比也有明显减少的趋势。

表 7-19　1999～2010 年徐州市分行业工业总产值占全市工业总产值的比重（%）

类别	1999 年	2000 年	2001 年	2002 年	2003 年	2004 年	2005 年	2006 年	2007 年	2008 年	2009 年	2010 年
煤炭采选和洗选业	8.64	8.93	8.66	9.42	9.02	9.92	10.33	8.78	7.87	8.15	6.27	5.32
黑色金属矿采选业	0.19	0.19	0.23	0.24	0.36	0.64	0.60	0.75	0.83	0.73	0.50	0.27
非金属矿采选业	0.35	0.36	0.44	0.16	0.16	0.33	0.34	0.43	0.41	0.44	0.61	0.60
农副产品加工业	5.55	5.17	4.80	4.28	3.58	3.61	3.68	4.17	4.51	4.82	5.60	4.64
食品制造业	2.23	2.36	1.94	1.25	1.49	1.34	1.41	1.56	0.93	0.95	1.01	0.95
饮料制造业	13.41	13.61	13.88	13.03	11.67	9.92	9.34	7.36	6.27	5.06	4.64	4.06
烟草制品业	3.03	2.88	3.61	4.82	5.21	6.63	5.48	5.47	4.80	4.23	3.19	2.62
纺织业	8.13	8.30	7.63	8.23	6.17	6.07	5.76	6.27	5.98	5.22	4.73	4.93
服装及其他纤维制品制造业	0.25	0.23	0.17	0.27	0.30	0.12	0.28	0.34	0.40	0.43	0.69	0.86
皮革毛皮羽绒及其制品业	0.81	0.73	0.69	0.61	0.43	0.43	0.42	0.45	0.62	0.42	0.28	0.30
木材加工及竹藤棕草制品业	3.88	4.25	4.79	4.92	4.42	6.73	7.27	8.06	8.81	9.35	10.29	10.00

续表

类别	1999 年	2000 年	2001 年	2002 年	2003 年	2004 年	2005 年	2006 年	2007 年	2008 年	2009 年	2010 年
家具制造业	0.02	0.02	0.07	0.14	0.12	0.01	0.10	0.10	0.12	0.15	0.32	0.38
造纸及纸制品业	1.98	2.09	2.33	2.31	2.07	1.78	1.89	2.10	2.42	1.92	1.95	1.43
印刷业和记录媒介的复制	0.64	0.46	0.53	0.46	0.59	0.57	0.43	0.34	0.25	0.22	0.30	0.31
文教体育用品制造业	0.27	0.27	0.25	0.30	0.33	0.17	0.30	0.28	0.37	0.29	0.26	0.26
石油加工及炼焦及核燃料加工业	0.07	0.10	0.07	0.08	0.08	0.98	0.82	0.75	0.93	1.11	1.04	0.94
化学原料及化学制品制造业	6.79	6.96	6.05	6.06	5.50	4.97	5.87	5.47	5.56	6.06	7.02	11.07
医药制造业	0.86	0.83	0.92	0.81	0.87	0.93	0.88	0.80	0.87	1.21	1.67	1.94
化学纤维制造业	0.36	0.38	0.22	0.21	0.22	0.16	0.15	0.17	0.16	0.14	0.15	0.15
橡胶制品业	1.68	1.27	1.13	0.51	0.46	0.43	0.55	0.57	0.64	0.82	0.88	0.86
塑料制品业	0.68	0.73	0.61	0.79	0.80	0.80	0.84	1.06	1.45	1.35	1.61	1.76
非金属矿物制品业	5.86	5.44	4.85	4.22	4.18	3.75	3.90	3.90	3.95	4.38	4.73	4.78
黑色金属冶炼及压延加工业	3.10	3.57	3.88	3.83	4.68	6.12	6.67	7.35	7.54	6.72	5.40	5.49
有色金属冶炼及压延加工业	2.12	1.53	1.62	1.61	1.64	2.51	2.98	2.90	3.51	2.35	2.31	2.17
金属制品业	2.28	2.11	2.21	2.14	1.92	1.80	2.05	2.52	2.92	2.98	3.64	3.23
通用设备制造业	10.02	10.78	12.61	14.68	19.17	16.66	13.70	14.80	14.95	15.09	13.58	12.66

续表

类别	1999年	2000年	2001年	2002年	2003年	2004年	2005年	2006年	2007年	2008年	2009年	2010年
专用设备制造业	1.55	1.59	1.66	1.72	1.84	1.61	1.55	1.66	2.12	2.11	3.10	3.97
交通运输设备制造业	0.33	0.25	0.29	0.13	0.28	1.23	1.45	1.37	1.74	2.24	2.63	1.88
电气机械及器材制造业	2.22	1.97	1.75	1.48	2.14	1.24	1.76	1.98	2.35	2.44	3.69	4.23
通信设备、计算机及其他电子设备业	1.12	1.17	1.07	0.86	0.11	0.78	0.57	0.45	0.46	1.82	2.03	1.77
工艺品及其他制造业	0.17	0.16	0.29	0.54	0.54	0.19	0.25	0.25	0.27	0.28	0.28	0.36
仪器及文化、办公用机械制造业	0.27	0.32	0.26	0.22	0.09	0.23	0.64	0.94	1.13	1.48	1.41	2.61
煤气生产和供应业	0.23	0.28	0.34	0.31	0.41	0.02	0.04	0.03	0.03	0.03	0.04	0.06
水的生产和供应业	0.24	0.23	0.21	0.18	0.17	0.14	0.11	0.09	0.07	0.05	0.09	0.07
电力、蒸汽、热水的生产和供应业	10.66	10.47	9.93	9.19	9.01	7.11	7.60	6.49	4.75	4.06	3.41	2.63

（二）工业能源消耗演变特征分析

1. 能源消费总量特征

本章所指的能源消耗总量是指工业产出所消费一次能源的总量。其数据来源为2000～2011年的《中国统计年鉴》《江苏统计年鉴》和《徐州统计年鉴》。根据相关统计年鉴数据，整理出1999～2010年全国、江苏省和徐州市的工业能源消费总量情况（图7-28）。

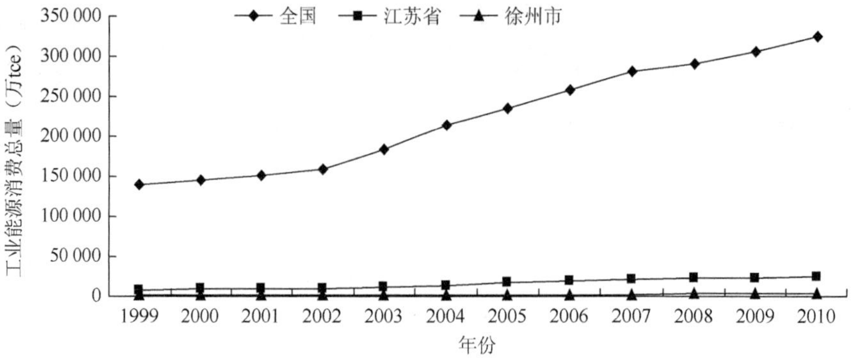

图 7-28　1999～2010 年全国、江苏省和徐州市工业能源消费总量

图7-28表明，全国、江苏省和徐州市的工业能源消费总量均呈上升趋势，且在 2003～2005 年的增长最为迅速。1999～2010 年，徐州市工业能源消费总量呈波动上升的趋势，研究期内工业能源消费量上升了 2527.55 万 tce，年均增速为9%，而同期全国、江苏省工业能源消费的年均增速分别为 8.2%和 11.23%，可见，徐州市工业能源消耗高出全国 0.8 个百分点，但低于江苏省 2.23 个百分点。

由表 7-20 和表 7-21 可以看出，徐州市工业行业能源消费主要集中在电力、蒸汽、热水的生产和供应业，煤炭采选和洗选业，黑色金属冶炼及压延加工业，非金属矿物制品业 4 个行业，研究期内，其能源消费总量占全市所有工业行业的比重平均值分别为 31.43%、28.66%、5.31%和 5.55%，累计占 70.95%。

表 7-20　1999～2010 年徐州市工业分行业能源消费总量　（单位：万 tce）

类别	1999 年	2000 年	2001 年	2002 年	2003 年	2004 年	2005 年	2006 年	2007 年	2008 年	2009 年	2010 年
煤炭采选和洗选业	461.19	430.73	413.41	501.50	550.19	622.68	642.37	692.80	766.23	844.69	1121.17	1292.61
黑色金属矿采选业	0.14	1.70	6.15	5.39	12.19	9.68	9.08	1.67	8.39	6.11	7.76	6.06
非金属矿采选业	0.04	0.06	0.08	0.05	0.19	0.27	0.47	1.35	0.61	0.77	0.62	1.01
农副产品加工业	1.76	2.16	2.39	2.84	3.13	3.46	4.96	5.21	7.89	5.29	7.89	7.45
食品制造业	2.56	3.21	1.91	1.45	2.87	2.32	2.71	3.42	3.67	3.54	4.10	3.57
饮料制造业	28.53	31.42	42.85	49.32	50.54	56.94	54.00	54.97	61.12	58.88	61.94	53.50
烟草制品业	0.70	0.63	0.64	0.67	0.69	1.21	1.29	1.15	1.26	0.65	0.29	0.09

续表

类别	1999年	2000年	2001年	2002年	2003年	2004年	2005年	2006年	2007年	2008年	2009年	2010年
纺织业	7.51	7.15	7.71	7.21	6.73	4.29	2.35	3.91	3.49	2.82	6.07	4.53
服装及其他纤维制品制造业	0.07	0.06	0.00	0.11	0.19	0.17	0.30	0.41	0.39	0.37	0.64	0.93
皮革毛皮羽绒及其制品业	0.26	0.19	0.27	0.59	0.29	0.29	0.38	0.76	2.51	1.21	0.94	0.95
木材加工及竹藤棕草制品业	9.44	8.57	9.13	12.44	34.85	15.01	21.41	39.72	33.73	39.32	54.24	60.95
家具制造业	0.00	0.01	0.02	0.03	0.01	0.00	0.00	0.02	0.03	0.04	0.18	0.34
造纸及纸制品业	10.98	12.77	10.42	16.48	18.08	17.15	11.70	12.04	15.27	11.32	8.64	5.39
印刷业和记录媒介的复制	0.07	0.03	0.04	0.04	0.04	0.03	0.00	0.01	0.01	0.00	0.00	0.01
文教体育用品制造业	0.01	0.09	0.05	0.19	0.30	0.22	0.72	0.28	0.25	0.38	0.16	0.14
石油加工及炼焦及核燃料加工业	0.12	0.11	0.02	0.06	0.14	24.33	33.63	35.41	102.56	48.20	71.45	108.41
化学原料及化学制品制造业	26.31	27.11	26.41	29.58	28.78	41.15	54.91	49.14	81.89	99.10	81.98	55.42
医药制造业	1.73	1.20	1.27	0.96	1.29	1.62	1.57	1.54	1.66	2.56	4.62	8.34
化学纤维制造业	0.04	0.19	0.05	0.08	0.05	0.09	0.10	0.15	0.15	0.16	0.16	0.18
橡胶制品业	0.14	1.03	1.01	0.13	0.49	0.47	0.44	0.31	0.33	0.29	0.02	0.13
塑料制品业	0.99	0.27	0.35	0.38	0.27	0.28	0.55	0.77	1.53	0.86	1.71	3.06
非金属矿物制品业	80.50	92.97	85.89	78.78	100.14	125.94	138.49	154.03	169.74	234.21	174.05	157.02

续表

类别	1999年	2000年	2001年	2002年	2003年	2004年	2005年	2006年	2007年	2008年	2009年	2010年
黑色金属冶炼及压延加工业	29.91	28.06	36.49	18.06	44.64	111.34	140.18	198.18	290.29	277.58	299.68	326.84
有色金属冶炼及压延加工业	0.76	0.76	0.36	1.20	1.20	1.83	3.15	2.92	7.26	47.09	5.51	6.17
金属制品业	1.66	1.91	2.20	1.72	1.39	1.32	2.29	2.73	4.02	5.93	6.64	6.68
通用设备制造业	3.60	5.36	3.26	7.20	6.57	7.98	6.41	6.60	10.64	15.95	9.75	6.77
专用设备制造业	0.83	0.95	0.62	0.65	0.25	0.36	0.39	0.67	0.99	0.83	1.48	1.90
交通运输设备制造业	0.07	0.07	0.14	0.01	0.23	0.10	0.33	0.27	0.28	0.43	0.57	3.68
电气机械及器材制造业	1.31	1.30	1.26	0.27	0.78	0.14	0.17	1.03	0.62	0.88	2.96	9.38
通信设备、计算机及其他电子设备业	0.07	0.04	0.02	0.06	0.01	0.16	0.18	0.10	0.11	0.55	0.42	0.61
工艺品及其他制造业	0.18	0.19	0.16	0.84	0.74	0.42	1.10	1.52	2.49	2.95	1.56	1.63
仪器及文化、办公用机械制造业	0.02	0.01	0.00	0.00	0.00	0.01	0.01	0.03	0.21	0.03	0.26	0.84
煤气生产和供应业	1.94	2.72	1.89	2.69	1.73	0.00	0.03	0.01	0.01	0.01	0.01	0.02
水的生产和供应业	0.05	0.07	0.06	0.05	0.05	0.05	0.01	0.01	0.01	0.02	0.02	0.02
电力、蒸汽、热水的生产和供应业	443.27	459.32	482.56	520.95	658.91	787.70	986.58	904.15	842.88	984.95	861.74	1040.11

表 7-21　1999～2010 年徐州市工业分行业能源消费总量占全市工业能源消费总量的比重（%）

类别	1999年	2000年	2001年	2002年	2003年	2004年	2005年	2006年	2007年	2008年	2009年	2010年
煤炭采选和洗选业	31.64	29.43	28.51	30.04	26.95	26.70	24.09	26.29	27.18	27.47	33.22	32.43
黑色金属矿采选业	0.01	0.12	0.42	0.32	0.60	0.42	0.34	0.06	0.30	0.20	0.23	0.15
非金属矿采选业	0.00	0.00	0.01	0.00	0.01	0.01	0.02	0.05	0.02	0.03	0.02	0.03
农副产品加工业	0.12	0.15	0.17	0.17	0.15	0.15	0.19	0.20	0.28	0.17	0.23	0.19
食品制造业	0.18	0.22	0.13	0.09	0.14	0.10	0.10	0.13	0.13	0.11	0.12	0.09
饮料制造业	1.96	2.15	2.95	2.95	2.48	2.44	2.03	2.09	2.17	1.91	1.84	1.34
烟草制品业	0.05	0.04	0.04	0.04	0.03	0.05	0.05	0.04	0.04	0.02	0.01	0.00
纺织业	0.51	0.49	0.53	0.43	0.33	0.18	0.09	0.15	0.12	0.09	0.18	0.11
服装及其他纤维制品制造业	0.00	0.00	0.00	0.01	0.01	0.01	0.01	0.02	0.01	0.01	0.02	0.02
皮革毛皮羽绒及其制品业	0.02	0.01	0.02	0.04	0.01	0.01	0.01	0.03	0.09	0.04	0.03	0.02
木材加工及竹藤棕草制品业	0.65	0.59	0.63	0.75	1.71	0.64	0.80	1.51	1.20	1.28	1.61	1.53
家具制造业	0.00	0.00	0.00	0.00	0.00	0.00	0.00	0.00	0.00	0.00	0.01	0.01
造纸及纸制品业	0.75	0.87	0.72	0.99	0.89	0.74	0.44	0.46	0.54	0.37	0.26	0.14
印刷业和记录媒介的复制	0.00	0.00	0.00	0.00	0.00	0.00	0.00	0.00	0.00	0.00	0.00	0.00
文教体育用品制造业	0.00	0.01	0.00	0.01	0.01	0.01	0.03	0.01	0.01	0.01	0.00	0.00
石油加工及炼焦及核燃料加工业	0.01	0.01	0.00	0.00	0.01	1.04	1.26	1.34	3.64	1.57	2.12	2.72
化学原料及化学制品制造业	1.80	1.85	1.82	1.77	1.41	1.76	2.06	1.86	2.90	3.22	2.43	1.39
医药制造业	0.12	0.08	0.09	0.06	0.06	0.07	0.06	0.06	0.06	0.08	0.14	0.21
化学纤维制造业	0.00	0.01	0.00	0.01	0.00	0.00	0.00	0.01	0.01	0.01	0.00	0.00
橡胶制品业	0.01	0.07	0.07	0.01	0.02	0.02	0.02	0.01	0.01	0.01	0.00	0.00
塑料制品业	0.07	0.02	0.02	0.02	0.01	0.01	0.02	0.03	0.05	0.03	0.05	0.08

续表

类别	1999年	2000年	2001年	2002年	2003年	2004年	2005年	2006年	2007年	2008年	2009年	2010年
非金属矿物制品业	5.52	6.35	5.92	4.72	4.90	5.40	5.19	5.84	6.02	7.62	5.16	3.94
黑色金属冶炼及压延加工业	2.05	1.92	2.52	1.08	2.19	4.77	5.26	7.52	10.30	9.03	8.88	8.20
有色金属冶炼及压延加工业	0.05	0.05	0.02	0.07	0.06	0.08	0.12	0.11	0.26	1.53	0.16	0.15
金属制品业	0.11	0.13	0.15	0.10	0.07	0.06	0.09	0.10	0.14	0.19	0.20	0.17
通用设备制造业	0.25	0.37	0.23	0.43	0.32	0.34	0.24	0.25	0.38	0.52	0.29	0.17
专用设备制造业	0.06	0.06	0.04	0.04	0.01	0.02	0.01	0.03	0.04	0.03	0.04	0.05
交通运输设备制造业	0.01	0.00	0.01	0.00	0.01	0.00	0.01	0.01	0.01	0.01	0.02	0.09
电气机械及器材制造业	0.09	0.09	0.09	0.02	0.04	0.01	0.01	0.04	0.02	0.03	0.09	0.24
通信设备、计算机及其他电子设备业	0.00	0.00	0.00	0.00	0.00	0.01	0.01	0.00	0.00	0.02	0.01	0.02
工艺品及其他制造业	0.01	0.01	0.01	0.05	0.04	0.02	0.04	0.06	0.09	0.10	0.05	0.04
仪器及文化、办公用机械制造业	0.00	0.00	0.00	0.00	0.00	0.00	0.00	0.00	0.01	0.00	0.01	0.02
煤气生产和供应业	0.13	0.19	0.13	0.16	0.08	0.00	0.00	0.00	0.00	0.00	0.00	0.00
水的生产和供应业	0.00	0.00	0.00	0.00	0.00	0.00	0.00	0.00	0.00	0.00	0.00	0.00
电力、蒸汽、热水的生产和供应业	30.41	31.38	33.27	31.21	32.27	33.78	37.00	34.31	29.90	32.03	25.53	26.10

从发展趋势看，研究期内徐州市工业能源消耗大致分为 3 个阶段：①平缓发展阶段（1999～2001 年）。该阶段徐州市工业能源消费总量呈现先增长后下降的趋势，年均工业能源消费总量为 14 571 836tce；能源消费强度呈逐年降低趋势，由 1999 年的 6.18tce/万元降低至 2001 年的 5.33tce/万元，三年间降低了 0.85tce/万元；能源消费结构上，原煤比重占绝对优势，焦炭和电力比重逐年上升，热力比重逐年下降，汽油和柴油比重先上升后下降。②快速增长阶段（2002～2005 年）。该阶段徐州市

工业能源消费总量持续上涨，平均增幅为16.49%；能源消费强度除2003年略有反弹外，总体仍处于降低的趋势；能源消费结构上，原煤依旧占据主导地位，结构比重较上一阶段有所下降。③较快增长阶段（2006～2010年）。工业能源消费总量在2006年出现短暂回落后继续上升，在2009～2010年增速最快，总体上较上一阶段的增长速度有所缓慢。能源消费强度依旧逐年下降，且该阶段的下降幅度在3个阶段中最大，五年内下降了1.02%；能源消费结构上，占据徐州市工业能源消耗主导地位的原煤在2007～2008年出现一定程度的反弹，其余时序内都处于下降趋势。由此得出，徐州市工业经济的快速发展是以大量消耗能源来维持的。

2. 能源消费强度特征

工业能源消费强度可以理解为单位工业总产值的综合能耗，是指单位工业总产值所使用的能源量，即衡量单位产出所消耗的综合能源量。一个地区的工业能源消费强度与该地区的工业结构、工业技术和工业节能水平等有密切关系。

由表7-22可知，全国、江苏省和徐州市的工业能源消费强度均呈递减趋势，2004～2008年降速最大，且三者在2010年的工业能源消费强度相差最小。1999～2010年，全国工业能源消费强度的降速较慢，由1.93tce/万元降至0.47tce/万元，年均降幅为11.97%，且总体能源消费强度最低；同期，江苏省工业能源消费强度由0.94tce/万元降至0.28tce/万元，年均降速为11.97%；徐州市则由3.43tce/万元下降到0.78tce/万元，年均降幅达到7.02%。总体来说，在研究期内，徐州市工业能源消费强度高于江苏省和全国平均水平，工业能源利用效率较低，但近年来已经逐渐提高。

表7-22　1999～2010年全国、江苏省和徐州市工业能源消费强度（单位：tce/万元）

年份	全国	江苏省	徐州市
1999	1.93	0.94	3.43
2000	1.70	0.82	3.14
2001	1.58	0.76	2.82
2002	1.44	0.69	2.78
2003	1.29	0.61	2.81
2004	1.14	0.55	2.52
2005	1.06	0.52	2.17
2006	0.82	0.45	1.61
2007	0.69	0.39	1.32
2008	0.57	0.33	1.08
2009	0.56	0.32	0.94
2010	0.47	0.28	0.78

从表7-23来看，徐州市工业能源消费强度最高的行业也是能源消费总量最大的行业，其中，电力、蒸汽、热水的生产和供应业，煤炭采选和洗选业及非金属矿物制品业的年均能源消费强度分别为9.23tce/万元、7.00tce/万元和2.60tce/万元。而能源消费强度最低的行业分别是印刷、记录传媒的复制业，通信设备、计算机及其他电子设备业和仪器及文化办公用机械制造业，其能源消费强度均为0.01tce/万元。

表7-23　1999～2010年徐州市工业分行业能源消费强度（单位：tce/万元）

类别	1999年	2000年	2001年	2002年	2003年	2004年	2005年	2006年	2007年	2008年	2009年	2010年
煤炭采选和洗选业	12.56	10.34	9.28	8.87	8.40	6.80	5.06	4.83	4.54	3.64	4.97	4.76
黑色金属矿采选业	0.18	1.88	5.12	3.81	4.70	1.63	1.24	0.14	0.47	0.29	0.43	0.43
非金属矿采选业	0.03	0.04	0.04	0.05	0.17	0.09	0.11	0.19	0.07	0.06	0.03	0.03
农副产品加工业	0.07	0.09	0.10	0.11	0.12	0.10	0.11	0.08	0.08	0.04	0.04	0.03
食品制造业	0.27	0.29	0.19	0.19	0.27	0.19	0.16	0.13	0.18	0.13	0.11	0.07
饮料制造业	0.50	0.49	0.60	0.63	0.60	0.62	0.47	0.46	0.46	0.41	0.37	0.26
烟草制品业	0.05	0.05	0.03	0.02	0.02	0.02	0.02	0.01	0.01	0.01	0.00	0.00
纺织业	0.22	0.18	0.20	0.15	0.15	0.08	0.03	0.04	0.03	0.02	0.04	0.02
服装及其他纤维制品制造业	0.07	0.06	0.00	0.07	0.09	0.15	0.09	0.08	0.05	0.03	0.03	0.02
皮革毛皮羽绒及其制品业	0.08	0.06	0.07	0.16	0.09	0.07	0.08	0.10	0.19	0.10	0.09	0.06
木材加工及竹藤棕草制品业	0.57	0.43	0.37	0.42	1.09	0.24	0.24	0.30	0.18	0.15	0.15	0.12
家具制造业	0.02	0.07	0.04	0.04	0.01	0.01	0.00	0.01	0.01	0.01	0.02	0.02
造纸及纸制品业	1.31	1.31	0.87	1.19	1.20	1.04	0.50	0.35	0.29	0.21	0.12	0.07

续表

类别	1999年	2000年	2001年	2002年	2003年	2004年	2005年	2006年	2007年	2008年	2009年	2010年
印刷业和记录媒介的复制	0.02	0.01	0.01	0.02	0.01	0.01	0.00	0.00	0.00	0.00	0.00	0.00
文教体育用品制造业	0.01	0.07	0.04	0.10	0.13	0.14	0.19	0.06	0.03	0.05	0.02	0.01
石油加工及炼焦及核燃料加工业	0.43	0.23	0.07	0.12	0.24	2.69	3.33	2.89	5.17	1.52	1.92	2.24
化学原料及化学制品制造业	0.91	0.83	0.85	0.81	0.72	0.90	0.76	0.55	0.69	0.57	0.32	0.10
医药制造业	0.47	0.31	0.27	0.20	0.20	0.19	0.15	0.12	0.09	0.07	0.08	0.08
化学纤维制造业	0.03	0.11	0.04	0.07	0.03	0.06	0.06	0.05	0.04	0.04	0.03	0.02
橡胶制品业	0.02	0.17	0.17	0.04	0.15	0.12	0.06	0.03	0.02	0.01	0.00	0.00
塑料制品业	0.34	0.08	0.11	0.08	0.05	0.04	0.05	0.04	0.05	0.02	0.03	0.03
非金属矿物制品业	3.23	3.67	3.44	3.11	3.30	3.63	2.89	2.42	2.00	1.88	1.02	0.64
黑色金属冶炼及压延加工业	2.27	1.69	1.83	0.79	1.31	1.97	1.71	1.65	1.80	1.45	1.54	1.16
有色金属冶炼及压延加工业	0.08	0.11	0.04	0.12	0.10	0.08	0.09	0.06	0.10	0.70	0.07	0.06
金属制品业	0.17	0.19	0.19	0.13	0.10	0.08	0.09	0.07	0.06	0.07	0.05	0.04
通用设备制造业	0.08	0.11	0.05	0.08	0.05	0.05	0.04	0.03	0.03	0.04	0.02	0.01
专用设备制造业	0.13	0.13	0.07	0.06	0.02	0.02	0.02	0.02	0.02	0.01	0.01	0.01

续表

类别	1999年	2000年	2001年	2002年	2003年	2004年	2005年	2006年	2007年	2008年	2009年	2010年
交通运输设备制造业	0.05	0.06	0.09	0.01	0.12	0.01	0.02	0.01	0.01	0.01	0.01	0.04
电气机械及器材制造业	0.14	0.14	0.14	0.03	0.05	0.01	0.01	0.03	0.01	0.01	0.02	0.04
通信设备、计算机及其他电子设备业	0.01	0.01	0.00	0.01	0.01	0.02	0.03	0.01	0.01	0.01	0.01	0.01
工艺品及其他制造业	0.25	0.25	0.11	0.26	0.19	0.24	0.36	0.38	0.43	0.38	0.15	0.09
仪器及文化、办公用机械制造业	0.02	0.01	0.00	0.00	0.00	0.01	0.00	0.00	0.01	0.00	0.01	0.01
煤气生产和供应业	1.96	2.12	1.09	1.45	0.58	0.03	0.06	0.02	0.02	0.01	0.01	0.01
水的生产和供应业	0.05	0.07	0.05	0.04	0.04	0.04	0.01	0.01	0.00	0.01	0.01	0.01
电力、蒸汽、热水的生产和供应业	9.78	9.40	9.45	9.44	10.07	11.99	10.57	8.53	8.27	8.52	7.03	7.73

3. 能源消费结构特征

能源消费结构是指各种能源的消费量占能源总消费量的比重。其中，各种能源的折算标准煤系数见表 7-24。

表 7-24　主要能源种类的折算标准煤系数

能源种类	原煤	焦炭	热力	汽油	柴油	电力*
折算标准煤系数	0.714 3	0.971 4	0.034 12	1.471 4	1.457 1	0.122 9

*数据来源于《中国能源统计年鉴》(2008 年)。其中，电力折算系数按当量值计算。

根据以上方法，分别计算得出 1999～2010 年全国、江苏省和徐州市工业能源消费结构情况(图 7-29～图 7-31)。与全国和江苏省的工业能源消费结构一致，徐州市工业能源消费结构也以原煤为主，年均比重达到 74.29%，高于全国和江苏省煤炭 69.80%和 69.78%的平均占比；焦炭所占徐州市工业能源结构的比重仅次于原煤，但平均所占比例仅为 5.28%，而位列全国和江苏省能源消费结构第二的分别是石油和原油，平均占比分别为 20.30%和 18.92%；再次是热力、电力、柴油和汽油，所占比例均较少，平均比例都小于 1%，且柴油和汽油平均占比分别仅为 0.27%和 0.11%。

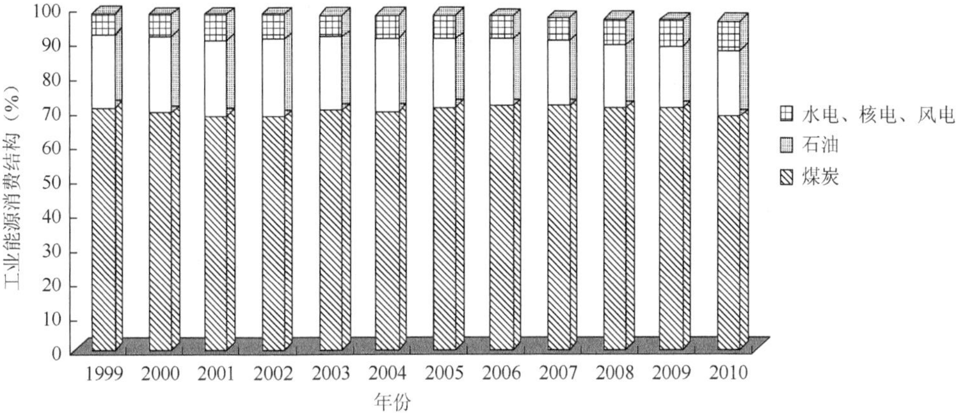

图 7-29　1999～2010 年全国工业能源消费结构

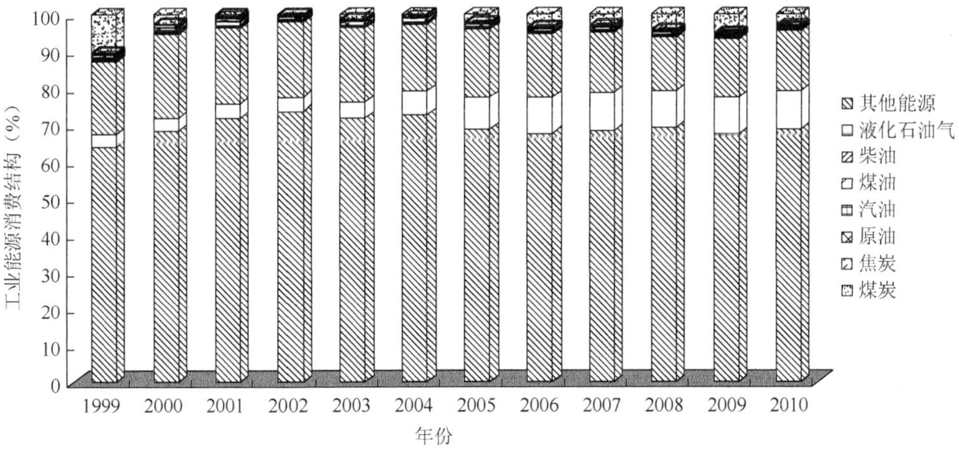

图 7-30　1999～2010 年江苏省工业能源消费结构

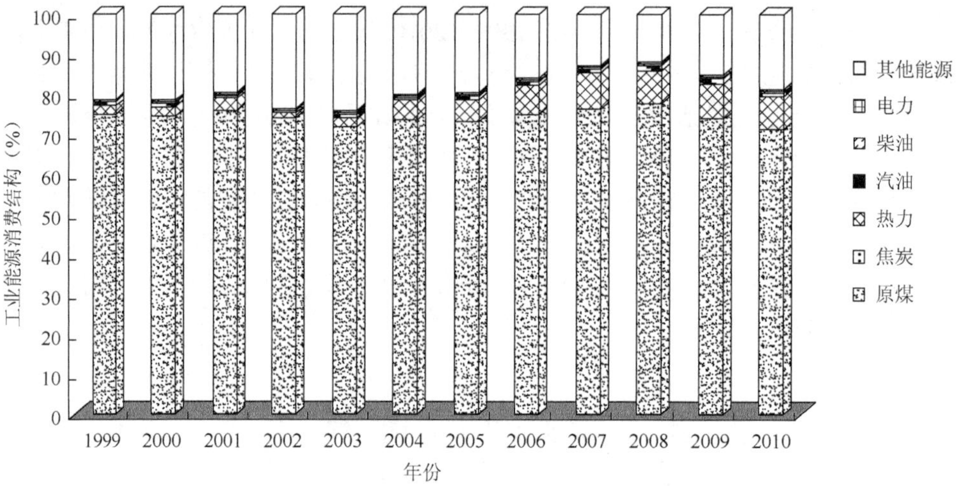

图 7-31　1999～2010 年徐州市工业能源消费结构

从时间纵向上观察可知，全国的能源消费结构虽然仍以煤炭和石油为主，但二者的比重逐渐减少，水电、核电、风电和天然气等清洁能源的比重逐渐增多。江苏省以煤炭为主的能源消费结构仍未改变，煤炭和焦炭比重有所上涨，其他能源的消费量均处于下降的趋势。徐州市原煤所占比重在研究时序内都较为平均，整体上呈波动下降趋势，呈现出 M 形的变化态势，两个峰顶分别在 2001 年和 2008 年，其中，2007～2008 年原煤所占比重最大，近两年来的比重有所下降；焦炭所占比重先是在 1999～2007 年波动上升，近 3 年来又波动下降；热力所占比重总体上呈现出倒 U 形的变化趋势，在 2003 年达到峰谷，从 2010 年开始有所下降；汽油的比例整体上也呈现出 M 形的变化态势，在 2000 年和 2007～2009 年达到峰顶，2004～2006 年为峰谷；柴油比重总体均在 0.2%～0.35%，1999～2003 年的波动变化较大，2004～2010 年的变化较为平缓；电力比重除在 2003～2004 年出现短暂下降外，整体呈波动上升趋势。

二、工业碳排放特征及影响因素分析

本章根据联合国政府间气候变化专门委员会（IPCC）2006 年版碳排放计算指南中的计算公式和碳排放系数缺省值，选取了徐州市 1999～2010 年规模以上工业能源（原煤、焦炭、汽油、柴油）的消费量，计算了徐州市 1999～2010 年的能源消费碳排放量，以研究徐州市工业碳排放特征、工业发展与碳排放的关系，以及工业碳排放的影响因素。

（一）工业碳排放特征分析

1. 研究方法

本章基于不同能源的消费量，采用如下方法估算了 1999～2010 年徐州市工业能源碳排放总量、人均碳排放量和碳排放强度。

计算碳排放的基本公式为

$$C=\sum_{i=1}^{n}C_i=\sum_{i=1}^{n}\frac{E_i}{E}\times\frac{C_i}{E_i}\times E=\sum_{i=1}^{n}S_i\times F_i\times E \tag{7-6}$$

式中，C 为碳排放量；i 为能源的种类，i=1, 2, 3, …, n；C_i 为 i 种能源的碳排放量；E 为一次能源的消费量；E_i 为 i 种能源的消费量（能源消费量均折算为标准煤）；F_i 为 i 种能源的碳排放强度；S_i 为 i 种能源占总能源的比重。

其中，碳排放系数是指每一种能源燃烧或使用过程中单位能源所产生的碳排放数量，是每单位经济产出所排出的二氧化碳数量，后者通常以吨计。根据 IPCC 的假定，可以认为某种能源的碳排放系数不变。F_i 的取值见表 7-25。

表 7-25　各类能源的碳排放系数*

能源种类	原煤	焦炭	汽油	柴油
碳排放系数（万 t/万 t）	0.7559	0.8550	0.5538	0.5921

*数据通过对《IPCC 碳排放计算指南》（2006 年）整理而得。

由此，碳排放量效率 $I=\frac{E}{Y}$，即单位工业总产值的能源消耗；

人均碳排放量 $A=\frac{C}{P}$。

式中，Y 为工业总产值；P 为人口。

2. 碳排放演变特征

根据上述碳排放测算方法，可以计算出 1990～2010 年徐州市工业碳排放总量、人均碳排放量和碳排放强度的变化情况（图 7-32～图 7-34），并据此分析徐州市工业碳排放的特征。

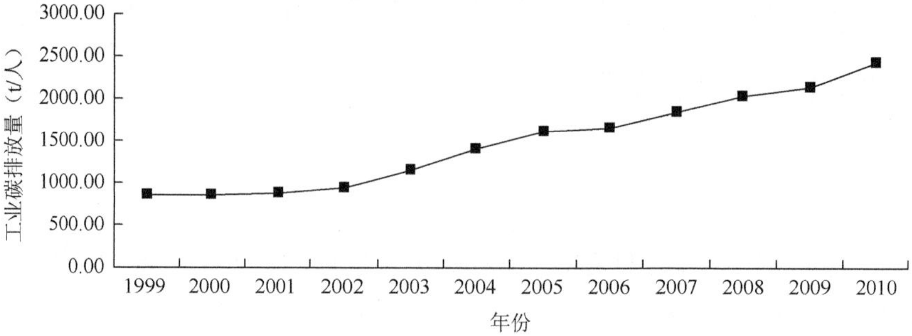

图 7-32　1999～2010 年徐州市工业碳排放量

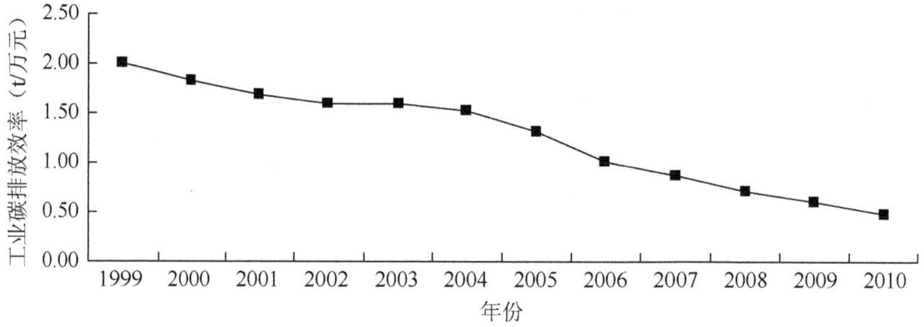

图 7-33　1999～2010 年徐州市工业碳排放效率

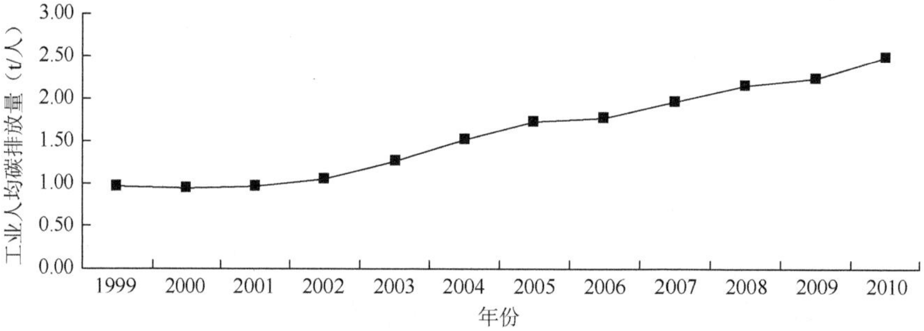

图 7-34　1999～2010 年徐州市工业人均碳排放量

a. 工业碳排放总量逐年上升

从碳排放清单看，徐州市工业能源碳排放总量快速上升，从 1990 年的 854.24 万 t 增加到 2010 年的 2428.52 万 t，年均增速为 10.17%。其中，有五年增速均大于 10%，且 2003～2005 年的增幅最快。徐州市工业碳排放量逐年增长的原因之一在于三次产业结构的变化。徐州市三次产业比例由 1999 年的 18.9∶46.4∶34.7 调整为 2010 年的 9.6∶50.7∶39.7，第一产业比重逐渐减少，第二、第三产业比重不断增加。随着第二产业比重的增加、能源需求逐年增加，碳排放量也随之增加。

b. 碳排放效率呈下降趋势

徐州市工业碳排放效率的变化不同于碳排放总量和人均碳排放量，其演变趋势为波动下降。1999年，徐州市碳排放效率为2.01t/万元，到2010年时，碳排放效率降至0.47t/万元。除在2003～2004年略有上升外，研究时序内其他年份中的工业碳排放效率均在下降，年均降速为12.29%。前七年碳排放效率的下降速度较慢，平均为6.88%；2006～2010年的降速变快，平均为18.34%。徐州市单位GDP碳排量的年均值为2.84t/万元，略低于全国约为2.93t/万元的平均水平。

3. 碳排放行业特征

为更加清晰地反映徐州市碳排放的现状和特征，本节分行业统计了1999～2010年徐州市工业能源数据，估算了35个行业的碳排放量，据此分析了时间序列上的行业碳排放演变特征，并采用灰色关联度模型分析行业碳排放量与工业总产值的关联程度。

a. 工业行业碳排放演变特征分析

根据碳排放计算方法，分别估算各工业行业的碳排放量（表7-26），据此可知徐州市工业碳排放具有以下特征：①行业间的碳排放差距大。研究期内，徐州市工业碳排放量最大的3个行业分别是电力、蒸汽、热水的生产和供应业，煤炭采选和洗选业，以及黑色金属冶炼及压延加工业，其碳排放量分别占全市工业的37.98%、35.32%和8.52%；碳排放量最小的3个行业分别是印刷业和记录媒介的复制，水的生产和供应业，以及家具制造业，占工业碳排放总量的比重分别为0.1%、0.2%和0.3%。②高碳行业多为资源密集型行业。碳排放高的行业主要集中在以原煤、焦炭、非金属矿物和岩石为主要原材料和能源消耗的行业中，且该类行业均为资源密集型产业，对于能源资源的消耗量大、依赖程度高，属于高污染、高耗能产业。③采矿类工业碳排放量总量较大、增长速度较快。按工业行业门类划分，徐州市工业行业分为采矿业、制造业和电力、蒸汽、热水的生产供应业3类。其中，采矿业包括煤炭采选和洗选业、黑色金属矿采选业和非金属矿采选业，个数占全部工业行业的比重小，但碳排放量占所有行业的比重达35.69%，位居工业行业第二，由1999年的348.61万t迅速增加至2010年的982.64万t，十二年间约增加了1.82倍，到2009年，其碳排放量已经超过电力、蒸汽、热水的生产供应业。煤炭采选和洗选业是采矿类工业中占比最大的行业，也是徐州市工业碳排放量第二大的行业。这类以能源开采为主导的行业产生了大量的碳排放。④电力、蒸汽、热水的生产供应业碳排放总量最大、增长速度最慢。该类工业行业碳排放总量占工业行业碳排放总量的比重高达38.03%。从趋势上看，电力、蒸汽、热水的生产和供应业的碳排放量由1999年的334.95万t增长至2010年的786.03万t，年均碳排放量为564.76万t。⑤制造业碳排放量较小、增长速度最快。制造业碳排放量占工业行业碳排放总量的比重为26.28%，是三类工业中占比最小的。从发展趋势看，制造业碳排放量由1999年的161.08万t波动上升至2010年的659.99万t，增长率为3.10%，增长速度相对较快。从具体行业看，饮料制造业、木材加工及竹藤棕草制品业和造纸及纸制品业3个行业的碳排放量占比分别为2.54%、1.43%和0.64%。其中，近4年来，木材加工及竹藤棕草制品业的碳排放增长迅速，2010年其碳排放量已经超过饮料制造业，成为碳排放量最多的轻工业，而近年来造纸及纸制品业的碳排放量有所下降。纺织业碳排放量从1999年的5.64万t下降至2010年的3.41万t，年均碳排放量为4.01万t，占全部工业行业的比重为0.27%。化学原料及化学制品制造业年均碳排放量为38.14万t，演变趋势呈现先上升后下降的特征；造纸及纸制品业的年均排放量为9.45万t，其演变趋势也是先上升后下降，2003年达到最大，之后持续下降到2010年的4.06万t，约是1999年碳排放量的一半。非金属矿物制品业和黑色金属冶炼及压延加工业的年均碳排放量分别为100.15万t和126.72万t。从时间序列上看，非金属矿物制品业碳排放量先是波动上升到2008年的176.89万t，后递减至2010年的118.57万t；黑色金属冶炼及压延加工业在1999～2002年的变化不大，2002～2007年增速迅猛，2007年的碳排放量达到了243.97万t，2008年略有下降后又开始增长，但增速放慢，2010年的碳排放量达到最大，为276.32万t。通用设备制造业的年均碳排放量为5.83万t，演变趋势为先波动上升后快速下降，2006～2008年的增速最大，2008年高达12.79万t，到2010年又降至5.09万t。其他各机电类行业的碳排放量都较小且变化较为平稳，其中，近两年来，电气机械及器材制造业的碳排放增速较大。

表7-26　1999～2010年徐州市工业行业碳排放量　（单位：万t）

类别	1999年	2000年	2001年	2002年	2003年	2004年	2005年	2006年	2007年	2008年	2009年	2010年
煤炭采选和洗选业	348.47	325.33	312.36	378.95	415.75	470.44	485.27	524.16	578.93	638.22	847.25	976.82
黑色金属矿采选业	0.11	1.28	5.08	4.46	10.12	8.00	7.51	1.25	6.99	5.08	6.59	5.14
非金属矿采选业	0.03	0.04	0.05	0.03	0.11	0.17	0.29	0.91	0.39	0.60	0.44	0.68
农副产品加工业	1.33	1.63	1.81	2.14	2.36	2.61	3.75	3.91	5.95	3.98	5.93	5.52
食品制造业	1.93	2.42	1.44	1.09	2.16	1.72	2.04	2.57	2.73	2.62	3.07	2.67

续表

类别	1999 年	2000 年	2001 年	2002 年	2003 年	2004 年	2005 年	2006 年	2007 年	2008 年	2009 年	2010 年
饮料制造业	21.52	23.70	32.32	37.12	38.03	42.95	40.74	41.22	45.88	44.10	46.07	39.77
烟草制品业	0.51	0.46	0.47	0.50	0.49	0.90	0.96	0.84	0.92	0.43	0.17	0.06
纺织业	5.64	5.42	5.83	5.44	5.11	3.23	1.77	2.94	2.63	2.13	4.58	3.41
服装及其他纤维制品制造业	0.05	0.05	0.00	0.08	0.14	0.13	0.22	0.31	0.29	0.28	0.48	0.70
皮革毛皮羽绒及其制品业	0.20	0.15	0.20	0.45	0.22	0.22	0.29	0.58	1.90	0.92	0.71	0.72
木材加工及竹藤棕草制品业	7.14	6.48	6.90	9.36	25.94	11.28	16.03	29.88	25.43	29.67	40.74	46.02
家具制造业	0.00	0.01	0.01	0.03	0.01	0.00	0.00	0.02	0.02	0.03	0.14	0.27
造纸及纸制品业	8.29	9.64	7.87	12.45	13.68	12.94	8.83	9.07	11.54	8.56	6.52	4.06
印刷业及记录媒介的复制	0.05	0.02	0.03	0.03	0.03	0.02	0.00	0.01	0.00	0.00	0.00	0.01
文教体育用品制造业	0.01	0.07	0.04	0.15	0.23	0.18	0.54	0.21	0.19	0.28	0.12	0.10
石油加工及炼焦及核燃料加工业	0.09	0.08	0.02	0.04	0.09	18.38	25.42	26.77	77.52	36.43	54.01	81.94
化学原料及化学制品制造业	19.92	20.95	20.07	22.53	22.13	31.40	42.46	37.15	62.01	74.98	62.03	42.00
医药制造业	1.30	0.90	0.96	0.72	0.97	1.22	1.17	1.16	1.26	1.93	3.47	6.30
化学纤维制造业	0.03	0.14	0.04	0.06	0.04	0.06	0.08	0.11	0.11	0.12	0.12	0.14
橡胶制品业	0.09	0.76	0.75	0.09	0.37	0.35	0.33	0.23	0.24	0.22	0.02	0.10
塑料制品业	0.75	0.19	0.26	0.28	0.20	0.21	0.41	0.58	1.14	0.64	1.27	2.30

续表

类别	1999年	2000年	2001年	2002年	2003年	2004年	2005年	2006年	2007年	2008年	2009年	2010年
非金属矿物制品业	60.76	69.99	64.87	59.52	75.66	95.15	104.54	116.24	128.19	176.89	131.46	118.57
黑色金属冶炼及压延加工业	25.03	23.40	30.58	14.72	37.23	94.43	118.83	168.13	243.97	233.77	254.18	276.32
有色金属冶炼及压延加工业	0.53	0.53	0.24	0.89	0.85	1.31	2.31	2.12	5.42	35.60	4.16	4.64
金属制品业	1.27	1.43	1.71	1.29	1.03	1.02	1.74	2.03	2.99	4.45	5.02	5.00
通用设备制造业	2.77	4.26	2.41	5.62	5.06	6.14	4.93	4.91	8.34	12.79	7.67	5.09
专用设备制造业	0.63	0.72	0.46	0.48	0.18	0.27	0.27	0.49	0.76	0.60	1.09	1.40
交通运输设备制造业	0.05	0.05	0.11	0.00	0.14	0.07	0.19	0.16	0.19	0.30	0.40	3.04
电气机械及器材制造业	0.98	0.98	0.95	0.20	0.51	0.11	0.12	0.76	0.45	0.63	2.18	7.46
通信设备、计算机及其他电子设备业	0.05	0.03	0.01	0.04	0.01	0.12	0.13	0.07	0.08	0.40	0.31	0.46
工艺品及其他制造业	0.15	0.16	0.14	0.69	0.56	0.36	0.88	1.15	1.92	2.30	1.24	1.32
仪器及文化、办公用机械制造业	0.01	0.01	0.00	0.00	0.00	0.01	0.00	0.02	0.16	0.02	0.19	0.60
煤气生产和供应业	1.46	2.05	1.42	2.03	1.30	0.00	0.01	0.01	0.01	0.01	0.01	0.01
水的生产和供应业	0.03	0.05	0.04	0.03	0.04	0.04	0.00	0.00	0.00	0.01	0.01	0.01
电力、蒸汽、热水的生产和供应业	334.95	347.06	364.60	393.54	497.18	595.12	743.02	683.29	636.95	744.07	651.28	786.03

b. 灰色关联度分析

本章在分析 1999～2010 年徐州市 35 个工业行业碳排放现状和特征的基础上，进一步选取工业总产值数据，试图用灰色关联模型计算徐州市工业行业碳排放与工业总产值的相关度。

灰色关联度是通过构建模型，反映参考因素与被参考因素变化趋势的相似度或相异度，其能够弥补方差分析、主成分分析和回归分析等方法需要大样本数据和典型分布的缺陷。灰色关联度模型的构建步骤如下。

(1)确定分析序列。分析序列包括参考数列和比较数列，将 1999～2010 年徐州市工业总产值和 35 个工业行业碳排放量分别作为参考数列和比较数列。

参考数列：$X_0=\{X_0(j)\,|\,j=1,2,\cdots,n\}$；

比较数列：$X_i=\{X_i(j)\,|\,i=1,2,\cdots,m;\ j=1,2,\cdots,n\}$　（7-7）

式中，j 表示第 j 年；i 表示第 i 类行业。

（2）无量纲化。参考数列和比较数列分别采用如下公式进行无量纲化：

$$X_i'(j)=\frac{X_i(j)}{\frac{1}{n}\sum_{j=1}^{n}X_i(j)} \tag{7-8}$$

得出无量纲化后的参考数列和比较数列，分别是

参考数列：$x_0'=\{x_0'(j)\,|\,j=1,2,\cdots,n\}$；

比较数列：$x_i'=\{x_j'(j)|i=1,2,\cdots,m;\ j=1,2,\cdots,n\}$　（7-9）

（3）计算绝度差值：

$$\varDelta_{ij}=\left|x_i'(j)-x_0'(j)\right| \tag{7-10}$$

（4）计算关联系数：

$$\lambda_{ij}=\frac{\min\varDelta_{ij}+\rho\max\varDelta_{ij}}{\varDelta_{ij}+\rho\max\varDelta_{ij}} \tag{7-11}$$

式中，分辨系数 ρ=0.5；$\min\varDelta_{ij}$ 为经过绝对差值化后的最小差值；$\max\varDelta_{ij}$ 为经过绝对差值化后的最大差值。

（5）计算相关度。通过式（7-12）计算出各类工业行业碳排放量对工业总产值的关联度：

$$r_i=\frac{1}{n}\sum_{j=1}^{n}\lambda_{ij} \tag{7-12}$$

根据上述关联模型分析计算，得出徐州市 35 个工业行业的碳排放量对工业总产值的灰色关联度（表 7-27）。关联度高的行业，表示该行业碳排放量与工业总产值的同步性较强；反之，则表示该行业碳排放量与工业总产值的同步性较弱。

表 7-27　1999～2010 年徐州市工业行业碳排放量对工业总产值的灰色关联度

排序	行业	关联度	排序	行业	关联度
1	化学原料及化学制品制造业	0.892 851	19	金属制品业	0.732 469
2	有色金属冶炼及压延加工业	0.835 749	20	煤炭采选和洗选业	0.723 764
3	交通运输设备制造业	0.807 213	21	农副产品加工业	0.722 691
4	石油加工及炼焦及核燃料加工业	0.800 985	22	化学纤维制造业	0.712 71
5	非金属矿物制品业	0.794 123	23	文教体育用品制造业	0.712 625
6	皮革毛皮羽绒及其制品业	0.792 598	24	家具制造业	0.710 195
7	服装及其他纤维制品制造业	0.789 406	25	纺织业	0.689 195
8	黑色金属冶炼及压延加工业	0.782 099	26	通信设备、计算机及其他电子设备业	0.688 881
9	仪器及文化、办公用机械制造业	0.781 515	27	医药制造业	0.683 281
10	木材加工及竹藤棕草制品业	0.778 399	28	塑料制品业	0.683 19
11	通用设备制造业	0.772 843	29	烟草制品业	0.680 451
12	工艺品及其他制造业	0.770 393	30	橡胶制品业	0.676 287
13	非金属矿采选业	0.760 566	31	煤气生产和供应业	0.666 505
14	食品制造业	0.750 164	32	电气机械及器材制造业	0.660 078
15	电力、蒸汽、热水的生产和供应业	0.746 526	33	造纸及纸制品业	0.658 585
16	饮料制造业	0.739 137	34	印刷业及记录媒介的复制	0.644 409
17	专用设备制造业	0.737 601	35	黑色金属矿采选业	0.598 985
18	水的生产和供应业	0.733 61			

关于行业类型划分主要依据有两点：一是，根据各行业碳排放量占总碳排放量比重的平均值，高于平均值的为高碳行业，低于平均值的为低碳行业。二是，根据各行业的关联度，高于平均值的为高关联，低于平均值的为低关联。由此，将徐州市35个工业行业划分出4类行业，即高关联高碳行业、高关联低碳行业、低关联低碳行业和低关联高碳行业（表 7-28）。

表 7-28　徐州市工业行业分类

分类区间	碳排放量占工业碳排放总量比重＞2.86%	碳排放量占工业碳排放总量比重＜2.86%
关联度＞0.735	Ⅰ类行业： 非金属矿物制品业，黑色金属冶炼及压延加工业，电力、蒸汽、热水的生产和供应业	Ⅲ类行业： 非金属矿采选业，食品制造业，饮料制造业，服装及其他纤维制品制造业，皮革毛皮羽绒及其制品业，木材加工及竹藤棕草制品业，石油加工及炼焦及核燃料加工业，化学原料及化学制品制造业，有色金属冶炼及压延加工业，通用设备制造业，专用设备制造业，交通运输设备制造业，工艺品及其他制造业，仪器及文化、办公用机械制造业

续表

分类区间	碳排放量占工业碳排放总量比重＞2.86%	碳排放量占工业碳排放总量比重＜2.86%
关联度＜0.735	Ⅱ类行业： 煤炭采选和洗选业	Ⅳ类行业： 黑色金属矿采选业，农副产品加工业，烟草制品业，纺织业，家具制造业，造纸及纸制品业，印刷业及记录媒介的复制，文教体育用品制造业，医药制造业，化学纤维制造业，橡胶制品业，塑料制品业，金属制品业，电气机械及器材制造业，通信设备、计算机及其他电子设备业，煤气生产和供应业，水的生产和供应业

Ⅰ类行业为高关联高碳行业，包括非金属矿物制品业，黑色金属冶炼及压延加工业，电力、蒸汽、热水的生产和供应业 3 个行业。该类行业的碳排放量大，且占工业碳排放总量的比重大于 2.86%；同时，碳排放量对工业总产值的关联度大于 0.735，二者保持同步增长的趋势。这 3 个高关联高碳行业的碳排放总量在研究时序内呈快速增长的趋势，占全部工业行业碳排放总量的比重高达 52.38%，是徐州市工业产生碳排放量最主要的行业，也是工业节能减排的重点行业。Ⅰ类行业的碳排放总量和关联度都排在前列，究其原因，徐州市工业发展对煤炭、电力等能源的需求量很大，工业经济增长对于煤炭和电力等资源的依赖程度高，长期的煤炭开采和以燃烧煤炭的火力发电导致碳排放量逐年递增。

Ⅱ类行业为低关联高碳行业，只有煤炭采选和洗选业这一个行业。煤炭采选和洗选业的碳排放量占全部工业碳排放总量的比重较大，达到了 36.16%，但碳排放量对工业总产值的关联度较小，说明碳排放量与工业总产值的密切程度较低。

Ⅲ类行业为高关联低碳行业，包括非金属矿采选业，食品制造业，饮料制造业，服装及其他纤维制品制造业和皮革毛皮羽绒及其制品业等 14 个行业。该类行业的碳排放量占全部工业碳排放总量的比重较小，但其工业总产值的占比小于 2.86%，说明碳排放量对工业总产值的关联度较大，碳排放量的增长速度较快，并且占全部工业碳排放总量的比重不断上升。

Ⅳ类行业为低关联低碳行业，包括黑色金属矿采选业，农副产品加工业，烟草制品业，纺织业和家具制造业等 17 个行业。该类行业的碳排放量少，碳排放与工业总产值的关联度低，占全部工业行业碳排放总量的比重很低，并且总体呈现下降的趋势。

（二）工业碳排放影响因素分析

1. 数据来源与处理

近年来，我国节能减排政策从强调“能源强度（万元 GDP 能耗）的降低”转变为强调“碳排放强度（万元 GDP 碳排放量）的降低”。相对于能源强度，碳排放强度更体现城市能源质量（清洁能源在能源结构中的比例）问题。经济增长在很大程度上依赖于高耗能产业，而单位 GDP 碳排放量则能反映出这种依赖程度，即经济增长过程中碳排放的强度。因而，影响碳排放增长的主要因素包括能源结构、能源效率和经济发展等。对数平均权重 Divisa 方法（LMDI）是一种完全的、不产生残差的分解分析方法（Ang et al.，1998）。本节采用该方法定量分析能源结构、能源效率和经济发展对徐州市人均碳排放的影响。

2. 因素分解模型

能源结构因素 $S_i=\dfrac{E_i}{E}$，即 i 种能源在一次能源消费中的份额；各类能源排放强度 $F_i=\dfrac{C_i}{E_i}$，即消费单位 i 种能源的碳排放量；能源效率因素 $I=\dfrac{E}{Y}$，即单位工业地区生产总值的能源消耗；经济发展因素 $R=\dfrac{Y}{P}$，则人均碳排放量的公式可表示为

$$A=\frac{C}{P}=\sum_{i=1}^{n}S_iF_iIR \tag{7-13}$$

式中，表示人均碳排放量 A 的变化来自于能源结构 S_i、能源排放强度 F_i、能源效率 I 和经济发展 R 的变化。t 年相对于上一年的人均碳排放量的变化可以表示为

$$\begin{aligned}\Delta A&=A^t-A^{t-1}=\sum\nolimits_i S_i^tF_i^tI^tR^t-\sum\nolimits_i S_i^{t-1}F_i^{t-1}I^{t-1}R^{t-1}\\&=\Delta A_{\mathrm{S}}+\Delta A_{\mathrm{F}}+\Delta A_{\mathrm{I}}+\Delta A_{\mathrm{R}}+\Delta A_{\mathrm{rsd}}\end{aligned} \tag{7-14}$$

$$D=\frac{A^t}{A^{t-1}}=D_{\mathrm{S}}D_{\mathrm{F}}D_{\mathrm{I}}D_{\mathrm{R}}D_{\mathrm{rsd}} \tag{7-15}$$

式中，ΔA_{S}、D_{S} 表示能源结构因素；ΔA_{F}、D_{F} 表示能源排放强度因素；ΔA_{I}、D_{I} 表示能源效率因素；ΔA_{R}、D_{R} 表示经济发展因素；ΔA_{rsd}、D_{rsd} 表示分解余量。

ΔA_{S}、ΔA_{F}、ΔA_{I}、ΔA_{R} 分别表示各因素变化对人均碳排放变化的贡献值，D_{S}、D_{F}、D_{I}、D_{R} 则分别表示各因素变化对人均碳排放变化的贡献率。基于式（7-14），采用对数平均权重 Divisia 分解法将各因素分解：

$$\begin{gathered}\Delta A_{\mathrm{S}}=\sum\nolimits_i W_i'\ln\frac{S_i^t}{S_i^{t-1}}\text{；}\quad \Delta A_{\mathrm{F}}=\sum\nolimits_i W_i'\ln\frac{F_i^t}{F_i^{t-1}}\text{；}\\ \Delta A_{\mathrm{F}}=\sum\nolimits_i W_i'\ln\frac{I_i^t}{I_i^{t-1}}\text{；}\quad \Delta A_{\mathrm{R}}=\sum\nolimits_i W_i'\ln\frac{R_i^t}{R_i^{t-1}}\end{gathered} \tag{7-16}$$

其中，$W_i'=\dfrac{A_i^t-A_i^{t-1}}{\ln(A_i^t/A_i^{t-1})}$。

由此，推导出$\Delta A_{\mathrm{rsd}}=0$。进一步设$W=\dfrac{\ln D}{\Delta A}=\dfrac{\ln A_i^t-\ln A_i^{t-1}}{A_i^t-A_i^{t-1}}$，则推算可得

$$D_{\mathrm{S}}=\exp(W\Delta A_S)；\quad D_{\mathrm{F}}=\exp(W\Delta A_F)；$$

$$D_{\mathrm{I}}=\exp(W\Delta A_I)；\quad D_{\mathrm{R}}=\exp(W\Delta A_R)；$$

$$D_{\mathrm{rsd}}=1 \tag{7-17}$$

3. 影响因素分析

由于F_i为固定值，则影响徐州市人均碳排放的因素主要为能源结构变化、能源效率变化及经济发展变化。因此，$A_{\mathrm{F}}=0$，$D_{\mathrm{F}}=1$，其他 3 个因素的影响效果按式（7-16）和式（7-17）计算，结果见表 7-29。

表 7-29　1999～2010 年 3 个因素对徐州市人均碳排放的影响效果

年份	人均排放		能源结构		能源效率		经济发展	
	ΔA	D	ΔA_{S}	D_{S}	ΔA_{I}	D_{I}	ΔA_{R}	D_{R}
1999～2000	−0.020	0.980	0.729	2.130	0.632	1.928	0.020	1.021
2000～2001	0.012	1.013	−0.446	0.628	−0.953	0.370	0.102	1.112
2001～2002	0.089	1.092	−0.854	0.429	−0.743	0.479	0.113	1.118
2002～2003	0.220	1.208	2.526	8.805	1.943	5.333	0.152	1.140
2003～2004	0.254	1.199	−1.501	0.342	−0.914	0.520	0.125	1.094
2004～2005	0.209	1.137	0.384	1.265	0.058	1.036	0.098	1.062
2005～2006	0.043	1.025	1.173	1.949	−0.086	0.952	0.104	1.061
2006～2007	0.193	1.108	0.835	1.561	−0.010	0.995	0.094	1.052
2007～2008	0.173	1.088	−0.298	0.865	−0.251	0.885	0.084	1.042
2008～2009	0.093	1.043	0.049	1.022	−0.108	0.952	0.067	1.031
2009～2010	0.259	1.116	−1.105	0.627	−0.212	0.914	0.067	1.029

由此可知，在研究期内，徐州市人均碳排放量总体上呈波动上升的趋势，但波动幅度较小；能源结构和能源效率对人均碳排放的影响的波动幅度均较大；经济发展对人均碳排放的影响的波动幅度较小（图 7-35）。

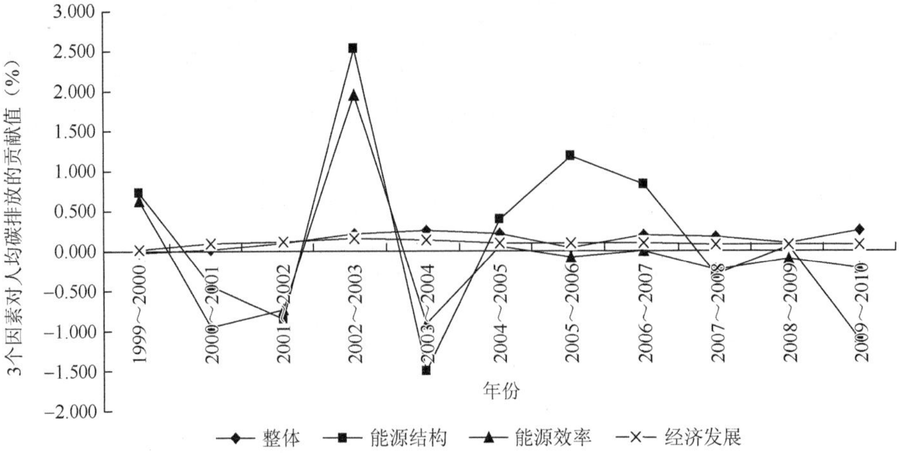

图 7-35　1999～2010 年 3 个因素对徐州市人均碳排放的贡献值趋势

第一，在人类生产活动中需要消耗一定的化石能源，其中煤炭是对温室气体贡献率最大的一种燃料，每生产一单位能量所释放出的 CO_2 比石油多 29%，比天然气多 80%。徐州市能源消费结构以煤炭为主，在 2002～2003 年和 2005～2007 年对人均碳排放的贡献值较大。第二，能源效率是反映能源利用和节能降耗的主要指标，是减缓 CO_2 排放最重要的因素。由图 7-35 可知，能源效率因素对降低徐州市人均碳排放的贡献值处于波动状态，在 2000～2002 年、2003～2004 年、2005～2006 年及 2008～2010 年的贡献值较大，但在 2002～2003 年，能源效率对增加徐州市人均碳排放的贡献值最大。第三，影响人均碳排放量增长的主要因素是徐州市工业经济的持续发展，其对人均碳排放的贡献值逐渐增大，2002～2005 年的增长趋势更为明显。

进一步将影响徐州市人均碳排放量的 3 个因素分成拉动因素（经济发展）和抑制因素（能源结构、能源效率），将抑制因素对人均碳排放增加的贡献率（小于 1）取倒数，即成为对人均碳排放降低的贡献率，比较拉动因素对拉动人均碳排放的贡献率与抑制因素对抑制人均碳排放的贡献率的变化趋势（图 7-36）。

从图 7-36 可以看出，除 2002～2004 年外，3 种影响因素对徐州市人均碳排放变化的贡献率差别不大，且近 4 年来的差距逐渐缩小。第一，能源结构和能源效率这两个抑制因素在 2002～2003 年的贡献率都较高，造成这一时段内的人均碳排放量也高于其他时期。第二，能源效率这一抑制因素对人均碳排放增长的贡献率相对较小，但由于其未充分发挥抑制作用，导致徐州市人均碳排放量逐年增长。第三，随着工业总产值的逐年增加，经济发展因素总体上对拉动徐州市人均碳排放的贡献率却趋向稳定，说明工业经济的发展在前 5 年对人均碳排放量的增长起到了一定的拉动作用，但后期对拉动人均碳排放量增长的贡献率呈现逐年减小的趋势。

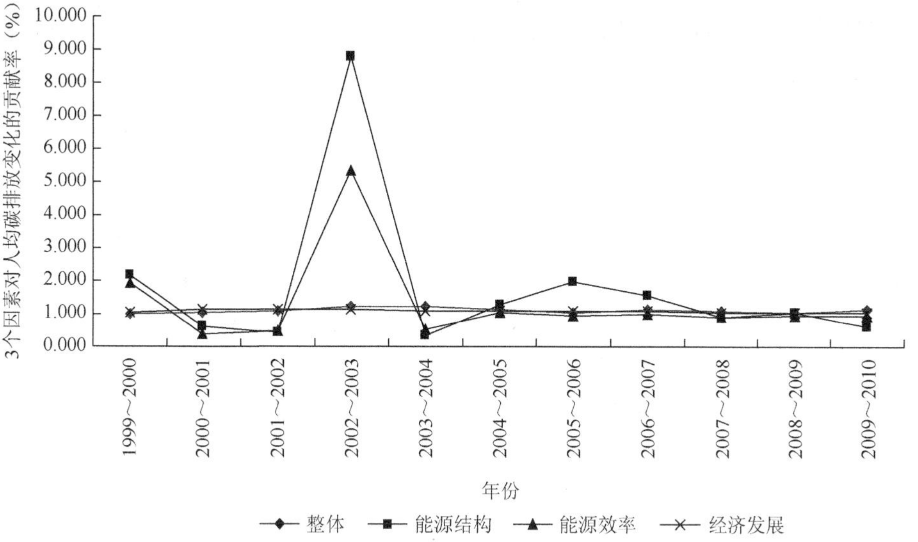

图 7-36　1999～2010 年 3 个因素对徐州市人均碳排放变化的贡献率趋势

三、工业环境绩效评价

工业是造成资源消费和污染物排放的主要源头，而资源环境是社会、经济、文化发展的重要基础支撑。工业化和城市化的加速推进进一步加剧了资源环境客观需求增大与供给不足之间的矛盾。因此，减少资源消耗和降低环境负荷、提高工业发展的资源环境效率成为学术界关注的研究热点。围绕工业与资源环境的协调发展，国外学者相继提出了循环经济（Boulding，1966）、产业生态学（Graedel and Allenby，1998）、环境库兹涅茨曲线（Panayotou，2003）等理论，以及生态效率、能值分析、生态足迹、物质流等环境绩效分析方法（Stigson，2000；许旭等，2010），国内学者多是借鉴国外的有关理论方法，开展产业结构演变的资源环境效应（刘文新等，2007）、资源环境约束下产业结构调整及主导产业选择（彭建等，2005；赵海霞等，2006）、基于资源环境承载力的产业生态适宜性及其影响评价（赵美鑫和任佳，2009；冯薇，2008；蔺雪芹和方创琳，2008；王崇锋和张吉鹏，2009）等方面的研究，并探讨了政策制度、科学技术、产业规模和结构、贸易和资本的国际化程度及人口密度（朱远峰，2007；程丹润，2008）等因素对工业生态化的影响。环境绩效分析作为生态可持续发展研究的重要分析工具（Lundberg et al.，2009），其产生类指标主要反映清洁生产策略，排放类指标主要反映末端治理策略（Wagner，2005），表明环境绩效可以表征不同环境策略导向下产业绿色化效果。目前，环境绩效分析已广泛应用于环境管理（Ramos et al.，2009）、环境政策评价和选择（Zhou et al.，2008）等研究领域。然而，从行业尺度探讨区域环境绩效驱动因素的研究尚不多见。本节从行业尺度探讨清洁生产和末端治理在工业环境绩效中的作用。

（一）数据来源与处理

借鉴我国工业污染源普查中采用的产污系数和排污系数，分阶段测算污染物的思路，选取 1999～2010 年徐州市 20 个工业行业的 3 种污染物指标（工业二氧化硫、工业烟尘、工业粉尘的排放量和去除量）作为工业污染物统计项，采用工业总产值（当年价）表示经济规模。按照我国《排污费征收标准管理办法》附件《排污费征收标准及计算方法》中关于各类污染物的折算系数和当量收费标准，分类计算各污染物的污染当量数，换算为对应的费用并加和汇总，将其作为污染物去除量和排放量的最终取值。其中，污染物产生量为污染物（工业二氧化硫、工业烟尘和工业粉尘）排放量和去除量之和，反映清洁生产的环境绩效；污染物排放量以工业二氧化硫、工业烟尘和工业粉尘之和来表示，反映工业末端治理水平。本书中涉及的工业二氧化硫、工业烟尘、工业粉尘的排放量和去除量等相关数据来源于 2000～2011 年《徐州统计年鉴》。

（二）完全分解模型

为了使因素分析结果更为精准，本节采用 Sun（1998）提出的完全分解模型，该模型能有效地消除残差的影响。工业污染物产生量（或排放量）的完全分解模型可以表达为

$$W = Q\sum_{i=1}^{n} S_i I_i \tag{7-18}$$

式中，W 为污染物产生量（或排放量）；Q 为经济规模；n 为工业行业个数；S_i 为工业结构，即行业 i 的经济产出 Q_i 占总产出 Q 的比重，计算公式为 $S_i = Q_i / Q$；I_i 为产污（或排污）强度，即行业 i 的污染物产生量（或排放量）W_i 与工业经济规模 Q_i 的比值，计算公式为 $I_i = W_i / Q_i$。若以 t 表示期初年，t+1 表示期末年，则期间污染物产生量（或排放量）的变化量 ΔW 为

$$\Delta W = W^{t+1} - W^{t} \tag{7-19}$$

同理，计算出 ΔQ、ΔS、ΔI。经济规模 Q、经济结构 S 和产污（或排污）强度 I 都是污染物产生量（或排放量）的变化量 ΔW 的影响因素。那么，Q、S、I 的变化对 ΔW 的贡献分别称为规模效应 P_{Q}、结构效应 P_{S} 和技术效应 P_{I}，其中，规模效应表示经济总量变化引起的污染物产生量（或排放量）的变动程度；结构

效应表示各工业行业比例份额变动，即工业结构变化对污染物产生量（或排放量）的影响程度；技术效应表示技术进步促使行业污染物产生（或排放）强度降低，进而引起污染物产生量（或排放量）的变动程度，则 P_{Q}、P_{S}、P_{I} 的计算公式分别为

$$P_{\mathrm{Q}}=\Delta Q\sum_{i=1}^{n}I_i^t S_i^t+\frac{1}{2}\sum_{i=1}^{n}\Delta Q(I_i^t\Delta S_i+S_i^t\Delta I_i)+\frac{1}{3}\Delta Q\sum_{i=1}^{n}\Delta S_i\Delta I_i \tag{7-20}$$

$$P_{\mathrm{S}}=Q^t\sum_{i=1}^{n}I_i^t\Delta S_i+\frac{1}{2}\sum_{i=1}^{n}\Delta S_i(I_i^t\Delta Q+Q^t\Delta I_i)+\frac{1}{3}\Delta Q\sum_{i=1}^{n}\Delta S_i\Delta I_i \tag{7-21}$$

$$P_{\mathrm{I}}=Q^t\sum_{i=1}^{n}S_i^t\Delta I_i+\frac{1}{2}\sum_{i=1}^{n}\Delta I_i(S_i^t\Delta Q+Q^t\Delta S_i)+\frac{1}{3}\Delta Q\sum_{i=1}^{n}\Delta S_i\Delta I_i \tag{7-22}$$

工业污染物总产生量（或排放量）的变化 $\Delta W=P_{\mathrm{Q}}+P_{\mathrm{S}}+P_{\mathrm{I}}$。由于经济规模效应对工业污染物产生量（或排放量）总是起到促进作用，所以期末工业污染物产生（或排放）过程中的污染物控制（或减排）量为

$$WR_{t+1}=-(P_{\mathrm{S}}+P_{\mathrm{I}}) \tag{7-23}$$

则控制（或减排）率计算公式为

$$\mathrm{PR}_{t+1}=\frac{WR_{t+1}}{W_t+P_{\mathrm{Q},t}}\times 100\% \tag{7-24}$$

为进一步揭示结构因素和技术因素在污染物控制（或减排）过程中的作用，需要计算出结构效应 P_{S} 和技术效应 P_{I} 对污染物控制（或减排）量的贡献率，其计算公式分别为

$$\mathrm{PR}_{3,t+1}=-\frac{P_{\mathrm{S},t}}{W_t+P_{\mathrm{Q},t}}\times 100\% \tag{7-25}$$

$$\mathrm{PR}_{\mathrm{I},t+1}=-\frac{P_{\mathrm{I},t}}{W_t+P_{\mathrm{Q},t}}\times 100\% \tag{7-26}$$

若污染物产生量（或排放量）变化效应 P_{Q}、P_{S}、P_{I} 为正值，则表示经济规模、工业结构和产污（或排污）强度的变化对工业污染物产生量（或排放量）的变化均起到正向促进作用，将增加污染物产生量（或排放量），其变化值为污染物产生量（或排放量）的增量效应；反之，负值则表示减量效应。通过分析污染控制量（或减排量）的变化也可以反映出清洁生产与末端治理在工业环境绩效提升中的作用。完全分解模型能够反映经济规模、工业结构、污染物产生（或排放）强度对污染物产生量（或排放量）的作用特点和影响程度，具有耦合研究的作用。

（三）徐州市工业经济规模、产污量、排污量变化分析

从表 7-30 可以看出，1999～2010 年，徐州市各工业行业的经济规模、产污量和排污量的变化主要呈现如下特征：从经济规模来看，徐州市工业规模呈现加速上升的趋势，而各工业行业不仅规模差异较大而且增加幅度也各不相同，如通用设备制造业与化学纤维制造业的平均经济规模差异达到 2 140 706 万元。从产污状况来看，徐州市工业产污量总体上呈波动上升态势，平均每年增长约 12 503 万元。其大致可以分为 3 个阶段：1999～2002 年为低速增长阶段，年均增长率为 17.15%；2002～2008 年为波动性增长阶段，其中 2004 年比 2002 减少 12 251.9 万元，2004 年后进入增长期，2010 年增长到 187 212.21 万元；2009～2010 年为高速增长阶段，增长率高达 74.21%。从各行业产污量变化看，产污量增加的行业主要包括农副食品加工业，皮革、毛皮、羽绒及其制品业，电力、热力的生产和供应业等 10 个行业，其中电力、热力的生产和供应业与非金属矿物制品业两个行业增加最多；产污量减少的行业较少，主要包括煤炭开采和洗选业、纺织业等资源型行业。从排污状况来看，研究期内，徐州市工业排污总量除 2000～2001 年和 2007～2008 年两个时段略有上升外，其余时段则呈递减趋势，每年平均减少 534.053 万元。其中，电力、热力的生产和供应业排污量最大，非金属矿物制品业次之，二者分别比 1999 年减少了 45.1%、92.9%。

表 7-30　徐州市工业行业经济规模、产污和排污状况　（单位：万元）

行业	经济规模			产污量			排污量		
	1999 年	2005 年	2010 年	1999 年	2005 年	2010 年	1999 年	2005 年	2010 年
煤炭开采和洗选业	367 214	1 268 650	2 717 733	235.14	88.97	75.97	89.41	44.67	34.60
农副食品加工业	236 013	451 601	2 370 870	—	79.34	115.34	—	26.38	59.23
食品饮料和烟草制造业	793 445	1 994 027	3 902 006	243.22	91.50	146.68	109.97	36.36	72.63
纺织业	345 742	707 945	2 520 148	107.99	67.00	36.83	38.96	37.95	24.07
皮革毛皮羽绒及其制品业	10 838	51 048	151 957	3.60	5.52	21.72	2.03	2.90	12.78
木材加工及竹藤棕草制品业	34 636	892 796	5 113 308	—	0.73	435.93	—	0.51	37.26
造纸及纸制品业	164 747	232 156	731 770	281.60	733.81	280.85	169.32	184.30	159.31
石油加工、炼焦及核燃料加工业	2 830	100 997	482 902	27.27	2.99	273.74	26.45	2.46	157.96
化学原料及化学制品制造业	288 813	720 519	5 657 856	304.43	463.18	1 038.65	61.21	130.11	205.56
医药制造业	36 763	107 982	994 061	33.19	12.71	52.93	18.86	7.08	16.87
橡胶制品业	71 593	67 700	439 313	29.96	0.06	60.59	12.79	0.09	4.99
塑料制品业	28 917	102 659	902 335	0.03	0.18	2.45	0.03	—	0.12
非金属矿物制品业	249 300	478 924	2 444 692	10 537.20	8 036.54	19 556.37	3 702.94	1 360.50	261.75

续表

行业	经济规模			产污量			排污量		
	1999 年	2005 年	2010 年	1999 年	2005 年	2010 年	1999 年	2005 年	2010 年
黑色金属冶炼及压延加工业	131 782	819 334	2 805 974	256.48	1 915.22	1 0275.55	93.17	103.50	675.82
有色金属冶炼及压延加工业	90 294	366 288	1 111 175	13.79	53.29	228.87	13.38	6.03	50.88
金属制品业	97 108	251 289	1 652 050	43.35	18.54	45.65	41.14	12.59	16.06
通用设备制造业	425 951	1 682 373	6 473 657	—	14.27	88.47	—	9.48	31.33
专用设备制造业	66 025	189 901	2 030 876	—	3.76	2.79	—	2.06	2.67
电气机械及器材制造业	94 153	216 627	216 0576	79.76	—	11.08	36.15	—	7.72
电力、蒸汽、热水的生产和供应业	453 222	933 324	1 345 909	37 481.66	80 498.80	154 461.8	7 293.19	7 699.82	4 002.80
合计	3 989 386	11 636 140	46 009 168	49 678.67	92 086.41	187 212.26	11 709	9 666.79	5 834.41

注：产污量等于排污量加去除量。

（四）徐州工业污染物产生量与排放量的驱动效应分析

由完全分解模型计算得出工业污染物产生量和排放量的规模效应 P_Q、结构效应 P_S 和技术效应 P_I，见表 7-31。

表 7-31　1999～2010 年徐州市工业环境绩效效应分解（单位：万元）

年份	产污量			排污量		
	规模效应	结构效应	技术效应	规模效应	结构效应	技术效应
1999～2000	5 227.51	−2 583.75	5 911.46	460.95	−240.84	−4 496.32
2000～2001	6 959.52	−5 228.15	11 078.94	1 334.29	−965.95	4 276.90
2001～2002	11 579.33	−8 114.87	2 117.02	1 706.91	−1 040.03	−1 154.55
2002～2003	7 395.92	−1 130.09	33 158.39	1 295.35	−195.76	−4 767.28
2003～2004	13 741.55	−15 096.31	−606.06	2 020.28	−2 144.79	−1 056.70
2004～2005	23 617.34	7 764.69	−3 610.69	1 393.95	529.34	−6 502.74
2005～2006	21 613.19	−14 388.08	−9 954.49	1 824.26	−927.07	−2 673.25
2006～2007	26 032.00	−24 182.66	5 802.47	1 711.06	−517.23	−1 991.44
2007～2008	19 046.45	−12 904.40	−22 829.42	1 746.73	−1 138.91	478.22
2008～2009	21 289.16	−18 082.44	−1 330.96	1 026.88	−632.09	−3 660.41
2009～2010	56 385.47	−54 473.37	59 309.37	1 588.91	−1 182.68	−1 461.44
合计	212 887.44	−148 419.43	12 729.25	16 109.57	−8 456.01	−23 009.01

规模效应对产污量和排污量的增加均起到促进作用，且呈现不断增强的趋势。其中，规模效应对产污量的促进作用占主导地位，主要是由于伴随着研究期内徐州市工业规模的逐步扩大，产污量的增量效应也逐渐增大，累计增量效应达212 887.44 万元；而同期规模效应对排污量的促进作用并不明显，其累计增量效应仅为产污量的 7.57%。

结构效应对产污量和排污量的贡献除 2004～2005 年为正值外，其余时段均为负值，表明结构效应主要对产污量和排污量起减量化作用，累计分别减少148 419.43 万元和 8456.01 万元。从发展趋势看，结构效应对产污量和排污量的减量作用总体上呈增强趋势，但其对产污量的减量作用强于排污量，一方面表明，近 10 年来，徐州市工业结构的调整与优化提高了工业生态化水平，另一方面也说明，该市工业结构调整主要在于清洁生产部门的发展。

对于产污量而言，研究期内技术效应有 6 个年份为负值，表现为减量作用；5 个年份为正值，表现为增量作用，但由于减量作用弱于增量作用，造成污染物产生量的增加，累计增加 12 729.25 万元。对于排污量而言，技术效应除 2000～2001 年和 2007～2008 年两个时间段为正值外，其余时间段均为负值，表明技术效应对工业污染物排放主要起抑制作用，累计造成污染物排放量减少 23 009.01 万元。总体而言，技术效应对产污量和排放量的作用相反，表明末端治理技术是降低污染物排放量的主要手段，而工业生产过程中清洁生产技术的减量作用有待加强。

总体而言，规模效应、结构效应和技术效应 3 个因素的累计作用促使产污量增加 77 197.26 万元，排污量减少 15 355.45 万元，说明末端治理是徐州市产业绿色化的主要路径。徐州市工业规模在扩大的同时促进了产污量和排污量的增加，而有效的工业结构调整则抑制了产污量和排污量的增加，这是工业寻求可持续发展的有效途径。纵观徐州市过去 12 年的工业发展，工业生产过程中的技术进步过慢，特别是清洁生产技术应用不足，导致技术效应促进了产污量的增加，因而加强清洁生产技术创新是促进徐州市产业绿色化发展的主要策略选择。技术效应对排污量的抑制作用最为明显，说明技术革新是提高末端治理环境绩效最有效的手段。

（五）清洁生产与末端治理的减排效果

根据式（7-24）～式（7-26）计算污染物控制（或减排）率、结构效应 P_S 和技术效应 P_I 对控制（或减排）量的贡献率，见表 7-32。

表 7-32　徐州市工业污染物控制（或减排）率（1999～2010 年）（%）

年份	产污量			排污量		
	控制率	结构效应贡献率	技术效应贡献率	减排率	结构效应贡献率	技术效应贡献率
1999～2000	–5.20	4.01	–9.21	55.34	2.81	52.52
2000～2001	–7.40	6.59	–13.99	–23.58	6.86	–30.44
2001～2002	6.57	8.90	–2.33	15.42	7.29	8.13
2002～2003	47.58	1.57	46.02	41.80	1.65	40.16
2003～2004	19.32	18.61	0.71	25.54	17.14	8.40
2004～2005	–3.60	–6.71	3.11	53.77	–4.79	58.55
2005～2006	71.38	42.08	29.31	98.20	25.11	73.09
2006～2007	14.56	18.99	–4.43	32.15	6.42	25.72
2007～2008	30.00	10.85	19.15	6.07	10.99	–4.92
2008～2009	15.06	14.04	1.02	62.79	9.18	53.61
2009～2010	–2.65	22.36	–25.01	35.76	15.93	19.83

表 7-34 显示，研究期内徐州市工业污染物控制率和减排率分别平均为 16.87%和 36.66%。从变化趋势看，研究期内徐州市工业污染物控制率有 4 个年份为负值，7 个年份为正值，表明研究期内徐州市清洁生产有 63.64%的年份表现为减量化效应，36.36%的年份表现为增量效应，而同期该市工业污染物治理有 90.91%的年份表现为减量效应，仅有 9.09%的年份表现为增量效应。以上分析说明，该市工业污染物控制能力弱于减排效果，也表明该市工业污染物处理过程中末端治理的环境绩效优于清洁生产。

在清洁生产中，结构效应和技术效应对徐州市工业污染物控制量的贡献率分别平均为 23.55%和 7.39%。从变化趋势看，二者分别由 1999～2000 年的 4.01%和–9.21%变化到 2009～2010 年的 22.36%和–25.01%，表明结构效应对工业污染的控制作用明显高于技术效应，也说明工业结构调整对清洁生产的促进作用要比技术改造显著得多。在末端治理中，结构效应和技术效应对徐州市工业污染物减排效果的贡献率分别平均为 8.96%和 27.70%，说明技术因素对污染物排放的减量作用要强于结构因素。从变化趋势看，研究期内结构效应和技术效应分别有 10 个和 9 个年份表现为减量作用，出现概率分别为 90.91%和 81.82%显示出末端治理是结构因素与技术因素共同作用的结果，但技术效应对末端治理的促进作用大于结构效应。

第八章　江苏省产业系统环境适应机制及调控对策

第一节　产业系统环境适应机制分析

一、产业系统环境适应性机制的内涵

目前，“机制”泛指复杂系统的组织结构及其内部各要素之间的作用原理。一般来说，“机制”被研究者赋予以下三个方面的内涵：一是，系统结构的构成要素及其相互联系方式；二是，要素之间关系的发生过程；三是系统的内在本质和运行规律（黄晓峻，2008）。根据机制的基本含义，置于产业发展环境中，本章采取以下逻辑描述产业系统环境适应性机制。

（1）识别内外发展环境对产业环境系统的影响和作用方式；

（2）识别产业系统环境适应性驱动机制和发生机制；

（3）概括产业系统环境适应性机制分析方法。

在探讨产业系统环境适应性机制问题的过程中，本书将兼顾产业系统内外部环境变化对产业系统适应性影响规律的研究。

二、产业系统环境适应性机制产生的过程

适应性是区域健康而有效发展的重要体现。区域发展环境及自身的变化是连续的，一般变化规模较小，人们对其变化的发生和存在很难察觉，并且局部的变化仅仅会在产品价格、产业结构等方面有所显现，不会导致整体产业环境系统发生大的变化。但是，长期的变化则会造成产业环境系统的重构。在经济全球化、全球环境变化等大背景下，产业系统在经济发展水平不同的城市呈现不同的形态，区域产业系统的战略思想也出现变化，这些变化从而会影响到产业结构、空间布局及生态环境，这种对变化做出的适应性反应有助于区域生态系统最大化地利用各种资源，提升产业系统的环境适应能力。

区域产业系统与其发展环境之间进行着技术、能量、信息及资金等要素的交换，因此，发展环境的复杂性、同质性及资源的可利用性对产业生态系统的发展具有重要意义。适应性要求产业结构、空间结构等的调整与其发展环境协调，这些环境包括自然环境、资源、生态、社会、文化、政治、政策及制度等诸多因素。在某种意义上，制度社会环境比自然生态环境更加重要，它直接制约着经济资源

可利用的广度、深度及强度。

三、产业系统环境适应性机制的构成要素

研究区域产业系统环境适应机制的目的在于提高该区域产业系统环境适应能力，促进区域可持续发展。随着产业发展与生态环境发生变化，产业环境系统需要不断地调整自己的行为，从而适应环境变化而走可持续发展的道路。完全适应任何发展环境的产业环境系统是不存在的，要想持续保持发展，产业环境系统必须具备较强的变化能力，这种适应能力主要受敏感性、稳定性和恢复力等因素的影响。本章结合产业系统环境适应性的影响因素，并考虑适应性机制的内涵，认为产业系统环境适应性机制主要包括内在机制、胁迫机制及引导机制3方面。

在产业系统生态适应机制的3方面中，内在机制反映了产业系统与生态环境系统的协调关系，只有环境系统与产业系统相互协调发展，产业环境系统才是真正的可持续发展；对产业系统环境适应性的胁迫机制进行研究，弄清影响产业生态系统可持续发展的外部环境压力，从而为产业环境系统的调整与优化提供依据；深入分析产业系统环境适应性的引导机制，以引导江苏省产业环境系统健康、有效的发展。

四、产业系统环境适应性的内在机制

产业系统是一种复杂的系统组织，其形成、发展在受到外部环境推动的同时，更受到其自身所具有的内在机制的驱动。产业系统具有一定目的性，为了达到整个系统的目标，系统与子系统密切配合、相互协调，从而达到系统最优、子系统次优，用以适应外部环境的变化。产业系统中的产业子系统和环境子系统之间是一种协同关系，产业子系统与环境子系统中的序参量之间逐渐协同，这也是产业生态系统发展演化的过程，产业生态系统通过协同这一驱动力从无序走向有序。在具有协同性质的地区产业生态系统中，产业结构、生态环境质量等产业生态系统发展演化的序参量支配着各子系统的行为。序参量支配其他参数的变化，而其他参数的变化是通过联轴器和反馈限制序参量的变化，它们之间相互作用、相互制约，在参数的顺序一致的支持下，从而形成了有序自我组织（王崇锋，2008）。一般而言，区域产业生态系统存在着自然资源、生态环境、体制、政策、市场等多个序参量，各序参量之间协同，从而促进系统整体发展。随着某一序参量的变化，如产业结构变化或市场变大，使原有产业系统的发展状况发生变化，系统的协同行为遭到破坏，在新的内外环境下，新的产业、市场要素等多个序参量出现协作与竞争，系统将会形成新的有序结构。序参量之间出现协同与竞争，因此产业生态系统也随之从无序到有序进行演化。换言之，提高产业系统的发展水平可以提高环境系统的质量，而环境系

统质量的改善也会促进产业系统提高发展水平，两者相互作用、相互促进。在产业发达、经济较好的地区生态系统中，为改善环境污染、生态恶化的状况，获取更多、更大的环境效益，产业系统中的高污染、高消耗产业就会减少生产或者直接迁移至经济欠发达地区，从而降低环境污染、恢复生态平衡，进而增强了产业系统的环境适应性。在产业结构不合理、经济欠发达地区，为了获取更大的经济效益，产业系统必定增加工业生产的强度和力度，特定时间内资源环境有限，导致生态破坏、环境污染，进而增大了产业系统发展的约束性，限制产业系统发展。因此，产业系统的发展必须以资源承载能力和环境容量为前提，在环境系统可承载能力的范围内，合理优化产业结构，形成产业与环境协同共进的发展格局。

（一）产业结构

从1989年开始，江苏省三次产业结构就从“二、一、三”转变成“二、三、一”格局。目前，江苏省尚处于工业化中期（马强和林文，2010），在此阶段，第二产业居主导地位，并且发展的重心开始逐步由基础工业向深加工高技术行业转移，第三产业比重也逐渐上升。虽然总体呈现“二、三、一”的产业格局，但是各城市之间也存在着明显的差异（图8-1）。2010年，南京市的第三产业产值比重超过第二产业，出现“三、二、一”的格局；而连云港、盐城、宿迁等城市的第一产业产值比重均超过10%。产业结构是影响产业系统环境适应能力的内在因素，由于基础设施、技术、资金及认识度的不同，在产业系统发展和推进循环经济的过程中，苏南地区城市强调环境效益与经济效益并重，而苏北地区过于强调经济效益而忽视环境效益。因此，产业结构优化与升级需要以环境容量为前提，在不超过生态环境系统可承载量的前提下，形成产业与环境的协同化发展。综合来看，江苏省产业结构的优化与升级是产业系统环境适应性的内在机制。

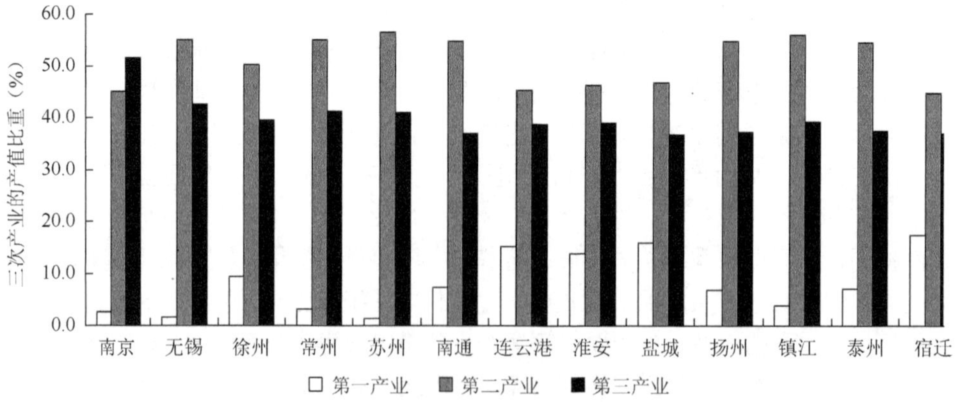

图8-1　2010年江苏省三次产业的产值比重

由表 8-1 可以看出，江苏省工业结构单一，制造业产值占工业总产值的比重不断上升，采矿业的比重不断下降，而电力、煤气及水的生产和供应业的比重基本维持不变，略有浮动。2000～2010 年，在规模以上企业的工业总产值中，采矿业的比重从 1.079%下降到 0.622%，制造业从 95.090%继续上升至 95.627%，电力、煤气及水的生产和供应业保持在 0.011%左右，变化不大。由此可以看出，制造业成为江苏省工业发展的支柱产业，其他产业所占份额较少，从而使得江苏省内部结构过于单一。虽然江苏省整体产业结构已经由“二、一、三”向“二、三、一”格局发展，但是第二产业内部的工业结构依然过于单一，这将在产业系统环境适应能力提高方面成为不利因素。

表 8-1　江苏省工业内部结构变化（%）

年份	采矿业	制造业	电力、煤气及水的生产和供应业
2000	1.079	95.090	0.011
2001	0.996	95.264	0.011
2002	1.028	95.461	0.011
2003	0.873	95.960	0.010
2004	0.829	94.956	0.013
2005	0.844	94.220	0.015
2006	0.808	94.551	0.014
2007	0.740	95.029	0.013
2008	0.803	95.243	0.012
2009	0.654	95.298	0.012
2010	0.622	95.627	0.011

目前，江苏省产业结构虽然已进入到“二、三、一”这种结构，但第二产业内部结构单一，且第二产业的发展必然会对环境造成一定影响，随着这些影响的加大，必然会降低产业系统的环境适应能力。

（二）经济体制

1949 年以来，我国经济体制大致经历了计划经济体制、计划与市场经济体制相结合，以及市场经济体制 3 个时期。在现有的以公有制经济为主体、多种经济形式和多种经营方式并存的经济体制下，江苏省出现了多种所有制共同发展的新局面。

以工业为例（图 8-2），江苏省外商投资企业产值占工业总产值的比重较高，2000 年外商投资企业产值占工业总产值的比重仅为 18.59%，2002 年至今外商投资企业所占比重均超过 20%，2008 年所占比重最大，达到 30.09%；国有企业产值占工业总产值的比重正逐渐降低，由 2000 年的 12.7%下降到 2010 年的 4.84%；港、澳、台投资企业工业产值占工业总产值的比重呈现逐渐上升的趋势，但上升趋势不明显，且从 2007 年开始出现小幅下降。在市场经济体制下，对外开放程度较好，江苏省外向型经济发展迅速，因此江苏省产业结构所有制的适应性调整应以外商投资企业为主。值得注意的是，江苏省的外商投资及港、澳、台投资企业主要为高污染、高消耗企业，且以资源消耗企业为主，这些企业的进入，一方面为产业的发展提供了良好的资金、技术的支持，另一方面给当地的环境造成了巨大的压力，生态环境破坏、工业污染、资源能源的消耗等影响着产业系统的生态环境变化，从而降低产业系统的环境适应能力。因此，需要对经济体制进一步优化改革，提高企业进入标准，提高产业系统的环境适应性。

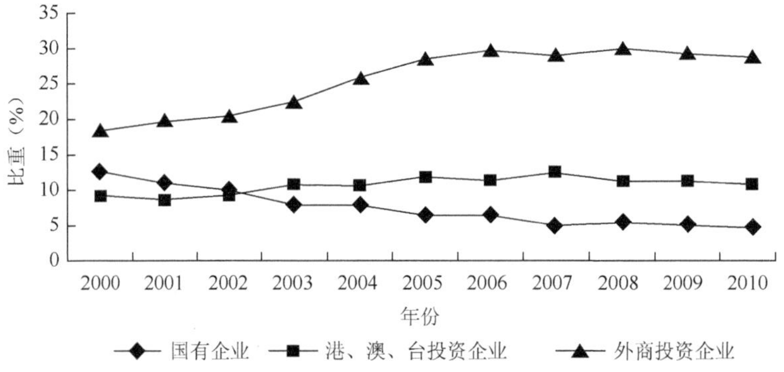

图 8-2　江苏省产业系统所有制结构变化

从图 8-3 可以看出，江苏省 13 个地级市的外向型经济发展程度有着明显的差异，其中苏州的外商投资企业产值，港澳台投资企业产值占工业总产值的比重由 2000 年的 49.43%上升至 2010 年的 66.18%；无锡受到“苏南模式”的集体经济影响，2000 年仅为 22.33%，但 2010 年上升至 37.97%；宿迁的外商、港澳台投资企业产值占工业总产值的比重最低，不到 10%。总体来看，苏南地区的外商及港、澳、台投资企业产值占工业总产值的比重最高，苏北最低。南京、无锡、苏州、南通、常州、镇江等市的外商及港、澳、台投资企业产值比重均超过 30%，说明外向型经济发展较快，在原有制度上建立的产业生态系统因这种变化，其制度路径依赖被破坏，因此革新产业所有制结构、提高产业市场适应能力成为江苏省经济高速发展的必然选择。

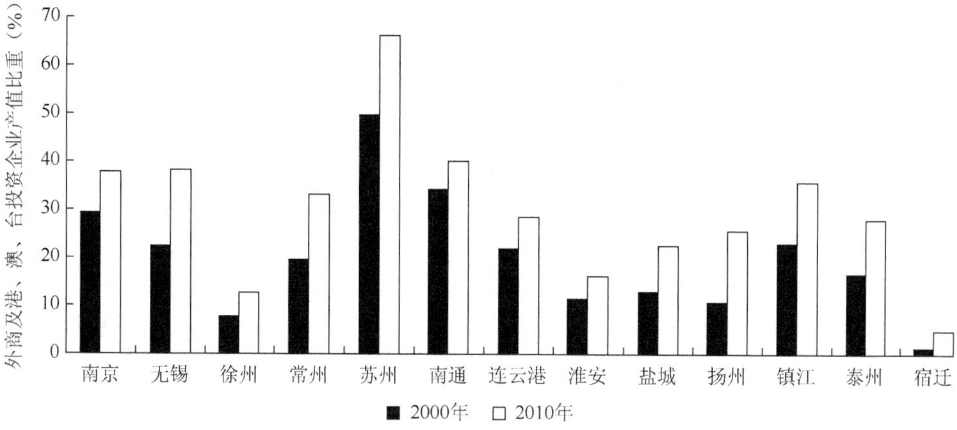

图 8-3　江苏省外商及港澳台投资企业产值占工业总产值比重变化

（三）能源消费

随着改革开放的深入，特别是市场经济体制的确立，江苏省经济快速发展。虽然技术进步在一定程度上降低了能源的消耗，但是经济规模的不断扩张需要消耗更多的能源。图 8-4 表明，2000 年江苏省能源消费总量达到 8612.43 万 tce，2010 年增加至 25 773.7 万 tce，约是 2000 年的 3 倍。虽然这段时期江苏省实施了产业结构调整，但是能源高消耗仍然是产业生态系统的发展特征，产业与生态环境系统对立仍然制约着江苏省的可持续发展。江苏省的能源消费总量呈现持续增长的趋势，但是单位产能消耗却呈现下降的趋势，2010 年江苏省单位产能消耗为 0.62tce/万元，比 2000 年下降 0.38tce/万元，表明江苏省在一定程度上降低了能源消费，但是随着经济发展规模的扩大，能源消费总量也会持续上升。江苏省在能源消耗需求方面的变化是产业系统环境适应性的内在机制。

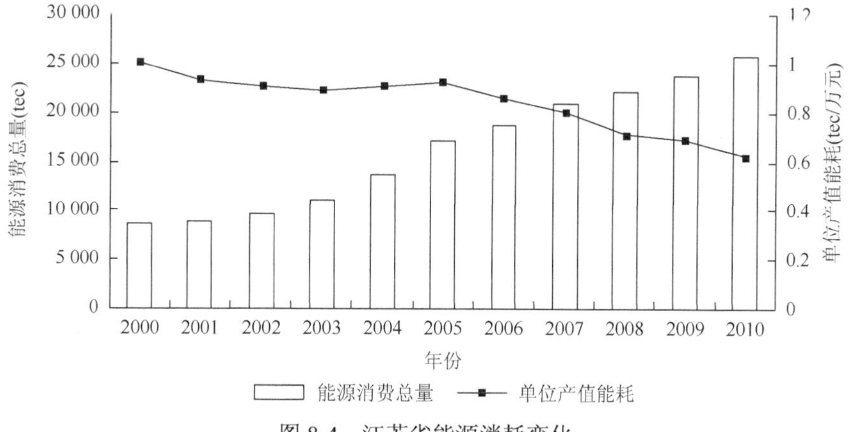

图 8-4　江苏省能源消耗变化

五、产业系统环境适应的胁迫机制

产业系统环境适应性的胁迫机制，就是指产业系统所带来的产业结构、环境状况和资源消费的变化给产业系统可持续发展带来巨大的压力，迫使产业系统根据自身状况做出适应性调整。在一定的外部环境条件下，在一定的产业与生态环境相关关系条件下，适应性表现为系统的外在特征。在外部环境发生变化时，在系统关系发生或即将发生变化时，这种稳定的平衡状态将会被打破，适应性将会遭到破坏。新的适应性的实现可以视为恢复平衡状态的过程。随着人类社会经济的快速发展，资源环境发生严重变化，人们重新审视有关环境变化的认识，提出适应是促进产业系统与环境系统协调发展的正确选择。在此背景下，通过产业系统调整、学习及重组能力的提高来适应环境的变化，即产业系统环境适应性的胁迫机制是生态环境问题。

（一）环境污染

经济发展过程中产生的主要的环境污染包括水环境污染和大气环境污染。在工业发展过程中产生大量的工业废水，这些废水的排放就会造成严重的环境污染。2010年，废水排放总量为 55.5 亿 t，其中工业废水排放量为 26.38 亿 t。水环境污染较严重，江苏省 124 个国控断面中，劣于Ⅴ类水质断面占 24.0%，如太湖的 15 条主要入湖河流中，1 条河流水质劣于Ⅴ类标准，其余处于Ⅳ类和Ⅴ类，仅有 4 条河流的平均水质符合Ⅲ类标准，主要污染物有高锰酸盐指数、总磷和总氮，其中总氮超标最为严重，太湖湖体综合营养状态指数为 58.5，属于轻度富营养；长江沿岸水环境污染有扩大的趋势，有机毒物污染问题突出，主要污染物有石油类、氨氮、高锰酸盐等。水环境的污染大大降低了水资源的可利用量，一定程度上限制了耗水型产业的发展。经济的快速发展势必会对大气环境造成破坏，2010 年江苏省工业废气排放总量为 31 212.9 亿标立方米。其中，工业烟尘排放量为 29.9 万 t，工业粉尘排放量为 15.1 万 t，工业二氧化硫排放量为 100.2 万 t，占二氧化硫排放总量的 95.4%。二氧化硫排放量的增加，导致酸雨发生率的增加，2010 年江苏省降水 pH 在 4.62～7.16，各城市平均酸雨发生率为 32.7%，其中常州市酸雨发生率达到 62.2%，苏州和无锡分别为 54.2%和 51.9%。大气环境的污染进一步影响了产业系统的发展。

（二）生态破坏

江苏省工业发达，由此产业系统产生许多生态环境问题，从而破坏原有环境的平衡，促使原有环境发生变化，新的环境系统生成。在长期的经济发展过程中，生态系统遭到破坏，包括地面沉降、水土流失、矿区生态破坏等。以徐州市为例，在煤炭开采过程中，因地下采空而造成地面下沉、塌陷，至1998年年底，徐州市采空塌陷面积累计13 333hm^2，塌陷深度一般在2～8m，并以每年200～530hm^{2}的面积继续扩展（熊彩霞等，2003）。目前，徐州市已增加包括铜山、九里、沛县、经济开发区、贾汪5个县（区）约21 333hm^{2}采煤塌陷地，其中未复垦治理有13 867hm^2，矿区的持续开采作业和塌陷地稳沉区域扩大，徐州市采煤塌陷区域仍将不断扩大，每年约还会有333hm^{2}新增塌陷地（尹思思，2012）。同时，煤炭资源开采过程中产生很多废弃物，徐州市废弃露采矿山有464个，占用了大量土地，严重损坏植被和景观，如九里区的张小楼、拾东和拾西3个村共有9830人，但是可耕种土地面积仅为32.53hm^2，人均耕地面积已超过了联合国规定的警戒线。由于相应的环境整治措施不到位，大量土地被占用、生态环境的污染与破坏继续扩大，这些将成为徐州市发展的一个阻力。

产业发展过程中所造成的各种环境污染和生态破坏日益突出，这些导致了整个产业系统的变化，使得生态系统为产业发展提供生态服务的能力减弱。这种新的产业生态系统就要求系统做出与之相应的调整，从而提高生态环境系统的服务能力和承载能力。

六、产业系统环境适应性的引导机制

产业系统环境适应性的引导机制是指在各级政府有关政策和规划等的引导下，逐步建立与环境系统相适应的产业系统，实现产业与生态环境的协调发展。产业生态系统政策是政府干预或参与产业生态系统的一种形式，它是政府系统设计有关产业生态发展，特别是产业系统和环境系统的政策目标和政策措施的总和。通过产业生态系统政策诱导或限制某些产业发展，对与发展环境相适应的产业采取财政、税收等措施鼓励其发展，反之限制其发展。产业生态政策可以推动产业生态系统快速、健康、有序的发展，增强产业系统的环境适应能力，促进其可持续发展。

（一）宏观引导机制

1983年，环境保护正式确定为我国的基本国策之一，随着联合国环境与发展大会通过《里约宣言》，中国也明确提出走可持续发展的道路。2004年，《中国21世纪议程》发布，我国实施可持续发展总体战略的构想被系统地提出，各地区也相继编制了可持续发展行动纲要。我国经济快速增长，由此加剧了资源消耗、环境质量恶化，可持续发展战略作为国家发展战略写入“九五”计划。

2000 年 7 月国务院通过的《关于加快发展循环经济的若干意见》，系统地阐述了我国推进循环经济建设的指导思想、基本原则和目标。2007 年，党的十七大报告中指出，要加强能源资源节约和生态环境保护，增强可持续发展能力，必须把建设资源节约型、环境友好型社会放在工业化、现代化发展战略的突出位置。近年来，随着经济发展，资源约束趋紧、环境污染严重、生态环境日益退化，党的十八大报告中指出，“必须树立尊重自然、顺应自然、保护自然的生态文明理念，把生态文明建设放在突出地位，融入经济建设、政治建设、文化建设、社会建设各方面和全过程”，同时，也将着力推进绿色发展、循环发展、低碳发展，形成节约资源和保护环境的空间格局、产业结构、生产方式、生活方式，从源头上扭转生态环境恶化的趋势。

由此可见，20 世纪 80 年代中期以来，我国为推进经济与环境协调发展，一直坚持可持续发展思想，系统地形成了循环经济发展战略，制定了一系列推进循环经济建设的政策，规定了各地区产业系统调整的方向、目标及重点。因为循环经济强调在经济发展过程中，资源消耗量最少同时环境影响最小，也就是要求各地区的产业发展要与生态环境协调发展，即建立与生态环境相适应的产业系统是循环经济建设的根本要求。所以，国家循环经济发展战略的实施引导着产业环境系统的重组、转型。

（二）中观引导机制

中观引导机制是指江苏省政府发挥其调控职能，引导产业系统依据当地资源环境系统承载能力进行适应性重构，增强产业系统的环境适应能力，推动江苏省可持续发展。按照国家循环经济发展战略，为促进江苏省产业系统健康有效的发展，江苏省政府高度重视循环经济建设工作。在江苏省委十届五次全会上，强调树立循环型经济的发展理念，推行清洁生产，努力建设一个青山常在、碧水长流、清新怡人的“绿色江苏”。同时，江苏省制定了《关于落实科学发展观促进可持续发展的意见》，明确指出“大力发展循环经济，努力构建发展集约型、资源节约型、生态保护型社会，加快建设全面协调可持续发展的新江苏”，并提出了循环经济建设的目标、任务和措施，从而为发展循环经济提供了政策保障。根据目前发展现状，江苏省编制出循环经济规划及具体落实方案，为保证循环经济发展目标的有效实行，提出循环经济建设的基本框架：建立循环农业、循环工业、循环型服务业、绿色消费、能源、资源的开发与循环利用、循环型城镇、沿江地区循环经济综合示范区、循环经济基础设施八大重点任务；重点开展化工、纺织、造纸、冶金、建材、机械装备、信息、环保八大行业的生态化重组；构建模具生产-零部件加工、回收拆解-功能型整机装备的设备制造业产业链，基础石化原料-绿色中间产品-精细与日用化工品的化工产业链，废钢冶炼-普通钢材-特种钢材-金属制品-废钢回收的冶金产业链，废纸加工-纸板-高档纸制品-废纸回收的造纸产业链，集可再生金属-非金属回收利用和工业固废综合利用于一体的新型材料产业链；加大绿色材料制品、可拆解循环产品、节能节水型产品、环境无害型产品、功能替代型产品等绿色产品的研制与开发。

（三）微观引导机制

在企业层面，通过大力推进技术创新，推行清洁生产技术和工艺，促进企业产品生态化设计，引导企业实现资源最大化、废物最小化和终端处置无害化（周建安，2007）。通过技术创新和清洁生产，实现全行业乃至产业系统与环境协调发展。在大力推动企业技术创新的基础上，充分发挥政府宏观调控职能来推行清洁生产，同时，整合骨干企业科技资源、重点高校及科研院所，强化产学研的横向联合，建立并逐步形成各种形式的清洁生产技术创新开发平台和转让推广网络体系。将产业升级的技术创新和改造作为重点，推广国家鼓励的清洁生产技术，消化吸收、综合集成和应用开发国外先进技术，加速技术创新的本地化进程，如沿江和太湖地区是江苏省污染较重的地区，在这些区域的企业中要普遍推行清洁生产，同时可以在这些企业中开展“有毒物排放清单”试点工程，要求使用、产生有毒物质的重点企业定期报告处理、储存或处置的有毒废物清单，并制订有毒物质排放削减计划。在推进技术创新和清洁生产的同时，可以引导企业开展ISO14000环境管理体系、环境标志产品及其他绿色认证，增强企业的市场竞争能力，形成绿色供应链管理体系；推进技术创新，推行清洁生产技术和工艺，引导企业实现资源最大化、污染最小化和终端处置无害化，2010年江苏省淘汰落后炼铁炼钢能力500多万t、小火电机组400万kW，小化工生产企业3742家，从而实现产业系统的环境影响最小化，实现产业系统与环境系统的协调发展。

在国家循环经济建设的引导下，江苏省也制定了相关政策和规划，引导产业系统根据当地环境变化进行适应性重构，从而增强产业生态系统对环境变化的应对能力，进而提高产业系统的环境适应能力。

第二节　产业系统环境适应调控对策

一、优化路径

（一）高适应能力区域——产业生态化

高适应能力区域产业系统环境适应能力较强，经济发展好，生态环境遭到破坏，遗留环境问题较多，但近期一些高能耗、高污染企业已经向经济发展水平较低的城市转移。因此，在现有的产业生态系统发展的基础上，可以通过继续推进产业生态化这一路径来实现高适应能力区域产业系统环境适应能力的提升。

产业生态化这一路径是在科学发展理念的指导下，实现产业生态系统的协调、全面、可持续发展，降低区域产业发展对生态环境的破坏，其关键的目标选择是推进产业生态化转型。它通过模仿自然生态系统食物链机制，建立各行业之间的“下游”关系，生产的“产品”成为其他生产活动的原料，减少排放对环境的影响，从而使整个产业系统及各种资源（能源，水和原材料）形成封闭循环系统，缓解资源对自然生态系统的干扰，从根本上缓减环境与发展之间的尖锐冲突，促进经济发展和物质消耗之间关系的双重脱钩，即产品生产与物质消耗的脱钩和经济发展与环境负荷的脱钩，在增加经济效益的同时，改善生态环境，实现没有增长（环境负荷）的进步（经济发展）这一最佳发展目标。

高适应能力区域的产业生态化主要是关注现在和未来的产业和环境问题，即产业生态化的经济与环境双重目标。产业系统发展不仅仅是单方面索取资源和环境污染，更重要的是，只有产业系统发展程度好，才能为治理环境、提高人类环境意识、维持及改善环境质量提供技术和资本投入方面的支持。因此，高适应能力区域在产业系统发展的基础上，可以建立涵盖第一、第二、第三产业等各领域的“绿色产业”，也可以建设绿色供应链及外包型生态产业园区等多种形式，建立将环境保护与资源综合利用的产业发展模式。也就是说，从产业生态整体角度评价区域经济发展的资源支撑条件，对已有及未来选择发展的产业进行生态化分析，确定其发展方向，通过整合、构建、拓展产业“生态链”，整治已有污染，控制和预防现有或未来的污染，促进产业系统和环境系统的协调发展。

（二）中适应能力区域——产业生态系统高级化

中适应能力区域的产业系统发展次于高适应能力区域，其逐步注重环境系统发展，因此在环境适应性优化路径中应选择产业生态系统的高级化，这样既可以促进产业系统完善，同时也会改善生态环境系统，从而加快生态环境系统的协调发展。

产业生态系统是由社会、经济、环境 3 个子系统复合而成的，是可持续发展中的一个亚系统，是由各种结构链（网）、结构面相互交织构成的。产业与环境的协调关系是相互促进还是相互制约，在很大程度上取决于环境保护与产业发展之间的取舍。因此，环境问题的关键是选择，即不能为发展产业而牺牲环境，同时也不能为环境保护而放弃产业发展，简言之，要在发展产业与保护环境之间取得平衡，当时的产业发展情况与这种平衡密切相关，最终效果的好坏取决于取舍是否适时和适度。因此，产业系统发展的良性循环在解决各种生态矛盾和环境问题时，需要处理好社会、经济和环境的相互作用和相互关系。就中适应能力区域而言，在经济发展的同时需要注重与环境的协调发展，产业系统和生态环境系统协调共生，但要注意环境保护和恢复不能脱离经济和技术水平的制约。通过不断的技术创新，优化资源配置，提高产业结构素质，发展经济效益，从而为中适应能力区域的社会和谐发展、经济持续增长和环境不断改善创造必要条件。一般而言，就是在技术创新的支持下，优化产品结构，发展第一、第二、第三产业产品的深加工，同时，利用资金、技术和人才优势，发展高科技的新兴产业。

（三）低适应能力区域——产业生态系统合理化

低适应能力区域在内外发展环境发生变化时，其应对能力和抵御能力较差。江苏省低适应能力区域根据产业生态系统特征可以分为两类：一类是产业系统发展较好，但其发展主要依靠资源，从而生态环境随着产业发展也逐渐恶化，致使产业系统适应能力较低，如南京、徐州；另一类是产业发展较慢，在发展过程中为追求经济利益最大化，忽略生态环境系统的可持续发展，如宿迁、盐城、连云港及淮安。低适应能力城市产业结构不合理、生态破坏、污染治理情况较差，因此产业系统合理化就成为低适应能力区域实现产业系统环境适应能力提高的重要途径。

由于受到经济发展时间、产业发展历史及自然禀赋条件的影响，低适应能力城市的产业结构发展不合理，产业结构单一，为加快经济发展，应接受经济发达地区的产业转移。然而，这些产业大部分是高能耗、高污染的企业，由于技术、资金等因素的限制，产业系统的发展对环境的影响超过了环境承载力，处于不协调的发展状态，引起产业结构不合理、生态环境破坏等问题。所谓产业环境系统合理化，就是在区域发展过程中，产业系统与生态环境系统之间保持合理的比例及协同发展的关系，即在产业发展过程中，既能对产业系统增长提供优良环境，也能为生态环境系统快速发展提供有利因素。只有产业系统和环境系统在区域发展过程中保持协调、协同发展，才能使区域产业系统和生态环境系统在社会经济高速发展的同时保持相对稳定的发展势态，从而提高区域可持续发展，提高产业系统的环境适应能力。

二、调控措施

（一）优化产业结构

产业结构转型是产业结构合理化与高级化的过程（于淼，2009），同时也是对经济发展模式的调整过程。优化产业结构是江苏省产业系统环境适应能力提高的一个重要途径，在产业结构优化上应同时注重三次产业的发展，也就是说，要同时考虑农业、工业和服务业的发展。

第一，稳定农业发展，延伸产业链。江苏省农业发展要实现突破，必须适应不同地区农业生态环境和市场条件，其主要通过两条路径实现：一是，可以获得规模经济和结构效应的区域大循环；二是，获得经济效率产业链增值的企业小循环和产业链延长（宣亚南等，2005）。也就是说，江苏省的农业发展必须融入循环经济和现代农业产业链两大理论（宣亚南和周曙东，2007）。江苏省农业发展首先必须建立在稳定粮食生产的基础上，稳定的粮食生产是经济发展的物质保障。其次，改造和提升传统农业，在技术方面积极推进科技进步与技术创新，大力发展优质、高效、生态、安全的现代农业；在污染方面，要大力控制和治理农业面源污染，实现农产品的绿色无公害化发展。再次，建立循环型农业生产示范基地，充分利用江苏省沿江、沿海的丰富资源，推广农业清洁生产模式，生产绿色有机、无公害农产品。最后，延伸农业产业链，农业发展即包括种植业和养殖业的发展，农产品加工业等多个领域也属于农业发展的范畴，因此加强产业链的纵向联系与横向延伸，可以形成农业产业化发展，促进农业高效发展。

第二，推动制造业发展，建设生态工业示范园区。江苏省制造业以化工、机械、冶金、纺织、电子等产业为主导产业，这几大产业属于高资源消耗、高污染产业，因此制造业发展要以提高资源利用效率为目标，利用科学技术的进步与创新，降低污染物排放强度，加强科技进步，提高自主创新能力，带动工业结构优化升级。电子信息产业是先进制造业发展的一个方向，要发挥江苏省各个区域的优势，加强区域分工体系建设和产业配套协作，以南京、苏州、无锡为主，形成研发和生产中心，建立以常州、镇江为主的电子信息产业带，而扬州、泰州、南通等以产业协作为重点，在巩固发展电子材料、电子元件产业的基础上，开拓计算机网络和外部设备等新产品领域，加快信息产业的发展。江苏省生物医药产业是一个重要的新兴产业，现代医学和生物技术的发展可以在基因工程中发挥主导作用，保持建设以泰州为主的国家生物基地，继续打造“太湖制药”，加快建设南京、苏州、连云港等中药、化学和生物医药研发基地。在制造业发展的基础上，建立符合江苏省产业系统发展特色的工业生态园是提升工业发展的一项重要举措。苏州、无锡、常州建立纺织生态工业园，重点培育纺织品服装生产基地；宜兴、苏州、常州建立环保高新技术产业园，重点发展环保产业基地；张家港、常熟、江阴和太仓建设冶金、化工等工业生态产业带，发展特色园区，构筑块状经济优势，鼓励新兴产业和高附加值产业的开发和引进，加快发展规模型、科技型和外向型企业；南京、镇江、扬州和泰州以石油和化工生态工业为主，建设南京化学工业园、扬州经济开发区、泰州经济开发区和江宁开发区等。作为外向型经济发展迅速的省份，江苏省在参与国际分工中主要依靠劳动密集型环节，通过加工组装来为国际大买家代工，所以其处于全球价值链的底端。

第三，大力发展第三产业，尤其是现代服务业。目前，江苏省已经进入工业化中后期，制造业发展最为发达，但其服务业发展滞后，发展总量不足，比重偏低，同时自主创新能力较弱。在国民经济结构中，增长最快和居于主要地位的是服务业，因此发展第三产业是产业结构调整中最为重要的一步。在服务业结构中，江苏省以传统的交通、商业等服务业为主导，信息、咨询、科技、金融等现代服务业发展缓慢（郭倩倩，2010）。由此可见，为了经济、社会协调发展，加快产业结构转型、大力发展现代服务业迫在眉睫。现代服务业的发展是经济和社会发展程度的一个重要标志，同时也是产业结构升级的体现。要积极发展金融、现代物流、科技服务、信息服务、商务服务、产业集群等生产性服务业，为制造业配套服务，支持有条件的省级集团做大做强。同时，继续着力发展服务外包，加速服务外包基地建设，推动服务外包、软件等高端服务业加速发展。在促进循环经济发展方面，服务业可以从以下几方面进行推进：首先，在建设信息服务业方面，以高新技术园为中心发展，加快向外辐射的力度和强度，构建苏州和南京的信息服务中心，同时完善资源与数据共享平台，加快软件和系统集成服务业的发展。其次，推进综合生态物流园建设，建设南京、苏锡常及徐州三大物流中心，加强物流企业的管理，在物流过程中控制污染物的产生。最后，积极建设生态旅游业，形成淮海、环太湖、宁镇扬、东部沿海、徐宿淮等生态旅游区和沿长江旅游带。

（二）加强生态环境整治力度，推进产业生态化发展

第一，加强环境污染治理，修复生态破坏。加强江苏省生态环境的整治，推进江苏省产业生态系统协调发展，需要从环境污染和生态破坏两方面着手。在环境污染方面，要加强水环境、大气环境等污染的治理与控制。严格控制企业污水排放，同时要加强饮水工程建设，改善饮用水分级管理制度，制定保护水资源的范围，做到全面保护。加强宣传空气污染的预防和控制工作，以“西气东输”“西电东输”为契机，大力推进能源结构调整，改善大气环境质量，严格按照环保要求，关闭小火力电厂，限制燃煤火电厂的建设；大力发展新能源，积极发展清洁燃烧能源。在江苏省范围内实施生态环境整治与保护，不仅仅在城市推行，更要注重农村生态环境的整治。尤其是苏北地区农业发展在经济发展中具有重大作用，因此在工业结构调整和产业升级的同时促进农业发展的整合和完善显得尤为重要。建立村庄环境卫生长效机制是农村生态环境建设中的关键。在环境污染治理的同时，生态功能区建设、自然保护区建设、海洋生态修复、水源蓄养区的保护和建设等一系列生态修复措施也需要进一步落实。另外，要加强沿海沿江防护林建设，扩大区域生态空间，实现自然生态空间的链接，保障区域生态安全，增强生态服务功能，促进江苏省产业系统走生态化发展的道路。

第二，推进清洁生产，促进产业系统生态化发展。江苏省工业污染较重，对环境污染较大的企业较多，因此在环境污染治理方面首先要考虑对高污染企业的整治。对于苏南地区，可以实行企业淘汰制度，也就是对高污染、高能耗企业实行关、停、转、迁等强制淘汰制度，对污染严重的造纸、化工等产业进行整顿，根据重点行业能源消耗和污染物排放强制标准对相关企业进行改造。在对苏南地区原有环境进行末端治理的基础上，推进绿色生产，投入必要的环保设备，采用清洁技术推行清洁生产。对于苏中地区，需要提高企业的环境准入标准，严格控制高污染、高能耗企业的迁入，使其在经济发展的同时，环境保护得到有力控制。另外，要引进相关环保企业，抓好清洁生产，建立污染物排放低和除污能力强的环境友好型企业。对于苏北地区，要严格执行环境准入标准，对于有能力的企业推行清洁生产，通过企业生产工艺的设计，削减或消除污染产生量。

（三）政府转变职能，完善调控手段，加强调控力度

在产业发展发面，政府主要运用所掌握的政策、体制和资金等资源，通过政府投资方向的选择，达到促进资源优化配置和经济协调发展的目的。其中，政府要发挥主导性的作用，通过资金投资、法律政策支持、资金补贴等多种形式，引导社会的资金流量和流向，达到宏观调控，促进产业结构转型的目的。这就要求政府部门首先要加强自身建设，提高执政行政能力，高瞻远瞩，积极为地方产业生态系统献策献力。其次，要制定相关政策鼓励支持企业走清洁生产的道路，给予资金、政策和智力上的支持。再次，要协调好各部门之间的关系，处理好经济发展与生态环境建设之间的关系，走可持续发展的道路，促进区域产业结构优化与升级。

江苏省制定了《循环经济发展促进条例》《关于加强生态环境保护和建设的意见》《清洁生产促进条例》《服务业环境管理办法》等一系列规章制度来鼓励节约资源和保护环境，促进循环经济的开展，从而提高产业系统的环境适应性。但是，随着产业、经济、技术等发展环境的变化，产业系统环境适应性发展战略及各种相关政策与产业生态系统发展就会出现不适应的情况，甚至会成为区域发展的阻碍之一。由于江苏省各地级市经济发展、社会发展、产业发展、生态环境等存在着明显的差异，因此区域产业系统环境适应性战略、政策在具体实施过程中会出现偏差，使得发展结果与预期效果不同。综上所述，政府不仅要合理地制定产业系统环境适应性的发展战略与政策，更要注重实施过程的动态监测和跟踪，对实施效果进行评价、反馈，分析实施过程中的不利因素，不断地进行调整与完善。经济系统、社会系统和环境系统三者相互协调发展是适应性评估和监控的主要内容。同时，江苏省是外向型经济发展地区之一，其对外依存度高，因此政府应密切关注国际市场变动，同时需要制定相关政策，改变外需拉动经济增长的局面。

参 考 文 献

鲍文. 2011. 干旱气候变化对西南干旱河谷农业的影响及适应性对策研究. Agricultural Science & Technology，12（5）：737-740.

陈健. 2008. 我国绿色产业发展研究. 武汉：华中农业大学博士学位论文.

陈培阳，朱喜刚. 2009. 福建省区域经济差异及其空间格局演化. 地域研究与开发，28（1）：53-57.

陈诗一. 2010. 中国绿色工业革命：基于环境全要素生产率视角的解释（1980-2008）. 经济研究，6（11）：21-33.

陈诗一. 2012. 中国各地区低碳经济转型进程评估. 经济研究，11（8）：32-44.

陈太根，董婕，延军平，等. 2011. 区域气候变化适应度评价——以咸阳市为例. 地理科学进展，30（3）：319-324.

陈万明，石丽. 2012. 江苏产业结构与就业结构互动关系分析. 商业研究，（5）：75-78.

陈宜瑜. 2004. 对开展全球变化区域适应研究的几点看法. 地球科学进展，19（4）：459-495.

程丹润. 2008. 环境约束下的中国区域效率差异及影响因素研究. 合肥：合肥工业大学硕士学位论文.

程明. 2008. 我国各地区循环经济效率分析. 沈阳：东北大学硕士学位论文.

程雪婷. 2006. 基于CAS理论的石油企业适应性机制研究. 哈尔滨：哈尔滨工业大学博士学位论文.

仇方道. 2011. 东北地区矿业城市产业生态系统适应性研究. 北京：科学出版社.

仇方道，佟连军. 2011. 东北地区矿业城市产业生态系统适应性评价. 地理研究，30（2）：243-255.

仇方道，朱传耿，孔令平，等. 2004. 江苏省县域经济差异及时空特征分析. 经济地理，（24）4：468-472.

褚晓，沙景华. 2012. 西部五省产业结构转换能力比较分析. 资源与产业，14（2）：27-32.

崔功豪，魏清泉，刘科伟. 2006. 区域分析与区域规划. 北京：高等教育出版社.

崔胜辉，李旋旗. 2011. 全球变化背景下的适应性研究综述. 地理科学进展，30（9）：1088-1098.

樊秀峰，康晓琴. 2013. 陕西省制造业产业集聚度测算及其影响因素实证分析. 经济地理，33（9）：115-119.

冯焕焕，朱从坤. 2012. 基于云理论的公路网交通适应性评价方法. 公路工程，37（1）：49-53.

冯薇. 2008. 产业集聚与循环经济互动关系研究. 中国人口·资源与环境，18（4）：166-172.

冯振环，赵国杰. 2000. 基于DEA和广义BCG模型的中国区域投资有效性评价. 经济地理，20（4）：10-15.

高迎春，佟连军，马延吉，等. 2011. 清洁生产和末端治理环境绩效对比分析. 地理研究，30（3）：505-512.

葛全胜，陈泮勤，方修琦，等. 2004. 全球变化的区域适应研究：挑战与研究对策. 地球科学进展，19（4）：516-524.

郭倩倩. 2010. 产业结构转型中的江苏省服务业与制造业协调发展研究. 南京：南京财经大学硕

士学位论文.
郭守前. 2000. 产业生态化创新的理论与实践. 生态经济，（4）：34-37.
郭显光. 1998. 改进的熵值法及其在经济效益评价中的应用. 系统工程理论与实践，18（12）：98-102.
韩瑞玲，佟连军，佟伟铭，等. 2012. 基于分解模型与 VEC 模型的沈阳经济区经济与环境时空关系研究. 环境科学学报，32（5）：1261-1269.
韩英美. 2010. 适应性企业战略研究——以快递企业为例. 大连：大连海事大学硕士学位论文.
郝俊卿，曹明明，王雁林. 2013. 关中城市群产业集聚的空间演变及效应分析. 人文地理，28(3)：96-100.
胡志远，欧向军. 2007. 基于泰尔指数的江苏省区域差异多指标测度. 经济地理，27(5)：719-724.
扈剑晖. 2011. 广西北部湾经济区工业生态化的发展路径. 开放导报，（3）：67-70.
黄贤金，朱德明. 2003. 江苏省循环经济发展模式研究. 污染防治技术，9（3）：1-4.
黄晓峻. 2008. 我国矿产资源企业跨国经营的适应性机制研究. 北京：中国地质大学博士学位论文.
江苏省统计局. 1993. 江苏统计年鉴. 北京：中国统计出版社.
江苏省统计局. 1998. 江苏统计年鉴. 北京：中国统计出版社.
江苏省统计局. 2003. 江苏统计年鉴. 北京：中国统计出版社.
江苏省统计局. 2008. 江苏统计年鉴. 北京：中国统计出版社.
江苏省统计局. 2013. 江苏统计年鉴. 北京：中国统计出版社.
蒋昭侠. 2004. 产业结构问题研究. 北京：中国经济出版社.
金碚. 2011. 中国工业的转型升级. 中国工业经济，（7）：5-14.
康洪. 2002. 湖南经济可持续发展研究. 长沙：湖南师范大学硕士学位论文.
李芳，龚新蜀，张磊. 2012. 新疆产业结构升级测度与产业结构优化研究. 特区经济，（3）：212-214.
李鹤，张平宇. 2012. 1990 年以来东北地区工业结构演变特征及驱动因素. 干旱区地理，35（5）：829-837.
李郇，徐现祥，陈浩辉. 2005. 20 世纪 90 年代中国城市效率的时空变化. 地理学报，60（4）：615-625.
李凯，李明玉，郁培丽，等. 2007. 辽宁省能源消费的因素分解——基于完全分解模型. 东北大学学报（自然科学版），28（11）：1656-1659.
李名升，佟连军，仇方道. 2009. 工业废水排放变化的因素分解与减排效果. 环境科学，30（3）：707-712.
李兆前，齐建国. 2004. 循环经济理论与实践. 数量经济技术经济研究，8（09）：145-154.
联合国贸易与发展会议（ISAR）. 2005. 生态效率指标编制者和使用者手册（1.1 版）. 赵兰芳，高轶文译. 北京：中国财政经济出版社.
林而达. 2005. 气候变化危险水平与可持续发展的适应能力建设. 气候变化研究进展，19（2）：76-79.
蔺雪芹，方创琳. 2008. 城市群地区产业集聚的生态环境效应研究进展. 地理科学进展，27（3）：110-118.
刘鹤，刘洋，许旭. 2012. 基于环境效率评价的成渝经济区产业结构与布局优化. 长江流域资源与环境，21（9）：1058-1066.
刘文新，张平宇，马延吉. 2007. 资源型城市产业结构演变的环境效应研究——以鞍山市为例. 干旱区资源与环境，21（2）：17-21.
刘晓清，赵景波，于学峰. 2006. 黄土高原气候暖干化趋势及适应对策. 干旱区研究，23（4）：627-631.
龙爱华，邓铭，谢蕾，等. 2012. 气候变化下新疆及咸海流域河川径流演变及适应性对策分析. 干旱区地理，3：377-387.
罗绪强，王程媛，杨鸿雁，等. 2012. 喀斯特优势植物种干旱和高钙适应性机制研究进展. 中国农学通报，28（16）：1-5.
吕明元，尤萌萌. 2013. 韩国产业结构变迁对经济增长方式转型的影响. 世界经济研究，（7）：73-80.
马丽，金凤君，刘毅. 2012. 中国经济与环境污染耦合度格局及工业结构解析. 地理学报，67（10）：1300-1306.
马强，林文. 2010. 基于 DEA 的江苏省产业结构优化分析. 资源与产业，12（1）：158-162.
马涛. 2010. 我国区域绿色产业发展实施效果评价模型构建研究. 宁夏社会学，7（6）：42-47.
彭建，王仰麟，叶敏婷，等. 2005. 区域产业结构变化及其生态环境效应——以云南省丽江市为例. 地理学报，60（5）：798-806.
乔家君. 2004. 改进的熵值法在河南省可持续发展能力评估中的应用. 资源科学，26（1）：113-119.
任福兵，吴青芳，郭强. 2010. 低碳社会的评价指标体系构建. 江淮论坛，1：122-127.
孙才志，王妍. 2010. 辽宁省产业用水变化驱动效应分解与时空分异. 地理研究，29(2)：244-252.
孙才志，杨新岩，王雪妮，等. 2011. 辽宁省水资源利用边际效益的估算与时空差异分析. 地域研究与开发，30（1）：155-160.
孙东琪，朱传耿，周婷. 2010. 苏鲁产业结构比较分析. 经济地理，30（11）：1847-1853.
谭丹，黄贤金. 2008. 我国东、中、西部地区经济发展与碳排放的关联分析及比较. 中国人口·资源与环境，18（3）：18-21.
童江华，徐建刚，曹晓辉，等. 2007. 基于 SSM 的主导产业选择基准——以南京为例. 经济地理，27（5）：733-740.
王崇锋. 2008. 基于生态城市的可持续发展产业集聚问题研究. 青岛：青岛大学博士学位论文.
王崇锋，张吉鹏. 2009. 制造业产业集聚对生态城市建设影响的定量研究——基于 CR^4 指数的实证研究. 中国人口·资源与环境，19（4）：140-144.
王晶，孔凡斌. 2012. 区域产业生态化效率评价研究——以鄱阳湖生态经济区为例. 经济地理，32（12）：101-107.
王钦，何萍，徐杰，等. 2012. 北京市河流沉水植物水环境适应性研究. 环境科学学报，32（1）：30-36.
魏楚，沈满洪. 2007. 能源效率与能源生产率：基于 DEA 方法的省际数据比较. 数量经济技术经济研究，（9）：110-121.
魏权龄. 1988. 评价相对有效性的 DEA 方法. 北京：中国人民大学出版社.
吴三忙，李善同. 2010. 市场一体化、产业地理集聚与地区专业化分工演变. 产业经济研究，（6）：1219-1228.

吴玉英，何喜军. 2006. 基于 DEA 方法的北京可持续发展能力评价. 系统工程理论与实践，(3)：117-123.

谢品，李良智，赵立昌. 2013. 江西省制造业产业集聚、地区专业化与经济增长实证研究. 经济地理，33（6）：103-108.

熊彩霞，刘明，刘沂轩. 2003. 徐州市城市环境地质问题及对策分析. 江苏地质，27（1）：34-36.

徐建华，鲁凤，苏方林，等. 2005. 中国区域经济差异的时空尺度分析. 地理研究，24（1）：57-68.

许乃星，蒲之艳. 2011. 公路交通与经济发展适应性评价研究. 交通运输工程与信息学报，9（3）：79-86.

许旭，金凤君，刘鹤. 2010. 产业发展的资源环境效率研究进展. 地理科学进展，29（12）：1509-1517.

宣亚南，欧名豪，曲福田. 2005. 循环型农业、经济学解读及其政策含义. 中国人口·资源与环境，15（2）：27-31.

宣亚南，周曙东. 2007. 循环经济与江苏产业结构调整. 长江流域资源与环境，16（3）：129-135.

杨春红. 2012. 江苏工业经济与“三废”排放量的灰色关联分析. 工业安全与环保，36（8）：49-51.

杨文举. 2011. 中国工业的动态环境绩效. 山西财经大学学报，33（6）：64-71.

尹海伟，孔繁花. 2005. 山东省各市经济环境协调度分析. 人文地理，20（2）：30-33.

尹思思. 2012. 基于灰色分析方法的徐州矿产资源型城市产业接续研究. 南京：南京林业大学硕士学位论文.

于淼. 2009. 可持续发展框架下吉林省产业结构的转型与升级. 长春：吉林大学硕士学位论文.

曾珍香，顾培亮，张闽. 2000. DEA 方法在可持续发展评价中的应用. 系统工程理论与实践，(8)：114-118.

张春霞. 2001. 绿色经济：经济发展模式的根本性转变. 福建农业大学学报，15（4）：28-32.

张建勇，宋书巧，宁常郁. 2006. 桂东经济区产业生态化模式与发展对策研究. 地域研究与开发，24（5）：52-57.

张妍，杨志峰. 2007. 城市物质代谢的生态效率——以深圳市为例. 生态学报，27(8)：3124-3131.

赵海霞，曲福田，郭忠兴. 2006. 环境污染影响因素的经济计量分析——以江苏省为例. 环境保护，(4)：43-49.

赵美鑫，任佳. 2009. 哈尔滨工业布局对环境质量的影响研究. 边疆经济与文化，(2)：4-6.

周建安. 2007. 我国产业结构演进的生态发展路径选择. 广州：暨南大学博士学位论文.

朱红伟. 2008. 论产业生态化理论面临的困境及其目标的实现. 现代财经：天津财经学院学报，28（9）：20-25.

朱远峰. 2007. 产业结构对环境约束下技术效率的影响研究. 杭州：浙江大学硕士学位论文.

Adger W N. 2000. Institutional adaptation to environmental risk under the transition in Vietnam. Annals of the Association of American Geographers，90（4）：738-758.

Ang B W，Zhang F Q，Choi K H. 1998. Factorizing changes in energy and environmental indicators through decomposition. Energy，23（6）：489-495.

Bao C，Fang C L，Chen F. 2006. Mutual optimization of water utilization structure and industrial structure in arid inland river basins of Northwest China. Journal of Geographical Sciences，16（1）：87-98.

Boulding K E. 1966. The economics of the coming spaceship earth//Jarrett H. Environmental Quality in a Growing Economy. Baltimore：Johns Hopkins University Press：3-14.

Burton I，Feenstra J F，Smith J B，et al. 1998. Handbook on Methods for Climate Change Impact Assessment and Adaptation Strategies. United Nations Environment Programme and the Institute for Environmental Studies. Netherlands：Free University of Amstedam.

Butzer K W. 1989. Cultural Ecology//Gaile G L，Willmott C J. Geography in America. Columbus：Merrill Publishing：192-208.

Eleanor D G. 2009. Assessing Organizational Capacity to Adapt. http：//findarticles. com/p/articles/mi_7525/is_200707/ai_n32255995/[2009-05-06].

Feenstra F J，Burton I，Smith J B，et al. 1998. Handbook on Methods for Climate Change Impact Assessment and Adaptation Strategies. Nairobi/Amsterdam：United Nations Environment Programme Institute for Environmental Studies.

Folke C. 2006. Resilience：the emergence of a perspective for social-ecological systems analyses. Global Environmental Change，16：253-267.

Gallopín G C. 2006. Linkages between vulnerability，resilience and adaptive capacity. Global Environmental Change，16（3）：293-303.

Graedel T E，Allenby B R. 1998. Industrial Ecology and the Automobile. Upper Saddle River，NJ：Prentice Hall.

GRI. 2006. Sustainability Reporting Guidelines-G3 Sustainability Reporting Guidelines. Amsterdam.

Hermann B G，Kroeze C，Jawjit W. 2007. Assessing environmental performance by combining life cycle assessment，multi-criteria analysis and environmental performance indicators. Journal of Cleaner Production，15：1787-1796.

IPCC. 2001. Third Assessment Report of the IPCC. Cambridge：Cambridge University Press.

ISO. 1999. ISO14031：Environmental Performance Evaluation：Guide-Lines. Geneva：ISO.

Jouni K，Thomas P S. 2008. Editorial：beyond ecoefficiency：a resilience perspective. Business Strategy and the Environment，17：411-419.

King A A，Lenox M J. 2001. Does it really pay to be green? An empirical study of firm environmental and financial performance. Journal of Industrial Ecology，5（1）：105-116.

Liang L，Li Y J，Li S B. 2009. Increasing the discriminatory power of DEA in the presence of the undesirable outputs and large dimensionality of data sets with PCA. Expert System with Applications，36（3）：5895-5899.

Luers A L. 2005. The Surface of Vulnerability：an analytical framework for examining environment change. Global Environmental Change，15（3）：214-223.

Lundberg K，Balfors B，Folkeson L. 2009. Framework for environmental performance measurement in a Swedish public sector organization. Journal of Cleaner Production，17（11）：1017-1024.

Mika K. 2008. Dynamic environmental performance analysis：a Malmquist index approach. Ecological Economics，64（4）：701-715.

O'Brien M，Holland T D. 1992. The role of adaptation in archeological explanation. American Antiquity，57：36-69.

Panayotou T. 2003. Economic growth and the environment. Economic Survey of Europe，（2）：45-72.

Ramos T B，Alves I，Subtil R，et al. 2009. The state of environmental performance evaluation in the public sector：the case of the Portuguese defence sector. Journal of Cleaner Production，17（1）：36-52.

Reusch T B H，Ehlers A，Hammerli A，et al. 2004. An other reason for concern：regional and global impacts on ecosystems for different levels of climate change. Global Environmental Change，34（7）：1369-1378.

Schipper E L F. 2006. Conceptual history of adaptation to climate change under the UNFCCC. Review of European Community and International Environmental Law，15（1）：82-92.

Schrage J，Grambsch A E. 1998. Risks，opportunities，and adaptation to climate change. Climate Research，11（1）：85-95.

Simelton E，Fraser E D G，Termansen M，et al. 2009. Typologies of crop-drought vulnerability：an empirical analysis of the socio-economic factors that influence the sensitivity and resilience to drought of three major food crops in China（1961-2001）. Environmental Science&Policy，12（4）：438-452.

Smit B. 1993. Adaptation to Climatic Variability and Change. Guelph：Environment Canada.

Smit B，Wandel J. 2006. Adaptation，adaptive capacity and vulnerability. Global Environmental Change，16（3）：282-292.

Smith J B，Ragland B S，EPitts G J. 1996. A process for evaluating anticipatory adaptation measures for climate change. Water，Air and Soil Pollution，（92）：229-238.

Schipper E L F. 2009. Climate Change Adaptation and Development：Exploring the Linkages. http：//www. preventionweb. net/files/7782_twp107 . pdf[2009-10-11].

Stakhiv E. 1993. Evaluation of IPCC adaptation strategies//Fort Belvoir，Draft Report. VA：Institute for Water Resources，and U. S. Army Corps of Engineers：12-39.

Stigson B. 2000. Eco-Efficiency：Creating more Value with less Impact. Geneva：WBCSD.

Sun J W. 1998. Changes in energy consumption and energy intensity：a complete decomposition model. Energy Economics，20（1）：85-100.

Turner II B L，Matson P A，McCarthy J J，et al. 2003. Illustrating the coupled human environment system for vulnerability analysis：three case studies. Proceedings of the National Academy of Sciences of the United States of America，100（14）：8080-8085.

U.S. Environment Protection Agency. 2009. Coastal Sensitivity to Sea Level Rise：A Focus on the Mid-Atlantic Region. Washington DC：U. S. Environmental Protection Agency.

Wagner M. 2005. How to reconcile environmental and economic performance to improve corporate sustainability：corporate environmental strategies in the European paper industry. Journal of Environmental Management，76（2）：105-118.

Walker B，Holling C S，Carpenter S R，et al. 2004. Resilience，adaptability and transformability in social-ecological systems. Ecology and Society，9（2）：5.

Watson R T，Zingyowera M C，Moss R H. 1996. Climate Change 1995：Impacts，Adaptation and Mitigation of Climate Change：Scientific-Technical Analyses，Contribution of Working Grouping to the Second Assessment Report of the Intergovernmental Panel on Climate Change. Cambridge：Cambridge University Press.

WBCSD. 2000. Measuring Eco-Efficiency：A Guide to Reporting Company Performance. Geneva：World Business Council for Sustainable Development.

Yeh T L，Chen T Y，Lai P Y. 2010. A comparative study of energy utilization efficiency between Taiwan and China. Energy Policy，38（5）：2386-2394.

Zhou P，Ang B W，Poh K L. 2008. Measuring environmental performance under different environmental DEA technologies. Energy Economics，30（1）：1-14.